憲法とリスク
行政国家における憲法秩序

大林啓吾

憲法研究叢書

弘文堂

はしがき

　本書は、私にとって2冊目の研究書である。前著『アメリカ憲法と執行特権』（成文堂）は2008年に博士論文を公刊したものであり、それから約7年の歳月が流れた。その間、引き続き統治機構の研究を続けてきたが、2012年の憲法理論研究会春季研究総会で「アメリカ憲法とリスク」というテーマで報告をする機会を得、それからリスク論に関心を持つようになった。

　リスク論を学ぶと、様々な事象がリスクの対象となって眼前に現れてくる。とりわけ、昨今の日本の状況はリスクだらけである。財政状況の悪化、少子高齢化、福祉サービスの低下、監視の拡大、地球温暖化など、容易には解決できない問題ばかりがずらりと並び、これらのリスクは憲法学に何を迫るのかについて考えるようになった。さらに、グローバル化によって外国企業が雇用や金融のみならず生活インフラにも強い影響力を持つようになると、国の相対的地位が低くなり、国家存亡のリスクをも抱えるおそれがある。

　こうした閉塞状況の原因の1つにシステムの老朽化があるのではないかと言及されることがある。システムというものは社会状況に対応させていく必要があり、いつまでも従来のシステムにしがみついているとやがて国全体が衰退しかねないというわけである。それを突き詰めると、半世紀以上一度の改正もされずに超然としている日本国憲法自体がリスク要因とみなされ、抜本的変化が必要ではないかという問題にもなりうる。

　そのため、リスク論は憲法そのものすらリスクの対象にするものであり、そこにタブーは存在しない。とはいえ、もし「憲法のリスク」を語るのであれば、その前に「憲法とリスク」について考える必要がある。憲法問題を考える際にリスクの観点からアプローチするとどうなるか、そもそも憲法学においてリスク論の居場所はありうるのかなどの問題を考えなければ、「憲法のリスク」は語りえない。場合によっては、「憲法とリスク」の問題を考察した結果、「憲法のリスク」は差し迫った問題ではないという帰結が導かれることもありうる。

　そこで本書は、「憲法とリスク」というテーマを取り上げ、リスク社会に耐えうる統治構造を模索しながら、リスク論の観点から憲法問題を検討する。本書は憲法論とリスク論との接合を試みるという大きな構想を抱くものであ

るが、その基点は統治的視点から憲法問題を考えるというところにある。そもそも統治の基盤がしっかりしていなければ人権の発展はありえず、また両者がリンクしていなければ立憲主義が実践されているとはいえない。本書では、まず統治構造のリスクを考察し、それをベースに個別の人権問題のリスクを検討するというアプローチをとった。それはリスクという概念を使って現代における統治構造を再考すると同時に、統治と人権の架橋を試みるものである。本書が統治機構論の発展に幾分でも寄与できれば幸いである。

■憲法とリスク──目次

はしがき　i
初出一覧　ix

序　章　1
　　1　問題意識──本書の問題関心（1）　2　考察内容──本書の概要（4）
　　3　日本の議論状況──「憲法とリスク」の問われ方（7）　4　3.11以前の
　　「憲法とリスク」（8）　5　3.11以後の「憲法とリスク」（11）

第1部　総論

第1章　憲法とリスク──リスク社会における立憲主義のモデル　17

　序 18
　Ⅰ　リスクのスパイラル 19
　　　1　リスクの意味（19）　2　アメリカのリスク問題（23）　3　21世紀のリ
　　　スク──G・W・ブッシュ政権のリスク対応（24）　4　リスクのスパイラル
　　　（27）
　Ⅱ　現代立憲主義とリスク問題 30
　　　1　予防的立憲主義（30）　2　最適化立憲主義（33）　3　最適化立憲主義の
　　　是非（34）
　Ⅲ　リスク社会とバランシングアプローチ 37
　　　1　バランシングアプローチの要請（37）　2　バランシングテストのリスク
　　　（39）　3　リスクに関する司法判断（41）
　Ⅳ　21世紀におけるマクロのリスク──9.11以後のアメリカの憲法状況 43
　　　1　9.11のインパクト（43）　2　アメリカ憲法理論の対応（44）
　　　3　9.11以後のアメリカの憲法状況（49）
　後　序 55

第2章　行政国家とリスク社会——行政によるリスク対応とそのリスク　56

序……………………………………………………………………………………57

I　行政による憲法価値の実現……………………………………………57
　1　行政国家（57）　2　行政による人権保障（63）　3　行政による平等価値の実現（66）　4　軍事事項と人権問題（68）　5　予防行政の萌芽（69）

II　執行府／行政機関の憲法解釈…………………………………………72
　1　三権の憲法解釈権（72）　2　執行府の憲法解釈権（78）　3　行政機関の憲法解釈権（83）　4　行政国家のリスク——行政による憲法価値の実現によるリスク（86）

III　パターナリズムの蔓延…………………………………………………88
　1　憲法学におけるパターナリズム（88）　2　パターナリズムの定義（91）　3　パターナリズムの種類（92）　4　ソフトとハードの狭間（95）　5　時限立法とパターナリズム（97）　6　リバタリアンパターナリズム（98）　7　ソフトパターナリズムの問題（101）

後　序………………………………………………………………………104

第3章　行政国家における憲法秩序の形成——行政立憲主義の概念　105

序……………………………………………………………………………………106

I　行政立憲主義……………………………………………………………107
　1　行政立憲主義の議論（107）　2　行政立憲主義の主体（109）

II　高次立法に基づく行政立憲主義………………………………………110
　1　人民立憲主義と行政立憲主義（110）　2　高次立法と行政立憲主義（111）　3　行政立憲主義の問題（117）

III　政治的統制による秩序形成……………………………………………118
　1　政治的憲法秩序（118）　2　政治的憲法秩序論の問題（122）

IV　狭義の行政立憲主義の憲法秩序………………………………………124
　1　民主的行政——大統領主導の行政（124）　2　専門的行政——専門的能力の意義（128）　3　「民主的統制」の統制——熟議的要素（130）　4　ポスト行政国家論——サブ政治と民主的実験主義（132）

V　司法的統制による秩序形成……………………………………………136
　1　規範論としての行政立憲主義——司法的統制による秩序形成（136）　2　司法的統制——憲法的考慮の必要性（142）　3　司法的統制の諸問題①——シェブロン法理と憲法問題回避の法理（144）　4　司法的統制の諸問題②——複雑化した行政判断への対応（147）

VI　内部的統制………………………………………………………………149
　1　内部的統制の必要性（149）　2　監察総監（151）　3　その他の内部的統制（155）

後　序………………………………………………………………………156

第2部　各論

第4章　監視とリスク——9.11後のテロ対策を素材にして　161

　序……………………………………………………………………………………162
　Ⅰ　2005年の盗聴問題…………………………………………………………163
　　　1　通信傍受と令状（165）　2　国内通信傍受と外国通信傍受（166）
　　　3　FISAの展開（167）
　Ⅱ　執行府の情報収集……………………………………………………………169
　　　1　データ解析（169）　2　情報収集の組織編制とNSA（170）
　Ⅲ　NSA盗聴事件の憲法問題…………………………………………………170
　　　1　当事者適格の問題（171）　2　修正1条の問題と修正4条の問題（173）
　　　3　権力分立の問題（174）　4　権利救済への壁（176）
　Ⅳ　司法的および立法的統制……………………………………………………176
　　　1　司法的統制——情報公開訴訟（176）　2　立法的統制（178）　3　統制方
　　　法の模索（180）
　Ⅴ　プリズム問題（2013年盗聴問題）…………………………………………185
　　　1　NSAによる監視——G・W・ブッシュ政権の遺産？（186）　2　監視計画
　　　の概要——G・W・オバマ？（187）　3　FAAの合憲性（189）　4　何の権
　　　利が侵害されているのか？（190）　5　司法の動向——Klayman v. Obama
　　　判決とACLU v. Clapper判決（192）　6　第三者任意提供の法理の問題
　　　（196）　7　プライバシーの量と質（198）　8　文脈アプローチによるパラド
　　　ックスの回避（200）　9　統治論——マクロとミクロの憲法問題（200）
　Ⅵ　今後のゆくえ——オバマ政権の政策転換と立法動向……………………202
　後　　序………………………………………………………………………………204

第5章　犯罪予防とリスク——性犯罪予防を素材にして　208

　序……………………………………………………………………………………209
　Ⅰ　性犯罪のリスクと性犯罪予防………………………………………………211
　　　1　性犯罪のリスク（211）　2　モラルパニックとリスク（213）　3　性犯罪
　　　前科者規制の動向（216）
　Ⅱ　刑事手続に関する連邦最高裁の判例………………………………………218
　　　1　出所後の施設収容の合憲性（218）　2　登録および公開の合憲性（219）
　　　3　州際移動登録要件の遡及適用（221）　4　判例法理の整理（223）
　Ⅲ　自由の利益（liberty interest）の動揺……………………………………224
　　　1　自由の利益（224）　2　自由の利益と基本的権利（225）　3　自由の利益
　　　と基本的権利の区分（227）　4　判例法理の整理——ファロンの慧眼（228）
　　　5　性犯罪前科者規制の問題（229）

Ⅳ　移動制限およびGPS装着の問題……………………………………231
　　　　1　移動の自由に関する判例（232）　2　性犯罪前科者の出所後の移動・居住制限に関する下級審判例（235）
　　Ⅴ　プライバシー侵害の検討……………………………………………238
　　　　1　刑事手続におけるプライバシーの権利（238）　2　性犯罪前科者へのGPS装着に関する下級審判例（240）　3　GPS装着のプライバシー侵害性（241）　4　性犯罪前科者へのGPS装着の問題（242）
　　Ⅵ　情報プライバシー……………………………………………………243
　　　　1　情報プライバシーの法理（243）　2　性犯罪前科者へのGPS装着と情報プライバシー（245）
　　後　　序………………………………………………………………………246

第6章　公衆衛生とリスク──感染症対策を素材にして　250

　　序……………………………………………………………………………251
　　Ⅰ　公衆衛生に関する国家の責務………………………………………253
　　　　1　警察権限（253）　2　現代国家による公衆衛生の維持（256）　3　公衆衛生維持システム（259）　4　パンデミック対策の緊急性（261）　5　対策従事者の免責（263）　6　パンデミック対策のジレンマ（264）
　　Ⅱ　パンデミック対策と人権制約問題…………………………………266
　　　　1　パンデミックの定義（266）　2　ワクチン接種の強制と身体の自由（267）　3　Jacobson v. Massachusetts判決（268）　4　ワクチン接種免除をめぐる判例の動向（271）
　　Ⅲ　隔離とデュープロセス………………………………………………274
　　　　1　連邦と州の隔離政策（274）　2　ニューハンプシャー州の隔離政策（277）　3　隔離に関する判例法理（278）
　　Ⅳ　生命の優先順位と平等──感染症対策の給付的側面……………284
　　　　1　2005年のパンデミックインフルエンザプラン（ACIP）（284）　2　2009年のH1N1型ワクチン推奨（ACIP）（285）　3　平等の問題（286）　4　民主的決定と専門的判断（288）
　　Ⅴ　公衆衛生監視とプライバシー権……………………………………289
　　　　1　公衆衛生監視（289）　2　公衆衛生監視の憲法問題──プライバシー権との関係（292）
　　後　　序………………………………………………………………………295

第7章　情報提供とリスク──食の安全に関する情報を素材にして　298

　　序……………………………………………………………………………299
　　Ⅰ　国家による情報提供のリスク………………………………………301
　　　　1　国際的取り組み（302）　2　外国の取り組み（302）　3　日本の取り組み（304）

Ⅱ　国家の情報提供と信用毀損 …………………………………………306
　　　1　食の安全に関する国家の情報提供活動——国家責務（306）　2　情報提供がもたらす被害と責任——国家責任（309）　3　カイワレ訴訟（312）
　Ⅲ　カイワレ訴訟の判例法理 ……………………………………………317
　　　1　カイワレ訴訟のポイント（317）　2　有害物質混入ワイン事件——ドイツのグリコール決定（319）　3　リバタリアンパターナリズム（320）
　Ⅳ　法的統制と法的責任のゆくえ ………………………………………324
　　　1　法律の授権——立法的統制（324）　2　司法審査と行政裁量——司法的統制（325）　3　内部手続と透明性の確保——行政の内部的統制（326）　4　不作為の問題と補償の可能性（328）
　Ⅴ　報道機関による情報提供のリスク …………………………………331
　　　1　日本のアプローチ（331）　2　アメリカのアプローチ（335）　3　各州の農作物信用毀損法（339）
　Ⅵ　農作物信用毀損法の憲法問題 ………………………………………343
　　　1　農作物信用毀損法の合憲性をめぐる論点（343）　2　BSE事件——Texas Beef Group v. Winfrey判決（347）　3　農作物信用毀損法の狙い（349）　4　行政の役割と司法の役割（351）
　Ⅶ　さらなる課題 …………………………………………………………353
　　　1　国家の情報提供と報道機関の情報提供のリンク——3.11の放射能汚染の例（353）　2　アメリカの状況から学ぶ教訓（356）
　後　　序 ……………………………………………………………………358

第8章　環境問題とリスク——温室効果ガス規制を素材にして　360

　序 ……………………………………………………………………………361
　Ⅰ　環境問題の特殊性と執行府の対応 …………………………………364
　　　1　環境問題の特殊性（364）　2　環境問題に対する執行府の対応（365）　3　執行府の判断への敬譲——シェブロン法理（367）
　Ⅱ　温室効果ガス規制の準備——司法の後押し ………………………369
　　　1　温室効果ガス規制に関する政策（369）　2　温室効果ガス規制に関する請願（370）　3　Massachusetts v. EPA判決（372）　4　Massachusetts v. EPA判決の分析（377）　5　環境問題における執行府の裁量（381）　6　裁判所の介入できる余地（389）
　Ⅲ　コンパニオンケース …………………………………………………390
　　　1　Environmental Defense v. Duke Energy Corporation判決（391）　2　行政機関のクロスレファレンス解釈に関する判例法理（398）　3　司法意図——真の統制者は誰か？（402）
　Ⅳ　オバマ政権における温暖化規制と司法判断 ………………………412
　　　1　オバマ政権における温暖化規制（412）　2　Utility Air Regulatory Group v. EPA判決（414）　3　Utility Air Regulatory Group v. EPA判決の意義（416）

後　序……………………………………………………………418

終　章　421

あとがき　427
エピグラフの出典一覧　428
事項・人名索引　429
主要判例索引　433

■初出一覧

　本書は、新たに書き下ろしたもののほか、以下の文献に大幅な加筆修正を行ったものから成っている。なお、下記文献は随所に分散しているので、該当箇所を記載せずに列挙しておく。

- 「同時多発テロ以降の情報をめぐる自由と安全の調整―国家監視状態における憲法構造」慶應義塾大学大学院法学研究科論文集 47 号 39 頁（2007 年）
- 「執行府の環境政策に対する司法審査―Massachusetts v. EPA 連邦最高裁判決を素材として」社会情報論叢 11 号 21 頁（2007 年）
- 「ディパートメンタリズムと司法優越主義―憲法解釈の最終的権威をめぐって」帝京法学 25 巻 2 号 103 頁（2008 年）
- 「テロの時代の自由と安全の調整―Eric A. Posner & Adrian Vermeule, Terror in the Balance: Security, Liberty, and Courts」［2008-1］アメリカ法 74 頁（2008 年）
- 「行政機関のクロスレファレンス規定の解釈に関する司法審査―Environmental Defense v. Duke Energy Corporation 連邦最高裁判決を素材として」社会情報論叢 12 号 37 頁（2008 年）
- 「執行府の情報収集権限の根拠と限界―統治の観点からみる NSA 通信傍受事件」大沢秀介＝小山剛編『自由と安全―各国の理論と実務』163 頁（尚学社、2009 年）
- 「アメリカにおける憲法構築論と三権の憲法解釈―ディパートメンタリズムからみる司法審査の位置づけ」社会情報論叢 14 号 71 頁（2010 年）
- 「食の安全に関する国家の情報提供活動―責務と責任のジレンマ」企業と法創造 7 巻 5 号 111 頁（2011 年）
- 「行政機関の内部統制と監察総監の役割―NSA 盗聴事件を素材にして」帝京大学情報処理センター年報 13 巻 93 頁（2011 年）
- 「予防のもたらす負荷―出所後の移動制限および GPS 装着の憲法問題」帝京大学情報処理センター年報 14 巻 87 頁（2012 年）
- 「パンデミック対策に関する憲法的考察―国家の公衆衛生に関する責務とその限界についての憲法的アナトミー」日本法学 78 巻 1 号 93 頁（2012 年）
- 「アメリカ憲法とリスク―テロのリスクとテロ対策のリスク」憲法理論研究会編『憲法理論叢書 20 危機的状況と憲法』17 頁（敬文堂、2012 年）
- 「行政国家と政治的憲法秩序―Eric A. Posner & Adrian Vermeule, The Executive Unbound: After the Madisonian Republic」［2013-1］アメリカ法 75 頁（2013 年）
- 「アメリカ大統領の権限行使と憲法動態」比較憲法学研究 25 号 1 頁（2013 年）
- 「パターナリズムの蔓延」千葉大学法学論集 29 巻 1＝2 号 141 頁（2014 年）
- 「予防と自由―アメリカの性犯罪者規制を素材にして」大沢秀介編『フラット化社会における自由と安全』124 頁（尚学社、2014 年）

序　章

1　問題意識——本書の問題関心

　本書を本格的に執筆したのは、2014年から2015年にかけてのことであるが、この2つの年はそれぞれ第一次世界大戦勃発から100年、第二次世界大戦終結から70年を迎える時期にあたる。

　この2つの大戦をはじめ様々な戦争や紛争を経験した激動の20世紀が東西冷戦の終結を経て幕を閉じたこともあり、21世紀はようやく明るい未来に差し掛かるかと思えた。しかし、21世紀はのっけから大惨事に見舞われた。2001年9月11日にアメリカで起きた同時多発テロ[1]である。

　9.11は、本土攻撃をほとんど受けたことのないアメリカを震撼させ、半ばパニックにも近いようなテロ対策に駆り立てた[2]。かつて大恐慌がアメリカを襲った際に、F・D・ルーズベルト（Franklin D. Roosevelt）大統領は「我々が唯一おそれなければならないのはおそれそのものである」[3]と警鐘を鳴らしたが、9.11後の状況はその箴言が21世紀においてもなお重要な意義を持っていることを物語っているように思える。

　また、21世紀はすでにたびたび大きな自然災害にも遭っている。主なものだけでも、2001年のインド西部地震、2003年のイラン地震、2004年のスマトラ島沖地震、2005年のハリケーン・カトリーナ（アメリカ）、2006年のジャワ島中部地震、2008年の四川地震、サイクロン・ナルギス（ミャンマー）、2010年のハイチ地震、2015年のサイクロン・パム（バヌアツ）など多

---

(1)　ニューヨークの世界貿易センタービルやヴァージニア州の国防総省などに合計4機の航空機が突入し、約3000人が死亡したとされる（以下、「9.11」という）。
(2)　愛国者法を制定して容疑者の拘束期間を延長したり、令状なしの通信傍受を行ったり、グアンタナモ基地収容所で拷問を行ったりした。一連のテロ対策立法については、see JIMMY GURULÉ AND GEOFFREY S. CORN, PRINCIPLES OF COUNTER-TERRORISM LAW (2011).
(3)　INAUGURAL ADDRESSES OF THE PRESIDENTS OF THE UNITED STATES 269 (1989).

くの災害が思い浮かぶ。しかも、「1980年以降の世界の被害額ワースト10のうち、7つの災害はここ10年以内に起きている」[4]といわれており、損害の規模が年々大きくなっているという特徴がある。

　そして、日本にとって忘れ難いのが、2011年3月11日に起きた東日本大震災である[5]。この震災は地震そのものの大きさもさることながら、津波が多くの人命を奪い、さらに併発した原発事故が多くの人々に避難生活を強いることとなった。原発問題は第二次世界大戦の原爆投下を別の形で想起させ、日本の歴史に深い傷を刻み込んでいる。

　以上の大惨事のうち、憲法学の関心をとくに集めたケースは、やはり9.11と3.11であった。日付以外に共通点がないようにみえる2つの「11」であるが[6]、その後の経過をみると部分的に似通った顔をのぞかせている。まず、アメリカでは政府が行ったテロ対策に対する憲法統制のあり方が盛んに議論された。そこでは、緊急時における憲法秩序のあり方について、執行府の判断をどこまで尊重すべきかをめぐって議論が交わされ、国防を最重要視する見解[7]から市民的自由を墨守すべきとする見解[8]にいたるまで様々な議論が登場した。日本でも、アメリカでの議論を踏まえ、自由と安全というテーマが積極的に取り上げられるようになった。また、日本では、3.11を契機として、緊急事態条項の欠如を理由に一部で憲法改正論が登場し、それに対して多くの憲法学説がクールダウンを働きかける様相がみられた。ここでは、両国ともに緊急時における憲法秩序のあり方を議論していたところが特徴的である。

　また、それぞれのケースでは、原因究明の名目の下、今後の対策と犯人捜し（責任追及）が始まった。この課題に取り組むべく、9.11では独立調査委員会[9]が、また3.11では東京電力福島原子力発電所における事故調査・検証委員会（政府事故調）、東京電力福島原子力発電所事故調査委員会（国会事

---

(4)　「21世紀に世界で相次ぐ巨大災害　急増する被害額」産経新聞2014年9月11日3面。
(5)　マグニチュード9の大地震で、1万5000人を超える死者を出した。なお、世界における観測史上第4位（当時）の地震の大きさだったといわれる（以下、「3.11」という）。
(6)　大澤真幸『文明の内なる衝突——9.11そして3.11へ』253-285頁（河出文庫、2011年）。ダブルイレブンに直接的因果関係はないが、この偶然の一致に対して主観的につながりを連想し、それが出来事の客観性になるとも指摘される。
(7)　*See, e.g.,* John C. Yoo, *Judicial Review and the War on Terrorism*, 72 GEO. WASH. L. REV. 427 (2003).
(8)　*See, e.g.,* David Cole, *Enemy Aliens*, 54 STAN. L. REV. 953 (2002).

故調)、福島原発事故独立検証委員会(民間事故調)が設けられ、それぞれ原因調査の他に、予見可能性や対応策の問題点などについて大々的な調査が行われた。

　それぞれが出した調査結果により、ある程度原因が判明し対応策の問題点も明るみに出たことから、今後の課題として、a) 予見可能性のない問題について予防を行うかどうか、b) 緊急時にどのような情報提供を行うべきか、c) 自由または利便性と安全または予防との調整をどのように図るか、d) 責任は誰が負うべきか、等の問題が浮かび上がった。a) は、政府は最悪のシナリオを考えて予防すべきかどうかという予防原則の採否を突きつけるものである。b) は、政府は緊急時においてどの程度情報を提供すべきか、またその際にはどの程度正確性が要求されるかという問題である。c) は、予防によって制約される自由や利便性との調整をどのように図るかといった問題である。d) は、予防の負担や災害時の負担を国、企業、個人がそれぞれどのように負うべきかという問題である。

　複層的でやっかいな課題だらけであるが、実は、近年流行の概念道具でこれらを横断的に分析できる可能性がある。「リスク」である。なぜなら、これらの課題は、テロや災害のリスク、予防のリスク、負担のリスク等々、いずれもリスクという言葉で括ることができるからである。さらに、リスクには、あるリスクが現れた際にそれへの対策をすると、それによって今度は別のリスクが生じてしまうという特徴があることから、リスクの観点からは国家の作為・不作為ともに分析の対象になる。たとえば、致死率の高いウイルスが発見されたとき、その流行を防ぐためにワクチンを開発して予防接種を行うと、今度は副作用のリスクを伴うおそれが生じる、といった具合である。つまり、リスク対策をしてもしなくても、リスクがつきまとうのである。

　このように政策決定にゼロリスクはありえないので、限られた資源の中で可能な限り最適の決定を行ったかどうかが問われることになる。さらに、リスクの概念は、大惨事などの緊急時に限定されず、通常の生活を営む平時においても通用するほど、その射程は広い。

　流行りの概念に飛びつくのはいかにも早計かもしれないが、リスク概念を

---

(9)　See THE 9/11 COMMISSION REPORT: FINAL REPORT OF THE NATIONAL COMMISSION ON TERRORIST ATTACKS UPON THE UNITED STATES (2004).

用いて憲法問題を分析するとどうなるのか、というテーマは、憲法学の知的好奇心をくすぐるテーマであるように思える[10]。実際、すでに個別の分野ではリスクの観点から各種の憲法問題を分析する研究が登場している。

2 考察内容——本書の概要

以上の状況を踏まえて、本書は、「憲法とリスク」という大きなテーマ設定を行い、総論でマクロ的分析(統治の観点からの考察)を行った上で、各論でミクロ的分析(個別分野の考察)を行うものである。以下に、その概要を示すことにしよう。

科学技術の発達により危険に対応できるようになった現代社会は、回避不可能な「危険」の多くを回避可能な「リスク」に置換できるようになった[11]。リスク社会は政府に対して様々なリスク対応を要望するようになり、とりわけ行政の拡大をもたらした。これを憲法問題として捉える場合、マクロの問題とミクロの問題に分けられる。

マクロの問題とは、統治構造におけるリスクの問題のことをいい、総論ではこの問題を取り上げる。まず、リスク社会が政府にリスク対応を要請し、それが行政の肥大化を招き、憲法の統治構造に動揺をもたらすというリスクを生じさせた状況を踏まえ、どのような立憲主義像を掲げて対応すべきかを考える(第1章)。つぎに、行政国家は社会のリスクを軽減し様々な市民のニーズに応えるというメリットがあると考えられるため、実際に行政がどのような役割を果たしているのかを検証すべく、行政による憲法価値の実現状況を考察する(第2章)。それを踏まえて、行政のリスク対応には、憲法問題に関わる活動や憲法価値を実現する活動が含まれることがあり、それをい

---

(10) 棟居快行「憲法学とリスク」憲法理論研究会編『憲法理論叢書20 危機的状況と憲法』3頁、10-13頁(敬文堂、2012年)。なお、棟居快行によれば、国家が国民の生命や財産をギャンブルの賭け金にすることが許されるかという問題を設定した上で、リスクの異質性とコントロール不能性からすれば、国民の生命や財産をギャンブルの賭け金にすることはできないことから、憲法にはリスクの居場所が存在しないとする。ただし、そこでの憲法とリスクの問題は、国民の生命や財産に対してハイリスクな選択を国家が行う場面を中心に考えていると思われる。本書では、そうした場面に限定せず、国家(または統治システム)自体がリスクの対象であり、また国家の政策選択が作為・不作為のいずれにおいても何らかのリスクをはらむことから、より広い観点から憲法とリスクの問題を取り上げる。

(11) Robert G. Lee and Derek Morgan, *Regulating Risk Society: Stigmata Cases, Scientific Citizenship & Biomedical Diplomacy*, 23 SYDNEY L. REV. 297, 298 (2001). なお、リスクの概念については第1章で検討する。

かしつつ、一定の統制を及ぼす方法を考える（第3章）。統制方法には、立法的統制、司法的統制、内部的統制など様々な手法がありうるが、事前統制を強めてしまうと行政のリスク対策機能を縮減させてしまう可能性があるので、リスク対策機能をいかしつつその統制を行うためには事後統制のあり方が重要になってくる。とりわけ、司法が行政のリスク対策を憲法の中に秩序づけていく方法の模索に関心を向ける。そこで行政によるリスク対策とそれに伴う憲法価値の実現を概観しながら、それに対する司法的統制のあり方を中心に各統制方法を検討する。

　ミクロの問題とは、個別のリスクが惹起する憲法問題のことをいう。各論ではそれらを取り上げながら、三権の対応を考察する。具体的には、監視とリスク（第4章）、犯罪予防とリスク（第5章）、公衆衛生とリスク（第6章）、情報提供とリスク（第7章）、環境問題とリスク（第8章）の問題を取り上げる。監視とリスクについては、国家がテロや犯罪のリスク対策を行うために情報収集を行うことが監視国家につながり、それが人権にリスクをもたらす局面を取り上げ、その対策を検討する。犯罪予防とリスクについては、性犯罪前科者の再犯予防の問題について、再犯のリスクと予防のリスクとの関係を分析する。公衆衛生とリスクについては、感染症の問題に光を当て、ワクチン接種や隔離によるリスク予防とそれによってもたらされるリスクについて検討する。情報提供とリスクについては、食の安全に関する情報提供の問題を中心に、国や報道機関がリスク予防のために情報提供をすることが、自己決定や営業の自由に悪影響を与えるリスクをはらむことを考える。環境問題とリスクについては、環境破壊という科学的証明が難しいリスクに対してどのような対応が可能なのかを考えながら、それがもたらすリスクを考察する。以上の個別分野の検討については、総論での検討を反映させる形で論じるので、政治部門や行政機関のリスク対応とそれがもたらすリスクの問題に他権がどのように対応すべきであるか、とりわけ司法がそれをどのように憲法秩序の中に組み込んでいくべきかという問題関心がベースになっている。

　なお、本書では上記のように「憲法秩序」（constitutional order）という言葉がしばしば登場する。憲法学において、「憲法秩序」という言葉は文脈次第で多義的に使われることが多い。総論的に用いる場合は、憲法典および憲法付属法その他の法令によって成り立つものを表すことになり、そこでは憲

法の規範構造を示している[12]。また、個別の領域で憲法秩序に言及することもあり、その典型例が憲法の容認する公務員関係の存在の説明である。すなわち、人権制限の根拠は憲法が公務員関係という特別な法律関係の存在とその自律性を憲法秩序の構成要素として認めているという説明をする際に、「憲法秩序」を用いるような場合である[13]。この場合は、憲法の中に組み込まれた具体的な規範構造を示すことになろう。さらに、憲法秩序は「憲法制度」(constitutional regime)という言葉と互換的に使われることもあり、憲法を軸とした制度の総体を意味することもある[14]。

これについてタシュネット(Mark Tushnet)は、国家の基本的決定がなされる合理的かつ安定した諸制度とその決定を導く原理のことを「憲法秩序」とみなしている[15]。本書は「行政国家における憲法秩序」を明らかにするという文脈で「憲法秩序」という言葉を用いるので、タシュネットの見解に近いといえる。もっとも、本書では、行政が行ったリスク対策（または憲法価値の実現）を司法の憲法判断によって法的観点から憲法適合的なものへと導いていくという文脈で憲法秩序という言葉を用いることが多い。そこでは、憲法制度の枠組という意味で使っており、しかもその憲法制度には一定の規範的意味が内包されている。そのため、本書では、「一定の規範的価値を兼ね備えた憲法制度の枠組」という意味でこの言葉を用いることにする。

さて、以上の考察を行うにあたり、本書はアメリカの憲法論を中心に展開する。それには、著者がアメリカ憲法を専攻しているという能力的事情もあるが、建国以来、国家権力に懐疑的であったアメリカが9.11を経験して以来リスク対応に追われるようになり、そうした状況を横目にアメリカの立憲主義が今後どこに向かうのか、という知的関心に根ざすところが大きい。付言すれば、近時アメリカの憲法論が憲法とリスクの問題を積極的に議論している状況も、アメリカを選ぶ理由の1つである。他方で、本書の問題意識は日本の憲法問題にも密接にリンクしている。そもそも憲法とリスクの問題は、

---

(12) 大石眞『憲法秩序への展望』3-32頁（有斐閣、2008年）。
(13) 芦部信喜『憲法学II 人権総論』259頁（有斐閣、1994年）。
(14) *See* Paula L. Miller, *Scaling Back Constitutional Aspirations: The New Constitutional Order*, 25 CARDOZO L. REV. 947 (2003) (book review).
(15) MARK TUSHNET, THE NEW CONSTITUTIONAL ORDER 1 (2003). なお、タシュネットの憲法秩序については、金澤孝「『新しい憲法秩序』なるものの一考察」早稲田法学会誌58巻1号107頁（2007年）。

先進国が共通に抱えている問題である。日本もその例外ではなく、リスク社会を迎え、憲法とリスクの関係についての理論的関心も高まっている。ゆえに、以下で日本での議論状況を整理した上で本論に入り、本論中も適宜日本の憲法問題について言及しながら、論を進めることにする。

3　日本の議論状況――「憲法とリスク」の問われ方

日本における「憲法とリスク」の議論状況につき、対象や射程を限定せずに「憲法とリスク」の関係をみるのであれば、その範囲は大きく広がる。日本国憲法制定以降に射程を限定しても、早くから憲法学では緊急事態の問題が意識されてきたし、公法という視野からみれば公衆衛生や差止訴訟の文脈で論じられてきた事柄だったからである。

とはいえ、そこまで議論の範囲を広げてしまうと、その射程は際限なく広がってしまい、収拾がつかなくなってしまう。そのため、ここでは、日本における「憲法とリスク」の議論状況の範囲を21世紀以降にしぼって考えてみることにしたい。

時代設定を21世紀以降に限定した場合、日本ではやはり3.11が「憲法とリスク」を論じる上でのターニングポイントにならざるをえない。ベック（Ulrich Beck）が『危険社会』[16]を刊行した年（1986年）がチェルノブイリ事故の起きた年と重なり、同書が破局的事件の1つとしてそれを挙げているように、大地震と放射能汚染というカタストロフィに同時に見舞われた3.11はとてつもないリスクを人々の眼前に突きつけたからである。

もちろん、3.11以前にも、21世紀の社会における憲法とリスクとの関係は意識され、議論されてきた。その内容の特徴として、リスク社会論を受けて法学はいかなる対応をすべきであるかという大きな問題意識の下に、どちらかといえば法哲学あるいは公法の視点から不確実な事象にどのように対応するかに着眼し、予防原則の是非や熟議民主政による対応が議論されたことを挙げることができよう[17]。他方、3.11以降は、より憲法論に特化した形でリスク問題が論じられるようになった。というのも、3.11の非常事態が

---

(16) ウルリヒ・ベック（東廉＝伊藤美登里訳）『危険社会―新しい近代への道』（法政大学出版局、1998年）。
(17) 後述するように、2009年度日本法哲学会学術大会の統一テーマは、「リスク社会と法」であった。中山竜一「リスク社会と法―論点の整理と展望」法哲学年報2009　1頁、1-15頁（2010年）。

「憲法と緊急事態」という憲法学固有の古典的テーマをあらためて喚起し、憲法の存在意義を再び問い直す契機となったからである。

　もっとも、3.11 の前後で議論が断絶しているというわけではなく、光の当たるテーマが変わっただけで、むしろ内容的には連続しているともいえる。不確実な事象にどのように対応するかという基本的論点は変わっておらず、専門的知見と民主政との関係や情報伝達の問題など、かねてから検討されてきた問題は引き継がれている。また、リスク概念の捉え方にもついても大きな変化はなく[18]、理論的変動が起きたというよりは理論が深化したといえるだろう。

　以下では、日本における「憲法とリスク」について、3.11 以前の議論状況を振り返りつつ、3.11 以後の議論動向を考察する。

4　3.11 以前の「憲法とリスク」

　21 世紀に入り[19]、憲法とリスクの問題で注目を集めたのは日本においてもやはり 9.11 であった。とりわけそこでは、自由と安全との関係を中心に、テロ対策法制がもたらす憲法問題が取り上げられた[20]。テロはかつての戦争と異なり、国同士の戦いではないため、実行者の特定が困難であることが多い。そのため、実行者を突き止めることと将来の予防をはかることが最重要課題となり、情報の収集や解析、監視が重要な手段となる。しかし、そうしたテロ対策は自由と衝突することが不可避であり、プライバシー権の問題、刑事手続の問題、人身保護令状の問題、移動の自由の問題等々、様々な憲法問題を惹起した。とりわけ、テロの問題は、戦争と比べて終わりが見えない状況に陥る傾向が強いことから、平時と緊急時との区別を曖昧にし、ともす

---

[18]　長谷部恭男「3.11 後の法律からみたリスク」長谷部恭男編『リスク学入門 3 法律からみたリスク〔新装増補〕』163 頁（岩波書店、2013 年）は、「3.11 が法律学の世界に与えた影響は大きい。ただし、それはリスクに関連する概念把握や対処の手法に関する理解に対して、根底的なレベルで影響を与えているようには見えない」と指摘している。

[19]　なお、21 世紀に入る前に、オウム事件と阪神・淡路大震災があり、それについて憲法論が展開されたことについても、念のため言及しておく。例として、特集「震災・『オウム』で憲法入門」法学セミナー 496 号 31 頁（1996 年）、小山剛「震災と国家の責務」公法研究 61 号 196 頁（1999 年）、阿部泰隆「大震災対策における（憲）法解釈と法政策」同 151 頁（1999 年）など。

[20]　このテーマを扱った文献は多岐にわたるが、さしあたり、大沢秀介＝小山剛編『市民生活の自由と安全—各国のテロ対策法制』（成文堂、2006 年）、大沢秀介「現代社会の自由と安全」公法研究 69 号 1 頁（2007 年）、森英樹編『現代憲法における安全—比較憲法学の研究をふまえて』（日本評論社、2009 年）を参照。

ると緊急時を永続化しかねないというやっかいな課題を突きつけるものであった。

　もっとも、21世紀はテクノロジーの発展が社会生活に大きな変化をもたらしており、憲法学はテロに限らずリスク問題全般に向き合わざるをえない時期でもあった。2007年に岩波書店から出された「リスク学入門シリーズ」の第3巻は、「法律からみたリスク」を取り上げており、長谷部恭男はそこで「法律とリスク」とのタイトルの下、公法とリスクの関係について論じている[21]。

　長谷部によれば、公法学は、従来、危険を自然と人為とに分け、自然的危険については損害発生の蓋然性を基に法的責任を考え、人為的危険については規制が危険抑制の目的に比例しているかどうかに照射して対応してきたが、リスクの登場により害悪をもたらす蓋然性を予測できなくなり、そうした事態にどのように対応するかという問題が出てきたという。なぜなら、技術の発展により多くの自然的危険に対応できるようになったことから、危険は人為的行為がもたらすリスクの問題に変わったからである。リスク社会の到来により、その害悪に対する責任を問うことが建前上は可能になったが、しかし、不確実なリスクに対して誰に、どこまで責任を問うことができるかは未知数であり、グローバル化の進展や福祉国家からの撤退がリスク分配を個人化するという問題を生じさせ、さらには様々なリスクの決定について社会の全員が巻き込まれるリスク社会はリスクから隔離された私的空間の余地を狭め、立憲主義が前提としてきた公私区分に揺さぶりをかけるものであり、公法学はそうした困難な課題に直面しているとする。

　また、リスク社会は、自由意思を有する自律した行為主体として措定されてきた人間像の存立可能性を揺るがす可能性もあり、リスク社会の到来の衝撃を過小評価すべきでないという[22]。これはリスク社会がもたらす原理的な問いであり[23]、憲法学が従来前提としてきた個人像に再考を迫ることとなる。

---

(21)　長谷部恭男「法律とリスク」長谷部恭男編『リスク学入門3 法律からみたリスク』1頁（岩波書店、2007年）。
(22)　長谷部・前掲注（21）7-8頁。
(23)　渡辺洋「リスクの存在論—『リスク社会』と『安全への権利』によせて」愛敬浩二編『講座人権論の再定位2 人権の主体』73頁、74頁（法律文化社、2010年）。

このようなリスクに対する公法的分析は、民主主義や自由のあり方に大きな影響を及ぼす。2009年度日本法哲学会学術大会は、「リスク社会と法」と題して、リスクと法との関係を本格的に取り上げた。その中で、憲法・公法に関わる問題系を設け、リスク社会が立法や公共的決定に変化をもたらし、民主主義や自由のあり方に少なからぬ影響をもたらすという問題提起を行っている[24]。というのも、公共的決定における専門家の優位が予測不可能なリスクの登場によって低下するため、熟議民主主義への志向性が高まる反面、リスク予防がポピュリズム的恐怖をあおり、個人の自由を大幅に縮減させてしまうという問題を引き起こすおそれがある。ゆえに、リスク社会は立憲民主主義の核心たる自由と民主主義に変容を迫る可能性を有し、それを検討する必要があるのである。

　憲法・公法領域の報告を担当した愛敬浩二は、まず民主主義の問題について、サンスティン（Cass R. Sunstein）の議論を取り上げている[25]。愛敬によれば、サンスティンは、『最悪のシナリオ』[26]の中で、一般化された予防原則を根拠の薄弱な公的恐怖によって熟議のプロセスを攪乱するものとして断罪しているが、そこで重要なのは予防原則の一般化を食い止める方策を持っているかどうかであるという。その際、リスク社会を、熟議民主主義を活性化させる契機とみなすか、公私区分を溶解させてしまうものとみなすか、という問題が生じ、熟議民主主義の可能性があらためて問われることになる。だが、愛敬が真に問題視しているのは、リスク社会の到来が民主主義の好機としてではなく、立憲主義の危機をもたらすという点である。愛敬は9.11以後の議論動向を追いながら、政治部門の対応と司法的統制のあり方について検討を加えている。

　このように、3.11以前の「憲法とリスク」に関する議論状況は、立憲主義や民主主義の危機を総論的に問いつつ、リスク対策が様々な領域で自由に縮減作用をもたらしていることに関心が注がれたといえる。

---

(24) 中山・前掲注（17）8-9頁。
(25) 愛敬浩二「リスク社会における法と民主主義」法哲学年報2009　16頁（2010年）。
(26) Cass R. Sunstein, Worst-Case Scenarios (2009). 邦訳として、キャス・サンスティーン（齊藤誠=田沢恭子訳）『最悪のシナリオ―巨大リスクにどこまで備えるのか』（みすず書房、2012年）がある。

5　3.11以後の「憲法とリスク」

　3.11が憲法学に投げかけたテーマは、憲法は危機に対応できるのかという問いかけであり[27]、それは緊急事態と憲法という主題をあらためて問うものであった。緊急事態と憲法という議論を誘発する1つのきっかけとなったのは、読売新聞による緊急事態法制の必要性の提示である[28]。読売新聞が提示したのは、日本国憲法には緊急事態に関する規定が存在しないから、憲法改正を行うか、緊急事態基本法を制定する必要があるという内容であった[29]。

　読売新聞は、緊急事態が超法規的な政府の対応をもたらすおそれがあるからこそ緊急事態法制が必要としているため、法的統制の及ばない例外状態を想定していたわけではないが、憲法改正をほのめかしたことから、現行憲法では適切な対応ができない主張として受け止められた[30]。実際、2012年に発表された自民党の憲法改正草案には、緊急事態に関する章が設けられた[31]。自民党が2005年に発表した憲法草案には自衛軍の箇所でわずかに緊急事態という言葉が1つ出てくるだけであったことからすると、3.11を踏まえて緊急事態条項の必要性を提示するにいたったと理解するのが妥当であろう。

　これに対して、多くの憲法学説は、政府の3.11への対応のまずさは憲法に緊急事態条項がなかったことが理由ではなく、この文脈で緊急事態条項の可否を論じることは無意味であると批判した[32]。緊急事態条項を論じる必要性があるのは内外のいずれかに敵が存在する場合であるが、3.11においては野党を含めて災害対応への協力を表明しており、そのような場合には当

---

(27)　奥平康弘=樋口陽一編『危機の憲法学』i頁（弘文堂、2013年。以下、『危機の憲法学』とする）。

(28)　まずは、2011年5月3日の座談会で緊急事態対応について憲法に明示しておくべきとの発言が取り上げられた。「憲法記念日座談会」読売新聞朝刊2011年5月3日7面〔前原誠司・中西寛発言〕。

(29)　「本来なら憲法の見直しが要る」読売新聞朝刊2011年5月4日3面。

(30)　駒村圭吾=中島徹「誌上対談 3.11大震災と憲法の役割」法学セミナー682号4頁（2011年。以下、「誌上対談」という）〔中島徹発言〕。

(31)　第9章を「緊急事態」と題した上で、98条で緊急事態の宣言に関する規定を設け、99条で緊急事態の宣言の効果について定めている。

(32)　愛敬浩二「国家緊急権と立憲主義」『危機の憲法学』前掲注（27）175頁、樋口陽一「〈3.11〉後に考える『国家』と『近代』—『耐えられぬほどの軽さ』で扱ってよいのか」法学セミナー683号36頁（2011年）。

たらなかったからである。また、そもそも緊急事態の性格からして、その発生を予想し、対策権限を限定することが困難であることからすれば、憲法に緊急事態条項を設けること自体が憲法の根幹を揺るがすことになりかねないことにも注意が必要である(33)。

かりに震災後の緊急事態法制を論じるとしても、憲法改正を行う必要はなく、立憲的統制の余地を残した緊急事態として把握し、その状況に合わせた法整備を検討する余地はあるかもしれない(34)。そうなると、次に問題となるのは、法制度の中身である。すなわち、政府にどのような権限を与え、それに対する立憲的統制をどのようにはかるかという問題である。立憲的統制の中身について駒村圭吾は、民主的正統性の確保と最低限の人権保障が必要であると説き、中島徹はその具体的内容を詰めていく必要があることを指摘している(35)。

3.11については、地震や津波の凄まじさもさることながら、東京電力福島第一原子力発電所の事故、そしてそれによって生じた放射能汚染の問題がリスクを語る上で欠かせない。この問題は、責任論にとどまらず、原発再稼働の是非という全国的な政策問題から被災者や作業員の権利という個別の人権問題(36)にいたるまで多様な問題を提起した。

また、こうした原発リスクは、震災後の文脈に焦点をしぼると、情報が大きな鍵を握っていたことがわかる。放射能に関する流言飛語や信憑性の低いデータから意味への翻訳を誤る行動がみられたことから、情報提供の問題も生じた(37)。国民が誤った行動をとらないようにするためには、政府の情報提供が重要になるが、政府の判断の揺れや情報隠しの疑いなどがあり、3.11における政府の情報提供には多くの問題があったといえる。ただし、リスクに関する情報提供は、平時ですら難しいことに留意する必要がある。政府が生の科学的データを公開しただけでは、各人がそれらを誤った意味に変換してしまうおそれがある反面、加工したデータを提示すると情報隠匿の疑いが

---

(33) 長谷部・前掲注(18) 168頁。
(34) 「誌上対談」前掲注(30) 5頁〔駒村圭吾発言〕。
(35) 「誌上対談」前掲注(30) 5頁〔駒村圭吾・中島徹発言〕。
(36) これらの問題については多くの論稿があるが、主なものとして、蟻川恒正「『原子力発電所』としての日本社会」法学セミナー 682号 38頁 (2011年)、小山剛「震災と財産権」ジュリスト 1427号 65頁 (2011年)、葛西まゆこ「生存・避難・憲法」『危機の憲法学』前掲注(27) 351頁。
(37) 大屋雄裕「文脈と意味—情報の二つの側面」法学セミナー 682号 14頁 (2011年)。

生じることに加えて、各人の自己決定が阻害されてしまうというジレンマが存在するからである。

　情報提供の問題は風評問題にもつながる[38]。実際、放射能汚染の懸念から、東北地方で生産・加工された食品等の販売が大きな打撃を被った。放射能に汚染されていない食品もひっくるめて全体的に買い控え状況が続いたことが風評被害の様相を物語っている。しかし、風評被害といっても、過剰報道から生じる場合や情報不足と不安から生じる場合などがあって一概に語ることが難しい分野であり、その法的責任や救済もやっかいな領域の問題である。とりわけ、憲法の観点からすれば、情報提供が風評被害の主要因になる場合には営業の自由を侵害することになる反面、風評被害を軽減するための措置をとると今度は表現の自由を制約するおそれが出てくるという問題がある（第7章参照）。

　このような問題は、3.11直後のような状況に限らず、平時においても起きうる事象である。予測不可能な大震災にどう備えるか、放射能問題をどう片づけるか、今後の原発政策をどうするか、情報提供のあり方をどう整備するか等々、3.11に付随する問題群をはじめとして、国防、健康、衛生、犯罪、環境等、リスクの芽はいたる所にみられ、その対策によって生じる憲法問題のリスクが同様に潜在する。

　以上のことを踏まえると、憲法とリスクの問題については、平時・緊急時の2分論で対応するのではなく、状況に応じてリスクとリスク対策に関するコストベネフィットを考えていくしかなく、その衡量はグラデーション的に変化せざるをえないように思えてくる[39]。しかしながら、コストベネフィットの判断方法が憲法問題を論じる上で適切なのかどうか、またグラデーション理論はリスクコントロールの対象を事後規制のみならず事前規制にも及ぼす可能性があり自由主義に反するのではないかなど[40]、こうしたアプロ

---

(38)　曽我部真裕「風評被害」法学セミナー682号34頁（2011年）。
(39)　その意味で、緊急性の程度や状況に応じて立法的統制の厳緩を比例させるアッカーマン（Bruce Ackerman）のエスカレーター式統制は、そうしたアプローチの一種ということになる。Bruce Ackerman, *The Emergency Constitution*, 113 YALE L. J. 1029 (2004). この議論については、大河内美紀「Emergency Constitution」法政理論39巻4号603頁（2007年）などを参照。
(40)　大石眞『権利保障の諸相』40-41頁（三省堂、2014年）。リスクコントロール的発想は安全の確保を当然視し、公的規制の網を広げることになるが、自由国家を標榜する限り、個人の行動に対してリスクコントロール的発想を前提として安全を求めることは妥当ではないと指摘される。

ーチは立憲主義の構造を揺るがすおそれがある。

　ここで留意しなければならないのは、こうした懸念はミクロのリスクの問題（個別の人権のリスクの問題）に対するものなのか、それともマクロのリスクの問題（統治構造のリスクの問題）に対するものなのか、という点である。タシュネットが「厚い憲法」(thick constitution) とみなし[41]、スカリア (Antonin Scalia) 判事が憲法の核心と言明した領域が統治構造であることからすると[42]、まずは統治構造のリスクの問題を考えることから始めなければならない。憲法が国家の基本事項を定めるものである以上、統治構造がその中核にあることに加え、個別の人権問題を考える前に、憲法がいかなる統治システムを予定しているのかを検討しなければ人権保障も画餅に帰してしまう。

　そこで第１章以降では、先述したとおり、憲法とリスクの問題について、まずはマクロのリスクの問題を考察し、それからミクロのリスクの問題を個別に検討していくことにする。

---

(41) Mark Tushnet, Taking the Constitution Away from the Courts 9 (1999).
(42) NLRB v. Noel Canning, 134 S. Ct. 2550, 2592 (2014) (Scalia, J., concurring).「憲法の核心である、統治構造に関する規定はそれよりも後に制定された人権規定よりも自由の保障にとって重要である」。

第1部 総論

第*1*章　憲法とリスク
第*2*章　行政国家とリスク社会
第*3*章　行政国家における憲法秩序の形成

　総論では、リスク論を整理しながら、憲法とリスクの関係について、憲法の統治構造に関するリスクの問題（マクロのリスク）を考察する。統治構造をリスクの観点から踏まえると、権力濫用のリスクを事前に防ぐ予防的立憲主義と、政府の効率的運営と権力濫用とのバランスをはかる最適化立憲主義、というアプローチがあり、本書は後者の立場をとることを明らかにする。
　現在の統治機構の特徴として、行政国家化の進展が著しいことはいうまでもない。予防的立憲主義のアプローチからすると、行政の権力拡大や権力濫用に焦点がしぼられてしまうが、最適化立憲主義のアプローチをとると、行政国家が果たす役割とそれによって生じる問題点の両方に光を当てることになる。行政国家がここまで進展し、かつ市民に重要な公的サービスを提供している以上、それを問題視するよりも、それを前提とした上で、いかなる憲法秩序を形成していくべきかを検討することが重要だと思われる。したがってこの総論では、行政の果たす憲法価値の実現（プラスの側面）と、それがもたらす行政の権力拡大や権力濫用のリスク（マイナスの側面）を考察する。
　行政国家における憲法秩序を形成していくためには、行政によるリスク対策を憲法適合的なものにしていかなければならない。そこで、立法府や司法府による外部的統制を考察し、とりわけ司法が行政を法の世界に誘（いざな）っていく役割が重要であることを指摘し、行政国家型の憲法秩序像を明らかにする。

第1章
憲法とリスク
―― リスク社会における立憲主義のモデル

> リスクや不確実さを前にしたとき、私たちはコストと利益の計算を、感情抜きで冷静にできるわけでもない。むしろその逆で、リスクや不確実さを前にすると、不安や苦悩などの強い感情が生まれてしまう。
>
> ―― マッテオ・モッテルリーニ

　現代社会はリスク社会と呼ばれる。リスク社会では、人々はリスクに対する決定を迫られ、かつその決定もリスクとなる。つまり、あらゆる決定がリスクとなり、現代社会においてはいたるところにリスクが潜んでいることになる。こうした状況の下、リスクの観点から様々な事象を分析するリスク論（学）という学問領域が登場した。リスクの蔓延により、多くの学問分野においてもリスクが見出されることとなり、様々な学問がリスク論の考察対象となる可能性が出てきた。そのため、憲法（学）もリスク論の分析対象となりうる。しかし、「憲法とリスク」という大きなタイトルを冠した場合、そこでは何を検討することになるのだろうか。

　それを考えるためには、まず、リスク論でいうところのリスクとは何かを明らかにする必要がある。リスクとは決定にまつわる損害（可能性）のことであり、かようにリスクを捉えるアプローチ自体は憲法とリスクの関係を考察する場合でも変わらない。したがって、統治や人権に関する憲法問題につきそこで行われる決定にまつわるリスクを分析していくことが「憲法とリスク」の基本的枠組となる。

　憲法とリスクの問題を検討する場合、統治構造に光を当てたマクロのリスクと個別の憲法問題に着目するミクロのリスクに分けられる。統治構造の問題を最初に考えなければ、個別の憲法問題の解決策を提示することはできないことから、最初にマクロのリスクを検討する必要がある。そこで、本章ではマクロのリスクを取り上げ、それに対するアプローチには予防的立憲主義と最適化立憲主義があることを示し、最適化立憲主義が有用であることを指摘する。

序

　「リスク」という言葉は、法学の世界でも使われるようになっている。たとえば、「訴訟のリスク」や「犯罪のリスク」などはその典型例である。とりわけ、保険法の世界では頻繁に用いられる用語であり、アメリカでは、テロリスク保険法（Terrorism Risk Insurance Act）[1]のように、リスクという言葉が法律の名称になっているほどである。

　法学では、しばしば利益と損害との比較衡量が行われることから、リスクという言葉は馴染みやすいのかもしれない。リスクという言葉は損害可能性を意味するだけでなく、利害を考慮して決定することを迫る言葉だからである。たとえば、『ブラック法律辞典』を引くと、リスクとは、「損害の結果、生じること、又は不確実性。特に、被害の蓋然性の存在や程度」[2]と定義されている。一見すると、損害可能性を示しているだけのようにみえるが、リスクが認識された以上、それに対する決定が法的に問われることになる。そのリスクに対応すべく立法が行われる場合にはそこで様々なリスクが検討されることとなり、立法がなされた場合にはその運用においてまたもやリスクが考慮され、場合によっては裁判となり、そこでもまた比較衡量によりリスク決定の合理性が判断されることになる。また、リスクを認識しておきながら放置すればそれが法的責任として降りかかってくることもある。つまり、リスクは静態的な概念ではなく、動態的な概念であるといえる。

　先に挙げた「訴訟のリスク」は、訴訟を起こされるというマイナスの可能性を指すわけであるが、そのリスクにどのように対応するかが問われることとなり、リスクという言葉の先にはリスク対応の決定が暗に求められているのである。

　そうだとすれば、本書のタイトルである「憲法とリスク」はいかなるリスクを示し、またその先にどのようなリスク対応の決定を迫るのだろうか。以下では、リスクの意味を考えながら、「憲法とリスク」の意味を考えることにする。

---

[1] The Terrorism Risk Insurance Act of 2002, Pub. L. No. 107-297, 116 Stat. 2322 (codified in scattered sections of 12, 15, 28 U.S.C.).
[2] BLACK'S LAW DICTIONARY 1442 (9th ed. 2009).

I　リスクのスパイラル

1　リスクの意味

　一般に「リスク」（risk）というと、「危険」（danger）と同一視されることが多い[3]。それでは、危険とは何かというと、それはその名のとおり「危ないこと」であり、損害を生ずるおそれがあることを示している[4]。しかしながら、ベック（Ulrich Beck）のリスク社会論が登場すると、リスクと危険が区別されるようになった[5]。リスク社会論では、将来生じうる不確実な損害的事象のことをリスクという[6]。ただし、文脈によって多少ニュアンスが異なることがある。たとえば、保険の世界では〈損害発生確率×被害程度＝リスク〉という言い方をするが、これはリスクの大きさを表す場面で用いられることが多い。また、ベックが、「予見できない結果を、予見可能、制御可能にするよう試みること」[7]がリスクであると述べているように、リスク概念の本来的意義を明らかにする意味で使うこともある。

　いずれにせよ、リスク社会論でいうところの「リスク」は「危険」とは異なる。なぜなら、社会が危険を克服しようと試みた結果、新たに登場したのがリスクだからである。リスクと危険の違いはナセヒ（Armin Nassehi）が指摘するように、将来起きるかどうかが不確実な損害についてそれに影響を与える決定をできるか否かが大きな分岐点になる[8]。危険は意思決定によりその損害を避けることができないため、自然発生的で、損害を被る蓋然性が高

---

[3]　新村出編『広辞苑〔第6版〕』2944頁（岩波書店、2008年。以下、『広辞苑』という）。広辞苑によれば、リスクは「①危険」と説明されている。

[4]　『広辞苑』前掲注（3）669頁。

[5]　ウルリヒ・ベック（東廉＝伊藤美登里訳）『危険社会―新しい近代への道』462-464頁（法政大学出版局、1998年。以下、『危険社会』という）。なお、「訳者あとがき」では、ベックのいうリスク社会は社会が人工的に生み出した危険こそがリスクであると指摘した上で、ベック自身が必ずしもドイツ語のRisiko（英語のrisk）とGefahr（英語のdanger）を区別していないこと、またリスクとルビをふると経済やビジネスにおける意味合いに限定されてしまうおそれがあることなどから、あえてRisikoを「危険」と訳したことが説明されている。

[6]　アルミン・ナセヒ「リスク回避と時間処理」土方透＝アルミン・ナセヒ編『リスク―制御のパラドクス』18頁、20-21頁（新泉社、2002年。以下、『リスク』という）。

[7]　ウルリッヒ・ベック（島村賢一訳）『世界リスク社会論―テロ、戦争、自然破壊』27頁（筑摩書房、2010年）。

[8]　ナセヒ「リスク回避と時間処理」『リスク』前掲注（6）29頁。

く、意思決定による制御が難しい損害を発生させるものを指す。一方、危険と対比される意味でのリスクは、損害を被る蓋然性が低く、意思決定によりある程度対応可能な損害的事象を表す。

つまり、危険はまさに危ない事象であり、損害発生の蓋然性が高い。たとえば常温で放置して腐ってしまった生ものを食べれば食中毒になる可能性が高い。これは危険に該当するケースである。損害が発生する可能性が高く、しかもその行為（不作為の場合もある）を行う限り損害を避けることができないのが危険なのである。

ところが、最近では、保存料等を添加することにより、食品の腐敗はかなり抑えられるようになった。もっとも、添加物を摂取しすぎると、発がん性が高まったりホルモン異常をきたしたりする可能性があると指摘されている。ただし、その真偽は必ずしも定かではない。これが、リスクである。つまり、損害を避けることが可能になったが、それにより別の損害発生の可能性が生じ、しかもその損害発生の可能性は不確かなのがリスクという事象なのである。

このようなリスクと危険の違いは、歴史的展開をみるとわかりやすい[9]。近代以前の社会は技術が未発達で、生活が自然の脅威にさらされることが多かった。自然の脅威は危険として認識され、人為的に操作できないものと考えられた。つまり、危険を予測することはできても、それを制御する手段を持ち合わせなかったのである。ところが、近代以降、危険として存在してきたものが、産業の発達や人工的技術により、ある程度制御可能なリスクに変わってきた。台風、干ばつ、疫病などといった自然発生的危険に対して、一定の対応が可能になってきたのである。

しかしながら、それはまた逆に不確実な人為的損害を生み出す可能性があり、現代はリスクがリスクを生むというスパイラルなリスク社会を迎えている[10]。たとえば、よく引き合いに出されるのが、感染症とその対策の問題である。かつて猛威をふるった天然痘は、ワクチンの開発（種痘）によってその危険性が大幅に縮減された。しかし、ワクチンは時に重い副作用（種痘後脳炎など）をもたらすことがあった。天然痘という危険がワクチンという

---

(9) 『危険社会』前掲注(5) 21-134頁。
(10) 土方透「リスク戦略」『リスク』前掲注(6) 11頁、12-14頁。

技術によって回避可能な存在となった反面、副作用というリスクを発生させたのである。

ここでは、「確実性」(certainty)あるいは「不確実性」(uncertainty)が両者を区別するポイントになっているが、この言葉も論者によっては使い方が異なるので整理しておく。サンスティン（Cass R. Sunstein）によれば、「損害の結果を予測できるが蓋然性が低いもの」が uncertainty であり、「損害の結果を予測することができ、かつその蓋然性も高いもの」が risk であるという[11]。この区分でいう risk は日本語でいうところの「危険」に該当し、uncertainty が日本語でいうところの「リスク」に該当する。以上のことを踏まえて、本書においては、リスクが「損害の結果を予測できるが蓋然性が低いもの」（損害発生の蓋然性を予測できないものも含む）、危険が「損害の結果を予測することができ、かつその蓋然性も高いもの」として考えていくことにする。

このような意味を持つリスクは決定論に結びつく。なぜなら、Aというリスクと B というリスクが存在する場合、結局、どのリスクを選択するかという問題に行き着くからである。たとえば、徹夜で仕事をすれば締切に間に合うかもしれないという選択肢と、徹夜をすると翌日の仕事に支障が生じてしまうから無理をしないという選択肢があるとする。このとき、前者を選ぶと翌日の仕事の能率性の低下というリスクが、後者を選ぶと締切に間に合わないというリスクがあり、どちらの選択をしてもリスクがある。そのため、リスクは決定論であり、その選択にはコストベネフィット的アプローチが有用であることが多い。

もっとも、リスクという概念は損害発生の蓋然性を確実に予測できないことを前提とすることから、「リスク社会の到来は、自己の行動を合理的に計算し、危険を自ら引き受ける自律的な個人像という近代法の超越論的前提をも覆す可能性を秘める」[12]。そもそも、どのような選択を行うかという問題は、たとえ自分の事であっても、しばしばきわめてやっかいである。日々の食事や服装の選択ですら迷うことが多いのに、病気の治療にまつわる選択を

---

(11) Cass R. Sunstein, Laws of Fear: Beyond the Precautionary Principle 60 (2005). なお、邦訳として、キャス・サンスティーン（角松生史=内野美穂=神戸大学 ELS プログラム訳）『恐怖の法則—予防原則を超えて』（勁草書房、2015年）がある。
(12) 長谷部恭男「国家は撤退したか—序言」ジュリスト1356号2頁、4頁（2008年）。

第1章　憲法とリスク

21

適切にすることができるだろうか。治療の場面では、医師から十分な説明があっても本人がどれを選択することが最善なのかがわからないケースがある。このとき、人々がより良い決定を行えるように誘導するソフトパターナリズムの観点から、国家が個人的決定のリスクを軽減させるためのシステムを設定するという方法がある。ソフトパターナリズムについては後述するが（第2章III）、リスク社会は個人の自己決定にすら国家が関与せざるをえない状況を醸成しつつあることに留意しておく必要がある。

これには、福祉国家の登場が大きく関連している。従来、個人の決定は個人で責任を負うのが当然とされていたが、福祉国家はその構図に変化をもたらした[13]。福祉国家では、リスクが一定の階層や個人に集中することを回避するために損害を分散させる。たとえ事業で選択を誤って無一文になっても、最低限度の生活を営むことが国家によって保障されているのである。そして福祉国家の拡大は様々な生活領域に浸透しつつあり、ソフトパターナリズムの実践につながっていく。

こうした状況は、ある意味、個人の決定を集合的決定に委ねている側面がある。なぜなら、個人は自らの自己決定を適切に行えるシステムの整備につき、自分たちが選んだ政治の決定に任せているからである。しかし、それでは自己決定の本来の姿（個人の自己決定）を歪めてしまうのではないかというパラドックスを抱えることとなり、ここにもリスクが潜んでいる。

また、現時点での福祉国家は現在世代の利益の実現を重視する傾向があり、将来世代の利益が置き去りにされるというリスクを抱えている。とりわけ、予測不能な将来のリスクについては、「決定を下す者と、その決定によって損害を被る者とを分離してしまう」（圏点原書）[14]。たとえば、温暖化のリスクについて対応しなかった場合、将来世代の人々は自分が関与していない決定によって損害を被る結果となるわけである。

このように、リスクは決定論であるものの、決定に内在する問題が山積している。そのため、リスクは、個人の自己決定、そして民主的決定に再考を迫る側面を有しているのである。

---

(13) 小松丈晃『リスク論のルーマン』52-56頁（勁草書房、2003年）。
(14) 小松・前掲注（13）56頁。

2 アメリカのリスク問題

（1） **公共的リスクの登場**　工業化や技術革新が著しい先進国はおしなべてリスク社会に直面している。当然ながら、アメリカもその例にもれずリスク社会を迎えているが、もともとアメリカは早くから保険や金融の分野でリスク管理を行ってきたという特徴がある。これは初期のリスク管理モデルともいえるものであり、たとえば自動車保険はその典型例である。自動車は便利なツールであるが、事故のリスクがある。そこで運転者は、保険に入ることで事故のリスクに対応しようとする。そして保険の支払をめぐる問題が生じた場合には裁判でそれを解決する。そのため、これらのリスクの特徴は、個人的リスクの問題であるという点と、司法の場で因果関係を問うことで責任主体をある程度措定しうるものであったという点が挙げられる。

ところが、その後社会や技術が発展すると、これまで危険とされてきたものがリスクへと転化していく。そしてそれは新たなリスクを生み、リスクのスパイラルを引き起こす。もっとも、人為的行為が引き起こすかもしれない巨大リスク（原発事故など）は、予見不能であるばかりでなく、およそ制御困難ともいえるものであり、意思決定によりある程度損害を軽減できたはずのこれまでのリスクの枠を超えた存在となりつつある。こうしたリスクは、個人の選択によってリスクが生じるというよりも国家または社会が生み出したリスクであり、かつ社会全体で取り組まなければ対応できないものであることから、「公共的リスク」（public risk）と呼ばれる[15]。たとえば、都市化に伴う自然災害のリスクなどがこれに含まれる。このような公共的リスクは、リスクが人工的である以上、責任を問う余地が残されるものの、実際にその責任を明らかにする作業は難しいという問題を抱えることになる[16]。

（2） **公共的リスクと全体的正義──アメリカ的対応**　公共的リスクの責任追及の動きについては、フリードマン（Lawrence M. Friedman）のいう「全体的正義」（total justice）への期待が高まってきたことも関連している[17]。全体的正義は、1960年代頃から社会が発展してリスクを防ぐ技術が存在す

---

(15) Peter Huber, *Safety and the Second Best: The Hazards of Public Risk Management in the Courts,* 85 COLUM. L. REV. 277 (1985).
(16) 長谷部恭男「法律とリスク」長谷部恭男編『リスク学入門3 法律からみたリスク〔新装増補〕』1頁、4-5頁（岩波書店、2013年）。
(17) LAWRENCE M. FRIEDMAN, TOTAL JUSTICE 3-93 (1985).

るようになってきたことから、市民は政府にそれを規制する役割を求めるようになり、それこそが正義の実現になるというものである。こうした正義の実現について、アメリカでは独自の実現プロセスをとっている。

　一般に、多くの国では、リスク対応を第一次的に行うのは政治部門であり、とりわけ機能性や実効性に優れた執行府[18]が担うシステムになっている。とくにアメリカは大統領がリーダーシップを発揮してリスク対策を行うことが多く、統治構造としてもそれが可能なシステムになっており、またその役割を担うことが期待されている。ただし、アメリカでは司法が公共的リスクに対応する役割を担ってきた点も忘れてはならない。

　とくに政治部門が積極的なリスク対応を行わない場合に、司法がリスク対策を促す役割を果たすこともあるからである。それがR・ケイガン（Robert A. Kagan）のいう当事者対抗的リーガリズムである[19]。R・ケイガンによれば、アメリカでは訴訟を通じて司法が政治に制度構築を働きかける特徴があり、それが社会を形成しているという。実は、当事者対抗的リーガリズムが全体的正義の背景にあり、環境訴訟や懲罰的損害賠償はその典型例であるというわけである。それゆえ、公共的リスクに対しても、司法過程を経て、それから政治的に対応されるというプロセスを経るのである。

　ところが、21世紀のリスクは、テロの脅威に代表されるように、市民が執行府に迅速なリスク対策を要望するようになり、以前に増して執行府がリスク対策を主導するようになった。

3　21世紀のリスク——G・W・ブッシュ政権のリスク対応

　（1）　crisis——2つのリスクの襲来　　それでは、21世紀のリスク社会において、アメリカはどのような対応を行ってきたのだろうか。アメリカは21世紀に入って主に2つのリスクに直面したといえる。すなわち、グローバリズム（globalism）とテロリズム（terrorism）である。グローバリズムについては21世紀に入る前からその波が押し寄せていたが、21世紀に入ると一気に加速した。それは、G・W・ブッシュ（George W. Bush）政権が新自

---

[18]　一般に、政治的領域を含む概念は執行、管理運営的事務を指す概念は行政とされる。なお、本書における用語の使い方については、第2章 I-1(1)を参照。
[19]　ロバート・A・ケイガン（北村喜宣ほか訳）『アメリカ社会の法動態——多元社会アメリカと当事者対抗的リーガリズム』66-93頁（慈学社、2007年）。

由主義的経済路線をとったことにも起因するが、それと同時に、外国企業やグローバル企業が押し寄せ、金融、労働、食糧など、様々な分野のマーケットがグローバル化し、多くの移民が押し寄せることになったこととも関係がある。ここでとくに問題となるのは、労働力としての不法移民の増加とグローバル資本による国家への影響力の増大である。その結果、相対的に国家の統治能力に対する信頼が弱まり、国民国家が岐路に立たされている。

　もう1つのリスクは、アメリカのみならず、世界にも大きなインパクトを与えたテロリズムであった。世界一の軍事力を誇るはずのアメリカが民間航空機を使った自爆テロを防げなかったという事実は、めったに国内で攻撃を受けたことのないアメリカにとっては大変にショッキングな出来事であり、安全保障のあり方を大きく見つめ直さざるをえない状況に直面したのである。

　この2つのリスクは連動的でもある。ベックによれば、テロリズムによる危機が国家の単独行動では解決しえない課題を突きつけることとなり、それに対応しようとすることでもたらされる国家間の境界線の稀薄化はグローバル化を促進し、国家の存立基盤を揺るがすことになるという[20]。つまり、テロの脅威は国家に対するリスクのみならず、グローバル化による国家のリスクをもたらしているのである。

　(2)　prescription　このようなリスクに直面したG・W・ブッシュ政権がとった戦略は、内向きのナショナリズム（nationalism）と単独主義的なユニラテラリズム（unilateralism）であった。G・W・ブッシュ大統領は、移民規制が国民国家の維持、かつ有効なテロ対策になると考え、様々な規制に乗り出していった。具体的には、愛国者法[21]によるテロリストと認定された外国人の拘束期間の延長、Real ID法[22]による不法移民に対する免許証発行の禁止、移民審判の非公開指令[23]、敵性外国人を裁く軍事委員会[24]など

---

(20)　ウルリッヒ・ベック（島村賢一訳）『ナショナリズムの超克―グローバル時代の世界政治経済学』210-211頁（NTT出版、2008年）。
(21)　The Uniting and Strengthening America by Providing Appropriate Tools Required to Intercept and Obstruct Terrorism Act of 2001, Pub. L. No. 107-56, 115 Stat. 272.
(22)　The Real ID Act of 2005, Pub. L. No. 109-13, 119 Stat. 302.
(23)　*Memorandum from Chief Immigration Judge Michael Creppy, to Immigration Court Judges and Court Administrators, available at* http://archive.aclu.org/court/creppy_memo.pdf（last visited July 7, 2012）.
(24)　Military Order of November 13, 2001, Detention, Treatment, and Trial of Certain. Non-Citizens in the War Against Terrorism, 66 Fed. Reg. 57, 833 (Nov. 16, 2001).

の対策を行った[25]。

また、G・W・ブッシュ大統領はテロ対策について他権の協力を仰がずに単独で行動することが多く、他の機関にできるだけ情報を流さないようにした[26]。このような単独的・排他的なユニラテラリズムは、憲法の執行権条項や軍事総司令官条項を基に展開され、他権がそれに口を出すことを拒絶したのである。そのため、時には法律違反の行為を行うこともあり、2005年のNSA盗聴事件はその典型例であるといえる。NSA盗聴事件とは、G・W・ブッシュ大統領が2002年から国家安全保障局（National Security Agency: NSA）に国内と海外との通信を盗聴させていたもので、2005年にニューヨークタイムズが暴露したことで発覚したものである（第4章参照）。外国諜報活動偵察法（Foreign Intelligence Surveillance Act: FISA）[27]によって、通信傍受を行うためには特別裁判所の令状が必要とされていたが、G・W・ブッシュ大統領はそうした法律上の手続を一切無視してNSAに盗聴を行わせていた。

（3）side effect――別のリスクの喚起　しかしながら、このような大統領の権限行使は、主に2つの副作用（リスク）をもたらしてしまう。その1つが内部分裂である。まずは、党派的分裂が挙げられる。G・W・ブッシュ政権は与党が議会の多数派を占める統合政府（unified government）だったことから、民主党の主張に十分耳を傾けないまま共和党中心の政策を突き進めた。そのため、共和党と民主党との間に大きな溝が生まれてしまった。つぎに、人種的分裂を挙げることができる。移民規制のターゲットとなったのは、イスラム系のみならず、不法移民の多いヒスパニック系であった。とくに、ヒスパニック系の人口増加は近年目を見張るものがあるため、かれらの政権に対する反発はアメリカを分裂させる大きな要因となってきたのである。

それから、もう1つの副作用は法の支配が歪められてしまうという問題である。先のNSA盗聴事件は、通信傍受を規律する法律であるFISAの規定を無視して行われた。これは明らかに法の支配を歪める行為である。これに

---

[25] その他にも、経済的制裁やテロ組織支援規制など、様々な規制が行われており、反テロ法という分野ができたといえる。*See* JIMMY GURULÉ AND GEOFFREY S. CORN, PRINCIPLES OF COUNTER-TERRORISM LAW (2011).

[26] Michael P. Allen, *George W. Bush and the Nature of Executive Authority: The Role of Courts in a Time of Constitutional Change*, 72 BROOKLYN L. REV. 871 (2007).

[27] The Foreign Intelligence Surveillance Act of 1978, 50 U.S.C. §1801 et seq.

対し、G・W・ブッシュ政権は、大統領の憲法上の権限として正当化されるのだから、違法ではないと反論した。アメリカ自由人権協会（American Civil Liberty Union: ACLU）が訴訟を提起し裁判にまで発展したが、連邦高裁は当事者適格の問題で切り捨ててしまい、連邦最高裁も裁量上訴を認めなかったので、事実上この違法行為に対する司法的統制はかけられていない[28]。

また、グアンタナモ基地収容所は、アメリカ国内ではないという特殊性を利用して、通常の刑事手続を経ずに収容・尋問ができる場となっている。つまり、法の支配の届かない領域でテロ対策を行っているわけである。しかし、そこでは拷問まがいのことが行われていたのではないかという疑惑があり、さらに通常の裁判手続ではなく軍事法廷で収容者の審理が進められるため、人身保護令状を求める裁判がいくつも提起された。

このように、G・W・ブッシュ大統領の権限行使は、リスクに対応しようとする反面、法の支配の歪みや人権問題など、新たなリスクを引き起こしてしまった。

4　リスクのスパイラル

（1）　危機対応とリスク対応——大統領のイニシアティブ　もともとアメリカでは、国家が危機に直面したとき、大統領がイニシアティブをとって対応してきた[29]。高度な民主的正統性を有し、実効的権限を持つ大統領は、三権の中で最も効果的に国家の危機に対応できる機関だったからである。その対応には、憲法秩序に大きな影響を与え、法の支配を無視するようなものもあった。その後、危機が収束に向かうと、大統領は国家の再生に向けて行動する。卑近な例としては、南北分裂の問題を挙げることができる[30]。リンカーン（Abraham Lincoln）大統領は南北分裂の危機を打開するために戦争にまで踏み込んだわけであるが、それはなんとか合衆国を維持するにとどまり、戦後もなお南北間の亀裂は大きく、その後の状況次第では再分裂に向かう危険があった。そのため、後を継いだA・ジョンソン（Andrew Johnson）大統

---

(28)　ACLU v. NSA, 493 F. 3d 644 (6th Cir. 2007), *cert. denied*, 128 S. Ct. 1334 (2008).

(29)　Stephen M. Johnson, *Disclosing the President's Role in Rulemaking: A Critique of the Reform Proposals*, 60 CATH. U. L. REV. 1003 (2011). 危機的状況に直面したとき、連邦議会ではなく、大統領が対応してきたという歴史的事実があるとされる。

(30)　BRUCE ACKERMAN, WE THE PEOPLE, VOL. 2: TRANSFORMATIONS 120-252 (1998) [hereinafter ACKERMAN VOL. 2].

領は、連邦議会にて南北間の妥協をはかりながら、国家の再建を目指したという歴史的経緯がある。

ただし、従来の危機対応はまさに目の前にある「危険」に対する対応が多く、予測不可能な「リスク」に対するものとは趣を異にする。そのため、20世紀中盤から登場した公共的リスクについては、執行府がリスク対策を行わない場合に、司法が問題喚起を行う役割を果たすこともあった。ところが、21世紀型のリスクは、執行府が単独でリスク対応を行う状況を創出した。とりわけ、G・W・ブッシュ政権が行ったリスク対策は人権に対するリスクを生み出した。

(2) **オバマ大統領の対応**　G・W・ブッシュ政権が生み出した人権等のリスクに対し、立法府や司法府も一定の対応を行ったが、踏み込んだ統制をかけることはできず、法の支配の後退に十分な歯止めをかけることができなかった[31]。そのため、執行府が生み出したリスクは執行府自らがその尻ぬぐいをすることとなり、オバマ（Barack Obama）政権がG・W・ブッシュ政権の残したリスクへの対応に追われることとなった。

ただし、オバマ政権がどこまで対応できたかというと、検討の余地がある。まず、執行命令13491号ではG・W・ブッシュ前大統領が出した執行命令13440号を廃止し、法律や条約に基づき、グアンタナモ基地収容所の被拘禁者を人道的に扱わなければならないとした[32]。また、CIAが独自に設けた拘禁施設を速やかに廃止し、将来的にも使用してはならないとした上で、尋問に関する特別戦略部門を設けて尋問のあり方を調査させることにした[33]。つぎに、執行命令13492号では、この命令が出てから1年以内に、速やかにグアンタナモ基地収容所を閉鎖し、なお残っている被拘禁者がいる場合には本国か第三国、またはアメリカの別の拘禁施設に移送するとした[34]。そし

---

(31) グアンタナモ基地収容所における人身保護令状の問題については、立法府がMCA（Military Commissions Act）を制定して人身保護令状の停止を法定したが、司法府はBoumediene v. Bush, 553 U.S. 723 (2008) においてDTA（Detainee Treatment Act）による人身保護令状の代替手段が適切でないとしてMCAによる停止を違憲とした。MCAは人身保護令状の停止を法定したという意味では法の網をかけたといえるが、その内容は執行府の人身保護令状の停止要請を認めるものであり、司法の判断も手続の最低ラインを守っただけであるため、グアンタナモ基地収容所自体が違憲となったわけではない。

(32) 74 Fed. Reg. 4893-4894, §§1-3.
(33) 74 Fed. Reg. 4894-4896, §§4-5.
(34) 74 Fed. Reg. 4898, §3.

て、執行命令13493号では、拘禁等に関する特別戦略部門を設置し、拘禁が合法的に行われているかどうかをチェックすることになった[35]。

この中の目玉政策はやはりグアンタナモ基地収容所の閉鎖であるが、期限を定めて閉鎖する方針を打ち出したにもかかわらず、結局、一期目の間に閉鎖を実現できなかった。依然としてテロの脅威が残っていることや、移転先の確保が難しいことを考慮すると、閉鎖に踏み切るのは現実的ではなかったからである。ゆえに、オバマ大統領が掲げた公約はG・W・ブッシュ政権に対するオーバーリアクションだったとも指摘される[36]。

とりわけ、連邦議会は地元民の意思を考慮して、収容所の国内移転に猛反対した。そのため、基地移転に必要な予算について、連邦議会の承認を得ることができなかった[37]。つまり、大統領命令によって閉鎖に向けて動き出そうとしたが、予算という壁を前に立ち往生してしまったわけである。連邦議会は、2009年、民主党が過半数を握る上院ですら、国内移転に連邦費用を支出することを禁じる決議[38]を採択し、2010年には国内移転に用いてはならないことを明記して国防予算を成立させている[39]。

このように、グアンタナモ基地収容所をめぐる問題は、大統領がリスク対策として収容所を設置したが、法の支配や人権侵害のリスクという問題に対処しなければならなくなり、その新たなリスクに対応できなくなっている状況に陥ってしまったといえる。このことは、リスクのスパイラルを示すとともに、憲法とリスクの問題が2つの分野に分けられることを示唆している。すなわち、執行府の単独行動や権限拡大が統治構造を揺るがしてしまうのではないかというマクロのリスクの問題と、収容所の設置が人権侵害を引き起こしてしまうのではないかという個別のミクロのリスクの問題である。

---

(35) 74 Fed. Reg. 4901-4902, §1.
(36) Tung Yin, *President Obama's First Two Years: A Legal Reflection: "Anything" But Bush?: The Obama Administration and Guantanamo Bay*, 34 HARV. J. L. & PUB. POL'Y 453, 475-481 (2011).
(37) Erin B. Corcoran, *Obama's Failed Attempt to Close Gitmo: Why Executive Orders Can't Bring About Systemic Change*, 9 U.N.H. L. REV. 207, 212 (2011).
(38) 155 CONG. REC. S5766 (daily ed. May 20, 2009).
(39) The Ike Skelton National Defense Authorization Act for Fiscal Year 2011, Pub. L. No. 111-383, 124 Stat. 4137.

II　現代立憲主義とリスク問題

　このように、憲法とリスクの問題は、マクロのリスク論とミクロのリスク論とに大別される。マクロのリスク論は、憲法が存在する意味や憲法の統治構造に光を当てながらリスクを論じることである。すなわち、人権保障や権力分立などの立憲主義のプロジェクトを実現するためのシステムが統治構造であるとみなして、そこに立憲主義が破壊されてしまうリスクを回避するための方策が盛り込まれていると考える。ただし、従来の議論が司法に対象をしぼって考えてきたのに対し、リスク社会を迎え、行政国家が前提となっている現代においては、司法以外に政治部門もその対象となる。一方、ミクロのリスク論は、個別のリスクの問題について、どのように対応していくべきかを考えるものである。これについても従来は、自由と安全というテーマに限定される傾向があったが、リスク社会に直面する現代においては様々なテーマが対象となりうる。

1　予防的立憲主義

　ヴァーミュール（Adrian Vermeule）によれば、憲法は、政治的リスクの規制と対応のための装置として最もよく理解することができ、このことはアメリカに限らず立憲民主政を採用している国にとって共通にいえることであるという[40]。

　これを説明するために、ヴァーミュールは、憲法に関するリスクを一次的リスクと二次的リスクとに分ける[41]。一次的リスクとは、通常のリスクのことである。たとえば、金融恐慌や財政破綻のような経済的リスクから、テロのような暴力的リスクまで、一般に存在する様々なリスクがこれに当たる（本書でいうところのミクロのリスク）。一方、二次的リスクとは、制度設計、一次的リスクに対応するための権力配分、公務員の選定から生じるリスクのことをいう（本書でいうところのマクロのリスク）。この二次的リスクこそが、政治的リスクであり、憲法の統治構造のリスクはこうした政治的リスクとし

---

(40) Adrian Vermeule, The Constitution of Risk 2 (2014).
(41) Id. at 3-4.

て捉えられる。

　もっとも、憲法は一次的リスクを扱わないわけではなく、健康、安全、環境などのリスクにも対応する。たとえば、国民の安全を守るために国を防衛することなどがその例である。ただし、憲法の特徴は、やはり制度設計や権力配分などによる二次的ルールを提示する点にあり、これが憲法のメインテーマとなるという。

　ヴァーミュールは、二次的リスクの憲法論として、まず「予防的立憲主義」（precautionary constitutionalism）の概念を取り上げる[42]。予防的立憲主義によれば、憲法規範は、独裁や圧政、少数者の権利侵害が行われてしまうリスクに対して、予防線を張っておくものとみなされる。そのため、政治システムは最悪のシナリオ（専制）を防止するためのものと考えられる。

　ヴァーミュールによれば、予防的立憲主義は古代アテネの時代にもみられたという[43]。アテネでは、①くじ引き、ローテーション、協働、②追放、③異議申立などの制度が存在し、専制を防止する統治構造が設定されていた。

　予防的立憲主義の内容を理解するためには、まず憲法制定者がそのような意図を有していたことを明らかにし、それから個別の憲法原理に予防的性格が埋め込まれていることを確認することが必要になる。

　ヴァーミュールによれば、憲法起草時、アメリカではフェデラリストと反フェデラリストの両方とも、政府権力の濫用を懸念し、自由を確保するために政府権力のチェックが必要であると考えていたことから、予防的見解を構想していたという[44]。また、ヴァーミュールは、イギリスの哲学者であるヒューム（David Hume）が政治システムを考えるときはあらゆる人がならず者だと想定すべきであると主張したが、この「ならず者原理」（knavery principle）も政府権力に対する懐疑を示したものであり、予防の必要性を喚起したものと考えられるとする。

　ヴァーミュールはさらに、1787年の憲法会議においても予防的立憲主義を含意した問題が議論されたことを取り上げる。まず、単一執行府論の問題が挙げられる。専制の防止という観点から、執行府の長を独任制にするか合

---

(42)　Id. at 27-51.
(43)　Adriaan Lanni and Adrian Vermeule, *Precautionary Constitutionalism in Ancient Athens*, 34 CARDOZO L. REV. 893 (2013).
(44)　VERMEULE, *supra* note 40, at 29-34.

議制にするかについて激しい議論が交わされた。最終的には独任制となったが、君主による専制を防ごうとする点においては独任制の主張者も合議制の主張者も考えを共有していた。次に権力分立がある。権力の分割と、抑制と均衡を制度化することで権力の集中と濫用を防ごうとしたのである。そしてヴァーミュールは、憲法による人権保障が議論されたことも予防的立憲主義の表れであるとする。権力が濫用されて人権が侵害されないように、憲法で人権保障を行う必要があるからである。さらに、軍事権や緊急事態権限をめぐる議論も、専制国家にならないようにするためのものであったという。

このような憲法原理を解釈する場合、まさしく予防的立憲主義に適うような方法で解釈しなければならないことになる。まず、政治的リスクが生じないようにするために、厳格な、または狭い解釈を行うことが基本となる。とくに連邦制や人権規定については厳密な解釈が要請される。

州の権限に関する厳格解釈としては、タッカーズルール（Tucker's Rule）が挙げられる。タッカーズルールとは、憲法は「昔からの州の権限が問題となっているあらゆるケースにおいて、厳格に解釈されなければならない」[45]とするものであり、連邦権限が州の主権や独立を侵すことを認めるような解釈をしてはならないという帰結が導かれる。また、人権については、過剰保護と過少保護のいずれかであれば、過剰保護の解釈を行った方が人権に対する侵害の程度が低いことから、過剰保護となるような解釈をすべきであるということになる。

個別の分野においても、予防的立憲主義を唱える見解が少なくない[46]。大統領のテロ対策の問題につき、アッカーマン（Bruce A. Ackerman）の提示するエスカレーター式多数決主義（supermajoritarian escalator）は、緊急性が薄まるにつれて徐々に執行府の権限行使に対する立法的統制の度合いを高めていくというものであるから、執行府の権限に対して予防的対応をしているといえる。このように、ヴァーミュールはアメリカにおいて予防的立憲主義の下地ができていることを確認している。

---

(45) Kurt T. Lash, *"Tucker's Rule": St. George Tucker and the Limited Construction of Federal Power*, 47 WM. & MARY L. REV. 1343, 1346 (2006).

(46) VERMEULE, *supra* note 40, at 38-42.

2 最適化立憲主義

しかしながら、ヴァーミュールによれば、あらゆる政治的リスクについて予防的に対応できるわけではなく、そもそも憲法規範のすべてが予防的性格を有しているとは限らない。予防的立憲主義は、公権力の行使によるメリットを考慮しておらず、権力濫用のデメリットばかりをみている。憲法に関するリスクについては、ケースバイケースで対応を行う必要があり、バランスのとれたものでなければならないという。

そこでヴァーミュールは、経済学者のハーシュマン（Albert O. Hirschman）が著した『反動のレトリック』[47]を参考にしながら、「最適化立憲主義」（Optimizing Constitutionalism）を提示する[48]。すなわち、予防的立憲主義のように最初から特定のリスクに対する防御のみを考えるのではなく、様々なリスクを考慮して最適な決定を行う最適化立憲主義が重要であるとするのである。

ヴァーミュールは、ハーシュマンの議論を基に予防的立憲主義が抱える4つの問題点を指摘する[49]。第1に、予防を提示するだけでは目的を達成できないという点である。たとえば、各アクターに予防へのインセンティブがなければ予防目的を達成することは難しい。第2に、予防は対抗的利益を十分考慮していない点である。リスク対策によって生じるコストが大きいとリスク対策をとらない方が良い方法であるかもしれないにもかかわらず、予防はそれに目を向けないという問題である。第3に、その硬直性ゆえに予防すべきリスクを過大評価してしまうという点である。特定の憲法価値を墨守しようとする結果、他の価値を考慮できないという問題が生じる。第4に、事後の救済を考慮しないという点である。一般的な事前予防にとらわれるあまり、個別具体的に事後的な救済を行う視点を欠いてしまうという問題である。

ヴァーミュールはこれらの課題を乗り越えるために、リスクの最適化をはかるべきであるとする。たとえば、常備軍を導入すべきか否かという問題を考えてみる。憲法を起草するにあたり、常備軍を設けるかどうかが物議をかもしていたが、ストーリー（Joseph Story）やマディソン（James Madison）

---

(47) ALBERT O. HIRSCHMAN, THE RHETORIC OF REACTION (1991). 邦訳として、アルバート・O・ハーシュマン（岩崎稔訳）『反動のレトリック―逆転、無益、危険性』（法政大学出版局、1997年）。
(48) VERMEULE, *supra* note 40, at 52-53.
(49) *Id.* at 53-76.

の意見をみるとわかるように、この問題については得られる利益と失われる利益とのバランシングが重要である。ヴァーミュールによれば、ストーリーは、常備軍が危険な存在であることは事実だが、常備軍がないと別の意味で危険になることも事実であり、このジレンマの解決方法としては常備軍が不当に使用されていないかをチェックするのが妥当であると考えていた、という。また、マディソンも、常備軍は危険であると同時に必要な存在であり、賢明な選択を行うためにはあらゆる考慮を行わなければならないとしていた。このように、ヴァーミュールは、憲法起草時において最適化の考え方も採用されていたというのである。

そのため、最適化立憲主義を実践するためには、①作為または不作為のいずれもがリスクを有している場合、可能な限りそれぞれのリスクを分析すべきであること、②いずれかを選択した結果の悪影響が確実には認識できない場合であっても、最悪の事態がつねに起こるとは限らないことを押さえておく必要がある。

また、憲法が抱えるリスクへの対応については、専門家による判断がもたらすリスクに代わるものとして、熟議による方法が提示されることがある。もっとも、ヴァーミュールは、最適化立憲主義においては熟議がもたらすリスクについても最適化の対象になるとしている[50]。

3　最適化立憲主義の是非

ヴァーミュールが提示する最適化立憲主義は、権力濫用の防止という統治に関する憲法の実体的価値を相対化する側面があることから、一見すると、権力分立による権力の濫用防止を主眼としてきた近代立憲主義と相容れない可能性がある。アメリカにおいては、連邦最高裁も、統治構造の基本的枠組を揺るがすような行為に対しては厳しくチェックしてきたように思える。たとえば、連邦最高裁は憲法が定める立法形成過程について、それを歪めるような行為は違憲だとしている。アメリカの立法形成過程は、憲法により、両院の過半数の議決と大統領の署名が要件となっており、大統領は拒否権を有し、さらに両院は3分の2の議決で拒否権を覆すことができる仕組みになっている。連邦議会が拒否権を行使されないように様々な内容を包括的に盛り

---

(50) *Id.* at 141-162.

込む法案に業を煮やしたクリントン（William J. Clinton）大統領が法案の項目別に拒否権を行使するという対抗策に出たことが裁判になった際、連邦最高裁は立法形成過程を歪めるものとして違憲判断を下した⁽⁵¹⁾。連邦最高裁は統治構造の基本的枠組を歪める行為を権力分立違反としているので、権力濫用に対する厳しい姿勢を打ち出しているようにもみえる。

　他方で、連邦最高裁は各機関の専権事項を尊重する傾向にあることからすると、機能的権限配分を重視し、最適化立憲主義をとってきたようにもみえる。たとえば、連邦最高裁は、権限配分規定に基づき、軍事や外交に関する執行府の権限を尊重してきた⁽⁵²⁾。また、最近では、大統領の休会任命の合憲性が問題になった裁判で、連邦最高裁は休会任命権の行使については大統領の裁量を認めつつ、いつ休会にするかの決定については上院の裁量を尊重している⁽⁵³⁾。

　もっとも、いずれのパターンにしても、司法が行ってきたのは事後的対応であり、予防（将来の専制予防）のために行っているわけではないことに注意が必要である。もちろん、予防的要素が内在している可能性はあるが、あくまで判断の基本は当該事件への対応であり、将来の懸念がそれに取って代わっているわけではない。

　むしろ、予防的立憲主義を前面に打ち出すことは、司法の役割を大きく変貌させることになり、権力分立に大きな影響を生じることからすれば、それこそ近代立憲主義と相反する側面があることになろう。

　ヴァーミュールによれば、最適化立憲主義に対しては、あらゆるリスクを考慮すべきというのは理想論にすぎず、むしろ現実の決定者は偏見等に満ちた判断をするのではないかという批判があるという⁽⁵⁴⁾。これに対してヴァーミュールは、そうした批判は予防的立憲主義にも当てはまるはずであり、最適化立憲主義だけが負うべき欠点ではないと反論する。ヴァーミュールのいうように、リスク考慮を行う際、どこまで考慮できるかについては限界がある。このとき、重要なのは、各機関が機能的能力に応じたリスク考慮を行

---

(51) Clinton v. City of New York, 524 U.S. 417 (1998). 項目別拒否権と権力分立に関する分析として、川岸令和「現代立憲主義の一局面―項目別拒否権と権力分立論」早稲田政治経済学雑誌341号331頁（2000年）を参照。
(52) See, e.g., United States v. Nixon, 418 U.S. 683 (1974).
(53) NLRB v. Noel Canning, 134 S. Ct. 2550 (2014).
(54) Vermeule, supra note 40, at 80-81.

ったかという点であろう[55]。

　また、二次的リスクの中には法の支配への挑戦という憲法の重要な原理に関わるリスクが存在することにも、目を向ける必要がある。シャウアー（Frederick Schauer）は、政治家や上級公務員が憲法違反や法律違反の行為を行う場合に考慮している要素を抽出し、そこでは法的要素ではなく、様々な政治的リスクを考慮していると指摘する[56]。つまり、法的制裁から免責されている者は法に従わなくなるということがどれほどの政治的リスクを抱えるか、ということを重視しているというわけである。ここでは、政治的リスクについての最適化が行われているわけであるが、それは憲法の統治構造を歪める要因にもなりうる。こうした行為を防止するためには、予防的立憲主義の方が適切なのではないかという反論がありえよう。

　もっとも、ここでいう政治的リスクは不服従をする個人にとっての政治的リスクであり、統治構造の政治的リスクそのものを指しているわけではない。また、最適化立憲主義をとったからといって、政治家や上級公務員の法に対する不服従を認めるという帰結を導くわけではなく、最適化立憲主義の批判にはならないように思われる。

　以上の点を考慮すると、予防的立憲主義か最適化立憲主義かのいずれかを選択するとすれば、最適化立憲主義の方が統治構造のリスクへの対応として適切であるように思える。予防的立憲主義は、政府の行為を相当程度縛るものであることから、実効的な統治構造を模索しているとはいえず、さらにそうした事前抑制タイプのアプローチは司法には不向きである。とりわけ、予防的立憲主義を採用すれば、現代行政国家はおよそ認め難い存在となる可能性があり、極論すれば夜警国家に戻ることを要請することになりかねず、現実的なアプローチとはいえないだろう。

　他方、最適化立憲主義は、政府の効果的なリスク対応を可能にし、その統制についても機能的側面に着目して対応することが可能である。したがって、

---

(55)　Recent Publication: The Constitution of Risk, 128 HARV. L. REV. 519 (2014). ヴァーミュールの議論は、憲法は何をなすものなのかという問いを惹起するものである。その意味で、憲法が三権にいかなる権限を与え、三権がその責務を果たす際に適切なリスク考慮を行ったかどうかが問われることとなる。

(56)　Frederick Schauer, *The Political Risks (If any) of Breaking the Law*, 4 J. OF LEGAL ANALYSIS 83 (2012). なお、シャウアーがここで述べている政治的リスクは違法行為を行った者が被る政治的リスクのことであり、ヴァーミュールが述べている二次的リスクとしての政治的リスクとは異なる。

統治構造のリスクというマクロ的問題（ヴァーミュールのいう二次的リスク）は最適化立憲主義の観点から考えるのが適切であると考える。

ヴァーミュールの議論で重要なのは、マクロ的問題とミクロ的問題の区別を行った上で前者の問題が重要であるとした点と、マクロ的問題については最適化立憲主義が適切だとした点である。それでは、最適化立憲主義は、各機関にどのような対応を迫るのであろうか。

III　リスク社会とバランシングアプローチ

1　バランシングアプローチの要請

リスク社会は、今まで以上に、法システムに比較衡量判断を迫ることとなる。ルーマン（Niklas Luhmann）によれば、リスク問題について比較衡量判断が要請されるのはリスクの決定論的性格に起因するという[57]。リスクは決定を迫る。それは、どのような決定を行っても、あるいは決定を行わなくても、何らかのリスクを生じさせる。ゆえに、政治はつねにリスクと向き合う結果となる。

当然ながら、政治の行った決定は政治的責任を伴うことになるが、法システムと連動することで、その決定のリスクを軽減することができる。「政治は、政治自体にとってのリスクを、あるいは政治への関与者にとってのリスクを、政治以外の脈絡へと移行させることによって変化させているのである」[58]。

しかしながら、「政治システム自体が法的規制という形式を選択し、それによって問題を脱政治化し、別のシステムの脈絡へと問題を移し替えているのだから、その限りでは、この決定の合法性について吟味されねばならない」[59]。そのため、政治はその決定を正当化できる法的論理構成を事前に示す準備をしておく必要がある。それさえ準備できていれば、裁判所が政治に不利な判決を下しても、理性的な対応策を練ったという抗弁が成り立つ。

このとき、法的決定は各種利害の比較衡量によって対応せざるをえないが、リスク判断に付随する不確実性が前提となれば、政治の決定に対する非難が

---

[57]　ニクラス・ルーマン（小松丈晃訳）『リスクの社会学』191-200頁（新泉社、2014年）。
[58]　ルーマン・前掲注（57）197頁。
[59]　ルーマン・前掲注（57）196頁。

弱まる可能性がある。「というのは、そうなるとどのみち法的決定はもはや予測しえなくなるからであり、どんなケースにおいても十分な論拠が掲げられるからである」[60]。

　つまり、政治がどのような選択を行ってもリスクが生じるため、政治はそのリスクを法的システムに移行し、法的決定の妥当性を司法に委ねるようになる。なぜなら、リスクの決定は不確実性に基づくのであるから、決定の論拠さえ用意しておけば責任を緩和することができる。ゆえに、リスク決定の不確実性は比較衡量をベースとした法システムの形成をもたらす。政治は法的規制において各種利害の比較衡量を行うこととなり、司法はその判断の合法性を判断するのである。

　このように、リスク社会が比較衡量をベースとした法システムを形成するとすれば、政治および司法にはどのような対応が求められるようになるだろうか。

　ルーマンが指摘するように、政治には決定を法的に正当化する理由を準備しておくことが要請されるようになる。適切な事実認定を行ったことを裏付ける証拠、専門的見地から合理的判断を行ったことを示す証拠、法的に正当な判断であったことを明らかにする証拠などを用意しておく必要がある。これらの要素を踏まえると、政治が法的決定を行う場合には、専門家の判断が不可欠になっていることがわかる。司法判断では法的な観点から決定の合理性が審査されることを踏まえると、とりわけ法律の専門家が果たす役割が重視されることになろう。法制局のみならず、政治家自身が法的素養を身につけていることが望ましくなり、一般行政機関でも法的助言を行う部門を設置することが必要になってこよう。

　また、司法判断で何が考慮されるかを踏まえておかなければならない。それは、形式的および実質的いずれの面にも及ぶと考えられる。形式面とは、判断プロセスの合理性である。たとえば、法令の授権があったかどうか、利害関係人の意見を聴取したかどうか、審議会や専門家の意見を踏まえたかどうか、議論や審議を尽くしたかどうかなどが挙げられる。実質面とは、判断内容の合理性である。たとえば、法令に則った判断が行われたかどうか、比較衡量判断において双方の利害を適切に判断したかどうか、関連して考慮す

---

(60)　ルーマン・前掲注 (57) 197 頁。

べき事項を考慮したかどうか（あるいは考慮すべきでない事項を考慮してしまったかどうか）、事実誤認がなかったかどうか、恣意的な判断が行われなかったかどうかなどが挙げられる。司法過程では、行政事件が主戦場となることが予想されるので、とくに公法関係に優れた人材が必要になってくる。

2　バランシングテストのリスク

　それでは、司法が憲法問題を取り上げるとき、バランシングアプローチを用いることに問題はないのだろうか。人権の利益とそれを制限することによって得られる利益を比較衡量することは、第一次的には政治部門の責務である[61]。

　（1）　**バランシングアプローチ**　　司法の場におけるバランシングアプローチは、一方の利益を優先させるために用いる場合と重要な利益同士を比較する場合とがあるとされる[62]。前者は結論ありきの方法であるため、通常、バランシングアプローチといえば後者を指す。アメリカにおいて連邦最高裁がバランシングアプローチをとり始めたのは、1930年代頃からであるといわれる。20世紀に入り、ホームズ（Oliver W. Holmes, Jr.）判事やブランダイス（Louis D. Brandeis）判事が用いたようなプラグマティックアプローチが採用されるようになり、原理論にとらわれずケースごとに最善の判断を行う手法の素地が作られた。その後、パウンド（Roscoe Pound）の比較衡量論の影響もあり[63]、連邦最高裁はバランシングアプローチを活用するようになったとされる。

　このように司法が本格的にバランシングアプローチを採用し始めたのは20世紀以降のこととされるが、もともとコモン・ローの伝統はあらゆる利益を考慮するものであり、それ以前からバランシングを行ってきたともいえる。

　（2）　**切り札としての権利論との関係**　　しかしながら、人権問題にバランシングアプローチを用いることは、それを制約する公益の方が大きくなる傾向があるので、適切な手法とはいえないのではないかという問題がある[64]。

---

(61)　Stephen Gardbaum, *Limiting Constitutional Rights*, 54 UCLA L. Rev. 789, 810-821 (2007).
(62)　T. Alexander Aleinikoff, *Constitutional Law in the Age of Balancing*, 96 Yale L. J. 943, 946 (1987).
(63)　*See, e.g.*, Roscoe Pound, *Mechanical Jurisprudence*, 8 Colum. L. Rev. 605 (1908); Roscoe Pound, *Liberty of Contract*, 18 Yale L. J. 454 (1909).
(64)　Denise Meyerson, *Why Courts Should Not Balance Rights Against the Public Interest*, 31 Melb. U. L. Rev. 873, 884-893 (2007).

ドゥウォーキン（Ronald Dworkin）は、人権の中には切り札としての役割を果たすものがあり、すべての人権問題を比較衡量で判断するわけにはいかないという(65)。ドゥウォーキンによれば、正義に適った社会であるためには、市民を平等な配慮と尊重に基づいて道徳的な責任主体として取り扱わなければならず、これを確保するための権利が切り札としての権利である。そのため、市民に対して、道徳的責任主体であることを否定するような理由で権利を制約することは許されない。ここでは、制約の理由に着目しているところが特徴である。

もっとも、切り札としての権利論も、道徳的責任主体に関わる権利が問題になっているかどうかという点で権利の重要性を判断し、規制理由がそれを否定するものかどうかという点で規制内容を審査していることから、事実上比較衡量に近いようにもみえる(66)。極論すれば、規制の正当化次第（規制理由が道徳的責任主体を否定するかどうか）で権利の制約が正当化されるという形をとっているようにもみえる。だが、そのような理解は権利を量的問題として把握しており、質を問題とする切り札としての権利とは次元が異なるという反論がなされている(67)。

たしかに、切り札としての権利論が権利の質的側面に着目したものであるとすれば、切り札としての権利論は比較衡量論に還元されないことが理論上観念されるだろう。ただし、実際上の問題として考えると、切り札としての権利が発動されるのは、道徳的責任主体に関する権利が登場し、かつ規制理由がそれを否定する場面でなければならないことから、それはある程度限られているように思われる。

（3）　比較衡量の内実　そもそも第一次的な比較衡量は政治部門が行うと想定されていることから、司法が行う判断はその裁量の逸脱濫用のチェックにすぎず(68)、多くのケースでは、司法は政治部門の裁量を尊重する傾向

---

(65)　ロナルド・ドゥウォーキン（木下毅＝小林公＝野坂泰司訳）『権利論〔増補版〕』xiii 頁、243-274 頁（木鐸社、2003 年）。切り札としての権利については、長谷部恭男『憲法の理性』102 頁（東京大学出版会、2006 年）も参照。
(66)　関連して、「所論によれば、『他人の権利や利益を侵害しているから』という理由による権利制限の場合においては、『切り札としての権利』侵害の問題は生じないとされる。しかし、他者の権利・利益を侵害しているか否かの判断は、衡量によってなされるのではなかろうか」という指摘もある。長尾一紘『基本権解釈と利益衡量の法理』184 頁（中央大学出版部、2012 年）。
(67)　阪口正二郎「憲法上の権利と利益衡量—『シールド』としての権利と『切り札』としての権利」一橋法学 9 巻 3 号 31 頁、57 頁（2010 年）。

にある。さらに、比較衡量の場面では、その時々の状況における利益が量的に大きい方を選択せざるをえないという側面もあり、規制を正当化する公益が重視されることが少なくない。

　そうなると、司法は政治部門の判断を後追いするだけということになり、司法判断の意義を減殺させてしまう可能性がある。そのため、シャウアーは、比較衡量を行うとしても、公益の量的な大きさにとらわれず、権利の性質に応じた重要性を加味して対応すべきであるとしている[69]。他方で、バランシングアプローチは司法判断に必要な基準を示さないことから、司法の裁量を広げすぎてしまうという懸念もある[70]。このように、バランシングアプローチは司法の役割を動揺させてしまう可能性があることに留意しなければならない。

　そこで、司法の役割があらためて問われることになるが、少なくともMarbury v. Madison 連邦最高裁判決[71]に従えば、司法は憲法を含む法の意味を明らかにする機関であり、法令の憲法適合性を判断する役割を担う。ただし、司法は政治部門と比べて民主的正統性が弱いことからすれば、政治部門のように様々な要素を考慮できるわけではなく、あくまで政治部門の判断の合憲性および合法性を審査するにとどまる。そのため、比較衡量を行うとしても、第一次的な比較衡量を行うわけではなく、政治部門の判断を前提として、その合理性を問うことになる[72]。

3　リスクに関する司法判断

　ところが、リスク社会を迎え、政治部門が司法に新たな役割を押しつけようとしていることは、先述のとおりである。政治部門がリスクに関する決定の責任を軽減するために、法的規制を行うことによって、リスクの責任を法的問題へとすり替える。そして、その法的責任は司法の場で争われることになるわけである。

　リスク決定の合理性は、比較衡量で決めざるをえないとすれば、リスク判

---

(68)　Gardbaum, *supra* note 61, at 810-811.
(69)　Frederick Schauer, *A Comment on the Structure of Rights*, 27 GA. L. REV. 415 (1993).
(70)　たとえば、高橋和之「人権論の論証構造―『人権の正当化』論と『人権制限の正当化』論(1)」ジュリスト1421号52頁（2011年）。
(71)　Marbury v. Madison, 5 U.S. 137 (1803).
(72)　RICHARD A. POSNER, LAW, PRAGMATISM, AND DEMOCRACY 369 (2003).

断が関わる法的問題はバランシングアプローチの対象となる。もちろん、ここでも司法は第一次的な比較衡量を行うわけではないが、それはつねに政治部門に対して敬譲的になることを意味するわけではない。リスクの問題は、損害発生確率と被害の大きさが主な考慮要素になるものの、そこでは通時的分析や長期的視野が求められるからである。

　政治部門がリスク対策を行う決定をするとき、そこには時間的問題が生じる。リスク予防の選択をしたということは将来のために決定をしたということである。つまり、現在世代がコストを負担し、自らの将来または将来世代の利益のために決定を行うわけである。そうなると、現在世代の意思を代表する政治部門はそうした予防的決定を行わない可能性がある。なぜなら、有権者の多くは目の前の経済問題に関心があり、将来のリスクを後回しにしがちだからである。

　また、リスクの第一次的判断は、民主的正統性のある連邦議会や大統領のみならず、行政機関も行う。リスクに関する決定は、専門的知見を必要とすることが多く、行政機関はその専門性に基づき多くのリスク判断を行っている。ただし、行政機関は必ずしも中立的立場から専門的判断を行うとは限らず、むしろ政治的指示に従う形で専門的判断を下すことも多い。したがって、行政機関も将来のリスクよりも目の前の利益を重視する可能性が高い。

　一方、司法は、連邦最高裁判事の職が終身であることから、選挙のたびに顔ぶれの入れ替わる可能性がある政治部門と異なり、長期にわたって安定した判断を下すことができる機関である。そのため、司法は長期的観点から判断することが機能上要請されているといえる[73]。その結果、司法は、人権が関わる事件について、目の前にある集合的利益を少数派の利益に当然に優越させるのではなく、憲法の観点から長期的にみて当該決定が望ましいかどうかを判断することが要請される[74]。司法は、人権が絡むリスク問題につき、政治部門や行政機関の行った比較衡量の合理性について、長期的観点か

---

(73) Matthew C. Stephenson, *Legislative Allocation of Delegated Power: Uncertainty, Risk, and the Choice Between Agencies and Courts,* 119 HARV. L. REV. 1035 (2006).

(74) Melissa F. Wasserman, *Deference Asymmetries: Distortions in the Evolution of Regulatory Law,* 93 TEX. L. REV. 625 (2015). ただし、行政機関の判断が明らかに短期的利益に左右されている場合であっても、司法はそれに対して敬譲する傾向にあるという指摘もあり、行政機関の判断すべてに対して司法が長期的判断を行うわけではないことに注意しておかなければならない。もっとも、憲法問題が絡む場合には憲法適合性が問われることから司法は敬譲しないことがあり、これについては第3章で検討する。

ら判断し、政治部門や行政機関の判断を憲法に適合するように秩序づける役割を担うのである。

IV 21世紀におけるマクロのリスク
——9.11以後のアメリカの憲法状況

1 9.11のインパクト

　もっとも、司法は状況次第で政治部門に大幅な敬譲を迫られることがある。その典型が緊急時における政府の対応である。とりわけ、9.11以降、緊急時の常態化ともいえる状況が続いており、アメリカ政府は様々なテロ対策を行っているが、こうした場合に司法はどのように対応すればよいのだろうか。

　テロ対策はしばしば政府の権限を拡大させるというリスクがあるが、それに対して司法は敬譲を迫られることが多い。こうした状況は統治機構に対するリスクをもたらすものであり、最適化立憲主義で対応すると立憲主義を掘り崩す結果になるのではないかという懸念が生じる。そのため、9.11はいかなるマクロのリスクをもたらしたのかを考察しながら、最適化立憲主義の対応可能性を検討する必要がある。

　G・W・ブッシュ大統領は9.11の直後、「テロとの戦争」(war on terrorism)を掲げてテロ対策に乗り出した。アメリカでは、この「戦争」というタームをレトリックとして使うことがしばしばあるが、今回は比喩にとどまっていないところが特徴的である[75]。9.11のような自爆テロでは実行犯自身が消滅することから、もはや実行犯自身を裁くことはできない。そのため、事件の黒幕を見つけ出すことが一層重要になってくるが、そうなると刑事捜査では限界が出てくる。しかし、近代戦争が国家間の紛争を前提とし、始まりや終わりがある程度明確で、原則として軍隊同士の戦いであることからすれば、そうした特徴に欠けるテロはやはり戦争そのものではない。

　このように様々な点で不確実性を伴うテロの問題は、「おそれ」(fear)と密接につながっていることが重要である。通常、リスクに対して市民が抱える感情は「不安」(uneasy)であるが、それが高まると「不確実な」(uncertain)感情に変わり、さらに高じて「おそれ」に転化していく。「おそれ」が

---

(75) Donald H. Rumsfeld, *A New Kind of War*, N. Y. TIMES, Sep. 27, 2001, at A21.

社会に蔓延すると、政治機能や社会機能に支障が生じてしまうことから、この「おそれ」をどのようにコントロールしていくかが民主政治の課題となる。政府はリスク対策を行い、「おそれ」を軽減していかなければならないのである。ところが、G・W・ブッシュ政権は逆に「おそれ」を利用してテロ対策に乗り出すというアプローチをとった。つまり、「おそれの警戒」(fear is fear itself) から「おそれの利用」(fear use) への転換がなされたわけである。その結果、先述したように、「おそれ」に乗じたリスク対策を行うこととなり、憲法的にも政策的にも別のリスクを生じさせる対応がなされた。しかしながら、本章冒頭のエピグラフにあるように、リスク問題に直面したとき、それへの対処に感情が入らざるをえないとすれば、緊急時においても、どれだけ冷静に対処することができるのかが重要になる。換言すれば、一時的な感情による過剰なリスク対策が人権のみならず統治構造に動揺をもたらすおそれがあり、このような対応が適切かどうかを憲法論の観点から検討しなければならないということである。

2　アメリカ憲法理論の対応

このような状況に対し、テロの問題を緊急事態に見立て、テロ固有の問題として対処する議論が現れ始めた。その代表格がアッカーマンの緊急事態憲法である[76]。前述のようにアッカーマンはエスカレーター式の憲法統制を構想し、テロ直後には政府が緊急事態的対応を行い、その後は徐々に立法的統制の程度を強めていくべきであるとする。しかし、アッカーマンの議論には、テロ対策の終了が不確実であるため、緊急事態の終わりがみえず、緊急性に応じた立法的統制が機能するかどうかが不透明だという問題がある。また、アッカーマンの議論は立法的統制をメインにしているため、司法的統制のあり方がみえない。

サンスティンによれば、このような状況下で司法的統制を考える場合、3つの立場が考えられるという[77]。すなわち、「自由貫徹主義」(liberty perfectionism)、「国防原理主義」(national security fundamentalist)、「敬譲モデル」(deference view)、「ミニマリズム」(minimalism)、「プロセス的アプローチ」(process approach) である。

---

(76) Bruce Ackerman, *The Emergency Constitution*, 113 YALE L. J. 1029 (2004).
(77) CASS R. SUNSTEIN, RADICALS IN ROBES 151-173 (2005).

(1)　**自由貫徹主義**　　自由貫徹主義は、緊急時においても平時と同様に、司法府が人権を保護しなければならないと考える見解である。自由貫徹主義の代表者とされるコール（David Cole）は、「我々が"テロとの戦争"に左右されているという事実があっても憲法の基本的原理を変えることにはならない」[78]と主張し、憲法上の権利は緊急事態によって歪められないという立場を堅持している。しかしながら、サンスティンは、この見解は非現実的であるとして切り捨てている。

　(2)　**国防原理主義**　　サンスティンが国防原理主義に位置づけたのは、司法省の法律顧問局（Office of Legal Counsel）の見解である[79]。かれらは、軍事総司令官条項を規範的根拠に据えながら、市民を守る役割は執行府が適任であるという実効性の論理に基づいて主張を展開している。すなわち、軍事総司令官条項が大統領を軍事総司令官に据えていることから、他の機関はその行為に口出しすることができず、大統領の軍事行動は正当なものであることを説く。そして、執行府は国防に関する情報やその行動に関する知識を備えているので、事態に適確に対処することができ、他権はこの行動を評価する能力に欠けているとする。

　しかしながら、サンスティンは国防原理主義についても受けいれられない理論だとする[80]。まず、規範的理由については、軍事総司令官条項は立法府の統制下に置かれているものであって、無制限な裁量を大統領に与えているわけではないとする。なぜなら、立法府には戦争宣言の権限があり、これによらない軍事権限の行使は正当性がないからである。さらに、実際上の理由として、立法府が予算を握っている以上、大統領は勝手な行動を事実上も行使できなくなると指摘している。そして、執行府内部に権限を集中させることによって、集団偏向が生じてしまい、合理的判断ではなく過剰な措置がとられてしまうことを指摘する。このため、国防原理主義は市民の自由に関して行きすぎた措置をとってしまうというのである。

　(3)　**敬譲モデル**　　つぎに、サンスティンが国防原理主義寄りの見解として位置づけるポズナー＝ヴァーミュール（Eric A. Posner and Adrian Vermeule）

---

(78)　David Cole, *Enemy Aliens*, 54 STAN. L. REV. 953, 958 (2002).
(79)　SUNSTEIN, *supra* note 77, at 155.
(80)　*Id.* 163-173.

のアプローチについてみてみる[81]。かれらによると、緊急時における憲法論は、「敬譲モデル」(deference view) と「市民的自由モデル」(civil libertarian view) とに大別される[82]。市民的自由モデルは、緊急時においても、平時と同じように、司法府は市民的自由を保護しなければならないという見解である。したがって、緊急時においても、司法府は政府の行為に敬譲しないことになる。一方、敬譲モデルは、緊急時においては、政府の安全確保のための措置に、司法府は敬譲すべきであるとする。なぜなら、執行府は国防に関する情報を有し、柔軟な対応が可能であることから、緊急時に対応する機関として最も優れているからである。

通常の民主政国家であれば、緊急時において、自由と安全の両方を確保するための最も適切な現実的対応を迫られる。そのとき、各機関がどのように対応すればよいのかを考えるために、かれらはトレードオフ (trade off) 理論を用いる。トレードオフ理論とは、自由と安全および緊急時と平時を動態的に対比させながら、比較衡量を行い、執行府または司法府の役割を考察するというものである。自由と安全を軸とする座標について放物線を描くと、双方の値が最も高まる点が望ましい。だが、これに緊急時と平時という可変軸を挿入すると、自由と安全の調整に関する最適値にも変化が生じる。すなわち、脅威が迫れば安全の価値が高まるため、合理的な政府であれば、自由を減殺して安全を高めるというトレードオフを行うのである。この点、緊急時においても平時と変わらず自由の価値に重点を置く市民的自由モデルは、こうした理論と嚙み合わない[83]。一方、敬譲モデルは、緊急時において高まる安全の重要性に対応して比較衡量を行うことから、適切な対応を行うことができる。そのため、かれらは敬譲モデルを採用すべきとする。

このように、結論としては、緊急時における執行府の判断に対して司法府の敬譲をもたらす見解となっていることから、サンスティンは、ポズナー＝

---

(81) Eric A. Posner and Adrian Vermeule, *Accommodating Emergencies*, 56 STAN. L. REV. 605 (2003).

(82) ERIC A. POSNER & ADRIAN VERMEULE, TERROR IN THE BALANCE: SECURITY, LIBERTY, AND THE COURTS (2007). 書評として、大林啓吾「テロの時代の自由と安全の調整」[2008-1]アメリカ法74頁 (2008年)。

(83) 川岸令和「緊急事態と憲法―アメリカ合衆国における議論を参考にして」憲法理論研究会編『憲法理論叢書15 憲法の変動と改憲問題』89頁、103-104頁 (敬文堂、2007年)。このようなバランシングアプローチに対しては、そもそも「市民的自由のなかには他の利益とのバランスを図ることが当然に予定されていないものもある」という指摘がある。

ヴァーミュールの見解も国防原理主義の親類に含めているようである。もっとも、サンスティンは脚注でかれらを挙げただけで、その見解にまで踏み込まなかったことからわかるように、かれらの見解は必ずしも国防原理主義に合致するというわけではない。しかしながら、サンスティンの控えめな懸念には留意しておくべきである。こうした結論は、緊急時における執行府に対する統制を無力にしてしまうものであり、その結果、統治システム自体の崩壊を招くおそれがあるからである。

　(4)　ミニマリズムとプロセス的アプローチ　こうしてサンスティンは、自由貫徹主義や国防原理主義の欠陥を露呈させた上で、かねてからの自説であるミニマリズムを提唱する[84]。それは、緊急時における三権の役割を考慮しながら、執行府に対する立法的統制および司法的統制を考えるものである。具体的には、①執行府の国防に関する権限行使を立法府が統制する、②市民の自由への制限に当たっては少なくとも公正な手続が確保されなければならない、③司法判断は限定的に行われる、という枠組となる。このように、ミニマリズムでは、立法府の統制に主眼を置きつつ、司法府の役割を最低ラインの確保に限定する点が特徴的である。

　こうしたサンスティンの見解に親和性を持ちながら、実証的観点から、より司法府の機能を限定的に解するものとして、プロセス的アプローチがある。すなわち、緊急時における司法府の役割を権利保護や実体的判断ではなく、正常な決定プロセスの維持に求めるイサカロフ＝ピルデス（Samuel Issacharoff and Richard H. Pildes）の見解である[85]。かれらによれば、このような状況下における司法府の役割は権利の保護や政治部門の決定の合理性に関する実体的判断ではないという。司法府の役割は、政治部門の決定プロセスの維持にあるというのである。

　イサカロフ＝ピルデスによると、危険性の高い事態において司法府は、敬譲モデルまたは市民的自由モデルのいずれもとってこなかったという[86]。そのような状況下において司法府は、制度構造または意思決定過程の維持にその役割を見出す。すなわち、政治過程の決定が正しいプロセスを経てなさ

---

[84]　SUNSTEIN, *supra* note 77, at 175–178.
[85]　Samuel Issacharoff and Richard H. Pildes, *Between Civil Libertarianism and Executive Unilateralism: An Institutional Process Approach to Rights During Wartime*, 5 THEORETICAL INQ. L. 1 (2004).
[86]　*Id.* at 2–9.

れたかどうかという、二次的秩序の維持を判断するのである。アメリカのような大統領制をとる国では、執行府と立法府の選挙母体が異なるため、両者が共働する場合には正しい政治決定がなされたとみなして、司法府もそれを追認する。つまり、執行府の判断に立法府の議決による後押し（endorsement）があれば、司法府はその判断を尊重することになる。だが、執行府の判断のみで立法府の後押しがない場合には、司法府には厳格な審査が要求されるとする。イサカロフ＝ピルデスは、こうして自由と安全の調整がはかられると考えるのである。

イサカロフ＝ピルデスは、こうしたプロセス的アプローチを実証するものとして、人身保護令状をめぐる2つの判例を引き合いに出す[87]。その1つは1866年の Ex Parte Milligan 連邦最高裁判決[88]である。この判決では、リンカーン大統領の命令による人身保護令状の否認に対して、違憲の判断が下された。通常、この判決は人権を擁護した判決としてみなされ、市民的自由モデルの根拠判例の1つとされる。しかしながら、かれらは、Milligan 判決がリンカーン大統領の単独行為に着目して違憲判断を下した点に注目する。この事件では執行府の単独行為であったがゆえに、違憲判断が下されたとするのである。これを1868年の Ex Parte McCardle 連邦最高裁判決[89]と比べることで、かれらの意図が鮮明になる。McCardle 判決は、Milligan 判決同様、人身保護令状の否認が問題となった事件である。だが、係争中に立法府が人身保護令状に関する裁判管轄権を取り上げる法律を制定したため、連邦最高裁は事件を却下してしまい、その結果人身保護令状を認めない結末となった。市民的自由モデルからすれば、本件は Milligan 判決との整合性を欠き、受けいれられないものとなる。ところが、イサカロフ＝ピルデスによると、本件は立法府の追認があったことから、司法府が執行府の行為を認めたというのである。

（5）緊急時におけるマクロのリスクの問題　　ミニマリズムやプロセス的アプローチは、司法は立憲主義にとって不可欠な最低ライン（法律の授権や手続保障）を維持しつつ、それ以外の場面では敬譲を認めるものである。ただし、ミニマリズムやプロセス的アプローチはいずれも司法の役割を限定的

---

(87) *Id.* at 9-19.
(88) Ex Parte Milligan, 71 U.S. (4 Wall) 2 (1866).
(89) Ex Parte McCardle, 74 U.S. (7 Wall) 506 (1868).

にしか認めず、たとえ最低ラインを墨守するとしても、執行府の権限を拡大させ、濫用されるリスクをはらむ。そのため、統治構造を権力濫用の防止と捉える予防的立憲主義からすれば、こうしたアプローチは受けいれ難い。また、最適化立憲主義は事件の解決について例外なくバランシングで対応するため、ミニマリズムのいう最低ラインが絶対的ルールであるとすれば、それとも馴染まないことになる。

　もっとも、マクロのリスクの観点からすると、緊急時におけるミニマリズムやプロセス的アプローチの発想は重要である。なぜなら、統治構造のリスクを考えた場合、バランシングによって大きく憲法秩序が変化してしまうと、平時になっても元に戻らないおそれがあるからである。ポズナー＝ヴァーミュールは、司法が状況に応じてグラデーション的にバランシングを行うことで、この問題をクリアできると考えているようであるが、一度変化した憲法秩序を元に戻すのは容易ではない。最適化立憲主義をとっても、自由で民主的な統治システム自体を放棄してしまうようなリスクを選択するわけにはいかない。したがって、最適化立憲主義をとった場合でも、緊急時においてはミニマリズムやプロセス的アプローチのような要素を加味せざるをえないといえよう。

3　9.11 以後のアメリカの憲法状況

　9.11 は緊急時なのか平時なのかの区別がつかない状況を創出しているため、9.11 以後のアメリカの憲法秩序の状況をどのように捉えるかを検討しなければならない。もし 9.11 以後のテロ対策（リスク対策）が憲法変動をもたらし、自由を大幅に縮減してしまったとすれば、最適化立憲主義の是非が問われ、予防的立憲主義の可能性を再考する必要がある。

　（1）　アッカーマンの憲法変遷論——constitutional transformation　アメリカの憲法変動の議論には憲法解釈の動態的展開が顕著にみられるため、憲法構造そのものが変わる憲法変遷とそれにはいたらない程度の憲法変化との区別がつきにくい。この点について、大河内美紀はアッカーマンの憲法変遷論を分析する際に、次のような整理を行っている[90]。大河内によれば、

---

(90)　大河内美紀「違憲審査の保障する憲法」長谷部恭男編『岩波講座憲法 6 憲法と時間』163 頁、170-171 頁（岩波書店、2007 年）。

従来の憲法変遷をめぐる日本の議論は憲法解釈には枠（限界）があることを前提としてきたという。そうすることで、否定説はもちろんのこと、肯定説も通常の憲法解釈の変化とは区別された憲法変遷を導出することができた。ところが、今日ではその前提が揺らいでおり、枠を放棄して解釈が無限であるという命題を承認すると通常の解釈変更と憲法変遷を区別できなくなってしまう。もっとも、一定の場合に憲法変遷を承認し、通常の憲法解釈についてはそこにいたらない程度のものとして認識することで、解釈という命題を維持しながら憲法変遷を論じることが可能になる。そのようなアプローチの1つがアッカーマンの議論であるという。

　そこでまずは、憲法変遷を唱えるアッカーマンの議論をみてみよう。アッカーマンは憲法政治の状況と通常政治の状況とを区別する二元的民主政を唱える[91]。二元的民主政とは、簡潔にいえば、通常政治の時期と高次法が形成される憲法政治の時期との区別を前提に、後者の場面では特別のプロセスを経て憲法変遷が生じることをいう。憲法修正の必要性が問題提起された際に、政治部門が憲法実践の変革を行い、物議をかもした末に人民がそれを承認し、司法もそれを認めるというプロセスによって憲法変遷を認める見解である[92]。アッカーマンによれば、制憲期、南北戦争期、ニューディール期に憲法変遷が生じたという。そして、アッカーマンは9.11以後の状況が緊急事態憲法の状況を創り出しているとし、そこでは、大統領が危機対応を行い、危機が収まるにつれて必要とされる連邦議会の承認のレベルが高まってくるとする。したがって、アッカーマンの見解では、9.11以後の状況は少なくとも一時的に憲法変遷をもたらしたことになろう[93]。これについては、限りなく直接民主制に近い大統領選挙と違憲審査制の発達したアメリカだからこそ可能であるという指摘があり、特殊アメリカ的なものともいえる[94]。

---

(91) BRUCE ACKERMAN, WE THE PEOPLE, VOL. 1: FOUNDATIONS 230-294 (1991) [hereinafter ACKERMAN VOL. 1].

(92) Id. at 266-294; ACKERMAN VOL. 2, supra note 30, at 20, 40-68. 憲法政治のプロセスを正確に示すと、①憲法修正の必要性を唱える勢力が人民に知らせるシグナリング、②憲法解釈の変革を提示するプロポーザル、③人民の委任を獲得するトリガーリング、④反対派も承認に転じるラティファイング、⑤司法判断によって承認されるコンソリデイティングが起きる、という流れになる。このプロセスについては、大江一平「ブルース・アッカーマン」駒村圭吾＝山本龍彦＝大林啓吾編『アメリカ憲法の群像 理論家編』163頁（尚学社、2010年）も参照。

(93) なお、アッカーマンは緊急事態憲法が憲法変遷に該当するか否かについて言及していない。

(94) 井上典之「憲法改正とは─『憲法変動』と『憲法保障』の狭間で」辻村みよ子＝長谷部恭男編『憲法理論の再創造』491頁、497頁（日本評論社、2011年）。

ただし、これがG・W・ブッシュ大統領の危機対応にぴたりと当てはまるとは断言できないように思われる。たしかに、9.11以降の憲法秩序は自由よりも安全を重視する方向にシフトしているといえるが、司法はミニマリズム的対応を行っており、完全に政治部門に敬譲しているわけではない[95]。また、2004年の大統領選挙におけるG・W・ブッシュの再選は圧勝ではなく辛勝であり、人民が承認したとは言い難いように思える。もっとも、テロ直後にはG・W・ブッシュ大統領の支持率が9割を超えたという事実もあることから、アッカーマンのいう人民の承認を選挙以外の場面にも射程を広げてみると、また異なる見方ができるのかもしれない。いずれにせよ、アッカーマンのアプローチは変遷の可否がその後の歴史的プロセスに依拠する側面が強いため、今回の緊急事態憲法的状況もしばらく様子をみなければ変遷の可否を判断できないといえよう。

(2) D・ストラウスの生ける憲法論──living constitution　つぎに、D・ストラウス（David A. Strauss）の「生ける憲法」(living constitution) 論をみてみよう。D・ストラウスによれば、「"生ける憲法"とは正式な修正なくして、進化し、通時的に変化し、新しい状況に適合する憲法のことをいう」[96]。この見解はアッカーマンと同じく、正式な憲法修正によらない「憲法改正」を認めるが、憲法変遷の捉え方が大きく異なる。アッカーマンが三権と人民によるダイナミックな憲法修正プロセスを想定していたのに対し、D・ストラウスは、そもそも憲法が発展的なものであることを出発点とする。D・ストラウスによれば、憲法は憲法条文だけで捉えるべきではなく、実際の憲法実務をみるべきであるという。なぜなら、たとえ正式な憲法修正が行われたとしても、修正14条や修正15条のように、実際の憲法実務が変わらなければ大きな変化が生じない。一時的な絶対多数の一致によって憲法の条文をいじっても憲法実務は変化しないというのである。D・ストラウスは、憲法修正は必ずしも憲法の変化を表すものとして理解すべきではなく、それは制度の設定や方向性を示すものとして理解すべきであるとする。憲法の変化は判決や立法によって形成されるものであり、憲法自体を発展的なものと捉える

---

[95] Barry Friedman, *The Will of the People and the Process of Constitutional Change*, 78 GEO. WASH. L. REV. 1232, 1235-1240 (2010). また、アッカーマンよりもシンプルに、人民による憲法意識の変化と司法による憲法解釈の変化が連動することによって憲法変遷が起きるとする見解もある。

[96] DAVID A. STRAUSS, THE LIVING CONSTITUTION 1 (2010).

べきだということである。つまり、D・ストラウスによれば、憲法はまさに「生ける憲法」として、恒常的に変化しうるものであって、つねに正式な憲法修正によって変わるものではないというのである。

たしかに、憲法の具体的な意味内容については憲法実務を通じて形成されるものであるが、しかしそれは、正式な憲法修正やアッカーマンのいうような憲法政治における変化とは質が異なる。D・ストラウスのいう憲法の変化は、あくまで憲法条文の範囲内で行われるものであって、これを正式な憲法修正と同一のレベルとみなせるわけではないように思われる。

一方、D・ストラウスと同じく生ける憲法論を唱えながらも、憲法条文の役割を重視した上で憲法変化を分析するのがグリフィン（Stephen M. Griffin）である[97]。グリフィンは、憲法変化を正式な憲法修正や司法判断に基づく法的憲法と政治部門による憲法秩序の変動を意味する政治的憲法とに分けて、9.11以降の大統領権限の拡大が政治的憲法に当たるとする[98]。その際、大統領は憲法条文によって付与された権限を軸に憲法秩序を変動させるとしており、憲法条文を頂点とした憲法変動を構想している。グリフィンは、9.11以降の憲法が変化したと主張しているので、憲法変遷を局所的に捉えるアッカーマンや流動的に捉えるD・ストラウスよりも、21世紀の憲法変動を捉えやすいかもしれない。しかしながら、大統領権限の拡大だけをもって、憲法が変化したといえるか否かについては検討の余地が残る。

(3) バルキン＝レビンソンの憲法制度の変動——change in constitutional regime　21世紀の憲法変化に対する視座をより詳細に提示しているのが、バルキン＝レビンソン（Jack M. Balkin and Sanford Levinson）である[99]。かれらは、デジタル革命とテロリズムが憲法制度に変化をもたらしていると主張する。かれらによれば、デジタル革命によって情報技術が格段に発達し、社会に大きな影響を与えているという。そのような情報技術の発達はテロが遂

---

(97) Stephen M. Griffin, *The National Security Constitution and the Bush Administration*, 120 YALE L. J. ONLINE 367 (2011).

(98) 大江一平「スティーブン・グリフィン教授の発展的憲法理論とその意義—アメリカ合衆国における生ける憲法をめぐる議論との関連で」文明16号29頁、36頁（2011年）。グリフィンの生ける憲法論は、D・ストラウスのコモン・ロー的アプローチと異なり、三権の相互関係や憲法制定者を取り込んだ点に特徴があるとされる。

(99) Jack M. Balkin and Sanford Levinson, *The Processes of Constitutional Change: From Partisan Entrenchment to the National Surveillance State*, 75 FORDHAM L. REV. 489 (2006); Jack M. Balkin, *The Constitution in the National Surveillance State*, 93 MINN. L. REV. 1 (2008).

行される上でも大きな役割を果たすと同時に、テロを防ぐためにも重要な要素になってきている。そのため、情報技術に優れた執行府が犯罪対策やテロ対策を行うために様々な情報収集活動を行うようになっている。その結果、21世紀の国家は監視国家の様相を呈することになる。テロ対策を突き詰めれば、最後は誰もが潜在的テロリストの容疑をかけられることとなるため、国家は常時国民全員を監視しなければならなくなる。このような状況はプライバシーの権利など人権を制限することが多く、執行府が権限を拡大することから権力分立にも影響を及ぼす。つまり、21世紀は監視国家化という憲法制度の変動がもたらされているというわけである。

　さらに、かれらは、こうした憲法変動をもたらした要因として、党派基盤の確立が重要であるという。そこでは、大統領が連邦最高裁判事を任命し、党派的イデオロギーの地固めをしていくことが重要となる。そうすることで、政治的に構築した制度が司法によって覆されることなく、憲法制度として根付いていく。こうして、憲法制度が変動するというのである。

　このような指摘は、21世紀の憲法状況を現実に近い形で物語っているように思える。とくに、監視国家というタームで憲法変動を端的に表すことで、憲法秩序の何が変わったのかが示されているといえる。実際、このような状況は、G・W・ブッシュ政権時代のテロ対策のみならず、オバマ政権の対応においてもみられるところである。

　ただし、監視国家はかれらのシナリオからするとなお未完成であるように思える。なぜなら、大統領による党派基盤の確保が司法に影響し、司法が監視国家を承認するにいたっているとまではいえないからである。とはいえ、今後、そのシナリオが功を奏し、デジタル時代を反映した判例法理が登場すれば、そのような分析が妥当する可能性もあるので、監視国家化のゆくえは今後の司法動向次第ということになろう。

　(4)　ウィッティントンの憲法構築論——constitutional construction　一方、21世紀の憲法動態は憲法変遷といえるほどのものではなく、単なる憲法解釈の揺れではないかという見方もできる。これについては、ウィッティントン（Keith E. Whittington）の「憲法解釈」（constitutional interpretation）と「憲法構築」（constitutional construction）の区分が参考になる[100]。ウィッ

---

(100)　KEITH E. WHITTINGTON, CONSTITUTIONAL CONSTRUCTION 1-19 (1999).

ティントンによれば、司法府のみならず、政治部門も憲法解釈を行い、憲法価値の実現を行っていることから、これを認識する必要があるとする。そこで、政治部門の憲法解釈および憲法実施を憲法構築と名付け、政治部門が司法より民主的正統性が高いことから、司法ほどには制憲者の原意に拘束されずに行動することができると考える。つまり、政治部門の方が時代状況に合わせた憲法価値の実現を柔軟に行うことができるとするのである。そのため、G・W・ブッシュ政権の安全強化策やオバマ政権の自由と安全の再調整は憲法に影響を与える形で変革を行うものの、それは憲法変遷にいたらない程度の憲法構築にとどまる、ということになる。

以上の議論は、憲法の変化を認めるにせよ認めないにせよ、なぜ大統領を中心とした政治部門がこのような憲法変化あるいは憲法構築を行うことができるのかという問題を想起させる。というのも、アッカーマン以外の論者はその要件を提示することなく記述的議論に終始しているからである。すると、現状追認のまま大統領の裁量の枠組を広げてしまい、法の支配に悪影響が生じないかといった問題が出てくる。大統領政治の行きすぎに対する懸念は、シュレジンガー（Arthur M. Schlesinger, Jr.）の「大統領帝政」（imperial presidency）という言葉に代表されるように、すでに警鐘が鳴らされているところである[101]。

以上の議論を踏まえると、恒常的な憲法変化を認める生ける憲法論を除き、憲法変遷や憲法制度の変動とみなす見解からしても、アメリカの現状はまだそれらにはいたっていないということになる。すると、現状認識としては、ウィッティントンのように憲法構築という理解が妥当であり、憲法変遷を認める立場からすれば未完ということになろう。

そうだとすれば、9.11以降のアメリカの状況が少なくとも憲法変遷にはいたっていない以上、マクロのリスクの考え方につき、最適化立憲主義に代わり予防的立憲主義を据える必要はないと考えられる。現状はなお最適化を試みている状況ともいえるわけであり、今後、司法がどのように法秩序を回復させていくかが鍵になるといえるだろう。

---

(101) アーサー・シュレジンガー・Jr.（藤田文子＝藤田博司訳）『アメリカ大統領と戦争』x頁（岩波書店、2005年）。

後　序

　リスクは将来生じうる不確実な損害的事象を指し、何らかの決定を迫るものであるが、これは憲法とリスクを考える場合でも変わらない。憲法問題においては、たとえば個人の人権と公益とのいずれかの選択を迫られた場合に、それぞれのリスクを考えて決定をすることになる。もっとも、「憲法とリスク」はこのような具体的問題（ミクロのリスク）に限らず、統治構造にも関わるものである（マクロのリスク）。統治構造のリスクの問題を考えると、予防的立憲主義と最適化立憲主義という2つのアプローチがありうるが、統治機構には権力統制のみならず効果的な統治も要請されることから、最適化立憲主義をとる必要がある。もっとも、緊急時には最適化立憲主義が妥当しなくなることもあり、ミニマリズムやプロセス的アプローチなど一定の修正が要請されることになる。

　通常、憲法学において統治機構の分析を行う場合、権力分立を軸にしながら、とりわけ執行府に対する法的統制を語るのが定石のように思える。そうすると、本章で述べた内容は必ずしも執行府の権力統制に主眼を置いていない側面もあり、その意味でリスクをはらむアプローチでもある。もっとも、権力統制をはかるとしても、ただ法的統制を唱えるのではなく、執行府の果たす役割を認識した上で、それをいかしながら法的に秩序づけていく議論を構築していくことが肝要だと思われる。そこで、続く第2章では、行政による憲法価値の実現の実態を考察する。

第2章
行政国家とリスク社会
―― 行政によるリスク対応とそのリスク

> われわれの正しい権利が健康を回復するためには、本来なら恐ろしい不正、おぞましい悪であるはずの罪深い手を借りるのもやむをえないことと思われます。
>
> ―― ウィリアム・シェイクスピア

　行政国家では、行政が市民の様々なリスクに対応することが要請される。行政が行うリスク対策は市民生活にとって重要なことも多く、行政が人権保障を行う側面も少なくない。つまり、行政は憲法価値の実現の一翼を担っているのである。

　しかし、行政による憲法価値の実現は、権力の拡大や濫用の危険性と隣り合わせでもある。行政は権力行使の実働部隊であり、三権の中では「最も危険な機関」(most dangerous branch) とさえいわれることがある。そのような機関に憲法価値の実現という任務をあてがうことは行政が権力を拡大させたり権力を濫用したりすることを正当化してしまうおそれもある。

　そのため、行政は憲法上いかなる権限を持っているのかをあらためて明らかにし、これまでにどのような憲法価値の実現をはかってきたのかを考察し、その権限行使にはどのような危険性が潜んでいるのかを検討する必要がある。

　本章では、行政とはどのような概念なのかを分析しながら、行政の憲法上の権限を確認しつつ、行政による憲法価値の実現を記述的に概観する。その上で、行政による憲法価値の実現には公権力の拡大というリスクがあり、それは強制力の直接的な行使に限らず、近時議論されているソフトパターナリズムのように「自己決定」を誘導する状況も創出していることを明らかにする。

序

　第1章で述べたように、産業社会を迎えた近代国家が科学技術を利用して危険回避を行うようになると、様々な問題がリスクの対象になり始めた。従来、回避の対象になりえなかった危険が回避対象になり始めると、決定によりいかなるリスクを引き受けるかを選択することが可能となったのである。リスクは循環する性質を内在的に帯びていることから、政府は作為・不作為にかかわらず、様々なリスク決定を行うこととなる。ましてや、とどまるところを知らない行政国家の進展は市民社会に潜む膨大なリスクを行政に背負い込ませることとなり、それが権力の拡大や濫用のおそれをもたらし、立憲主義に動揺をもたらす可能性がある。行政はリスク対策を行うことで行政独自の憲法価値の実現を行って社会に潜むリスクを緩和し、さらにパターナリズム的手法によってリスクの個人化を緩和することができる反面、それは必然的に市民生活に行政サービスを浸透させ、行政権の拡大をもたらし、個人の自律や権力分立に大きな影響を及ぼすことになる。このような行政国家とリスク社会との関係をどのように考えるべきか。本章では、行政国家の進展および行政による憲法価値の実現状況を概観する。

I　行政による憲法価値の実現

1　行政国家

　（1）　**執行権の概念——執行／行政の区分**　　行政国家の話に入る前に、「執行権」（executive power）と「行政権」（administrative power）の区分について言及しておく。合衆国憲法2条1節1項は、「執行権は、アメリカ合衆国大統領に属する」[1]と規定しているが、その内実については定かではない。他の条文で、拒否権、恩赦権、条約締結権、公務員の任命権、軍事総司令官の地位、法律の誠実な執行の責務など、各種の大統領権限および大統領の責務に関する規定はあるが、いずれも執行権の中身を明らかにするものではな

---

(1)　高橋和之編『新版 世界憲法集〔第2版〕』63頁（岩波書店、2012年。以下、『世界憲法集』という）〔土井真一訳〕。

い。そのため、従来から執行権をめぐる議論が物議をかもし、その延長で行政権との区分が議論されてきた。

かつてアメリカでは、「執行統括論」(unitary executive) の下、大統領が単独であらゆる執行権を統括するものと考えられてきた[2]。『ザ・フェデラリスト』においてハミルトン (Alexander Hamilton) は、政府が効果的に機能するためには執行権を独任制にして、強いリーダーシップの下に政府を運営していく必要があることを説き、他の憲法起草者もそのような理解に賛同していた。また、実際、ワシントン (George Washington) 大統領はそのような理解の下で政治を行った。ゆえに、少なくとも憲法起草者の意思としては、大統領が執行権を束ねるものと理解されていたといえる。

ところが、連邦議会が独立行政機関を設置し始めると、この議論に修正が必要になってきた。なぜなら、大統領が一切の執行権を統括するという前提からすると、執行府から一定程度独立したこれらの機関の合憲性が怪しくなってしまうからである。

そこで登場したのが、執行権を「執行」(execution) と「行政」(administration) とに分ける議論であった[3]。それによれば、大統領は憲法によって法を執行する権限を付与されている一方、連邦議会は憲法によって行政組織を規律する必要かつ適切な権限を付与されているので、大統領は政治的権限を行使し、行政機関は連邦議会の作った法律に基づき専門中立的権限を行うことになるとする。それゆえ、行政を担う独立行政機関は大統領の一元的コントロールに服さなくても憲法に反しないということになるわけである。

もっとも、この区分論は、現状との平仄を合わせようとして解釈論を組み立てたものであり、憲法起草者の構想と衝突することになる。また、独立行政機関だけでなく一般の行政機関もこの区分論で割り切れるのかという問題もあり、検討の余地が残された。

この点についてレッシグ＝サンスティン (Lawrence Lessig and Cass R. Sunstein) は、制憲期の状況を振り返りながら執行統括論は18世紀の神話に

---

(2) Steven G. Calabresi and Saikrishna Prakash, *The President's Power to Execute the Laws,* 104 YALE L.J. 541 (1994); Saikrishna Bangalore Prakash, *Hail to the Chief Administrator: The Framers and the President's Administrative Powers,* 102 YALE L.J. 991 (1993).

(3) この時期の理論的背景については、駒村圭吾『権力分立の諸相―アメリカにおける独立機関問題と抑制・均衡の法理』210-212頁（南窓社、1999年）を参照。

すぎなかったとし、憲法は大統領にあらゆる法執行の統括権を付与したわけではなく、軍事や外交など一定領域の権限を統括させる権限を付与したにすぎないとする(4)。つまり、執行権の中には、大統領が独立して権限を行使できる領域と法律の統制を受ける領域があるとしたのである。

たしかに、判例法理の展開をみると、連邦最高裁は軍事や外交など憲法上列挙された事項については大幅に裁量を認め、それ以外の事項については法律による統制を認めているようにみえる(5)。また、レッシグ＝サンスティンのアプローチは、解釈、慣行、機能のそれぞれの側面において適切なものとなっている。なぜならこのアプローチは、憲法が明文で大統領に授権しているかどうかに着目しているので憲法典にそった解釈であり、これまで大統領はそれらの領域において他権の統制を許さず、しかもこれらの領域は大統領が行使する権限として機能的に適しているからである。また、このような理解は、領域ごとに執行府の専権事項と立法的統制が可能な事項とを分けることができ、プラクティカルな議論といえる。

「しかし、何よりもまず、大統領は連邦議会の法律を執行し執行府職員の法執行を統制する執行権を付与された執行府の長である」(6)ことを忘れてはならない。たしかに、執行権と他権の関係についての説明としては、レッシグ＝サンスティンの議論が適切であると思われる。ただし、執行と行政の区分を考える場合、大統領と連邦議会という横の関係に焦点をしぼるのではなく、大統領と行政機関という縦の関係にも光を当てる必要がある。このとき、あくまで大統領が法執行を担うという建前を忘れてはならない。つまり、大統領が行政機関に対して統制権限を有するという前提の下、行政機関に対しては一定の立法的統制が行われうるが、分野や各機関の特性に応じて立法的統制の強弱がつけられるということである。

このように縦の視角からみると、大統領が執行権を有することを前提として、執行は政治の領域、行政は管理運営的事務の領域というように分けるこ

---

(4) Lawrence Lessig and Cass R. Sunstein, *The President and the Administration,* 94 COLUM. L. REV. 1, 4 (1994). また、大沢秀介「共和主義的憲法理論と単一執行府論争」法学研究68巻1号147頁（1995年）も参照。

(5) *See, e.g.,* Marbury v. Madison, 5 U.S. 137 (1803); Mississippi v. Johnson, 71 U.S. 475 (1867); United States v. Curtiss-Wright Export Corp., 299 U.S. 304 (1936); Youngstown Sheet & Tube Co. v. Sawyer, 343 U.S. 579, 635-638 (1952) (Jackson, J., concurring).

(6) Saikrishna Prakash, *The Essential Meaning of Executive Power,* 2003 U. ILL. L. REV. 701, 820.

とができる[7]。その結果、大統領は執行と行政の両方を含む包括的な執行権を有するが、大統領は主として政治的領域の権限を行使し（執行）、行政機関が主に管理運営的事務（行政）を担うことになる。

本書では、このような視点から「執行」と「行政」を使い分けるが、一般的な言葉の使い方との関係で、以下の点に注意が必要である。一般的な書籍では、「執行権」を指す場合であっても「行政権」と表記することが多く、「執行」と「行政」の区別もなされないことが多いことから、本書で「行政」を使う場合は、執行をも含む広義の行政か、行政機関の担う行政のみを表す狭義の行政かの、いずれかの意味で使うことにする。

したがって、「行政国家」といった場合、行政機関の担う事務が増え、その結果行政権が拡大する状況を指すことが多いが、行政のトップは大統領であり、それは執行権の拡大をもたらすことをも意味するがゆえに、本書では「行政国家」を、行政機関の権限拡大のみならず、執行府の権限拡大をも表す用語（広義の行政の意味）として使うことにする。関連して、本書では「行政による憲法価値の実現」という言葉が出てくるが、これについても執行府による憲法価値の実現を表す意味で用い、行政機関が主体となって憲法価値を行う場合は「行政機関の」または「行政機関による」という修飾語をつけて限定する。

（2）　アメリカの行政国家化　　現代国家では、市民の行政サービスへの需要の高まりを受けて、行政が様々なサービスを市民に提供し、それに伴って行政の役割や権限が拡大している。一般に、こうした国家を行政国家と呼ぶが、憲法学においては問題意識や分析視角によって行政国家に対する着眼点が異なってくる。以下では、行政国家を考察しながら、行政が憲法価値の実現を果たしている状況を垣間見ることにする。

行政国家の登場といえば、社会権を規定したドイツのワイマール憲法が有名であるが[8]、憲法典の修正を経ることなく、しかも国家権力に懐疑的であったアメリカが行政国家へと転換したことは、アメリカの現代における憲法構造を分析する上で欠かせない事象である[9]。

(7) この区分については、大林啓吾『アメリカ憲法と執行特権―権力分立原理の動態』83-92頁（成文堂、2008年）を参照。
(8) 手島孝「ドイツ行政国家論㈠㈡」法政研究31巻3号209頁（1965年）、同32巻1号39頁（1965年）。

アメリカが行政国家へといたる経緯を概観すると、産業革命に伴う様々な弊害に対応するため、1887年に州際通商委員会（Interstate Commerce Commission）が設立されたことに端を発することがわかる。産業の発展がもたらす様々なリスクが州際通商委員会の発足につながったのであるが、当時、とりわけ問題視されていたのが、鉄道の問題であった。鉄道は産業革命の後押しをしたのだが、鉄道会社は独占企業に近い形態となっていたこともあり、不公平な競争、運賃の問題、乗客への差別などの問題を生み出していた。そこで登場したのが州際通商委員会であり、連邦制の関係上州と州との間の問題しか対象とできないものの、州際通商委員会はアメリカで初めての独立行政機関として、このような状況の規制に乗り出したのである。

　これにより、行政機関が脚光を浴びることになり、その後アメリカは、ニューディールを経て、行政国家へと転換した[10]。行政国家への転換は、それまで小さな政府を標榜してきたアメリカにある種の憲法的転換を迫るものであった。実際、ニューディールによってある種の憲法修正がなされたとする指摘は多い。代表的なものを挙げれば、アッカーマン（Bruce A. Ackerman）の二元的民主政の中にはニューディール期が含まれている。アッカーマンは、通常政治の時期と憲法政治の時期があるとした上で、後者においては憲法修正を経ずに動態的に憲法が変更されるとしており、その中にニューディールも入っているのである[11]。また、サンスティン（Cass R. Sunstein）もニューディールは憲法体制を大幅に変更しており、憲法修正が行われたのと同様の効果をもたらしたと指摘している[12]。

　（3）　行政国家の分析手法　　しかしながら、憲法学において行政国家はアンビバレントな性格を持つタームである。というのも、行政国家は福祉の充

---

(9)　*See* Bruce A. Ackerman, *The Storrs Lectures: Discovering the Constitution*, 93 YALE L. J. 1013, 1053-1054 (1984); Peter B. McCutchen, *Mistakes, Precedent, and the Rise of the Administrative State: Toward a Constitutional Theory of the Second Best*, 80 CORNELL L. REV. 1 (1994).

(10)　ここでいう行政国家の主体は行政機関であり、政治的主体である大統領を含んでいないようにみえる。しかし、その基盤を創ったニューディール政策を推し進めたのは、F・D・ルーズベルト（Franklin D. Roosevelt）大統領であり、さらにスポイルズシステムをとるアメリカでは大統領のイニシアティブが強いことから、大統領と行政機関は必ずしも明確に分断されているわけではない。

(11)　*See* BRUCE ACKERMAN, WE THE PEOPLE, VOL. 1: FOUNDATIONS (1993); BRUCE ACKERMAN, WE THE PEOPLE, VOL. 2: TRANSFORMATIONS 2 (1998).

(12)　Cass R. Sunstein, *Constitutionalism After the New Deal*, 101 HARV. L. REV. 421, 447-448 (1987).

実につながることが予想され[13]、格差を是正して自由や平等を実現しようとする試みは、憲法価値の実現と親和的である。しかし、他面において、行政国家は官僚主導の非民主的性格を持ち、さらに国家の過度な介入を招くという意味で、古典的な立憲主義にある種のアレルギー反応を引き起こすという側面がある[14]。したがって、行政国家という言葉に何を読み込むか、またいかなる視点から斬り込むかによって、その評価はがらりと変わる可能性がある。

　そこで、行政国家の抽象的概念を分析するのではなく、機能的考察を通して、その内実を明らかにする作業が必要である。行政国家研究の泰斗である手島孝はドイツにおける行政国家概念を分析し、行政が立法機能や司法機能を営むようになっていることをもって行政国家と捉えられていることを叙述している[15]。同様に、アメリカの事例について機能的分析を行うと、行政国家は次のように描写される。すなわち、①立法府が行政機関に広範な委任を行うことで行政機関が事実上の立法作用を行うようになっていること、②行政機関の増加によって大統領の監督が及ばないようになり行政機関が独自の政策実現を行えるようになっていること、③行政機関が行う裁決が事実上司法判断の代わりの役割を果たしていることである[16]。

　機能的分析を行うことのメリットは、ただ漠然と行政の拡大を叙述するのと異なり、行政の拡大する様相をより明確に表すことができることに加え、それを権力分立の土俵で把握することができる点にある。ただし、上記の説明では、行政機関が具体的にどのような他権の役割を担うようになってきているのかがなお不明瞭である。また、行政国家への転換が憲法構造をも揺るがすものと目されているのは、これまで憲法価値の実現という場面では日陰の存在であった行政が前面に出るようになり、そうした機能を担うことになったからである。とすれば、行政国家において、行政が具体的にどのような憲法価値の実現をはかっているのかを考察する必要がある。

---

(13)　ただし、行政国家が福祉国家に直結するとは限らない。行政国家や福祉国家の定義にもよるが、行政の拡大は必ずしも福祉の充実につながるわけではない。だが、行政サービスの拡充を行政国家の構成要素とする場合、それらは一定程度リンクする面もあるといえる。
(14)　*See, e.g.*, James O. Freedman, *Crisis and Legitimacy in the Administrative Process*, 27 STAN. L. REV. 1041, 1044 (1975).
(15)　手島孝「行政国家論序説」法政研究29巻1=2=3号201頁、205-210頁（1963年）。
(16)　Gary Lawson, *The Rise and Rise of the Administrative State*, 107 HARV. L. REV. 1231 (1994).

2　行政による人権保障

（1）　他の機関の人権侵害行為に対する対抗　　行政による憲法価値の実現には様々な分野があり、たとえば安全な社会の形成といった消極的なものから、福祉サービスの充実などの社会保障や平等な社会の実現などの市民権保障のような積極的なものまで幅広い。とりわけ、行政が時に少数派の権利保障をも行うことがある点が注目される。いくつか例を挙げてみよう。まず、建国初期の頃にみられたケースとして、ジェファーソン（Thomas Jefferson）大統領の煽動法（Sedition Act）[17]の執行停止が挙げられる[18]。前政権のアダムズ（John Adams）大統領は政敵を倒すために悪名高い煽動法を制定し、裁判所もそれを違憲とすることなく、本法に基づいて起訴された者に有罪判決を下していた。これに対し、ジェファーソンは大統領に就任するとただちに有罪判決を受けた者に恩赦を与えたのである。

　また、連邦議会が軍隊内のHIV感染者を除隊させる法案を出した際に、クリントン（William J. Clinton）大統領が不当な差別に当たるとして反発したケースもある[19]。連邦議会は同法案を可決したが、クリントン大統領はこれに対して拒否権を行使した。ところが、連邦議会は同法案を他の重要法案とまとめて包括的法案として可決したため、クリントン大統領は法案に署名せざるをえなくなったが、連邦議会に対してHIV感染者に除隊を迫る部分の撤回を要請し、世論を喚起することに努めた。その結果、連邦議会は法律の施行前に当該部分を撤廃した。

　また、行政内部における人権問題について、大統領の指示によってこれを解決したケースもある[20]。空軍では、妊娠した女性は除隊される旨の規則が存在していた。しかし、中には空軍の職務を続けながら子供を産みたいと考えている女性もおり、裁判に持ち込まれたケースがあった[21]。もっとも、連邦最高裁が判断を行う前に、大統領によって当該規則を適用しないという指示が出された[22]。

---

(17)　The Sedition Act of 1798, 1 Stat. 596.
(18)　Joseph Landau, *Presidential Constitutionalism and Civil Rights*, 55 Wm. & Mary L. Rev. 1719, 1737 (2014).
(19)　*Id.* at 1746.
(20)　*Id.* at 1744-1475.
(21)　*See also* Neil S. Siegel and Reva B. Siegel, *Struck by Stereotype: Ruth Bader Ginsburg on Pregnancy Discrimination as Sex Discrimination*, 59 Duke L. J. 771 (2010).
(22)　Struck v. Sec'y of Def., 409 U.S. 1071 (1972). そのため、事件自体は差し戻されている。

（2）　新たな人権保障の創設──第2の権利章典　　行政が主導して新たな形の人権保障の仕組みを創り出したのはやはりニューディール政策であった。ニューディール期には、経済の安定、社会福祉、労働者保護、食料の安定など、様々な社会経済および社会保障政策が実行された[23]。このような政策を進めるにあたり、F・D・ルーズベルト大統領は新たに提唱した権利を「第2の権利章典」（Second Bill of Rights）という言葉で言い表した[24]。具体的には、F・D・ルーズベルト大統領が1944年の演説で言及した8つの権利のことであり、仕事を求める権利、適切な衣食等の十分な提供を得る権利、農家が作物を販売し適切な暮らしをする権利、商人が公平な競争の下で取引をする権利、適切な住居を求める家族の権利、適切な医療を受け健康を享受する権利、高齢・病気・事故・失業による経済的困窮から保護される権利、良質な教育を受ける権利が挙げられている[25]。そして、これらの権利の実現に向けて行政が主導して政策を行った[26]。

これは、福祉国家への転換を示すものであり、大統領が社会保障関連の権利の保障を大々的に打ち出したことから、行政が憲法価値を提示し、かつ主導的にその実現を行ったことを示すものといえる。

また、ニューディール期に公的助成に関する法的助言の役割を担っていたA・スミス（A. Delafield Smith）法律顧問補佐は、政府が個人の社会保障を実現しており、それによって新たな権利が創造されたと述べ、行政機関に対してこれらの権利を擁護するように促した[27]。したがって、この指示を受

---

[23]　中島醸『アメリカ国家像の再構成─ニューディール・リベラル派とロバート・ワグナーの国家構想』31-44頁（勁草書房、2014年）。ニューディール期は、利害調整を中心とした第1期と社会保障や労働保障に取り組んだ第2期とに分けられ、とくに第2期以降は社会保障への国家介入によって経済を安定させようという取り組みを推進したことから、国家像が転換した時期であったと指摘される。

[24]　See CASS R. SUNSTEIN, THE SECOND BILL OF RIGHTS: FDR's UNFINISHED REVOLUTION AND WHY WE NEED IT MORE THAN EVER (2004). なお、これを検討したものとして、葛西まゆこ「アメリカ憲法学における第二の権利章典（The Second Bill of Rights）の位置づけ─憲法上の権利としての生存権の意義についての予備的考察」慶應義塾大学法学部編『慶應の法律学 公法1』233頁（慶應義塾大学出版会、2008年）。

[25]　Sunstein, supra note 12, at 423 (quoting F. D. Roosevelt, Message to the Congress on the State of the Union (Jan. 11, 1944), reprinted in 13 THE PUBLIC PAPERS AND ADDRESSES OF FRANKLIN D. ROOSEVELT, VICTORY AND THE THRESHOLD OF PEACE, 1944-1945, at 41 (1950)).

[26]　Cass R. Sunstein and Randy E. Barnett, Constitutive Commitments and Roosevelt's Second Bill of Rights: A Dialogue, 53 DRAKE L. REV. 205, 208 (2005).

[27]　Karen M. Tani, Welfare and Rights Before the Movement: Rights as a Language of the State, 122 YALE L. J. 314, 361-362 (2012).

けた行政機関自身も自らが権利保護者としての地位にあることを自覚していたといえる。

　(3)　**社会保障立法の制定**　F・D・ルーズベルト大統領が提唱した「第2の権利章典」はニューディール改革の総仕上げのようなものであったが、ニューディール改革の中心は社会保障関連立法の制定と実施であり、その目玉の1つが1935年社会保障法（Social Security Act）[28]の制定であった[29]。1935年社会保障法は高齢者の社会保障システムの基盤を創設し、社会福祉の抜本的改革を行った。この法律は州に対する連邦からの助成について、州内における統一的な助成計画を実施するように要求した。ところが、地方レベルでは従来からの方法に慣れてしまっており、統一的な計画が実践されなかった。そこで連邦行政官は、地方レベルの行政官と人事交流をはかることにした。かれらは、法令の解釈についての説明、福祉業務者の訓練、社会労働学校との提携、専門会議や専門雑誌に触れる機会を提供するなどした[30]。このように、福祉行政につき、連邦行政機関が地方レベルに介入してその改善に取り組んだ点は、ニューディール期の連邦行政の拡大の一断面として捉えることができる。

　また、ニューディールといえば、司法と政治が対立する契機となった全国産業復興法（National Industrial Recovery Act: NIRA）[31]の存在を抜きにしては語れない。1933年、F・D・ルーズベルト大統領の提案を受けて、連邦議会はNIRAを制定し、物価、賃金、労働時間等について規制を行い、全国復興局（National Recovery Administration）や公共事業促進局（Public Works Administration）などの新設機関がそれを実施することとなった。NIRAによって新設された各行政機関は、主体的な政策運営を行って、従来の「調査―実施型」（Investigator-Enforcer）タイプから、「運営―支援型」（Manager-Benefactor）タイプへと変貌した[32]。このことは、2年後のA. L. A. Schechter Poultry Corp. v. United States連邦最高裁判決[33]でNIRAが違憲とされた理由の1つが「広範な委任」であったことからもうかがえよう。

---

(28)　The Social Security Act of 1935, 49 Stat. 620.
(29)　Tani, *supra* note 27, at 325.
(30)　*Id.* at 355-358.
(31)　The National Industrial Recovery Act of 1933, Pub. L. No. 23-5, 48 Stat. 22.
(32)　Robert L. Rabin, *Legitimacy, Discretion, and the Concept of Rights,* 92 YALE L. J. 1174 (1983).
(33)　A. L. A. Schechter Poultry Corp. v. United States, 295 U.S. 495 (1935).

3 行政による平等価値の実現

(1) リトルロックの通学保護　アメリカで平等価値の実現といえば、1954年の Brown v. Board of Education 連邦最高裁判決[34]を想起させる。ウォーレンコートが全員一致で公立学校における人種統合に舵をきったことは大きな一歩であった。ただし、その後の道のりは決して平坦ではなく、反対派の抵抗も根強かった。そのため、リトルロック騒動[35]が起きたときには、アイゼンハワー（Dwight D. Eisenhower）大統領が連邦軍まで派遣したことは有名である。また、その後の市民権法制定にいたるプロセスにおいても様々な障壁があり、市民権運動を経てようやく新たな市民権法の制定にいたった。ここでは、平等価値の実現に向けて三権が協働していた点が特徴である。

このように、平等価値を市民社会において実現させるためには、司法判断だけでは難しく、政治部門との協働によって軌道に乗せたという経緯がある。もっとも、裁判や法律だけで平等価値が実現できるわけではなく、市民社会における様々な平等問題に対応するためには行政の役割が重要になってくる。

(2) 民間に対する平等の要請　1961年、ケネディ（John F. Kennedy）大統領は大統領命令10925号[36]を公布し、平等の実現に向けた指針を示した。ケネディ大統領は、「人種、信条、肌の色、又は出身国に基づく差別は合衆国の憲法原理及び政策に反する」[37]ことを宣言し、「合衆国政府は、連邦政府に雇用された者若しくは雇用を希望する者に対して又は政府契約を行う際に、人種、信条、肌の色、又は出身国に関係なく、全ての資格ある者に対して平等な機会を促進及び確保する明白かつ積極的な義務を負う」[38]として、平等実現に関する政府の責務を明らかにしたのである。

もっとも、この命令は公法領域を対象とするものであったため、市民社会における一般原則として援用するためには工夫が必要であった。1964年市民権法（Civil Rights Act）[39]の制定の際、民間企業における差別是正を進め

---

[34]　Brown v. Board of Education, 347 U.S. 483 (1954).

[35]　Tony A. Freyer, *Brown in the Appellate Courts: Enforcing Brown in the Little Rock Crisis*, 6 J. APP. PRAC. & PROCESS 67 (2004). 人種統合政策に対しては各地で反対運動が起き、アーカンソー州リトルロックでも反対派が学校周辺を取り囲み、黒人生徒が通学できない事態が生じていた。そのため、リトルロック市長が大統領に連邦軍の派遣を要請し、黒人生徒が軍隊に守られながら登校することになった。

[36]　26 Fed. Reg. 1977.

[37]　Id.

[38]　Id.

るために事業の免許更新等の条件に平等の実現を盛り込もうとする案もあったが、それは結局見送られてしまった[40]。

そこで、市民権局法律顧問のポラク（Stephen J. Pollak）は行政による平等の実現をはかるべく、連邦通信委員会（Federal Communications Commission: FCC）に法的助言を行った。ポラクは、公共電波を利用する報道事業者は公共的性格を帯びることから、憲法の平等の要請に応える責務があると説明し、それを実践させるためにFCCは権限を行使できるとした[41]。その際ポラクは、連邦最高裁の判例法理を援用して平等の要請を拡大し、行政機関が憲法解釈を行って実践することが重要であるとした[42]。

それを受けてFCCは規則を制定し、雇用における差別の是正が国家的政策であるとし、法律の明文に違反する行為がない場合でも、差別行為がみられる場合には問題になるとした[43]。さらに、放送事業の公共的性格からすると、放送事業において差別がみられる場合には是正が要求されるとしたのである。

このように、FCCは平等という憲法価値を積極的に実現しようという方針を打ち出した。それが実践されたケースが、AT＆T（アメリカの大手電話会社）の料金値上げ申請の問題であった[44]。1970年にAT＆TがFCCに値上げ申請を行った際、雇用機会均等委員会（Equal Employment Opportunity Commission: EEOC）はAT＆Tが雇用において女性や黒人を差別しているとしてFCCに助言を行った。EEOCは、このような状況でAT＆Tの申請を認めることは憲法の平等の要請に反することになるとFCCに伝えたのである。FCCはAT＆Tに差別解消に向けた対応をするように数年かけて交渉し、最終的にAT＆Tが差別解消案を提示することになった。

また、FCCは免許制を活用した間接的強制により平等価値の実現をはか

---

(39) The Civil Rights Act of 1964, Pub. L. No. 88-352, 78 Stat. 241.
(40) Sophia Z. Lee, *Race, Sex, and Rulemaking: Administrative Constitutionalism and the Workplace, 1960 to the Present*, 96 VA. L. REV. 799, 818-820 (2010).
(41) Letter from Stephen J. Pollak, AAG, Civil Rights Division ("CRD"), to Hon. Rosel H. Hyde, Chairman, FCC (May 21, 1968), in Nondiscrimination in Employment Practices of Broadcast Licensees, App. A, 33 Fed. Reg. 9960, 9964-65 (July 11, 1968).
(42) *Id.*
(43) Nondiscrimination in Employment Practices of Broadcast Licensees, 33 Fed. Reg. 9960, 9961 (July 11, 1968).
(44) Lee, *supra* note 40, at 837-844.

っている。1977 年、FCC の法律顧問であった J・スミス（J. Clay Smith, Jr.）は、免許の更新には各報道事業者が平等な雇用を実現できているかどうかが考慮される旨の説明を行った[45]。J・スミスによれば、FCC は憲法の規定を考慮する責務があり、修正 5 条のデュープロセスに基づき各放送事業者に平等な雇用を要請することができるという。ゆえに FCC は、雇用差別を行っている事業者には免許の更新を認めないことができるとした。

4　軍事事項と人権問題

　執行府は、これまで軍事事項に関する主要な任務を担ってきた。軍事は、強力な公権力の行使であり、人権侵害が生じやすいエリアである。したがって、執行府は潜在的には人権侵害の尖兵的存在であり、立憲主義からすれば対極に位置するものである。

　法の支配の観点からしても、執行府は軍事行為において立法的統制や司法的統制を破ってきたという歴史がある。リンカーン（Abraham Lincoln）大統領が Ex Parte Merryman 連邦高裁判決[46]を無視したり、近時の大統領が 1973 年戦争権限法（War Powers Resolution）[47]の手続を無視したりしていることはその証左である[48]。

　しかしながら、軍事行為が人権問題を惹起した場合に、つねに執行府のみが責められるわけではない。司法府や立法府もその片棒をかついでいることがある。連邦最高裁が下したワースト 3 の判決[49]のうちの 1 つと数えられる 1944 年の Korematsu v. United States 連邦最高裁判決[50]は戦時における日系人収容を合憲とした。また、9.11 のテロ直後に自由を大幅に制約する様々なテロ対策立法を制定したのは他ならぬ立法府である。つまり、軍事行為の実行役たる執行府が暴走して人権侵害を引き起こすというイメージがあり、多くの場合それは事実であるが、他方で他権もそれにコミットしていた場合があることにも留意しなければならない。つまり、執行府が人権侵害を

---

(45) *Id.* at 800.
(46) Ex Parte Merryman, 17 F. Cas. 144 (C. C. D. Md. 1861) (No. 9487).
(47) The War Powers Resolution of 1973, 50 U.S.C. §1541 et seq.
(48) Michael Mandel, *A License to Kill: America's Balance of War Powers and the Flaws of the War Powers Resolution*, 7 CARDOZO PUB. L. POL'Y & ETHICS J. 785 (2009).
(49) Recent Publication, 102 HARV. L. REV. 1103 (1989).
(50) Korematsu v. United States, 323 U.S. 214 (1944).

引き起こす場合でも、勝手に暴走して行った場合と法に従って行った場合の2種類があるということである。ただし、いずれの場合においても、憲法が大統領を軍事総司令官と位置づけている以上、また実際上も迅速かつ専門的な対応が必要である以上、執行府は広範な裁量を有している。ゆえに、執行府の行為が問題になったとき、やはり第一次的責任を負うのは執行府自身であるべきといえるかもしれない。

ところが、場合によっては、執行府が広い軍事裁量を持っていたからこそ、人権に配慮された行動がとられたという数少ない事実も存在する。それが、第一次世界大戦中の良心的兵役拒否に関する事例である[51]。

1917年、連邦議会は選抜徴兵法（Selective Service Act）[52]を制定した。当時の軍務省（war department）には、後に連邦最高裁判事となるフランクファーター（Felix Frankfurter）やストーン（Harlan F. Stone）が在職しており、かれらは良心的兵役拒否に配慮して徴兵実務にあたった。なお、連邦最高裁は翌年に本法について合憲判決を下している[53]。

5 予防行政の萌芽

（1）リスク対策と予防行政　このように、ニューディール以降、行政が福祉や平等、軍事の分野において積極的な活動を行うようになったが、その後、行政国家は新たな展開を迎える。それが、環境問題に代表される予防行政である。

予防行政こそ、行政国家とリスクが密接にリンクする分野であり、行政国家とリスク予防は密接な関係にある。行政国家はリスク予防を招く構造になっている[54]。行政の不作為が損害賠償の対象となる現代社会では、行政自身がリスク評価を行い、それに基づいて行動しなければならない。このとき行政機関はリスク評価を行う際に既知のことから推定する方法（たとえば、動物実験で判明した結果を基に人間への作用を推定するといった方法）を用いる傾向にあり、それはリスクを過大評価することにつながっている。このよう

---

(51) Jeremy K. Kessler, *The Administrative Origins of Modern Civil Liberties Law*, 114 COLUM. L. REV. 1083 (2014).
(52) The Selective Service Act of 1917, 40 Stat. 76.
(53) Arver v. United States, 245 U.S. 366 (1918).
(54) Frank B. Cross, *Paradoxical Perils of the Precautionary Principle*, 53 WASH. & LEE L. REV. 851, 856 (1996).

に、行政国家は広範にリスク予防を行う傾向にある。

こうなると、行政はもはやリスクとリスク予防のスパイラルから抜け出せなくなる。いったんリスク予防を行うと、次から次へと断続的に新たなリスクが登場することになり、行政はつねにその対応に追われることになる。つまり、リスクが行政国家を拡大させる要因ともなるわけである。ゆえに、行政国家とリスク予防はきってもきれない関係に陥ることになる。

(2)　**環境保護と予防原則**　　先述のように、予防行政の代表は環境問題である。1969年に国家環境政策法（National Environmental Policy Act: NEPA）[55]が制定されると、あらゆる行政機関が環境に影響を与える活動を行う場合にはその影響評価を実施しなければならないことになった。NEPAは環境についての保全、計画、調整などの政策目標の実現を行政機関に委ねているので、実際の環境政策は各行政機関レベルで実施されることになった。また、本法施行に伴い、大統領直轄の環境諮問委員会（Council on Environmental Quality）と影響評価に対する審査権を持つ環境保護庁（Environmental Protection Agency: EPA）が設置された。これらの機関は、環境政策について各行政機関を統括または審査する役割を持っており、ここでも行政機関が主導して環境政策を実施する様相を看取できる。

環境問題は、不確実な損害を取り扱うものであり、予防的色彩が濃い。すると、環境行政は予防原則（precautionary principle）を取り入れるべきなのかどうかという問題がでてくる。予防原則は、定義が確定しているわけではないため、どのように定義するかによってその内容も大きく変わってくる。最も人口に膾炙しているのは、1992年にブラジルのリオデジャネイロで開かれた国連環境開発会議で採択されたリオ宣言15原則である[56]。すなわち、「環境を保護するために、予防的取組方法（precautionary approach）が各国の能力に応じて広く適用されなければならない。深刻又は不可逆的な損害のおそれがある場合、完全な科学的確実性の欠如を、環境悪化を防止するための費用対効果の大きい対策を延期する理由としてはならない」というものである。

リオ宣言にそって予防原則を考えた場合、その特徴は、科学的証拠がなく

---

(55)　The National Environmental Policy Act of 1969, 42 U.S.C. §4321 et seq.
(56)　Rio Declaration on Environment and Development, 14 June 1992, UN Doc. A/CONF. 151/26 (Vol. I), 31 I. L. M. 874 (1992).

ても事前に予防しなければならないという点にある。ドイツでは、事前配慮の原則を基に、未然防止と予防原則の2つがあり、前者は確実に予測可能な被害を事前に防止することをいい、後者は確実とはいえないが相当程度予測可能な破滅的被害を事前に防止することであるとされる[57]。ここでも、予防原則の特徴は、不確実であっても事前に予防するという点にある。

また、サンスティンによれば予防原則には強弱があるという[58]。すなわち、「損害が生じるかもしれない証拠があれば、損害が発生していなくても、可能な限り早く対応措置をとるべきである」という強い防止の要請が働く予防原則と、「損害についての確実な証拠の欠如は規制を拒否する理由にならない」という弱い要請にとどまる予防原則である。リオ宣言との関係でいえば、後者の意味が予防原則ということになろう。

ただし、予防原則は、政策的な原則なのか、それとも法原則なのかについては争いがあり、さらにこれを考えるにあたり国際法と国内法のどちらをベースに考えるべきなのかという問題が内在している[59]。また、憲法論として考える場合にも、基本権保護義務論を採用するかどうかという論点も加わり、問題はかなり複雑になる[60]。

ここでは、予防原則の位置づけや性格についてこれ以上深く立ち入りはしないが、行政国家との関係でみると、予防原則はますます行政の役割を拡大させる結果となることは確かである。

ただし、アメリカにおいて、予防原則が一般原則として受けいれられているかというと、必ずしもそうではない。たしかに、行政機関は公衆衛生や環境の分野を中心に予防的措置をとることもあり、そうした対応を重視している向きもあるが、それは一般原則化しているわけではない。情報・規制問題局（Office of Information and Regulatory Affairs）のグラハム（John D. Graham）は、予防原則というレトリックを使うことには賛同できないが、そうしたア

---

[57] 近藤真「予防原則・リスク論と環境権の再定義」日本科学者会議＝日本環境学会編『予防原則・リスク論に関する研究』36頁（本の泉社、2013年）。
[58] CASS R. SUNSTEIN, LAWS OF FEAR: BEYOND THE PRECAUTIONARY PRINCIPLE 18-19 (2005).
[59] 大塚直「予防原則の法的課題―予防原則の国内適用に関する論点と課題」植田和弘＝大塚直監修／損害保険ジャパン＝損保ジャパン環境財団編『環境リスク管理と予防原則―法学的・経済学的検討』293頁、295-297頁（有斐閣、2010年）。
[60] 大塚・前掲注（59）297-299頁。憲法論との絡みでいうと、基本権保護義務論に立脚して生命や健康などの第三者の利益保護を規制の必要性に含める方法があるとされる。これにより、生命や健康の保護と規制される側の利益とが衡量されることになる。

プローチが重要であることは理解していると述べている[61]。また、オバマ（Barack Obama）政権では予防原則に懐疑的なサンスティンが情報・規制問題局のトップに就任していることからも、予防原則を一般原則として採用しているとはいえないだろう。

司法は行政機関の判断に敬譲する傾向にあり、行政機関が法律に従っているかどうかはチェックするものの、上述のように予防原則が一般原則化も法原則化もしていない以上、行政機関が予防措置をとらなかったからといって違法の判断を下すことはあまりない[62]。そのため、予防原則を法原則化するか否かは、立法府の判断に委ねられていると指摘される[63]。

もっとも、だからといって行政機関が予防的アプローチに消極的というわけではない。あくまで予防を一般原則化してはいないということである。

II　執行府／行政機関の憲法解釈

1　三権の憲法解釈権

（1）　**憲法解釈権の所在**　リスク社会は行政国家化を促進し、それに伴い、執行府は様々な憲法価値の実現を主体的に行っている。とはいえ、このような状況は憲法が許容するところなのだろうか。国家権力への懐疑を旨とする立憲主義は、何よりも執行府に対して警戒していたはずであり、執行府による積極的な憲法価値の実現を想定していなかったように思える。

行政国家において、執行府が憲法価値の実現の担い手として活動していることは明らかであるが、憲法の規範的要請としてそのことを導き出せるかは別問題である。憲法は、執行府による憲法価値の実現を許容しているのだろうか。この問いを考えるにあたり、そもそも執行府が憲法解釈権を有するか

---

[61] John D. Graham, *The Perils of the Precautionary Principle: Lessons from the American and European Experience,* Heritage Lectures (Oct. 20, 2003), *in* HERITAGE LECTURES 1, 4 (Jan. 15, 2004), *available at* http://www.heritage.org/Research/Regulation/loader.cfm?url=/commonspot/security/getfile.cfm&PageID=54513.

[62] Stephen G. Wood, Stephen Q. Wood and Rachel A. Wood, *Whither the Precautionary Principle? An American Assessment from an Administrative Law Perspective,* 54 AM. J. COMP. L. 581, 583-584 (2006).

[63] Scott LaFranchi, *Surveying the Precautionary Principle's Ongoing Global Development: The Evolution of an Emergent Environmental Management Tool,* 32 B. C. ENVTL. AFF. L. REV. 679 (2005).

という問題から検討する必要がある。

　執行府の憲法解釈権については、司法以外の機関が憲法解釈権を有するかどうかを確認し、それから執行府が憲法解釈権を有するかどうかを検討することになる。

　(2)　ディパートメンタリズム　　アメリカでは、連邦最高裁のみならず、大統領や連邦議会も憲法解釈権を有するとされる。このように、三権が同等に憲法解釈権を持つとする見解をディパートメンタリズム（departmentalism）という[64]。

　ディパートメンタリズムの理論は、憲法典を基盤とし、憲法の最高法規性と権力分立原理の論理を駆使しながら、三権が同等に憲法解釈権を有することを導き出すものである[65]。まず、純然たる「憲法典」（Constitution）と各権力機関が解釈・実施する「憲法」（constitutional law）とを区別することから始まる。憲法典の意味を憲法（実務）によって変えることは許されない。憲法典は国の最高法規であり、憲法修正以外の手段で変えることができないのである。そのため、憲法解釈権を1つの機関に委ねることはできない。なぜなら、ある1つの権力機関の憲法判断が最終的決定になってしまうと、その機関が憲法の意味を決めてしまうことになってしまい、その結果、その機関の憲法解釈により、憲法修正を経ることなく、憲法典の意味が変えられてしまうおそれが生じるからである。そこで、憲法典は三権に同等の憲法解釈権を付与し、1つの機関が暴走して憲法の意味を変えてしまわないようにしていると考えられている。

　また、憲法典は権力機関を3つに分割し、それぞれに固有の責務を与えて

---

[64]　ディパートメンタリズムについては、大林啓吾「アメリカにおける憲法構築論と三権の憲法解釈―ディパートメンタリズムからみる司法審査の位置づけ」社会情報論叢14号71頁（2010年）、同「ディパートメンタリズムと司法優越主義―憲法解釈の最終的権威をめぐって」帝京法学25巻2号103頁（2008年）、安西文雄「憲法解釈をめぐる最高裁判所と議会の関係」立教法学63号61頁（2003年）を参照。なお、日本における憲法解釈の主体について分析を加えたものとして、内野正幸『憲法解釈の論理と体系』161-181頁（日本評論社、1991年）も参照。

[65]　ディパートメンタリズムの議論は、レーンキストコートの司法優越主義に対抗する文脈で登場し、レーガン（Ronald W. Reagan）政権の司法長官ミース（Edwin Meese, III）の発言を参照することが多いが、コーウィン（Edward S. Corwin）によれば、その発想自体はジャクソン（Andrew Jackson）大統領が明らかにしていたという。ジャクソン大統領は第2合衆国銀行の期限の更新に対して拒否権を行使する際、三権がいずれも同等の憲法解釈権を有していることを表明しており、コーウィンはこれを「三権同等主義」（three equal departments）という言葉で表している。EDWARD S. CORWIN, THE PRESIDENT: OFFICE AND THE POWERS, 1787-1984 21 (5th Revised ed. 1984).

いる。これには積極的側面と消極的側面がある。積極的側面とは、三権はそれぞれ自らに割り当てられた責務を遂行し、時に単独で、時に他の機関と協力して憲法を創り上げていくことをいう。その際、各機関は責務を遂行する際、当然ながら憲法解釈を行うことになる。とりわけ、ある機関に専権的に付与された事項については、その機関が積極的に憲法解釈を行って責務を遂行していくことが期待される。消極的側面とは、ある機関が違憲の行為を行った場合に、他の機関がチェックしたり対抗したりすることで、憲法典が変えられてしまうのを防ぐことをいう。ここでも、各機関は他権の活動が憲法に反していないかどうかを判断する際に憲法解釈を行うことになる。

　三権がそれぞれ憲法解釈権を有するという理解は、以上のような規範的正当化のみならず、記述的にも正当化される。なぜなら、これまで、三権は各々の憲法解釈権を提示し、他権と競合したり協働したりして、憲法価値を実現してきたからである。たとえば、政治部門間では、大統領が自らの軍事権に基づきしばしば戦争権限法の手続を無視して軍事行為を行ってきたことが挙げられる[66]。執行府と司法府の関係では、ジャクソン大統領が判決の履行を拒否した1832年のWorcester v. Georgia連邦最高裁判決[67]などがある。立法府と司法府については、信教の自由に関する基準のあり方をめぐり、連邦最高裁が示した審査基準に対して連邦議会が反発してそれを覆す法律[68]を制定したところ、1997年のCity of Boerne v. Flores連邦最高裁判決[69]によって違憲と判断されている。

　また、三権が三つ巴の様相を呈した典型例として中絶をめぐる問題が挙げられる。中絶については1973年のRoe v. Wade連邦最高裁判決[70]で中絶する権利が認められてきた。ところが、これに連邦議会は反発し、クリントン政権の頃から、何度も部分出産中絶禁止法案を提出してきたのであるが、クリントン大統領の拒否権によって阻まれてきた[71]。当時、連邦議会は共和

---

(66) たとえば、1999年、クリントン大統領はコソボ空爆を行ったが、戦争権限法が要求する連邦議会の承認を得ていない。
(67) Worcester v. Georgia, 31 U.S. 515 (1832).
(68) The Religious Freedom Restoration Act of 1993, Pub. L. No. 103-141, 107 Stat. 1488.
(69) City of Boerne v. Flores, 521 U.S. 507 (1997).
(70) Roe v. Wade, 410 U.S. 113 (1973).
(71) Alissa Schecter, *Choosing Balance: Congressional Powers and the Partial-Birth Abortion Ban Act of 2003*, 73 FORDHAM L. REV. 1987 (2005).

党が多数派を構成していたが、拒否権を覆すために必要な3分の2という数を集めるのは容易なことではなかったのである。しかし、G・W・ブッシュ（George W. Bush）政権では統合政府になり、状況が変わった。G・W・ブッシュ大統領は法案を積極的に支持し、2003年になって、ついにこの法律が制定されることになった[72]。本法がRoe判決[73]に抵触するかどうかも問題であるが、それよりも、同様の規定を有するネブラスカ州法が2000年のStenberg v. Carhart 連邦最高裁判決[74]で違憲となっていることの方が問題である。なぜなら、Stenberg v. Carhart 判決後わずか3年でこのような法律を制定することは、連邦最高裁の判決と対立することになるからである。

もっとも、この問題は政治部門の勝利で幕を閉じたわけではなく、いくつかの連邦地裁で本法の違憲判決が下され、2005年には Carhart v. Gonzales 連邦高裁判決[75]でも違憲判決が下された。ところが、2006年に連邦最高裁判事の人事が変わったことにより、この問題にも影響が生じることになる[76]。2007年、新たに任命されたロバーツ（John Roberts）とアリート（Samuel Alito）が判断に加わり、Gonzales v. Carhart 連邦最高裁判決[77]は本法を合憲と判断したのである。このように、中絶問題では三権相互の憲法解釈が目まぐるしく交差してきたといえる[78]。

(3) ディパートメンタリズムの種類　三権がそれぞれ憲法解釈権を有することについてはある程度認識されているが、問題はそれぞれの機関の憲法解釈が衝突したとき、どのように調整するか、あるいはどの機関の憲法解釈が優先するかである。この点につき、ディパートメンタリズムには、三権が共働して憲法を創り上げていくとする「競合的ディパートメンタリズム」

---

(72)　The Partial-Birth Abortion Ban Act of 2003, 18 U.S.C. §1531.
(73)　*Roe,* 410 U.S. 113.
(74)　Stenberg v. Carhart, 530 U.S. 914（2000）.
(75)　Carhart v. Gonzales, 413 F. 3d 791（8th Cir. 2005）.
(76)　Joanna Grossman, *What Might Two Supreme Court Vacancies Mean for Reproductive Rights?,* FINDLAW（July 12, 2005）, http://writ/news.findlaw.com./grossman/20050712.html. グロスマン（Joanna Grossman）は、連邦最高裁の判事の1人か2人の交代によって部分出生中絶禁止法が維持されるとしても、Stenberg v. Carhart 判決を覆すのではなく、その判決と区別する形で合憲判断を行うだろうと予測していた。
(77)　Gonzales v. Carhart, 550 U.S. 124（2007）.
(78)　これについては、先例との関係で様々な分析があるが、さしあたり小竹聡「『一部出生中絶』の禁止と中絶の権利の将来」大沢秀介＝大林啓吾編『アメリカ憲法判例の物語』237頁（成文堂、2014年）を参照。

(overlapping departmentalism）と、三権の独立の憲法解釈によって憲法を創るとする「分割的ディパートメンタリズム」（divided departmentalism）がある[79]。もっとも、多くのディパートメンタリズムの議論がある中で、こうした分類で截然と分けられる場合は少なく、むしろ両側面が共存している場合が多い。

たとえば、ポールゼン（Michael Stokes Paulsen）は司法判断の個別的効力に対しても、たとえば刑事裁判における有罪判決について大統領の恩赦権で対抗できるとしており[80]、ディパートメンタリストの中でも、個別的事件に対する司法の判断にさえ他権は必ずしも拘束されないと考えるのはポールゼンだけであるとされている[81]。このような主張は、分割的ディパートメンタリズムに該当するといえよう。もっとも、ポールゼンは三権の憲法解釈が同等であることも強調しており、この部分をみると競合的ディパートメンタリズムの側面もあるということになろう。

もっとも、ポールゼンに対してアイスグルーバー（Christopher L. Eisgruber）は、大統領が司法判断の個別的効力さえも否定することができることを認める議論は執行府の憲法解釈をきわめて強く認めることになってしまう結果になり、分割的側面を強調しすぎていると批判する[82]。そこで、アイスグルーバーは、政治学者のトゥリス（Jeffrey K. Tulis）の見解[83]に基づいて、各権の制度的能力を比較する機能比較アプローチ（comparative institutional competence）を唱える。アイスグルーバーによれば、トゥリスは、憲法の権力分立制の目的が「個人の権利」、「人民の意思の実行」および「国家の安全」であり、そうした目的を果たす手段として、権力分立によって「抑制と均衡」と「憲法目的に適った能力」が創り出されたとする、という。そして、三権はそれぞれ、立法府は①人民の意思、②人権、③国防、司法府は①人権、

---

(79) Larry Alexander and Lawrence B. Solum, *Popular? Constitutionalism?*, 118 HARV. L. REV. 1594, 1609-1610 (2005) (reviewing LARRY D. KRAMER, THE PEOPLE THEMSELVES: POPULAR CONSTITUTIONALISM AND JUDICIAL REVIEW (2004)).

(80) Michael Stokes Paulsen, *The Merryman Power and the Dilemma of Autonomous Executive Branch Interpretation*, 15 CARDOZO L. REV. 81 (1993).

(81) Gary Lawson and Christopher D. Moore, *The Executive Power of Constitutional Interpretation*, 81 IOWA L. REV. 1267, 1313-1314 (1996).

(82) Christopher L. Eisgruber, *The Most Competent Branches: A Response to Professor Paulsen*, 83 GEO. L. J. 347 (1994).

(83) *See* JEFFREY K. TULIS, THE RHETORICAL PRESIDENCY (1987).

執行府は①国防、②人権、③人民の意志、という優先順位で憲法上の能力を付与されたとする。アイスグルーバーは、こうした見解を基にして、憲法によって与えられた各々の権限を考慮し、その能力に応じて自己の憲法解釈を貫徹するか、または敬譲するか、の態度をとることが要請されるとするのである。アイスグルーバーの見解は、三権の憲法解釈権限の範囲と限界を示している点で、ディパートメンタリズムによる混乱に歯止めをかけているといえよう[84]。

こうした折衷的ディパートメンタリズムに類似した見解をジョンセン（Dawn E. Johnsen）も主張している[85]。ジョンセンは、ディパートメンタリズムを急進的ディパートメンタリズムと穏健的な機能的ディパートメンタリズムとに分け、前者は三権の憲法解釈の競合的結果を重視して他権への敬譲を視野に入れずに憲法構築をはかるが、後者は解釈の相互尊重や解釈の質に応じた憲法構築を企てるものであるとする。そして、急進的ディパートメンタリズムは三権それぞれが自己の憲法解釈にとらわれるあまり、司法優越主義（judicial supremacy）と同様、三権の憲法構築にとって障害となる可能性があるという。それよりも、各権は自己の憲法解釈だけでなく、他権の憲法上の機能や権限に敬意を払い、原理的憲法解釈が行われるようにすることによって憲法が最善の形で解釈されるようになるというのである。

また、このような機能的ディパートメンタリズムによる「解釈の質」の確保は、人権保障について、最も重要となってくる。人権については、政治部門が憲法解釈を行いつつも、司法が特別な役割を担い続ける必要があり、とりわけ少数派に対して政治部門の保護が少ない場合には司法がこれを保護する必要がある。ところが、一方で、政治部門が少数派の保護を厚くする場合

---

(84) ただし、アイスグルーバーは、『憲法的自己統治』（CHRISTOPHER L. EISGRUBER, CONSTITUTIONAL SELF-GOVERNMENT (2001)）の中で、政府機関は多数派の代表ではなく、全人民の代表であるという「公平な民主政」（impartial democracy）を掲げ、この民主政においては司法府が全人民の道徳原理を代表するとして、裁判所中心の立憲体制（アイスグルーバーの言葉でいえば立憲的自己統治）を説いている。このため、フレミング（James E. Fleming）から、裁判所以外の機関の憲法的役割を軽視しているという批判を受けている。James E. Fleming, *The Missing Selves in Constitutional Self-Government*, 71 FORDHAM L. REV. 1789, 1806 (2003). こうした点を考慮すると、アイスグルーバーの見解は、必ずしも純粋な分別的ディパートメンタリズムと同義とはいえない可能性もある。だが、司法優越主義ではなく、あくまでディパートメンタリズムの観点から、裁判所中心的な議論を展開するものとして注目すべき見解であろう。

(85) Dawn E. Johnsen, *Functional Departmentalism and Nonjudicial Interpretation: Who Determines Constitutional Meaning?*, 67 LAW & CONTEMP. PROBS. 105 (2004).

には司法はこれを尊重する必要があるとする。このような議論は、ラチェット理論と呼ばれるものと類似したものであり、近年こういった議論が、連邦法による権利保護と州権との関係をめぐる修正14条5節の問題を中心に有力になりつつある(86)。

2 執行府の憲法解釈権

(1) **執行府の憲法解釈権の根拠** 三権が憲法解釈権を有するとすれば、とりわけ執行府が憲法解釈権を有することの根拠はどのようにして憲法から導き出されるのだろうか。

まずは、関連する憲法条文を確認しなければならない。合衆国憲法2条1節1項は、「執行権はアメリカ合衆国大統領に属する」(執行権付与条項)とし、執行権を大統領に付与している。2条1節8項(憲法忠誠条項)は、大統領に憲法忠誠を宣誓するように要求し、大統領は憲法保持義務を負っている。2条2節は、合衆国軍の総司令官の地位を大統領に割り当て、恩赦権、条約締結権、公務員の任命権等を与えている。2条3節は、大統領に連邦議会への情報提供や審議勧告権を与え、外交使節の接受や法律の誠実執行の責務を課している。また、1条7節2項により、大統領には法案に対する拒否権が認められている。

(2) **執行権付与条項** 最初に問題となるのは、執行権付与条項である。執行権付与条項については、実質的意味の有無をめぐって議論が交わされてきた。従来の見解では、執行権付与は形式上の意味しかなく、大統領という職を設定し、1人がその職を占めることを示す以外の意味はないとされてきた。しかし、最近では、執行権付与条項は実質的意味を持っているという見解が有力になりつつある。たとえば、キャラブレシー (Steven G. Calabresi) によれば、執行権付与条項が形式的に大統領職を表しただけだとすれば、「大統領職はアメリカ合衆国の大統領が務める」と規定するはずであるが、実際の条文が「執行権は……」と規定していることには実質的意味があるという(87)。また、「属する」(vest) という言葉には所有の意味が含まれている

---

(86) ラチェット理論については、安西・前掲注 (64) 88-89頁参照。もっとも、権利拡大立法と権利縮小立法の区別は可能か、また、立法はしばしば一方の権利保障と他方の権利制限という側面を持つのではないか、などの問題点があることに注意する必要がある。

(87) Steven G. Calabresi, *The Vesting Clauses as Power Grants*, 88 Nw. U. L. Rev. 1377, 1378-1400 (1994).

ことからすると、実質的権限を付与していることが想定される。さらに、執行権付与条項が憲法3条の司法権付与条項に類似していることからすると、司法権同様、執行権にも実質的意味が含意されていると考えられるという。

そこで次に、執行権の内実は何かという問題を検討することになる。執行権は、政治的判断を行う執行の領域と管理や運営業務を行う行政の分野に分かれるが、ここでは両者の意味を含む執行の意味を考える（本章I-1(1)参照）。執行権はまさに法を執行する権限であり、そのことは憲法2条3節の「法律の誠実な執行」にも表れている。この法の執行を行う作業を解析していくと、執行府にも憲法解釈権があることがみえてくる。

裁判所が事件を解決する際に法解釈が必要であるのと同様、大統領が法を執行する際にも法解釈が必要になってくる。イースターブルック（Frank H. Easterbrook）は、「大統領が連邦法を解釈してはならないという主張を誰も真剣には受けとめないだろう。つまり、大統領は法を実行しなければならないが、誠実な執行とは事実に法を適用することである。大統領は執行する前に解釈をしなければならない」[88]と述べている。

それでは、この法解釈を行う際に、憲法解釈がどのように関連してくるのだろうか。ローソン＝ムーア（Gary Lawson and Christopher D. Moore）によると、大統領が法を解釈する場合、2つの段階があるという[89]。すなわち第1段階として、大統領は法の曖昧性を解決しなければならない。大統領は、どのように法を実行することが適切であるかを考えなければならないのである。そして第2段階として、大統領は法が憲法に適合しているかどうかを考えなければならない。大統領は憲法忠誠義務を負っていることから、憲法に反する行為は許されず、また、大統領の他権に対する憲法適合性のチェックも抑制と均衡のバランスの一部であり、したがって、大統領は法を執行する際に憲法適合性を判断しなければならない、というのである。

（3）**憲法忠誠条項（宣誓条項）**　憲法忠誠条項から大統領の憲法解釈権を導き出すアプローチもある[90]。というのも、合衆国憲法には大統領に関してのみ憲法忠誠を誓う言葉（フレーズ）がそのまま条文に規定されてお

---

(88) Frank H. Easterbrook, *Presidential Review*, 40 CASE W. RES. L. REV. 905 (1990).
(89) Lawson and Moore, *supra* note 81, at 1286-1288.
(90) 大林啓吾「大統領の憲法解釈権の淵源―憲法の宣誓条項の意味」社会情報論叢13号99頁（2009年）。

り[91]、その意味を考える必要があるからである。

　ローソン（Gary Lawson）は、憲法忠誠条項が憲法保護の責務を大統領に課したことの意味を考える[92]。憲法を保持するということは、公権力の担い手である公務員が違憲な行為を行わないようにすることである。すなわち、大統領は、全公務員の行為が憲法に違反しているかどうかをチェックしなければならない。執行府の職員については、かれらが憲法への忠誠を尽くしているかを監督し、違反が認められた場合には解雇することになる。立法府に対しては、拒否権による事前審査と、法律執行の拒絶による事後審査の権限が認められる。一方、司法府に対しては、例外的場面に限定されるが、違憲な判決に従わない権限がある。そして以上のチェックを行うことは、いずれも大統領が憲法保障という観点から憲法解釈を行うことを前提に権限が行使されるものであるとする。

　さらに、J・ベック（J. Randy Beck）は、Marbury判決[93]のロジックを大統領に当てはめながら、大統領が違憲と考える法律の執行を拒絶することができるとする。J・ベックによれば、Marbury判決は、司法の役割として司法審査を導き出しているが、その際に裁判官の憲法忠誠にも言及している。すなわち、裁判官は憲法忠誠を誓っているからこそ、憲法を支持しなければならない。そのような憲法遵守義務を果たすためには司法審査が必要になるというわけである。J・ベックは、こうした憲法忠誠を用いたロジックが大統領にも当てはまるという[94]。大統領も憲法忠誠を誓い、誠実に法を執行しなければならないのだから、法律が違憲かどうかを審査する権限を有する[95]。そして、大統領は違憲の法律について執行してはならないことになるというのである。

（4）　**誠実執行条項**　　関連して、ポールゼンは、大統領の憲法解釈権の正当化に宣誓条項を据え、それを補足するために誠実執行条項が存在すると

---

(91)　『世界憲法集』前掲注 (1) 66頁〔土井真一訳〕。2条1節8項「大統領は、その職務の遂行を開始する前に、次の宣誓または確約を行わなければならない。――私は、合衆国大統領の職務を誠実に執行し、全力を尽くして、合衆国憲法を維持し、擁護することを厳粛に誓う（または確約する）」。

(92)　Gary Lawson, *Everything I Need to Know About Presidents I Learned from Dr. Seuss*, 24 HARV. J. L. & PUB. POL'Y 381 (2001).

(93)　*Marbury*, 5 U.S. 137.

(94)　J. Randy Beck, *Presidential Defiance of "Unconstitutional" Law: Reviving the Royal Prerogative*, 16 CONST. COMMENTARY 419 (1999) (book review).

いう⁽⁹⁶⁾。それによれば、大統領の憲法解釈権は、他権が憲法解釈権を有していることから執行府にもそれがあると推測されるという間接的な根拠にとどまらない。むしろ、宣誓条項および誠実執行条項から、必要かつ明白に導き出されるものである。すなわち、宣誓条項は、大統領が他権の行為について誠実にその憲法適合性を解釈することを要求し、大統領が権限を行使するときはいつでも他権の行為の合憲性を審査しなければならないと要請する、というわけである。

また、大統領が憲法によって付与された個別の権限を行使する際にも、憲法解釈が不可避的に付随することになる。大統領が恩赦権や拒否権を行使する場合、それは司法府の判断や立法府の判断に修正または拒否の意思を表すことになる。そのため、ここでは判決や法律の執行という意味での法の執行ではなく、大統領が独自に憲法の執行を行う場面である。つまり、大統領はこれらの権限を行使するとき、当然に憲法解釈を行っていることになるわけである。それでは、大統領の憲法解釈に関する実例をみてみよう。

(5)　記述的正当化　　まず、司法府と執行府の憲法解釈が衝突した事例として、1819年の McCulloch v. Maryland 連邦最高裁判決⁽⁹⁷⁾によって合憲性が認められた合衆国銀行設立法案をジャクソン大統領が拒否権で拒絶した事例が挙げられる⁽⁹⁸⁾。ジャクソン大統領は、憲法は合衆国銀行を設立する権限を認めていないとして拒否権を行使したのである。次に、司法判断を執行府が拒絶した事例として、奴隷制を認めた1857年の Dred Scott v. Sandford 連邦最高裁判決⁽⁹⁹⁾に対するリンカーン大統領の反発（就任演説、南北戦争、

---

(95) しかし、何が法であるのかを語ることを責務とする司法府の場合と異なり、大統領は法を誠実に執行するという責務が課されている。このため、誠実な法の執行をどのように解釈するかによって、執行審査権なるものが認められるかどうかに関わってくる。本書では、誠実執行条項（憲法2条3節）の解釈をめぐる議論に立ち入らないが、たとえばP・ストラウス（Peter L. Strauss）は、誠実執行条項は大統領に直接法の誠実な執行を命じたわけではなく、法が誠実に執行されているのかどうかを監督する役割を課したにすぎないと主張する。そのため、ある法律が違憲かどうかを判断するのではなく、むしろ法律をきちんと執行しているかどうかをチェックすることになる。See Peter L. Strauss, *The President and Choices Not to Enforce*, 63 LAW & CONTEMP. PROBS. 107 (2000).

(96) Michael Stokes Paulsen, *The Most Dangerous Branch: Executive Power to Say What the Law Is*, 83 GEO. L. J. 217, 261-262 (1994).

(97) McCulloch v. Maryland, 17 U.S. 316 (1819).

(98) LOUIS FISHER, CONSTITUTIONAL CONFLICTS BETWEEN CONGRESS AND THE PRESIDENT 55 (4th ed. 1997).

(99) Dred Scott v. Sandford, 19 How. (60 U.S.) 393 (1857).

奴隷解放宣言)や[100]、1861年のMerryman判決[101]によって出された人身保護令状をリンカーン大統領が無視したという事例も存在する。他に、実際に拒絶したわけではないが、ニクソン(Richard M. Nixon)大統領の司法判断に対する不服従宣言なども挙げられる[102]。ニクソン大統領は、1974年のUnited States v. Nixon連邦最高裁判決[103]で文書提出命令が出されても従わない旨の発言を行っていたからである。

また、執行府が立法府の憲法解釈(法律)に対抗した事例として、戦争権限法の執行拒絶が挙げられる[104]。戦争権限法はニクソン大統領の拒否権を覆して1973年に成立したものである。ところがこの法律は、当初から大統領の軍事総司令官の地位との関係で違憲性が問題視されており、とりわけ、「軍隊を敵地へ送り込む際には議会の承認を必要とする規定」や「60日以上軍隊を展開するときには議会の戦争宣言または議会の承認を必要とする規定」が大統領の権限を侵害するものではないかとして疑義が呈された。このような問題に決着がつかないまま、フォード(Gerald Ford)大統領以後の大統領は実際に本法が適用される場面に遭遇することになったため、そのうちの何人かはこの規定を無視する形で軍事指揮権を行使している。また、最近では、令状なしで行われた国家安全保障局(National Security Agency: NSA)の通信傍受の例を挙げることができる。アメリカでは外国諜報活動偵察法(Foreign Intelligence Surveillance Act: FISA)で政府が通信傍受を行う場合には特別裁判所(FISA Court)の令状が必要であるとしている[105]。しかし、G・W・ブッシュ大統領がNSAに対して常時数百人を盗聴することを命令し、2002年からNSAが令状なしで通信傍受を行っていたことをニューヨークタイムズが暴露した。これについて、G・W・ブッシュ大統領は、当該行為が9.11直後に議会が採択した「武力行使容認決議」(Authorization for Use of Military Force: AUMF)[106]に基づくと主張し、そうでないとしても、憲法

---

(100) DANIEL FARBER, LINCOLN'S CONSTITUTION 177 (2003).
(101) *Ex Parte Merryman*, 17 F. Cas. 144.
(102) ROBERT A. BURT, THE CONSTITUTION IN CONFLICT 316-327 (1992).
(103) United States v. Nixon, 418 U.S. 683 (1974).
(104) Christopher N. May, *Presidential Defiance of "Unconstitutional" Laws: Reviving the Royal Prerogative*, 21 HASTINGS CONST. L. Q. 865, 974 (1994). メイ(Christopher N. May)は、この事例が違憲の行為に対する執行府の拒絶の例としては最も良い例であるとする。
(105) The Foreign Intelligence Surveillance Act of 1978, 50 U.S.C. §1809.
(106) The Authorization for Use of Military Force, Pub. L. No. 107-40, 115 Stat. 224 (2001).

上の権限たる大統領の軍事権に由来するものであるのだから、法律に従う必要はないと主張したのである(107)。また、最近では、オバマ大統領が婚姻擁護法（Defense of Marriage Act）(108) に対して合憲性を擁護しないという態度をとったこともその一例として挙げられよう(109)。さらに、大統領は、指令（directive）、宣言（proclamation）、メモランダム（memorandum）、ガイドライン（guideline）等を用いて積極的に憲法解釈を表明することがあり、建国当初から行われてきた。

このように、執行府が憲法解釈権を有することは、憲法上、規範的にも記述的にも認められているといえる。

3　行政機関の憲法解釈権

（1）執行権と行政権の区分　大統領が憲法解釈権を有することは先述したとおりであるが、そのロジックが行政機関にそのまま通用するのかどうかについて検討しなければならない。

まず、行政機関の職員といっても一様ではなく、憲法解釈の観点から分類すると、司法長官（Attorney General）や法律顧問局（Office of Legal Counsel: OLC）などのように憲法解釈を専門業務とする者、上院の承認を得て任命され、重要な政策決定を行う際に憲法解釈もする各行政機関の長、ホワイトハウスのスタッフなど大統領行政府の職員、一般行政機関の職員、独立行政機関の職員などに分けることができる。いずれの機関も憲法が個別に明記しているわけではなく、法律または大統領によって設立されている。したがって、これらの機関は三権と異なり、憲法上の位置づけを検討する必要がある。もっとも、現実には行政国家化に伴い、「第4の機関」（Fourth Branch）と呼ばれるほど、そのスケールや影響力が拡大し続けている(110)。

（2）行政機関の憲法解釈　このうち、司法長官、各行政機関の長、ホワイトハウスの法律顧問、OLCらは憲法解釈を行うことが頻繁にあり、大統

---

(107)　Charles Lane, *White House Elaborates on Authority for Eavesdropping*, WASH. POST, Dec. 20, 2005, at A10.
(108)　The Defense of Marriage Act, Pub. L. No. 104-199, 110 Stat. 2419.
(109)　これについては、横大道聡「『違憲』な法律の執行義務と擁護義務―DOMAをめぐる政治と憲法」法学研究87巻2号505頁（2014年）参照。
(110)　Peter L. Strauss, *The Place of Agencies in Government: Separation of Powers and the Fourth Branch*, 84 COLUM. L. REV. 573 (1984).

領の管轄の下に憲法解釈を行うことが実務上認められている。通常、かれらは大統領の求めに応じて憲法解釈の案を提示することが多いが、かれらの憲法解釈権の根拠およびその効果については検討の余地がないわけではない。しかし、大統領の指示を受け、かつ大統領の憲法解釈と合致している限り、それらは大統領の憲法解釈と同視されることになる。

　問題は、通常の行政機関が憲法解釈権を有するか否かという点である。憲法解釈が付随する法の執行という営みに、事務の管理、運営、運用、サービスが含まれる以上、行政機関にも憲法解釈を行う資格がある、と考える余地があるかもしれない。しかし、事務の管理や運営等に憲法解釈が必要な場面は限られるはずであり、法執行には憲法解釈が内在するというロジックはここでストレートに妥当するようには思えない。他方で、個々の職員ではなく行政機関というレベルでみた場合、その決定はしばしば憲法価値の実現に寄与している側面があることも事実である。少なくとも、個人の憲法上の権利に大きな影響を及ぼすような決定や憲法価値に直結するような制度構築を行う場合、そこには憲法解釈が含まれているといえる。

　そうなると、場面によっては事実上憲法解釈が行われているといえるが、そのような限定をつけたとしてもなお、行政機関に憲法解釈権を認めてもよいのかという問題は残る。というのも、選挙や上院の承認を経ていない一般行政職員も憲法解釈権という大仰な権限を有するとなると、民主的正統性に欠ける機関にそうした権限を認めてもよいのかという問題が出てくるからである。

　かりに行政機関には憲法解釈権が認められないとしても、それは、一切の憲法的考慮をしてはならないことを意味するわけではないことに注意が必要である。なぜなら、合衆国憲法6条3項により、執行府の職員は憲法尊重擁護義務を負っているからである。そのため、少なくとも憲法に反する行為をしてはならないという判断を行わなければならず、その意味での憲法的考慮が許されないわけではない。

　また、このような消極的な憲法的考慮以外に一切の憲法判断が許されないかというと、そうでもない。先述したように、行政機関が業務を行う場合に憲法判断が含まれる可能性はある。しかし、それはあくまで運用面での憲法的考慮であり、憲法解釈として表明する類の行為ではない。行政機関が憲法価値の実現をはかるような運用を行っていたとしても、その運用自体は認め

られるはずである。とりわけ、行政機関が法律を解釈して規則を制定する際に、憲法的要素を考慮している場合は、憲法解釈に近い運用がなされていることになる。なお、行政機関の法解釈について裁判になると、裁判所が行政機関の判断に敬譲する傾向にあるが、このことも行政国家との関係で注意しなければならない点である。

また、行政機関は、その専門性を背景に特殊な領域の憲法解釈を行うことができる[111]。立法府は、自らが専門的能力を持ち合わせていない領域の問題について、行政機関に判断を委任することがある。そうした領域の問題に憲法問題が絡むと、行政機関はその専門的能力を駆使しながら憲法解釈を行うことになる。そのため、行政機関の憲法解釈は単に立法府の下請けにとどまらない、自律的な規範を有することになる。

(3) シェブロン法理　行政機関の法解釈が認められる契機となったのが、1984年のChevron U. S. A. Inc. v. Natural Res. Def. Council, Inc. 連邦最高裁判決[112]であった[113]。1977年大気浄化法（Clean Air Act Amendments）[114]は、EPAが設定した基準を満たせなかった州に対して、大気汚染の固定発生源（stationary source）に関する規制権限をEPAに授権していたところ、政権交代に伴う政策変更により、EPAは固定発生源を事業全体で捉えると解釈する規則を制定した。そこで、EPAの解釈の合理性が争われたのが本件であった。スティーブンス（John P. Stevens）判事の法廷意見は、次のように、2つの場合に分けて行政機関の判断の合理性を問う基準を設定した。

「連邦議会の意図が明確な場合、問題はそれで解決する。すなわち、行政機関だけでなく、裁判所も、連邦議会が明らかにした意図に法的効果を与えなければならない。しかしながら、連邦議会が当該問題について正確な指針を直接示していないと考えられる場合、行政解釈が存在しない場合のように、

---

[111] Brian Galle, *The Justice of Administration: Judicial Responses to Executive Claims of Independent Authority to Interpret the Constitution*, 33 FLA. ST. U. L. REV. 157, 217 (2005).

[112] Chevron U. S. A. Inc. v. Natural Res. Def. Council, Inc., 467 U.S. 837 (1984). なお、本件については多くの評釈があるが、さしあたり、常岡孝好「行政機関への解釈の敬譲」アメリカ法判例百選20頁（2012年）を挙げておく。本書では、第8章 I-3 も参照。

[113] Linda D. Jellum, *The Impact of the Rise and Fall of Chevron on the Executive's Power to Make and Interpret Law*, 44 LOY. U. CHI. L. J. 141 (2012). Chevron 判決が登場するまで、司法は法律の条文が曖昧な場合であっても、自らその意味を決めるスタンスをとっていたが、本件により、行政機関は「準法解釈者」（quasi-law interpreter）の地位が認められることになったとされる。

[114] The Clean Air Act Amendments of 1977, 42 U.S.C. §7470 et seq.

裁判所はその法律について自己の解釈を単純に押しつけてはならない。法律が当該争点について黙示であったり曖昧であったりする場合、行政機関の判断が法律の許容できる解釈に基づくものであるかどうかが問題となる」[115]。

また、続けて法廷意見は、連邦議会が行政機関に明示的に法律の穴を埋める作業を委任している場合、「行政機関の立法規則が濫用されていたり、逸脱していたり、法律に明らかに反していない限り、それはきわめて重視される」[116]とし、一方、立法の委任が黙示である場合、「裁判所は自己の法解釈を行政機関が行った合理的な法解釈と取り換えてはならない」[117]として、行政機関の判断が尊重されやすい場面を提示した。

この判断は、シェブロン法理と呼ばれ、司法が行政機関の判断に敬譲するかどうかについて、その判断プロセスを2つの段階に分ける。すなわち、①立法意図が明確かどうかを審査し、明確であれば行政機関の法解釈がそれに従っているかどうかを判断し、②立法意図が不明確な場合、行政機関の法解釈が合理的であるかどうかを判断する、というものである。①については、立法意図が行政への委任を明確にしていればよほどのことがなければ行政機関の判断が尊重されることになり、②については、たとえ司法自身がもっと良い法解釈を行えるとしても、司法はあくまで行政機関の解釈が合理的かどうかだけを審査するにとどまることから、シェブロン法理は行政機関の判断に敬譲的な審査手法だと考えられている。

4 行政国家のリスク――行政による憲法価値の実現によるリスク

以上のように、行政が憲法を解釈し、憲法価値の実現を行っているわけであるが、これは憲法構造に何らかの影響を及ぼさないのであろうか。

行政国家がもたらす憲法構造へのリスクとしては、法の支配との衝突が挙げられる[118]。法の支配は国家権力の発動に対して法的統制を加えるものであり、法律による統制と裁判による統制がある。ところが、行政国家が進展して行政機関が肥大化すると、まず法律による統制が追いつかなくなる。法

---

(115) *Chevron*, 467 U.S. at 842-843.
(116) *Id*. at 844.
(117) *Id*. at 844.
(118) Richard A. Epstein, *Why the Modern Administrative State Is Inconsistent with the Rule of Law*, 3 NYU J. L. & LIBERTY 491 (2008).

律によって行政機関の権限を細かく規律していては、行政機関が様々な行政需要を専門的見地から対応することの支障になる。加えて、実際上の問題として、多種多様な行政機関の行動を法律で細かく統制することは不可能に近い。したがって、法律が行政機関に対して広範な委任をせざるをえない状況にある。そのため、行政国家化によって立法的統制が弱まり、憲法構造に歪みがもたらされるおそれが出てくるのである。

　つぎに、行政機関の判断に対する司法的統制も弱まる可能性がある。というのも、行政機関の専門的判断に対して司法はその妥当性を判断する能力を持ち合わせていないからである。しかも、法律が自ら行政機関の裁量を認める場合には、司法は手が出せない。したがって、司法は、シェブロン法理によって規範的に示された通り、法律の意図が明確に示されている場合には行政機関が法律の定めに従っているかどうかを判断し、法律の意図が不明確な場合は行政の判断を尊重する傾向にある。

　こうした立法的統制や司法的統制の弱まりは、行政に権力を集中させてしまい、権力分立制に綻びを生じさせる。そしてそれは恣意的な行政を許してしまうおそれがある。行政による憲法価値の実現は権力分立や人権保障など他の憲法原理を損なうリスクがあるのである。

　さらにいえば、行政国家の拡大は行政機関の肥大化に限られず、先述したように政治の領域においても垣間見ることができる[119]。9.11 以降のアメリカにおいて、執行府は、憲法上の権限および広範な法律の授権に基づき、様々なテロ対策を行ってきた。2001 年の AUMF は大統領がテロ対策に必要な措置をとることを認める授権規定であり、きわめて広範な授権であった。また、大統領は、法律の規定に反して盗聴を行ったり、グアンタナモ基地収容所で司法手続を無視した取り調べを行ったりしてきた。テロ対策も国家の安全という憲法価値の実現の1つとして重要であるが、行政国家の進展は、人権保障に対するリスクをはらんでいる。

　このように、行政国家は憲法構造に対するリスクを生じさせるものである。また、最近では、行政による憲法価値の実現に新たな手法が登場しつつある。それが、次の III で取り上げるパターナリスティックな手法である。

---

(119)　*See* Eric A. Posner and Adrian Vermeule, *Crisis Governance in the Administrative State: 9/11 and the Financial Meltdown of 2008*, 76 U. Chi. L. Rev. 1613 (2009).

III　パターナリズムの蔓延

1　憲法学におけるパターナリズム

（1）　**従来の憲法学**　憲法学の世界で「パターナリズム」といえば、まず未成年者の人権制約の場面が思い浮かぶ。すなわち、十分な判断能力のない未成年者については、親が子に干渉するようなやり方で、国が未成年者の人権を制約することが認められると考えるアプローチである[120]。たとえば佐藤幸治は、「成熟した判断を欠く行動の結果、長期的にみて未成年者自身の目的達成諸能力を重大かつ永続的に弱化せしめる見込みのある場合に限って正当化される」とし、これを限定されたパターナリスティックな制約としている[121]。

このようなパターナリズムは、個人の判断能力の不十分さを補うために後見的措置を行うことから、弱いパターナリズムと呼ばれる[122]。一方、個人が十分な判断能力を有しているにもかかわらず、本人のために干渉することを強いパターナリズムという。「『自己決定権』との緊張関係にあるのは、後者の型のそれである」[123]と指摘されるように、これまで通常の判断能力を有する成人に対するパターナリスティックな制約は自己決定権との関係で大きな問題になると考えられてきた[124]。ただし、自己決定権には他者加害を行ってはならないという限界の他に、人格的自律そのものを回復不可能なほど永続的に害する場合は例外的に制約されるというパターナリスティックな制約が限定的に認められる余地もあり、その意味で公共の福祉の新たな類型として登場したという指摘もある[125]。とはいえ、日本の憲法学におけるパ

---

[120]　野中俊彦=中村睦男=高橋和之=高見勝利『憲法Ⅰ〔第5版〕』221頁（有斐閣、2012年）。
[121]　佐藤幸治『日本国憲法論』137頁（成文堂、2011年）。
[122]　内野正幸「自己決定権と平等」江橋崇編『岩波講座現代の法14　自己決定権と法』3頁、15-17頁（岩波書店、1998年）、竹中勲「自己決定権の意義」公法研究58号28頁、42-43頁（1996年）など。
[123]　小泉良幸「自己決定とパターナリズム」西原博史編『岩波講座憲法2　人権論の新展開』169頁、175頁（岩波書店、2007年）。
[124]　芹沢斉「公的規制とパターナリズム」公法研究60号133頁、133-134頁（1998年）。「これまでの憲法学にあってパターナリズムは、本来的使用法にふさわしく未成年者の人権ないし青少年保護に関連して取り上げられることはあっても、成人の自由に対する介入原理としてはそれほど論じられることの多いテーマではなかった」と指摘される。

ターナリズムは例外的かつ限定的なものに変わりはなく、原則として未成年者に対して限定的に用いることが念頭に置かれてきたといえる。

(2) **最近の変化** ところが、近年、アメリカでは、通常の判断能力のある成人に対してもパターナリズム論が展開しつつある[126]。その典型例が、サンスティン＝セイラー（Cass R. Sunstein and Richard H. Thaler）が説く、リバタリアンパターナリズム（libertarian paternalism）である[127]。かれらは、行動経済学的アプローチに基づき、人間はつねに合理的行動をするとは限らないという前提から出発する。そのため、人々をより良い方向に導くための誘導が必要だと考える。このようなパターナリズムは強制的性格を有しておらず、自由と両立する。ゆえに、リバタリアンパターナリズムと称するのである。

このようなアプローチは、これまで人間が合理的存在であることを自明としてきた法学や経済学と真っ向から対立すると同時に、自由と共存しうるパターナリズムを提示したという意味で伝統的憲法学に挑戦状を突きつけるものである。

しかも、実際の社会をみると、政府が様々なパターナリズム的手法を使って市民を望ましい方向に誘導していく状況を垣間見ることができる。その代表例として公衆衛生の分野が挙げられる[128]。とりわけ、アメリカで注目されているのが食品の問題である。アメリカでは医療費の観点から肥満が問題視されており、将来の病気のリスクを減らすために、肥満を予防しようとする試みが行われつつある。たとえば、サンフランシスコ市のハッピーミール規制やニューヨーク市の加糖飲料のサイズ規制（以下、「NYサイズ規制」という）が挙げられる。ハッピーミール規制は、おもちゃなどのオマケがつく

---

(125) 渋谷秀樹「パターナリズムと違憲審査」高橋和之先生古稀記念『現代立憲主義の諸相(下)』57頁、62頁（有斐閣、2013年）。

(126) たとえば、「日本法との対比で個人主義的法文化と捉えられ、パターナリズム嫌悪とかつて描かれたアメリカ合衆国における現在の法状況をみてもパターナリズム的目的や動機に基づく法規制や運用は、一般に考えられているより多くみうけられるようになってきている」と指摘される。瀬戸山晃一「法的パターナリズムと選好—パターナリスティックな法介入の効率性」阪大法学54巻4号45頁、46頁（2004年）。

(127) Cass R. Sunstein and Richard H. Thaler, *Libertarian Paternalism Is Not an Oxymoron*, 70 U. CHI. L. REV. 1159 (2003).

(128) Thaddeus Mason Pope, *Is Public Health Paternalism Really Never Justified? A Response to Joel Feinberg*, 30 OKLA. CITY U. L. REV. 121, 122-123 (2005).

ハッピーミールセットによってオマケにつられた子供が高カロリー食品を飲食してしまうことから、サンフランシスコ市がセットに栄養やカロリーの制限を課したというものである。NYサイズ規制は、一定の商店に16液量オンス(129)以上のサイズの加糖飲料の販売を禁止したものである。

こうした規制は、消費者がもっと多くのハンバーガーや加糖飲料が必要であれば追加して購入することができ、選択の余地が残されていることから、少なくとも消費者に対して自由を制限していないと考えられているが、いずれも消費者の肥満防止を狙いとしたパターナリスティックな規制であると理解されている。

それでは、なぜこうした政府のソフトな手法をわざわざパターナリズムとして把握しようとしているのだろうか。もし、これらの規制が実質的に強制になっており市民の自由を侵害していると考えて、無用なパターナリズムとして批判する議論であれば、憲法学には馴染みやすい。だが、ソフトな手法をパターナリズムと呼ぶ議論の多くはそうした方向でなされているわけではない(130)。むしろ、サンスティン＝セイラーのように、それを肯定的にみる流れで登場する議論の方が多い(131)。しかし、そうした手法を肯定するのであれば、こうした手法は強制力がないので自由を侵害しないとだけ述べて切り捨てることもできたはずである。それにもかかわらず、なぜわざわざパターナリズムを持ち出すのであろうか。

各論者の思惑は定かではないが、それはおそらく、パターナリズムを用いることで本人の利益のために行っているという正当化理由を提示する狙いがあると考えられる。つまり、パターナリズムを持ち出していったん規制の正当化を行った上で、パターナリズムにも強制力のないものがあり、それは自由を制限するものではないという論旨を展開するわけである。

---

(129) 約470ミリリットルのことで、日本でいえば、おおよそ500ミリリットルのペットボトル以上の大きさが規制されているということである。

(130) なお、ここで言いたいのはソフトな手法にパターナリズムの名を冠した議論にはそうした手法に批判的なものが少ないという意味であり、後述するように、リバタリアンパターナリズムなどを批判する議論は存在する。

(131) リチャード・セイラー＝キャス・サンスティーン（遠藤真美訳）『実践行動経済学—健康、富、幸福への聡明な選択』30頁（日経BP社、2009年。以下、『実践行動経済学』という）。サンスティン＝セイラーは、「様々な領域で統治能力を高めるには、政府による強制や制約を減らし、選択の自由を増やす必要がある」とし、より良い統治を求めてリバタリアンパターナリズムを提示している。なお、原著は、RICHARD H. THALER AND CASS R. SUNSTEIN, NUDGE; IMPROVING DECISIONS ABOUT HEALTH, WEALTH, AND HAPPINESS (2008) である。

(3) パターナリズム論と行政国家との関係　もしそうであるとすれば、かりに権利侵害の問題を惹起しないとしても、これらの議論は現代行政国家の拡大を助長すると同時に、その正当化理由を提示する可能性を有していることに注意しなければならない[132]。政府はソフトパターナリズムを用いることで、強制的手法以外に様々な方法で、市民を誘導したり、影響を及ぼしたりすることが可能になっている。つまり、ソフトパターナリズムにより、政府が市民生活の広範な領域に介入し始めているのである。また、パターナリズムとして正当化をはかることで、同時に行政国家の拡大を正当化していることになる。

しかしながら、こうした状況は行政国家の憲法的統制のあり方を考える契機にもなりうるものである。これまで、行政国家の特徴の1つに社会保障の拡充があり、それをどこまで市民の受益権として構成できるかという論点があった。そこでは、権利の問題として捉えることで法的統制を試みようという努力が行われてきたといえる。ところが、ソフトパターナリズムの多くは事実行為にすぎないことから権利侵害として捉えることが困難であり、行政国家の問題が新局面を迎えていることを浮き彫りにしている。さらにいえば、パターナリズムの蔓延は、行政の政策実現のみならず、行政による憲法価値の実現のあり方にも影響を与えるものである。

2　パターナリズムの定義

まず、パターナリズムとは何かについてであるが、これについては様々な見解があり、一言で表すことは難しい。『ブラック法律辞典』によれば、「政府が個人の問題について面倒をみるという政策又は行為。とくに、本人の望みを満たしたり手厳しい方法で本人の行為を規制したりすることをいう」[133]とあるが、この意味で用いる場合でも、危害原理に代表される自由の規制類型の1つとして挙げられることもあれば、公権力行使の例外的手法として登場することもあり、その文脈次第でニュアンスが異なりうる。また、ハート対デブリン論争（Hart-Devlin Debate）でハート（H. L. A. Hart）が取り上げたパターナリズムは自己加害の防止という限定的用法であったが、その

---

[132] なお、そもそも自己決定権が提唱され始めた背景には、行政国家に対して個人の自己決定の原理を確保しようとする意図があったと指摘される。竹中・前掲注(122) 30-31頁。
[133] BLACK'S LAW DICTIONARY 1241 (9th ed. 2009).

後の議論では本人の福利のための干渉というように広がりをみせるようになっていることや、パターナリズムのどこに着目するかによって様々な類型に分けることが可能であることからすると[134]、分析視角や状況次第で定義内容が変わる余地があり、さしあたり本書で扱うパターナリズムという限定をつけた上で、その意味を明らかにしておくことが適切であると思われる。

　本書では、パターナリズムの拡大する様相を考察するため、パターナリズムを「国家が本人の利益のために行う後見的作用」と広く捉えることにする。ただし、本書では本人の決定に着目しながらパターナリズムの考察を進めるため、そこには、「一般に、パターナリズムとは、強制力や影響力を通してある種の誤った決定を防いで正しい決定ができるようにするものである」[135]という定義が含意されていることを付言しておく。

3　パターナリズムの種類

　(1)　ソフトパターナリズム　　近年、法的拘束力がないにもかかわらず、現実に影響をもたらしたり拘束感をもたせたりするソフト的手法が注目され、その考察が進みつつある[136]。たとえば、ソフトローの研究では、「裁判所その他の国の権力によってエンフォースメントされないような規範であって、私人（自然人および法人）や国の行動に影響を及ぼしているもの」[137]、あるいは「裁判所によって履行が確保されないが、拘束力を持って世の中に存在するルール」[138]をソフトローと定義し、様々な領域でのソフトローの展開を考察している。ただし、本書の関心対象となるソフト規制は、法的強制力を持たないものの、市民を誘導していく狙いをもって、その行動パターンに

---

[134]　ハート対デブリン論争やパターナリズムの類型については、芹沢・前掲注 (124) 138-148 頁参照。

[135]　Judd F. Sneirson, *Soft Paternalism for Close Corporations: Helping Shareholders Help Themselves*, 8 WIS. L. REV. 899, 920 (2008).

[136]　ソフト規制については、中山信弘を編集代表として、藤田友敬編『ソフトロー研究叢書第1巻　ソフトローの基礎理論』(有斐閣、2008 年)、神田秀樹編『同第 2 巻　市場取引とソフトロー』(有斐閣、2009 年)、中里実編『同第 3 巻　政府規制とソフトロー』(有斐閣、2008 年。以下、『政府規制とソフトロー』という)、大渕哲也編『同第 4 巻　知的財産とソフトロー』(有斐閣、2010 年)、小寺彰=道垣内正人編『同第 5 巻　国際社会とソフトロー』(2008 年、有斐閣) が刊行されている。

[137]　中山信弘「はしがき」『政府規制とソフトロー』前掲注 (136) i 頁。

[138]　山中藍子「公正取引委員会の事前相談制度―ソフトローの観点からの考察」『政府規制とソフトロー』前掲注 (136) 99 頁。

事実上の影響力を与える手法である。そのため、上記のソフトローとは問題意識や考察対象が異なる。

本書が対象とするソフト規制は、ソフトパターナリズムと呼ばれ、強制力のないパターナリズムである。強制力がなくてもパターナリズムと呼べるのかどうかについては検討の余地があるが、それについては今後の議論に委ねるとして、さしあたりパターナリズムの拡大現象を考察するという視点からソフトパターナリズムの展開を考察する。さしあたり、ここではアーキテクチャー（Architecture）、ナッジ（Nudge）、ノーティス（Notice）を取り上げる[139]。

　(2)　**アーキテクチャー／ナッジ／ノーティス**　　アーキテクチャーは、政府にとって望ましくない行動を防ぐための環境を設定することをいう[140]。アーキテクチャーの議論は、日本でもよく知られるようになっており、駅や空港のベンチに仕切りを設けたり駅構内にオブジェと称する物を設置して浮浪者が寝たりすることを抑止することが挙げられる[141]。また、車のスピードを抑えるためにスピードバンプ[142]を設けたり、著作権侵害がなされないようにあらかじめ複製等ができないソフトウェアを製造したりするなどの措置もそれにあたる。これらの例は望ましくない行動を物理的に困難にする場合であるが、中には環境を変えて犯罪を未然に防いだり、犯罪を行っても逃げおおせないようにしたりする場合がある。カメラやGPSの設置がその例であり、環境そのものに監視機能を設けることで犯罪抑止につなげている。

アーキテクチャーはある政策を実現するための効果的な手法であり、かつ建前上は全員に影響するものであることから公平な方法である。また、強制力を持たないことから、必ずしも法律（個別法）の授権がなくても実践できるという点も特徴である。つまり、政治過程を経ずに実践できるのである。そのため、民主的正統性や透明性に欠けるとの批判もある。

ナッジについては、後述するリバタリアンパターナリズムの箇所で扱うので、ここでは詳細に踏み込まないが、政府が非強制的手法を使って市民の自

---

(139)　Ryan Calo, *Code, Nudge, or Notice?*, 99 IOWA L. REV. 773 (2014).
(140)　*Id.* at 778-783.
(141)　大屋雄裕『自由とは何か―監視社会と「個人」の消滅』（筑摩新書、2007年）。また、アーキテクチャーの議論については、ローレンス・レッシグ（山形浩生訳）『CODE VERSION 2.0』（翔泳社、2007年）。
(142)　道路に段差を作ってスピードを抑制する装置のことをいう。

由な選択に委ねながら望ましい方向に誘導していく手法のことをいう(143)。

ノーティスは、消費者に必要な情報を開示するように、企業等に対して要求することをいう。もともと、売り手（製造者側）と買い手（消費者側）には、持っている情報に格差があり、その溝を埋める必要がある。そこで、消費者がより良い決定を行えるようにするために、企業側に情報を開示させるのがノーティスである(144)。

ここでいうノーティスは、刑事手続や行政手続の分野で告知を意味するものとして展開してきたノーティスとは異なる(145)。告知は、手続の公正を保つための形式的なものであった。これに対し、ノーティスは、消費者に一定の注意喚起的機能をもたらすことを主眼とする。たとえば、カリフォルニア州ではインターネット事業者に対して、プライバシーポリシーに関する情報を提示するように義務づけている。これにより、消費者は自分の個人情報が広告会社などに利用されたり他者に見られたりする可能性があることに気づくことができる。その結果、消費者は注意すべき情報を考慮してから行動をすることができるようになるのである(146)。たとえば、1968年に制定された消費者信用保護法（Truth in Lending Act）(147)は、クレジットカードの使用に際し、カード会社はレートなどの必要な情報をすべて開示しなければならないとしており、これもノーティスの先駆けとされる。

以上の3つの手法は必ずしも独立して用いられるわけではなく、時に重複して使われる場合もある。以上の手法に共通するのは、政府が何らかの政策を実現するために、最終的には市民の自己決定に委ねる形で、一定の望ましい状態を構築していく点であるといえよう。

これらの手法は政府の政策実現を促進するものであるが、場合によっては市民が誤った選択をしないように誘導または援助するという要素が入り込む

---

(143) Calo, *supra* note 139, at 783-787.
(144) *Id.* at 787-790.
(145) Ryan Calo, *Against Notice Skepticism in Privacy (and Elsewhere)*, 87 NOTRE DAME L. REV. 1027 (2012).
(146) Matthew A. Edwards, *Empirical and Behavioral Critiques of Mandatory Disclosure: Socio-Economics and the Quest for Truth in Lending*, 14 CORNELL J. L. & PUB. POL'Y 199, 242 (2005). これに対し、ノーティスにはそれほどの効果がないとの批判もある。なぜなら、企業がプライバシーポリシーを提示しても、ほとんどの消費者はそれを読まないであろうし、理解しないことが予想されるからである。
(147) The Truth in Lending Act of 1968, 15 U.S.C. §1601.

ことがある。政府が後見的観点からこれらの規制を行うとき、それはパターナリズム的性格を帯びる可能性が出てくる。

4 ソフトとハードの狭間

　従来、パターナリズムは市民が誤った決定を行わないように強制的に規制するものと解されることが多かったが、アーキテクチャー、ナッジ、ノーティスなどを用いて、強制力のない形で、誤った決定をしないように誘導する方法も、パターナリズム的要素を持っている。これらの方法はソフトパターナリズムと呼ばれる[148]。すなわち、「ソフトパターナリズムは人々がより良い決定を行えるようにする政策を実行するために行動経済学の観点に基づいて設定する規制枠組のことである」[149]。「強制力を持つ傾向にある伝統的またはハードパターナリズムと異なり、ソフトパターナリズムは選択の自由を認めつつ同様の結果を達成しようとするものである」[150]。

　もっとも、企業に情報を提供させることで消費者が適切な判断が行えると考えるソフト的手法であっても、その方法次第では自由を制約するとして違法とされるケースもある[151]。その例が、栄養補助食品に関する問題である。栄養補助食品は食品の1つとみなされてきたことから、あまり規制されてこなかった分野であるが、健康との関係に関する表示をどこまで認めるかという問題が出てきた。

　食品医薬品局（Food and Drug Administration: FDA）は、1960年頃から、ビタミンやミネラル等の栄養補助食品の規制を検討するようになった。これに対して、プロキシミア（William Proxmire）上院議員は、FDAがまるで神のような見地から規制を行おうとしていると批判し、ビタミンやミネラルは安全であり、消費者はそれを入手するかどうかの自由を有するとして強く反

---

(148) Cass R. Sunstein, *Behavioral Economics and Paternalism*, 122 YALE L. J. 1826, 1830 (2013). ソフトパターナリズムといっても様々な定義がありうるが、たとえばサンスティンは、「ソフトパターナリズムは、選択の自由を保障するという点でリバタリアンである。公開政策、警告、デフォルトルールがソフトまたはリバタリアンパターナリズムとみなされる一方、収監や刑事罰はハードパターナリズムとみなされる」としている。

(149) Colin Hector, *Nudging Towards Nutrition? Soft Paternalism and Obesity-Related Reform*, 67 FOOD & DRUG L. J. 103, 111 (2012).

(150) Sneirson, *supra* note 135, at 921.

(151) Tom Valuck, *Keeping Dietary Supplement Regulations Slim and Fit: Finding a Healthy Balance Between Paternalism and Consumer Choice*, 2 GEO. J. L. & PUB. POL'Y 285 (2004).

対した結果、規制は見送られた。その後、FDA はサプリメント規制の網を少しずつ広げようとしたが、立法府はそれに乗り気ではなく、急激な進展はなかった。1992 年に、栄養補助食品法案が提出されたが、ハッチ（Orrin Hatch）上院議員はサプリメントについては広告規制を除いて消費者の選択に委ねるべきであると主張し、大きな規制にはつながらなかった。しかし、FDA はさらなる規制の必要性を訴え続け、ようやく 1994 年に栄養補助食品に関する健康および教育法（Dietary Supplement Health and Education Act）[152]が制定された。本法によれば、栄養補助食品はビタミン等を含んだ食品であり、薬物とは区別された。また、それには栄養補助食品と表記し、量や栄養表示を記載しなければならないとされた。

これに対し、司法はできるだけ情報が消費者に届いた方がよいと考える傾向にあると指摘される。Pearson v. Shalala 連邦高裁判決[153]では、FDA が栄養補助食品の健康促進表示を認めなかったことに対し、製造者、販売者、消費者らが FDA の判断が違法・違憲であるとして訴えを提起した。FDA は、食物繊維のサプリメントの摂取がガンのリスクを下げるという表記について、そのような効果はこれまでの研究で実証されたわけではないとしてその表記を認めなかったため、原告らは過度な規制であるとして訴訟を提起したのである。連邦高裁は FDA の判断基準に裁量の逸脱濫用があるとして、FDA に再審査を行うように指示する判断を下した。なお、原告らは、FDA のラベルチェックが事前抑制にあたり憲法違反であるとも主張したが、連邦高裁は違法性の判断だけで十分であるとして、その判断は行わなかった。

このような FDA のサプリメント規制は安全を理由としたパターナリスティックな規制とされる。もっとも司法はこれを違法としているので、この種のパターナリズムがどこまで認められるかは検討の余地がある。こうしたパターナリズムはハード的色彩が強いがゆえに許されないと考えることもできるだろう。他方で、自由な選択を行うことができるという前提がなければ市民は自己決定を行うことができないので、その前提状況を設定するための規制はハードパターナリズムではないと考えるアプローチもある。栄養表示規制や広告規制はその前提を設けるための規制であるというわけである[154]。

---

(152) The Dietary Supplement Health and Education Act of 1994, 21 U.S.C. §321.
(153) Pearson v. Shalala, 164 F. 3d 650 (D. C. Cir. 1999).

こうしてみると、ソフトとハードの境界線は必ずしも明確ではなく、場合によっては事実上ソフトがハードになっている可能性があることからすれば、ソフトパターナリズムはその汎用性が高く、社会に蔓延し、政府に濫用される可能性を秘めているといえよう。

5 時限立法とパターナリズム

さらに、ソフトパターナリズムの蔓延は立法形式についてもみられるという指摘がある。9.11 以降、迅速かつ一時的にリスク対応を行うべく、愛国者法などを典型とする時限立法が制定される傾向がある[155]。ギンズバーグ＝マスール＝マックアダムス（Tom Ginsburg, Jonathan S. Masur and Richard H. McAdams）は、こうした時限立法を活用することがパターナリズムとして有効であるという[156]。

社会における最適な状態とは、市場での競争の結果生じる状態のことをいい、政府が介入しなくてもその状態を達成することができるので、そこでは自由も維持されているはずである。ところが、市場の結果は、人々の自由な選好の結果であるとは限らない。なぜなら、経路依存（path dependence）が存在する場合、現状にとらわれてしまって、別の選択肢を選ぶことができない状況に陥ってしまっていることがあるからである。

ギンズバーグらは、その例としてタバコの問題を取り上げる[157]。たとえば、大多数の飲食店が喫煙を認めていたとしよう。そうなると、飲食店はその状態が最適であると思い込み、あえて現状を変更しようとは考えない。そのため、禁煙を望む人々はもともと選択肢がない状態にあるわけであり、市場の最適状態に翻弄されてしまうことになる。

もし人々がもっと禁煙の飲食店が必要であると望んでいる場合、それを実践する効果的な方法は政府がパターナリズムの観点から規制に乗り出すことであるという。しかし、そのような方法は自由を制約するものであり、認められない可能性がある。そこで、ソフトなパターナリズムとして有効だとさ

---

(154) Stephen A. Mcguinness, *Time to Cut the Fat: The Case for Government Anti-Obesity Legislation*, 25 J. L. & HEALTH 41 (2012).
(155) Jacob E. Gersen, *Temporary Legislation*, 74 U. CHI. L. REV. 247 (2007).
(156) Tom Ginsburg, Jonathan S. Masur and Richard H. McAdams, *Libertarian Paternalism, Path Dependence, and Temporary Law*, 81 U. CHI. L. REV. 291 (2014).
(157) *Id.* at 303–347.

れるのが、時限立法を利用したパターナリズムである。

　すなわち、一時的に政府が規制に乗り出して、デフォルトをいったん変化させた上で、最後は市場に委ねて最適な状態にいたらせるという方法である。タバコの例でいえば、政府が2年間のみ、飲食店に禁煙の措置をとる義務を課したとする。これにより、デフォルトが禁煙に転換したので、2年後、各飲食店が喫煙に戻るかどうかをあらためて選択させる。すると、喫煙がデフォルトだった状況とは別の形で経路依存が働くため、そこで選択した状況は最適な状態となるというわけである。

6　リバタリアンパターナリズム

　ソフトパターナリズムが蔓延する中、リバタリアンパターナリズムという、一見すると「矛盾語法」(oxymoron) のように聞こえる造語を使って、一躍この種の議論を有名にしたのがサンスティン＝セイラーである[158]。パターナリズムの定義は、論者によって様々であり、その広狭次第で射程も伸縮する可能性が大いにある。一般に、パターナリズムとは、本人のみに関わる行為を本人の福利のために規制するものといえる[159]。この定義に従った場合でも、その規制は強制的なものだけを対象とするのかどうか、さらには誘導的なものを含むかどうか、という点にどう答えるかによって、その射程が大きく変化する。

　(1)　サンスティン＝セイラーのリバタリアンパターナリズム　　この点につき、サンスティン＝セイラーのリバタリアンパターナリズムは、パターナリズムの概念を広く定義するものである。かれらによれば、「パターナリスティックな観点とはたとえ第三者に対する影響が生じない場合でも私的または公的機関が人々の行動に影響を与えようとすることが正当であるという主張である。言い換えれば、私的または公的機関が自覚的に本人の福利を良くする方向に向けてその者の選択を誘導しようとするものである。したがって、我々は、本人をより良い状態に向かわせるためにその者の選択に影響を与え

---

(158)　なお、本書ではリバタリアンパターナリズムの一種としてソフトパターナリズムを捉えているが、ソフトパターナリズムとリバタリアンパターナリズムとの異同は必ずしも定かではない。
　　Itaru Shimazu, *We, John Jones, Choose, in* JUDICIAL MINIMALISM FOR AND AGAINST 81, 82 (Yasutomo Morigiwa and Hirohide Takikawa eds., 2012).

(159)　Thaddeus Mason Pope, *Counting the Dragon's Teeth and Claws: The Definition of Hard Paternalism,* 20 GA. ST. U. L. REV. 659 (2004).

ようとする試みをパターナリスティックな政策と呼ぶ」[160]としている。

そしてかれらは、これまでのパターナリズム理解には誤解があったとして、修正すべき2つの点を挙げる[161]。1つは、パターナリズムを用いなくても、他の様々な政策実現方法がありうるという誤解である。換言すれば、政府の決定は多かれ少なかれパターナリズム的要素を含むということである。かれらによれば、政策決定者が選択した行為は人々の選好に影響するという。つまり、パターナリズムはいたるところで散見されるありふれたものなのである。もう1つは、パターナリズムはつねに強制力を有しているという誤解である。パターナリズムは強制力を持たない形でも行われている。

つまり、かれらの考えるパターナリズムはかなり広い概念であり、パターナリズム批判で有名なミル（John Stuart Mill）でさえパターナリズムを容認していることになると指摘される[162]。ミルの『自由論』でしばしば引用される箇所は次の部分である。すなわち、「……人類がその成員のいずれか一人の行動の自由に、個人的にせよ、集団的にせよ、干渉することが、むしろ正当な根拠をもつとされる唯一の目的は、自己防衛（self-protection）であるというにある。また、文明社会のどの成員に対してにせよ、彼の意志に反して権力を行使しても正当とされるための唯一の目的は、他の成員に及ぶ害の防止にあるというにある。……ある行為をなすこと、または差し控えることが、彼のためになるとか、あるいはそれが彼を幸福にするであろうとか、あるいはまた、それが他の人の目から見て賢明であり、或いは正しいことであるとさえもあるとか、という理由で、このような行為をしたり、差し控えたりするように、強制することは、決して正当ではありえない」[163]という箇所である。もっとも、それに続いてミルは、「これらの理由は、彼に諫言し、彼に理を分けて話し、彼を説得し、または彼に懇願することのためには、充分な理由である」[164]としていることから、政府の助言的行為は認めている節がある。とすれば、サンスティン＝セイラーのリバタリアンパターナリズムはミルの議論でさえもパターナリズムに包含してしまうというわけである。

---

(160) Sunstein and Thaler, *supra* note 127, at 1162.
(161) *Id.* at 1164-1167.
(162) 森村進「キャス・サンスティーンとリチャード・セイラーの『リバタリアン・パターナリズム』」一橋法学7巻3号1087頁、1089頁（2008年）。
(163) J. S. ミル（塩尻公明＝木村健康訳）『自由論』24頁（岩波文庫、1971年）。
(164) ミル・前掲注（163）24頁。

(2) ナッジ　サンスティン＝セイラーによれば、政府の決定が人々の選択に作用し、またデフォルトを設定する場合には人々の選好に影響することから、パターナリズムが不可避であり、人々はそうしたナッジ（選好に影響するような設定を行うこと）の影響を受けることが多いという。

また、かれらによれば、人々は経験則に基づき、偏見を持った不合理な選択を行うことが少なくないという(165)。不合理な決定をしてしまう経験則とは、アンカリング、利用可能性、代表性と呼ばれるものである。アンカリングは、何らかのアンカー（自分が知っている数字など）を起点として判断してしまうことをいう。たとえば、ある都市の人口を尋ねられた場合、同じような大きさの都市の人口や自分の住んでいる町の人口との比較をするなど、自分の知っている情報を基に判断してしまい、正確な数字とはかけ離れた数字を答えてしまうことが挙げられる。利用可能性とは、簡単に思いつく事例を基にリスク評価をしてしまうことをいう。たとえば、思いつきやすいリスクとして竜巻があり、思いつきにくいリスクとして喘息がある。人は、竜巻で死亡するリスクを高く見積もる一方で、喘息で死亡するリスクを低く見積もる傾向にある。また、最近の出来事は以前の出来事よりも大きな影響を与える。そのため、実際のリスクの発生確率とは異なった判断をしてしまう可能性がある。代表性とは、AがBというカテゴリーに属する可能性を尋ねられた場合に、AについてはBのイメージにとらわれて判断してしまうことをいう。たとえば、アフリカ系アメリカ人がバスケットボールの選手になる確率は高いというイメージである。だが、こうしたイメージも固定観念に縛られている場合が多く、誤った判断をしてしまうことがある。

以上のような偏見はナッジの影響を受けやすい。数字の設定方法を変えたり、発生確率を提示したりすることで、その人の判断は変わる可能性がある。人の選択は、自主的な判断をさせつつそれを一定の方向に仕向ける選択アーキテクチャーやフレーミングなどの影響を受けやすい。選択アーキテクチャーは、ある方向に誘導するようにデフォルトルールを設定する(166)。たとえば、臓器移植率を高めたい場合、臓器移植を許容することをデフォルトにし、拒否したい場合はオプトアウトできる仕組みにする。そうすると、惰性や現状維持バイアス(167)によってオプトアウトしないという選択をする人が出て

---

(165) 『実践行動経済学』前掲注 (131) 35-164 頁。
(166) 『実践行動経済学』前掲注 (131) 141-144 頁。

くる[168]。つまり、自由に判断する余地を残したまま、臓器移植率を高めることができるのである。フレーミングは、同じ内容のことについて、表現を変えることで選択に影響を及ぼす方法である[169]。たとえば、人は損得の判断をする場合、損害の方により敏感なので、損失を強調する言い方をすれば、うまく誘導できる可能性が高くなる。「今省エネ対策をすれば年間 3 万円節約できる」という表現よりも、「今省エネ対策しないと年間 3 万円損する」という表現にした方が、省エネ対策に誘導しやすいといった具合である。

7　ソフトパターナリズムの問題

（1）ソフトパターナリズムに対する批判　以上のようなソフトパターナリズムに対しては批判もある。強制力を欠いたパターナリズムはもはやパターナリズムではないというような概念上の問題もあるが、ソフトパターナリズムの論理自体に問題があると批判するのがヒル（Claire A. Hill）である[170]。ヒルは、人に情報を提供したりある方向に導くように情報を提供したりすることでより良い決定ができるとするソフトパターナリズムの狙いは必ずしも成功しないのではないかという。

ソフトパターナリズムは、人が自制を欠いた判断をすることがあるため、人が真に望む方向に誘導していこうとするが[171]、人が真に望むことを第三者がどうやって知ることができるのかという疑問がある。人は正しい情報を知っていても、喫煙、飲酒、過食などをしてしまう。情報を与えられたからといって、人の行動が変わるとは限らない。その人が真に望んでいることなど、第三者がうかがい知ることは困難だと考えるのである[172]。

---

(167)　現在の状態に固執することをいう。『実践行動経済学』前掲注（131）61 頁。
(168)　Lauren E. Willis, *When Nudges Fail: Slippery Defaults*, 80 U. Chi. L. Rev. 1155, 1159 (2013). 一方、デフォルトの設定にはそれほど大きな力はなく、デフォルトからオプトアウトする人が少ないと考えるのは早計であるとの指摘がある。
(169)　『実践行動経済学』前掲注（131）63-65 頁。
(170)　Claire A. Hill, *Anti-Anti-Anti-Paternalism*, 2 NYU J. L. & Liberty 444 (2007).
(171)　この点につき、ソフトパターナリズムの多くがよってたつ行動経済学は、自己利益を目指しながらも限界を有する存在としてのみ人間を描き出すことになり、「ウルトラ・パターナリズムに堕する危険を有している」との指摘もある。若松良樹「合理性、自由、パターナリズム—合理的選択理論をめぐって」成城法学 74 号 1 頁、45 頁（2005 年）。
(172)　Mario J. Rizzo and Douglas Glen Whitman, *Little Brother Is Watching You: New Paternalism on the Slippery Slopes*, 51 Ariz. L. Rev. 685 (2009). また、そもそも規制者が不合理である可能性もある。

またヒルは、ソフトパターナリズムは一時の感情に流された結果後悔してしまうことを問題視するが、やりたいことをして後悔することがただちに誤った判断をしたということにはならない、とする。ソフトパターナリズムは、後悔するような行為は真に望んでいる行為ではないとし、ある行動の選択に制約をかけて将来望ましい姿にさせることが重要であるというが、それは特定の将来の姿が真に望ましいと仮定した場合のことであって、なぜ現在ではなく将来の方が望ましいといえるかについて論証する必要がある。かりに論証できたとしても、真に望ましい姿を第三者が知ることはできないので、ソフトパターナリズムの論法にはやはり問題がある、とするのである。

このようなヒルの批判に応えたとしても、ソフトパターナリズムには自由を抑制する危険性が内在するとの指摘がある。「リバタリアン・パターナリズムのようなソフトなパターナリズムは、統制するのが難しく、それゆえ濫用の危険が大きい」[173]からである。

実際、サンスティン自身も方法次第では政府による行きすぎた規制になるリスクがあると指摘している。サンスティンによれば、ソフトパターナリズムが権利侵害的規制にならないようにするためには、それがオープンな形で行われ、その是非について政府が政治的責任を負い、必ず選択の余地を残しておかなければならないという[174]。とりわけ、選択の余地は重要である。たとえ誘導をはかるための緩やかな措置であっても、それを拒否する選択ができるようになっていなければ、それは自由を制約する場合がある。たとえば、ある制度が設定されたとしても、そのデフォルトに従いたくない者のために、その制度から離脱する自由がなければならない。では、選択の余地さえ残されていればよいかというと、そうでもない。選択の余地が残されていても、方法次第では過度の規制になるリスクがある。その例として、投票に行かなかった場合は現職を支持したとみなす選挙制度が想定される[175]。こ

---

[173] 井上嘉仁「ソフトなパターナリズムは自由と両立するか―リバタリアン・パターナリズム論の影」姫路法学50巻41頁、83頁（2009年）。井上は、リバタリアンパターナリズムは、①リバタリアンの重視する自由、強制、知識問題を軽視していること、②バイアスから解放させる方法を軽視していること、③政府の非合理性を軽視していること、④自由についての主観的考察に欠けていること、⑤再分配を容認していることから、リバタリアンであることとパターナリズムとは両立しないこと、などの問題があるとしている。なお、リバタリアンパターナリズムへの批判については、see also Gregory Mitchell, *Libertarian Paternalism is an Oxymoron*, 99 Nw. U. L. Rev. 1245 (2005).

[174] Cass R. Sunstein, Why Nudge : The Politics of Libertarian Paternalism 143-154 (2014).

れはもはやパターナリズムではないが、そのような方法は権利行使との関係で問題となる。

さらに、ソフトパターナリズムの成功はハードパターナリズムにつながりやすいという問題もある[176]。ソフトパターナリズムが成功した場合、多くの者が政府の誘導に従う結果となり、多数者の賛同を獲得することになるので、民意を背景にハードパターナリズムの規制を行うことが可能になるからである。つまり、ソフトパターナリズムはハードパターナリズムの前段階にすぎず、ハードパターナリズムを実践するために組み込まれたものであるとすれば、ソフトパターナリズムが強制力を有しないものと断定することには疑問が出てくることになる。

また、ソフトパターナリズムは、場合によってはスティグマを押しつける結果になるという指摘がある[177]。たとえば、肥満防止のためのソフトパターナリズム（たとえば、標準体重を超える者の医療保険の金額を高くするなど）を行う場合、まるで太っている人が悪者であるかのような印象をもたらし、一定の人々が社会において不利益を被ってしまう可能性があるというのである。

（2）ソフトパターナリズムのもたらす行政国家の拡大　このように、アメリカではパターナリズムが、現実の規制手法としても理論としても蔓延している状況にある。とりわけ、肥満防止などのような健康に関するパターナリズムが広がる傾向にあり、ソフトパターナリズムによって健康を実現しようとする試みが増えている。ソフトパターナリズム的手法の種類も豊富であり、注意喚起的なものから誘導的なものにいたるまで様々である。ソフトパターナリズムは強制力を有しないことから自由と対立しないとみなされており、パターナリズムの射程を大幅に拡大した。

このようなパターナリズムの拡大は、効果的な政策実現や行政運営を可能にし、かつ最終的決定は市民の選択に委ねるという側面があるため、一見すると、スリムな国家を目指しているようにも思える。しかし、それは強制的側面を後景に退けただけであり、その実態は国家（行政）の市民生活への事実上の介入を前面に押し出すものである。とりわけ、ソフトパターナリズム

---

(175)　*Id.* at 159.
(176)　Edward L. Glaeser, *Paternalism and Psychology*, 73 U. Chi. L. Rev. 133, 149-156 (2006).
(177)　Hector, *supra* note 149, at 120-121.

は、多くの人が気づかないまま行政国家を進展させることに加え、誘導方法次第では国家（行政）が市民の選択を事実上決定していることから自己決定との関係で問題になりそうであるにもかかわらず、強制的手段ではないことから司法的救済を受けることが難しいという側面がある。これについても行政国家の新たなリスクとして認識しておく必要があろう。

後　序

　本章では、行政による憲法価値の実現について、憲法上の根拠を考察しながら、アメリカにおけるこれまでの実践を概観した。行政といっても、大統領を中心とした政治職と一般行政機関とを分けることができることを前提に、それぞれの地位や機能に応じて憲法解釈が行われていることに注意しなければならない。大統領は、憲法上様々な責務や権限を与えられており、それらを根拠に憲法解釈を行うことができるが、行政機関はそれと同列にあるわけではない。ただし、司法省のように法解釈に関わる機関は憲法解釈を行うことになり、また一般の行政機関も法執行に際して憲法解釈を行うことがある。

　実際、これまでの歴史を振り返ってみても、行政は様々な分野で市民権や平等などの憲法価値を実現してきた。したがって、行政による憲法価値の実現は、規範的にも記述的に正当化されるものである。

　とはいえ、行政の権限行使を認めすぎると、法の支配や権力分立上の問題が生じる。また、最近ではソフトパターナリズムのような非権力的な誘導的手法で市民生活に影響を及ぼすアプローチも登場しており、行政による憲法価値の実現については、それを憲法の枠の中に位置づけた上で、適切な憲法秩序に収まるように導いていく必要がある。次の第3章では、そのような立憲主義構想を検討する。

第3章
行政国家における憲法秩序の形成
―― 行政立憲主義の概念

> 司法審査と行政裁量は別個に分析されるものではない。司法審査は一定の限られた範囲の概念ではなく、裁判所が行政機関の行為を審査するかどうかに関わるものである。司法審査と行政裁量に関する問題は有機的に捉えなければならない。
>
> ―― フェリックス・フランクファーター

　ここまで、リスク社会がもたらした行政国家の展開は、行政による憲法価値の実現を促進すると同時に、権力分立や法の支配などに歪みをもたらす危険性をはらんでいることを明らかにしてきた。かかる統治構造のリスク（マクロのリスク）に対して、取り組むべきは夜警国家への回帰ではなく、行政国家の存在を所与のものと受け止めた上で、それを最適な形で立憲主義と接合させることである。そのためには、執行府に対する法的統制を強化するというよりも、執行府の活動を維持したまま、それを秩序づけていく方法を模索しなければならない。

　本章では、行政国家における憲法秩序をいかに形成していくべきかという問題に取り組む。とりわけ、近年提唱されている行政立憲主義という概念を取り上げながら、その構想を検討する。行政立憲主義は、三権の協働による憲法秩序構想を前提とするもので、行政による憲法価値の実現を肯定的に捉えつつ、他権がそれに統制をかけていくことで憲法秩序を形成していくというものである。論者によってその内容に違いがあるため、ここでは総和的な行政立憲主義の姿を明らかにし、その検討を行う。

序

　第1章で述べた最適化立憲主義の観点からすれば、現代行政国家が抱えるマクロのリスクについては行政の役割と他権の統制との関係についてバランスを取りながら、行政国家における憲法秩序のあり方を検討しなければならない。この問題の扉を開けるキーワードとなりそうなのが、「行政立憲主義」(administrative constitutionalism) という概念である。

　この言葉は、21世紀に入ってから、アメリカ憲法学において登場するようになった。かつてパウンド (Roscoe Pound) は行政国家における行政活動を指して行政的正義と名づけたこともあったが[1]、ここでいう行政立憲主義はより積極的な観点から行政国家における憲法秩序の形成を目指すものである。

　立憲主義が何よりもまず権力への懐疑を標榜してきた概念[2]であるとすれば、それをその最大の懸念対象である行政と連結させてしまうことは、多くの憲法学者に拒絶感または違和感を抱かせるはずであり、「矛盾語法」(oxymoron) のようにも思えてしまう造語である。しかしながら、この言葉を用いているのは、ハーバード大学のヴァーミュール (Adrian Vermeule)、イェール大学のエスクリッジ (William N. Eskridge, Jr.)、マショー (Jerry L. Mashaw)、コロンビア大学のメッツジャー (Gillian E. Metzger)、オックスフォード大学のフィッシャー (Elizabeth Fisher) など錚々たる顔ぶれであることに加え、その内容も行政に権力を集中させるようなものではないことに注意しなければならない。むしろ、行政立憲主義が狙いとするのは、行政国家における憲法秩序形成のあり方であり、現代社会に見合った立憲主義像を模索することである[3]。

---

(1) R. パウンド (細野武男訳)『社会学的法学』179頁 (法律文化社、1957年)。
(2) 一般に、伝統的な立憲主義は、人権保障と権力抑制にあると考えられている。*See* Jiunn-Rong Yeh and Wen-Chen Chang, *The Emergence of Transnational Constitutionalism: Its Features, Challenges and Solutions*, 27 PENN ST. INT'L L. REV. 89, 93 (2008).
(3) ELIZABETH FISHER, RISK: REGULATION AND ADMINISTRATIVE CONSTITUTIONALISM 24 (2010).

I 行政立憲主義

1 行政立憲主義の議論

　行政立憲主義の概念は、論者によって様々であり、その定義が難しい。主な提唱者の議論を整理したメッツジャーによれば、行政立憲主義とは行政機関が憲法を解釈・適用する様相に着目したものであるという[4]。メッツジャーは行政立憲主義が実践された3つの例を挙げている。第1に、食品医薬品局（Food and Drug Administration: FDA）が喫煙による健康リスクに対する警告につき、パッケージにグラフィックイメージをつけるようにタバコ会社に要求したことである。このとき、当該規制が修正1条（表現の自由）や修正5条（デュープロセス）に反するとして反対論が出たが、FDAはそうした憲法問題を考慮した上で憲法に反しないとの立場をとって規制を行ったことから、行政による憲法実践に該当するという。第2に、教育省および司法省が、どのようにすれば、普通教育機関が憲法に適うような形で人種を考慮できるかについてのガイドラインを出したことである。これも、行政が憲法価値の実現に携わった例だとする。第3に、大統領は立法府の承認がなくてもNATOのリビアに対する軍事行動に参加することができるという解釈を司法省が提示したことである。ここでも行政による憲法解釈が実践されている。

　メッツジャーは、これらの例がすべて行政立憲主義に関するものであるとし、さらに、そこでは行政機関が連邦最高裁によって確立された憲法原理の実践を行っていることも特徴であるとしている。ただし、連邦最高裁の見解に従っているからといって、行政機関が受動的に憲法実務に関与しているというわけではない。メッツジャーは、「行政立憲主義を行政機関が確立された憲法原理を適用するものと説明するだけでは狭すぎると思われる。実際には、行政立憲主義は構造的または実質的手段によって行政国家を構築している点に加え、行政官による新たな憲法の見解を具体化する点をも含んでいる」[5]と述べており、行政立憲主義が積極的に憲法規範を創り上げていく様相を構想している。

---

[4] Gillian E. Metzger, *Constitutional Foundation: Administrative Constitutionalism*, 91 Tex. L. Rev. 1897 (2013).

[5] *Id.* at 1900.

それでは、行政機関による憲法価値の実現に照射する場合、どのようなアプローチをとればよいだろうか。メッツジャーは、「行政立憲主義は立法目的を弱めるのではなく発展させるのと同様に、憲法構造や憲法価値を発展させるものであると考える」(6)としている。したがって、行政立憲主義が行政の憲法価値の実現に光を当てるからといって、行政機関が他の機関を無視して憲法価値を実現するということを想定しているのではない。むしろ、行政機関が他の機関の統制を受けながら、憲法価値にコミットしていくものであると考えている。

　また、メッツジャーによれば、行政国家においては、政策形成のみならず、憲法に関わる事案が行政実務レベルで生じる点が重要であるという(7)。日々の行政実務において、他権の統制を受けながら行政機関が専門的判断に基づく憲法解釈や憲法実現を行っていることが行政立憲主義の特徴だからである。行政機関が有する専門知は、制度のあり方や優先順位を決定したり、ある行為による影響を考慮したりすることを可能にする。かような状況は、行政優位の憲法状況を創出するとして、権力分立の観点から批判されるが、そのような批判は適切ではないという。こうした批判は行政行為に対する司法審査が弱まってしまうことを懸念しているが、行政立憲主義を提示したからといって司法審査が弱まるわけではなく、行政立憲主義は他権の統制を受けることを前提としているので、むしろ、行政法を通して司法審査を広く認める結果となるとする。行政立憲主義が問題視するのは、司法だけが憲法解釈や憲法価値の実現にコミットしていると考えることである。憲法価値の実現には、様々な段階があり、司法のみならず、様々な機関が関与しているのである。

　行政立憲主義につき、大統領を含まずに行政機関だけの視点でみた場合、行政機関は他権の統制を受けながら憲法実務を行うことに優れているという特徴がある、とメッツジャーはいう(8)。行政機関は、大統領、連邦議会、連邦最高裁のように、憲法解釈を大仰に打ち出す機会が少ない。行政機関の憲法へのコミットは、日々の業務の中で、法的統制を受けながら実践されることに加えて、そのプロセスには透明性が要求されている。つまり、他の機関と比べて、いわば慎ましく憲法価値を実現していくのが行政機関なのである。

(6)　*Id.* at 1922.
(7)　*Id.* at 1922-1928.
(8)　*Id.* at 1929-1935.

以上のメッツジャーの行政立憲主義は、様々な論者の行政立憲主義を総和的にまとめたものといえる。すなわち、行政国家において行政が果たす憲法価値の実現に目を向けるものである。行政立憲主義は、行政法や司法審査など他権の統制に基づく控えめなものであるが、積極的な行為を認めないわけではない。また、日々の行政実務において、行政機関が専門性をいかして憲法価値の実現にコミットしている点を炙り出している。その際、司法による立憲主義との比較を行っていることから、司法以外の機関による憲法価値の実現に目を向けるものともいえる。ただし、司法審査を排除するものではなく、むしろ司法審査を行うことで行政立憲主義を正当化している。

2　行政立憲主義の主体

　アメリカでは、大統領を中心とした政治のエリアを「執行権」(executive power) と呼び、そこでは広範な政治的裁量があると考えられている。一方、「行政機関」(administrative agency) が日々の行政サービスを実行するエリアのことを「行政権」(administrative power) と呼び、「執行権」とは区別されている。すると、行政立憲主義は「行政」という言葉を用いていることから、行政機関のみを対象とし、大統領を中心とした政治の領域とは一線を画しているようにみえる（狭義の行政立憲主義）。実際、メッツジャーの議論は行政立憲主義の主体として行政機関に焦点をしぼり、大統領の存在をいったん蚊帳の外に置いている。

　しかしながら、行政立憲主義の考察は行政機関のみに光を当てるだけでは不十分である。なぜなら、行政機関の行う憲法実践には大統領からの政治的指示を受けたものもあることに加え、行政機関が政治的判断によって設定された制度枠組の中で憲法実践を行うことからすれば、純粋に行政機関だけの行為とは言い難いからである。

　また、先述のとおり、行政立憲主義の概念は様々であり、論者によっては行政立憲主義の主体を広く捉える見解もある。たとえば、エスクリッジ＝フェアジョン (William Eskridge and John Ferejohn) は、「我々が言うところの行政立憲主義とは、立法府または執行府がアメリカの主な統治規範の実務家として新たな基本的原理や政策を推進するプロセスのことである」[9]として

---

(9) WILLIAM ESKRIDGE AND JOHN FEREJOHN, A REPUBLIC OF STATUTES: THE NEW AMERICAN CONSTITUTION 33 (2010).

おり、行政機関のみならず執行府および立法府にまでその射程を広げている。立法府まで含めるべきか否かはさておき、行政機関だけに焦点をしぼるのではなく、執行府全体を対象とした行政立憲主義の議論も盛んである(広義の行政立憲主義)。

このように、行政立憲主義には、広義の意味と狭義の意味があることに注意が必要である。もっとも、行政機関の憲法実践を重視する点についてはいずれにも共通しているため、広義の意味で用いても、行政機関による憲法実践が除外されることはない。

II 高次立法に基づく行政立憲主義

1 人民立憲主義と行政立憲主義

広義の行政立憲主義は、21世紀に入ってからアメリカで興隆している「人民立憲主義」(popular constitutionalism)の議論[10]と歩調を合わせる形で展開する流れもある。人民立憲主義の議論にも様々なものがあるが、その中で市民参加型の多元的統治構造を提唱するものがある[11]。その立場によれば、憲法価値は市民参加を経た各政府機関の多元的な意思形成によって実現されるとする。まず、市民参加については、イニシアティブやレファレンダムといったような直接民意を反映させる準立法的プロセスよりも、各機関の意思決定に市民が関与する側面を重視する。市民参加により、当該決定の正当性が増すばかりでなく、自己統治が促進されると考える。たとえば、陪審制度による司法判断への参加といった具合である[12]。そして各機関の憲法価値の実現が対立と妥協を繰り返していく中で、様々な民意がすり込まれた

---

(10) なお、人民立憲主義の議論では、保守化が進む司法に対抗しようとしてリベラル派が人民の手に憲法を取り戻そうとする議論が有力である。その動向については、日本でも紹介・研究が行われている。木南敦「憲法の番人はだれか―Larry D. Kramer, The People Themselves: Popular Constitutionalism and Judicial Review」[2005-2]アメリカ法 303頁、金澤孝「人民立憲主義論 (Popular Constitutionalism)と反多数派支配主義の難題 (The Counter-Majoritarian Difficulty)への示唆」早稲田法学会誌57号49頁(2007年)、松井茂記『『ポピュリスト的立憲主義』をめぐって」佐藤幸治=平松毅=初宿正典=服部高宏編『現代社会における国家と法』353頁(成文堂、2007年)。

(11) See, e.g., Robert Post and Reva Siegel, *Popular Constitutionalism, Departmentalism, and Judicial Supremacy,* 92 CALIF. L. REV. 1027 (2004).

(12) Ori Aronson, *Inferiorizing Judicial Review: Popular Constitutionalism in Trial Courts,* 43 U. MICH. J. L. REFORM 971 (2010).

熟議プロセスが成立すると考えるのである。直接民主主義の貫徹に執着しないことから、いわゆるポピュリズムそのものとは趣を異にするが、立憲主義との調和をはかるポピュリズム的議論として有力に提唱されている。

　この議論は、政治部門による憲法価値の実現を想定し、執行府もその担い手の1つとみなされている点において、行政立憲主義に親和的な議論といえる。ただし、ここでは行政機関のみならず、広く政治部門を憲法価値の実践主体とみなしていることから、広義の行政立憲主義を想定しているものといえよう。以下では、こうした観点から行政立憲主義論を展開するエスクリッジ＝フェアジョンの議論をみることにする。

2　高次立法と行政立憲主義

　エスクリッジ＝フェアジョンによれば、立憲民主主義とは、人民が代表者を選出し、代表者は実体的権利を具体化する規範的指針に服し、その法規範を実践する制度や手続が整備されている状態を指すという[13]。換言すれば、民主主義の制度に基づき、権利実現を行う仕組みが整っている体制を意味しているといえる。

　もっとも、憲法典の条文は抽象的であることが多いため、司法が解釈によってその内容を明らかにすることが必要となる。ただし、司法がすべての憲法条文を明らかにするわけではなく、またそれに伴ってあらゆる憲法価値の実現を行うわけではないことに注意しなければならない。むしろ、憲法典は政治部門に権利保障の方法やその限界を設定するための権限を付与しており、その意味では司法が憲法実践に適した機関とは言い難い[14]。また、司法の憲法解釈は私人間の憲法問題に適切に対応できず、その意味でも権利実現に向いていないといえる。

　一方、政治部門は、憲法典と現実社会の溝を埋める役割を果たすことができる[15]。政治部門は新たな制度を創設し、それを実践する権限を有していることから、憲法典の抽象的内容を現実の世界に実現することができるのである。また、法律をベースにしながら憲法価値を実現し、それに対して他権の承認や市民の支持を得ることができれば、その憲法価値の実現は憲法典に

---

(13)　ESKRIDGE AND FEREJOHN, *supra* note 9, at 2.
(14)　*Id*. at 4-5.
(15)　*Id*. at 6-7.

近い役割を果たしているということになる。

このような役割を果たすようになった法律を「高次立法」(super statute) または「準憲法」(sub-Constitutional Law) という[16]。高次立法とは、市民の要望を受けて立法府が国家政策に関わる新たな規範的または制度的枠組を創造し、他権の協力を受けながら普遍的な公的文化を形成し、その原理が社会に広範な影響力を持つというものである。高次立法は、多くの州法が1つの法に収斂したものであったり、市民権法などのように憲法価値を実践するようなものであったりする[17]。

もっとも、高次立法として認められるようになるための道のりは遠い。まず、市民運動などを通じた市民の需要に端を発し、政治的にもその必要性が認識されるようになると、立法府がその憲法価値を実現すべく立法を制定する。司法府や執行府がその法律を支持しながら、その内容を実践していく。また、法の適用にあたり、そのデメリットを回避し、それに反対する人々の主張にも耳を傾けながら、支持者を増やしていく。こうして、市民、他権、反対者から支持を得ることに成功した法律は高次立法として「構造化」(entrenchment) される。

エスクリッジ=フェアジョンは、構造化された高次立法の例として以下のような例を挙げている。第1に、雇用における差別解消を目指した妊娠差別禁止法 (Pregnancy Discrimination Act: PDA)[18]である[19]。連邦議会が制定したPDAは妊娠した女性に対する雇用差別を禁止するものであったが、それでもなお働く女性に対する保護が十分ではなかった。そのため、雇用機会均等委員会 (Equal Employment Opportunity Commission) はその対応策を練り、連邦議会も新たな立法作業に取り組み始めた。連邦議会は、家族・医療休暇法 (Family and Medical Leave Act: FMLA)[20]を制定し、両親の双方に家族休暇を認め、それに反する州の行為に対する損害賠償請求を認めた。これについては、FMLAが修正14条5節の連邦の権限を逸脱しているのではないかとして Nevada Department of Human Resources v. Hibbs 連邦最高裁判決[21]

---

(16) William N. Eskridge, Jr. and John Ferejohn, *Super-Statutes*, 50 DUKE L. J. 1215 (2001).
(17) ESKRIDGE AND FEREJOHN, *supra* note 9, at 16.
(18) The Pregnancy Discrimination Act of 1978, 42 U.S.C. §2000 (e) et seq.
(19) ESKRIDGE AND FEREJOHN, *supra* note 9, at 54-59.
(20) The Family and Medical Leave Act of 1993, 29 U.S.C. §2601 et seq.
(21) Nevada Department of Human Resources v. Hibbs, 538 U.S. 721 (2003).

でその合憲性が争われた。レーンキストコートは、修正14条5節に関する立法をことごとく違憲としてきたが、ここにきてようやく合憲判決を下した[22]。

第2に、マイノリティの投票権の実質的平等を目指した1965年投票権法 (Voting Rights Act)[23]である[24]。1960年代における市民権運動の高まりとともに、主に南部で実施されていた読み書きテスト (literacy test) が投票権の差別にあたるとして全国レベルで批判されるようになった。偉大な社会を掲げたL・ジョンソン (Lyndon B. Johnson) 政権は市民権法の修正に乗り出し、連邦議会は1965年に投票権法を制定して、南部の読み書きテストを5年間停止した。しかし、本法は読み書きテストを5年間中止しただけであり、これによってただちに投票権の平等が実現されたわけではなかった。その後の修正を経て、最終的には全国レベルで読み書きテストを完全に禁じることになるが、最初からそれが実現したわけではなかった。投票権の平等を望む社会的コンセンサスがなくては、読み書きテストの全国的かつ恒久的禁止の立法を制定することは難しかったからである。

そのような社会状況を創り出すために一役買ったのが執行府であった。1965年投票権法は、差別的な読み書きテストの停止に関する実施手続を司法長官に任せており、司法長官が積極的に運用することによって読み書きテストの全国的かつ恒久的禁止を目指すことができたからである。

もともと本法は、L・ジョンソン大統領の肝いりで司法省が素案作成の作業をしていたこともあり、カッツェンバッハ (Nicholas Katzenbach) 司法長官はその運用に積極的であった[25]。本法に対しては、翌年になると修正15条[26]の連邦権限の範囲を逸脱するとしてただちに裁判になったが、South

---

(22) レーンキストコートは、修正14条5節に基づく連邦法の合憲性が問題となった以下の事案につき、すべて違憲判決を下していた。City of Boerne v. Flores, 521 U.S. 507 (1997); Kimel v. Florida Board of Regents, 528 U.S. 62 (2000); United States v. Morrison, 529 U.S. 598 (2000); University of Alabama v. Garrett, 531 U.S. 356 (2001).
(23) The Voting Rights Act of 1965, 42 U.S.C. §1973 et seq.
(24) ESKRIDGE AND FEREJOHN, supra note 9, at 75-118.
(25) 安藤次男「1965年投票権法とアメリカ大統領政治」立命館国際研究12巻3号175頁、180-184頁 (2000年)。
(26) 修正15条「第1節　合衆国市民の選挙権は、合衆国またはいかなる州も、人種、皮膚の色または以前において強制により苦役に服していたことを理由として、これを否定し、または制約してはならない。第2節　合衆国議会は、適切な立法により、本条を執行する権限を有する」。高橋和之編『新版 世界憲法集〔第2版〕』82-83頁 (岩波書店、2012年)〔土井真一訳〕。

Carolina v. Katzenbach 連邦最高裁判決[27]では合憲と判断された。

また、司法省は投票資格の登録数を白人と黒人とで同程度の比率にしようと考え、黒人の登録率が向上していた場合でも、読み書きテストを停止するように命令を出した[28]。これに対してガストン郡は教育的配慮から行っている読み書きテストの復活を求めて提訴したが、1969年のGaston County v. United States 連邦最高裁判決[29]はその請求を退け、司法長官の判断を認容した。

このように、執行府および司法府の協力もあり、実質的な投票権の平等が展開し、社会的な支持も高まっていった。そうして、連邦議会は1970年に本法の修正を重ねて、最終的には読み書きテストの全国的・恒久的禁止にこぎつけた。

第3に、公平な競争を目指したシャーマン法（Sherman Antitrust Act)[30]である[31]。南北戦争終了後、再建期を経て、アメリカでは産業革命と自由競争の時代に突入した結果、大企業が利益を独占するような事態が散見されるようになり、自由競争が制限されるようになった。そこで、シャーマン（John Sherman）上院議員が中心になって、取引を制限する契約や独占を禁止したのがシャーマン法であった。独占資本が登場し、取引制限的契約が横行するようになると、農家、小売商、消費者、労働組合、法律家らは、少数の手に富が集中して国家権力の拡大につながるようになり、自由で平等な社会が脅かされるのではないかという懸念を抱き始めた。そうした中、クリーブランド（Grover Cleveland）大統領やB・ハリソン（Benjamin Harrison）大統領は独占を制限する必要性を連邦議会に提示し、シャーマン上院議員が独占や取引制限的契約の禁止を求める法案を提出した。これには憲法が与えた連邦議会の権限を逸脱しているのではないかという批判が強かったが、両院の司法委員会で検討を重ね、最終的に成立した。

---

(27) South Carolina v. Katzenbach, 383 U.S. 301 (1966).
(28) Jed Handelsman Shugerman, *The Creation of the Department of Justice: Professionalization Without Civil Rights or Civil Service*, 66 STAN. L. REV. 121 (2014). なお、司法省は、南北戦争に伴う訴訟の増加に対応するために創設されたとみなされてきたが、最近では再建期の市民権保障の役割を担うために創設されたという分析がなされている。
(29) Gaston County v. United States, 395 U.S. 285 (1969).
(30) The Sherman Antitrust Act of 1890, 15 U.S.C. §1 et seq.
(31) ESKRIDGE AND FEREJOHN, *supra* note 9, at 119-164.

もっとも、シャーマン法を積極的に実践したのは司法省であった。とりわけ、T・ルーズベルト（Theodore Roosevelt）政権下において、ノックス（Philander Knox）司法長官、ムーディ（William Moody）司法長官、ボナパルト（Charles Bonaparte）司法長官は積極的にシャーマン法を実施した。また、ウィルソン（Woodrow Wilson）政権において制定された2つの法律によって、シャーマン法は強化された。1914年、ウィルソン大統領はクレイトン法（Clayton Antitrust Act）[32]と連邦取引委員会法（Federal Trade Commission Act）[33]を制定し、シャーマン法と合わせて、いわゆる独禁3法が成立したのである。クレイトン法は、損害賠償請求額を大幅に引き上げ、競争制限的な合併を禁じた。連邦取引委員会法は、独禁3法を実践するために連邦取引委員会を創設した。また、1916年から連邦最高裁の判事に就任するブランダイス（Louis D. Brandeis）判事はいくつかのクレイトン法の適用をめぐる裁判でその拡大的適用を主張して反対意見を執筆している[34]。

　高次立法の概念は、市民の社会的要請と三権相互の協働を重視した動態的憲法を提示するものであることから、一見、アッカーマン（Bruce Ackerman）の生ける憲法論に近いように思える[35]。アッカーマンは、憲法修正手続によらずに憲法修正が行われる憲法政治の時期があるとし、この場面では人民と三権が協働して事実上の憲法修正を行うという。その例として、アッカーマンは制憲期、南北戦争期、ニューディール期を挙げている。このような見解は、エスクリッジ＝フェアジョンが唱える高次立法に近いものといえる。しかし、かれらはアッカーマンの議論との違いについて言及している[36]。エスクリッジ＝フェアジョンの高次立法はあくまで基本的権利の構造化の議論であり、アッカーマンのような憲法体制が大きく変容するようなものを想定しているわけではないという。アッカーマンの議論は憲法そのものを対象とするのに対し、エスクリッジ＝フェアジョンの議論は憲法のみならず、より広く公法的視点から分析するものであり、法律やその運用に重きを置くものであるとして、相違を明らかにしている。

---

(32)　The Clayton Antitrust Act of 1914, 15 U.S.C. §12 et seq.
(33)　The Federal Trade Commission Act of 1914, 15 U.S.C. §41 et seq.
(34)　*See, e.g.,* Duplex Printing Press Co. v. Deering, 254 U.S. 443, 479-488 (1921) (Brandeis, J., dissenting).
(35)　Bruce Ackerman, *"The Living Constitution,"* 120 HARV. L. REV. 1737 (2007).
(36)　ESKRIDGE AND FEREJOHN, *supra* note 9, at 61-65.

それでは、以上の議論において、行政立憲主義はどのように関わるのであろうか。エスクリッジ゠フェアジョンは、「我々が行政立憲主義と呼んでいるものは、アメリカの政府の規範の実践者である立法府および執行府の者が、新しい基本原理や政策を促進していく過程のことである」[37]としている。すなわち、立法府と執行府が協働して新たな基本原理の実現を行っていくプロセスを行政立憲主義と呼んでいるのである。

　かれらの行政立憲主義は、立憲主義の要素を構造化していくことを重視しているが、それには記述的要素と規範的要素が織り交ぜられていて、構造化とはいかなる憲法論なのかがはっきりしない[38]。エスクリッジ゠フェアジョンの構造化には、①社会事実としての描写、②政治プロセスとしての描写、③規範論としての描写という、3つの要素が混在している。①は、市民、法律、行政や司法の協働によって高次立法が形成される様相がまさに社会の実態として描かれているということであり、②は同様の状況がダイナミックな政治プロセス論としてみなされているということであり、③は高次立法に対して三権はそれを維持していくべきだという規範論が提示されているということである。

　そこでは、執行府は主に2つの役割を担う[39]。1つは、行政機関が社会の要望に応えるべく、法律を執行する際に柔軟に対応していくという点である。もう1つは、法律の党派性を薄めることによって、長期に持続するような運用をしていくことである。党派性が強い内容だと、政権が交代した後に修正または廃止されてしまう可能性があり、長期にわたって持続することは難しい。そのため、行政機関が法律を運用する際に党派色を消すことで、その後も大幅に変更されることなく、存在することができるというわけである。

　ここでも、行政立憲主義のプロセスに着目して執行府の役割を提示している点が興味深い。しかし、かれらの唱える行政立憲主義は、立法府と執行府の協働を念頭に置きながら展開していることから、執行府の権限拡大に対する統制という観点が抜け落ちている。

---

(37)　*Id.* at 33.
(38)　Mathew D. McCubbins and Daniel B. Rodriguez, *Superstatutory Entrenchment: A Positive and Normative Interrogatory,* 120 YALE L. J. ONLINE 387 (2011).
(39)　*Id.* at 395-406.

3　行政立憲主義の問題

　ダラル（Anjali S. Dalal）によれば、エスクリッジ＝フェアジョンのいう行政立憲主義は、公的関心が集まった事柄や他権との協働によって実践されていたことからいくつかのケースにおいては成功したが、そうした前提がなければ、行政立憲主義の暗部が表出するおそれがあるという[40]。

　ダラルがその例として挙げるのが、諜報活動に伴う監視の問題である。フーバー（Herbert Hoover）政権が諜報活動を展開したのは有名であるが、その後も FBI や CIA などの行政機関は諜報活動の射程を広げていった。これに対して、司法府と立法府は統制に乗り出した。連邦最高裁は電話盗聴が問題となった 1967 年の Katz v. United States 連邦最高裁判決[41]において、一定の状況下では令状が必要であることを示し、連邦議会も通信傍受に関する立法を制定した[42]。さらに、ウォーターゲート事件によって、盗聴問題に対する世間の関心が高まり、諜報活動を調査するチャーチ委員会（Church Committee）が設けられた。チャーチ委員会の報告を受け、司法長官はガイドラインを作成し、監視対象を限定するなど、適正な諜報活動を行うための整備を行った。レビガイドライン（Levi Guideline）は修正 1 条にも注意を払うとしており、最終的には執行府自らが適正な法実践を行ったことから、ダラルはこれを行政立憲主義の例であるとしている。

　ところが、この問題に対する公的関心が薄れていくと、徐々に行政立憲主義の暗部が見え始めた[43]。1980 年代に入ると、その後の司法長官は、ガイドラインを変更し始めたのである。1980 年のシビレッティガイドライン（Civiletti Guideline）は犯罪諜報（criminal intelligence）という新たなカテゴリーを設けて FBI がその任務を行うようにした。1983 年のスミスガイドライン（Smith Guideline）は犯罪捜査とは別に国防を FBI の任務に加え、アシュクロフトガイドライン（Ashcroft Guideline）はテロの予防を担うようになった。

　これに対し、他権は十分な統制を行っていない[44]。連邦議会は広範なテ

---

(40)　Anjali S. Dalal, *Shadow Administrative Constitutionalism and the Creation of Surveillance Culture*, 2014 MICH. ST. L. REV. 59.
(41)　Katz v. United States, 389 U.S. 347 (1967).
(42)　The Omnibus Crime Control and Safe Streets Act of 1968, 42 U.S.C. §3711 et seq.
(43)　Dalal, *supra* note 40, at 84-88.
(44)　*Id.* at 88-117.

ロ対策権限を執行府に与え、連邦最高裁も執行府の判断を尊重する傾向にある。その結果、執行府は秘密裏に活動領域を広げていき、ますます安全重視の施策を行うようになる。その反面、人権は安全のために劣後させられるようになってしまい、行政立憲主義の暗部が露呈することになるのである。

このように、社会の公的関心が薄れ、かつ他権の統制が十分でないと、行政立憲主義は望ましくない方向に向かってしまう。そのため、政治的統制、組織内の上官による統制、司法の統制などが必要になってくる[45]。

そこで、執行府に対する政治的統制を重視し、政治的憲法秩序を形成していくべきとする議論がある。

III 政治的統制による秩序形成

1 政治的憲法秩序

行政立憲主義は、行政国家を前提とするため、執行府の権限拡大という課題を抱えることになる。もっとも、ただ統制すればよいというわけではなく、行政国家を維持しつつ、執行府の暴走に歯止めをかける方法が求められる。これについて、法的統制ではなく、政治的統制が効果的であると考えるのが、ポズナー＝ヴァーミュール（Eric A. Posner and Adrian Vermeule）である[46]。以下では、かれらが構想する政治的憲法秩序をみてみる。かれらによれば、従来の憲法構造は「リベラルリーガリズム」(liberal legalism) によって支えられてきた。これは、国家権力を異なる機関に分配することで、専制を防ぎ、自由を守るというものである。また、リベラルリーガリズムは、権力を分割するだけでは不十分であり、抑制と均衡の関係を構築することによって権力集中を防ぐことを重視してきた。

しかし、リベラルリーガリズムの構想は崩壊している[47]。なぜなら、現代行政国家においては抑制と均衡による法的チェックが十分に機能しなくなっているからである。まず、時間軸上の限界がある。過去の世代が当時最善

---

[45] JERRY L. MASHAW, CREATING THE ADMINISTRATIVE CONSTITUTION: THE LOST ONE HUNDRED YEARS OF AMERICAN ADMINISTRATIVE LAW 209 (2012).

[46] ERIC A. POSNER AND ADRIAN VERMEULE, THE EXECUTIVE UNBOUND: AFTER THE MADISONIAN REPUBLIC (2010). なお、書評として、大林啓吾「行政国家と政治的憲法秩序」[2013-1] アメリカ法 75 頁がある。

[47] *Id.* at 18-61.

と考えて行ったチェックは将来においても必要であるとは限らないため、通時的に最善のチェックができるわけではない。次に、個別利益と集合利益との混在という問題がある。たとえば立法府において、個々の議員の利益と集合体としての議会の利益は相反することがあり一枚岩ではないことから、他権のチェックがうまく機能しないことがある。さらに、事実上の問題として、ある機関（たとえば立法府）は、別の機関（たとえば司法府）がチェック機能を果たすだろうと考えて、他の機関のチェックにフリーライドしてしまい、その結果、何もしない可能性もある。

　また、行政国家に対する立法府と司法府のチェックは機能面における限界がある。まず、立法府はチェックに必要な情報を持ち合わせていないことが多く、チェック機能を果たすことが困難な場合がある。たとえ、立法府の権限を用いて情報を入手しようとしても、それには様々なコストがかかり、容易ではない。しかも、安全保障や外交問題など、そもそも立法府の手が及ばない領域がある。また、そもそも統合政府の場合にはチェックのインセンティブが働かない可能性がある。同様に、司法府もチェック能力に欠ける。立法府以上に、司法府は情報を持ち合わせていない。さらに、民主的正統性という限界を抱えているがゆえに、積極的なチェックを行うことができない。

　こうした機能的限界を端的に物語っているのが、執行府への委任の問題である。行政国家では、社会の変化に対する専門的分析と迅速な対応が必要になってくることから、立法府はそれらの能力を有する執行府に多くの権限を委任せざるをえない。行政国家の展開に歩調を合わせる形で、司法府も委任禁止の法理を実質的に放棄し、広範な委任を認めるようになっている。

　リベラルリーガリズムによれば、立法府は、執行権を統括する大統領に対しては個別事項ごとに法律を定め、その下で様々な行政活動を行う行政機関に対しては一般的な手続を定めた法律を制定しているという。

　まず、大統領権限に対する法的統制はウォーターゲート事件後に発展をみせたが、いずれも統制が成功しているとはいえない[48]。その代表例として4つの法律を挙げることができる。第1に、1973年の戦争権限法（War Powers Resolution）[49]である。これにより、大統領の戦争権限に一定の制約が付

---

(48)　*Id.* at 84-112.
(49)　The War Powers Resolution of 1973, 50 U.S.C. §1541 et seq.

されることとなった。とりわけ、大統領が戦争宣言をすることなく戦争に踏み切った場合には60日以内に立法府の承認を得なければならないとされたため、外見上は大統領の戦争権限に法的統制がかけられることになったといえる。しかし、実際には、コソボ紛争に代表されるように、60日経っても立法府の承認のないまま戦闘が続けられる事例も散見される。第2に、1976年の国家緊急事態法（National Emergencies Act）[50]がある。これは大統領が命令によって無制約に緊急事態宣言を出すことに歯止めをかけ、立法府がチェックしていくことを試みるものであった。しかし、実際には、大統領が緊急事態だと考えたことがそのまま緊急事態になってしまっているので、この法的統制も形骸化している。第3に、1977年には、国際緊急経済権限法（International Emergency Economic Powers Act）[51]が制定された。これも大統領の裁量に一定の制約をかけようとするものであったが、実際には大統領に広範な裁量を授権したものと解されており、十分な統制にはなっていない。第4に、1978年監察総監法（Inspector General Act）[52]が制定され、執行府の内部的統制が試みられるようになった。これは、多くの行政機関に監察総監室を設置し、監察総監が違法行為や犯罪行為を内部的にチェックするというものである。このシステムは他の法的統制と比べればある程度効果があるといえるが、それらのチェックは局所的なものであり、執行府の活動全体に関わるような法的統制とはいえない。

　つぎに、立法府は行政機関に対して行政手続法（Administrative Procedure Act）[53]を制定することでその恣意的な活動に歯止めをかけようとした。たしかに、行政手続法は適正な行政活動を担保する上で欠かせない装置となっているが、しかし、そこには陥穽が潜んでいる。なぜなら、行政手続法は軍事や外交に関する事柄については規制の対象外としているからである。また、行政手続法は実質的な統制ではなく見かけ上の統制にとどまっているという指摘もあり、十分な統制が働いていない。

　このように、法的統制はいずれも失敗に終わっているが、リベラルリーガリズムはYoungstown Sheet & Tube Co. v. Sawyer連邦最高裁判決[54]を基に

---

(50) The National Emergencies Act, 50 U.S.C. §1601 et seq.
(51) The International Emergency Economic Powers Act, 50 U.S.C. §1701 et seq.
(52) The Inspector General Act of 1978, 5 U.S.C. App.
(53) The Administrative Procedure Act, 5 U.S.C. §551 et seq.

大統領の行為は法律の授権が前提とされているとする。しかし、この法理は、大統領権限を統制するために法律の授権を要求したのではなく、むしろ大統領の行為を認めるために法律の授権を要請したものとみなすべきである。

　以上のように、執行府に対する法的統制は十分機能していない。そこで、執行府に対して統制を行うには、法的統制よりも、政治的統制の方が効果的である。すなわち、選挙制や政党制を含む、執行府を取り巻く政治環境を利用して統制をかけるというアプローチである[55]。

　まず、民主的統制を考えてみる。大統領は国のリーダーであるが、それは人民から国の舵取りを託されたからこそ、そのような地位にある。したがって、人民と大統領の関係は、本人―代理人の関係とみなされる。代理人たる大統領は、本人（人民）の意向に従い、本人の利益にそうように行動しなければならない。つまり、大統領は公益を実現するために行動しなければならないのである。もし、代理人が本人の意向にそぐわない行動をとった場合には、その地位を解任されることがある。これを制度化したものが選挙である。ゆえに、選挙はスクリーニング機能とインセンティブ機能を有する。スクリーニングとは、公益の担い手としてふさわしい人物を選挙で選ぶということである。インセンティブとは、大統領に選ばれた者が公益を追求しなければ次の選挙で負けてしまう可能性を自覚させ、公益を実現しなければならないという動機を大統領に与えるということである。

　しかし、大統領の個別の行動が公益に基づいているかどうかは外側からでは判断できない。そのため、ある行動が誤解を受けてしまうおそれがあり、それは双方にとって損失となる。そこで、重要になるのが「信頼性」（credibility）である。大統領は公益に基づいて行動しているというシグナルを人民に発することによって、その信頼性を確保することができる。たとえば、情報を秘匿しすぎるとそのような信頼性が損なわれるため、適度に情報公開を行い、人民の信頼を得ることが重要になる。つまり、大統領には信頼性の確保という自己抑制が内在しているのである。

　この自己抑制は、様々なメカニズムによって実行される。フォーマルな自己抑制としては、大統領命令による方法がある。命令を制定することによっ

---

(54) Youngstown Sheet & Tube Co. v. Sawyer, 343 U.S. 579 (1952).
(55) POSNER AND VERMEULE, *supra* note 46, at 113-153.

て、自らの行動を規律するわけである。他面、インフォーマルな自己抑制として、特別検察官の設置がある。自らをチェックする機関を設けることで、信頼性を確保するわけである。他にも、独立機関の設置、不偏不党への配慮、他権との協力など、様々な信頼性確保のための自己抑制手段が存在する。

ただし、信頼性確保にはコストもかかる。そのためには時間や資源が必要であり、大統領がそこまでして自己抑制を行うかという疑問もあるだろう。しかし、大統領にとって、信頼性は自らの裁量を確保するためにも必要なものであり、力の源ともいえる。そしてそれは、権力分立が適切に機能するための前提条件でもあり、執行府の統制方法として必要不可欠なものである。

現在のように、行政国家がデフォルトとなっている状況下では、執行府中心の政治が行われざるをえない。もちろん、そこでは執行府の権限濫用の危険がつきまとうが、それを統制するのは法的手段ではない。実際、立法府は広範な委任を行い、司法府もそれを承認している。抑制と均衡のシステムは、他権によるチェックという要素も含むが、むしろ相互対立を経て憲法変化に対応するという役割を担う。衝突は時に政治的停滞を招き、大統領の権限拡大が行われることもあるが、それをもってただちに独裁へと突き進むわけではない。大統領は自制が信頼性を生むことを熟知していることからこそ独裁にいたらないように配慮し、また経済や教育が一定の水準以上に達しているアメリカ市民は独裁政治にならないように対応するからである。

2　政治的憲法秩序論の問題

ポズナー＝ヴァーミュールが構想する以上のような政治的憲法秩序は法的統制をまったく不要としているわけではないが、統制枠組の中で政治的統制を中心として考える必要があることを提唱している。その際、政治的統制が機能する理由として信頼性を持ち出す。かれらは、もともとコストベネフィット的観点から制度のモデルを構想するので、ここでも大統領の信頼性確保に向けたインセンティブを理由に政治的統制が機能することを主張している。かれらの議論は現状に則した対応を試みようとする点でプラグマティックな視点が盛り込まれているといえるが、しかし、そもそも行政国家を出発点とすることに問題はないのであろうか。行政国家が不可避であるとしても、まずは行政国家を憲法秩序の中でどのように位置づけるかを検討する必要があ

るように思われる。

　行政国家を前提にするとしても、かれらの対応策はやや楽観的なところがある[56]。ポズナー＝ヴァーミュールの語る法的統制の機能不全は記述的側面にとどまっている。つまり、立法府による広範な委任やそれに対する司法府の承認は、事実を述べているにすぎず、それを本来あるべき姿に修正すべしという規範的視点が欠けている。法的統制が十分機能していないのであれば、それを簡単にあきらめるのではなく、それが機能するような方法を考えるべきであろう。

　また、かれらの議論は法令遵守のインセンティブを十分考慮していないがゆえに、法の役割を軽視しているところがある。D・レビンソン（Daryl J. Levinson）によれば、たしかに立憲主義の実現はマディソニアン的アプローチだけでは説明できず、憲法を実践するアクターが法に従うかどうかは合理的選択に基づいて判断される点に着目する必要があるという[57]。たとえ法を遵守すべしという憲法上の規範的要請があるとしても、それだけでは各アクターを従わせることはできない。法を守ることが合理的でない場合、換言すればコストベネフィットを計算してコストが上回る場合には法は遵守されないこともありうるからである。しかし、それでもほとんどの場合、法は遵守されている。

　それでは、法令遵守へと向かわせるインセンティブは何であろうか。この点につき、そのインセンティブこそがポズナー＝ヴァーミュールのいう信頼性の確保だと指摘するのがピルデス（Richard H. Pildes）である。ピルデスによると、ポズナー＝ヴァーミュールが執行府統制の要素として提示した信頼性は法を遵守しているというシグナルを送ることで確保されるという[58]。つまり、ポズナー＝ヴァーミュールの主張を基に考えた場合でも、法は統制の役割を果たすことになるというのである。

　もちろん、かれらのいうように、法の役割には限界がある。だとすれば、それを放棄するのではなく、それを補うような手法はないのだろうか。実は、

---

(56) Aziz Z. Huq, *Binding the Executive (by Law or by Politics)*, 79 U. CHI. L. REV. 777, 836 (2012) (book review).
(57) Daryl J. Levinson, *Parchment and Politics: The Positive Puzzle of Constitutional Commitment*, 124 HARV. L. REV. 657, 694-695 (2011).
(58) Richard H. Pildes, *Law and President*, 125 HARV. L. REV. 1381, 1407 (2012) (book review).

かれら自身はこの点についても分析している。すなわち、独立機関によるチェックや、内部的に統制する方法である。独立機関のチェックについては、その独立性が権力分立上の問題をはらむため、制度設計を慎重に行う必要がある。一方、内部的統制は他権がメスを入れられない部分についてチェックできる可能性があり、その役割が期待される。たとえば監察総監の場合は調査、監査、勧告などを行うシステムになっている。強制力という観点からは物足りなさも残るが、法的統制を補完するものとして有効な点もあるように思える。この点に関連して、執行府内に反対意見を述べる場を設けておくことが重要であるという指摘がある[59]。その実効性はともかく、その意見が執行府の上層部に再考を促す役割を果たす場合もあるだろう[60]。

また、政治的統制にどこまで期待できるかはその時々の政治状況に大きく左右されることが予想され、それが失敗に終わる危険性も考慮に入れておくべきである。しかも、かれらが重視する政治的統制は、かれらが軽視する権力分立が存在しなければ、そもそも機能しない[61]。行政国家の憲法秩序を構想するのであれば、むしろ法的統制により権力分立の境界線を絶えずチェックしながら、望ましい法形成・法適用を秩序づけていく方向性を検討すべきではないだろうか。いずれにせよ、法的統制を軽視するのではなく、法的統制と政治的統制を両輪として機能させていく必要がある[62]。

IV　狭義の行政立憲主義の憲法秩序

1　民主的行政——大統領主導の行政

ここまで、広義の行政立憲主義について考察してきたが、行政国家では行政機関の役割拡大が著しい。とりわけ、リスク対応には行政の専門的知見が

---

[59] Neal K. Katyal, *Internal Separation of Powers: Checking Today's Most Dangerous Branch from Within*, 115 YALE L. J. 2314 (2006); Neal K. Katyal and Richard Caplan, *The Surprisingly Stronger Case for the Legality of the NSA Surveillance Program: The FDR Precedent*, 60 STAN. L. REV. 1023 (2008).

[60] ただし、内部的統制や反対意見は時に円滑な職務の遂行に支障を生じさせることもあるので、それこそ、それらの採否に当たってはポズナー＝ヴァーミュールのいうコストベネフィットの計算が必要である。

[61] Benjamin Kleinerman, *The Madisonian Constitution: Rightly Understood*, 90 TEX. L. REV. 943, 952 (2012) (book review).

[62] Huq, *supra* note 56, at 782-783.

必要とされる場面が多いことからすれば、テクノクラートによる行政をどのように憲法秩序に服せしめるかが重要な課題となるため、狭義の行政立憲主義の分析は欠かせない作業となる。そこで、以下では、狭義の行政立憲主義に焦点をしぼって検討を行う。

狭義の行政立憲主義論には、行政機関の判断を民主的統制に服せしめることで、立憲主義の中に取り込もうとする議論が多い。たとえば、民主的統制論者の1人であるブレスマン（Lisa Schultz Bressman）は次のように述べている。すなわち、「行政国家が登場して以来、我々は政府を立憲民主主義の正しい担い手とみなせるように格闘してきた。つまり、我々は行政国家を任命された官僚ではなく公選された者が重要な政策決定を行う憲法構造に合致させるように努めてきたのである」[63]と。

もっとも、民主的統制論にも推移があり、ブレスマンによれば、アメリカでは1960年代に刊行されたビッケル（Alexander M. Bickel）の『反多数という難点』（counter-majoritarian difficulty）を機に民主的機関による統制論が登場し、1970年代にはレーガン（Ronald W. Reagan）大統領が行政機関の統制を強めたため、その後は大統領による統制論が興隆を極める傾向にあるという[64]。

大統領による統制論の基盤を築いたのが、現連邦最高裁判事のケイガン（Elena Kagan）であった。といっても、ケイガンが連邦最高裁判事として大統領による統制論を提唱したというわけではない。ケイガンが大統領による統制論を提示したのは、ハーバード大学で教鞭をとっていた頃に発表した「大統領行政」（presidential administration）と題した論文であった[65]。

ケイガンは、現代行政国家では行政機関の役割が拡大し続けているが、憲法の枠の中で適切な活動を行わせるようなシステムを検討しなければならないと問題提起を行う。ケイガンは、最初に立法的統制などの統制方法を提示するが、これは行政機関の統制方法としては不適切であるという[66]。行政国家においては多くの法律を行政機関の判断に委ねざるをえず、立法による統制は現実的に困難だからである。そこでケイガンは大統領による統制論を

---

(63) Lisa Schultz Bressman, *Beyond Accountability: Arbitrariness and Legitimacy in the Administrative State*, 78 N.Y.U. L. REV. 461 (2003).
(64) *Id.* at 478-491. なお、ブレスマンは大統領による統制論に批判的である。
(65) Elena Kagan, *Presidential Administration*, 114 HARV. L. REV. 2245 (2001).
(66) *Id.* at 2255-2260.

提唱する。

　ケイガンは、クリントン（William J. Clinton）政権がレーガン政権の築いた行政機関の統制システムを積極的に活用した点に着目し、そのような大統領行政が行政機関の説明責任や透明性を高め、効率的な運営を促進することになると指摘する[67]。

　レーガン大統領が敷設した統制システムとは、大統領命令により、大統領行政府内にある行政管理予算局（Office of Management and Budget: OMB）に規制の事前審査を行わせるようにしたことである[68]。この審査を主導するのは、OMB の情報・規制問題局（Office of Information and Regulatory Affairs）であり、各行政機関の規制や情報収集に関する提案あるいは改正案について、規制の影響評価やコストベネフィット審査を行う。

　レーガン大統領の狙いは財政再建のための歳出削減にあったため、規制のコストベネフィットを分析することが重視されたが、大統領行政府が各行政機関のルール策定につきチェックできるようにしたことは行政機関の統制という観点からすると重要なシステムであった[69]。

　この OMB の権限を強化したのがクリントン大統領である。クリントン大統領は、OMB の審査に関する大統領命令を新たに発し、OMB の審査の重要性を再確認するとともに、行政機関に対して早期に OMB の審査を受けるように促して、OMB と行政機関の衝突を緩和した[70]。審査過程において特筆すべきは、大統領や副大統領が審査過程に関与することになったことと、これまで審査対象になっていなかった独立行政機関に対して、部分的に OMB が関与するようになったことである。OMB の審査結果と行政機関の判断に折り合いがつかない場合には大統領や副大統領が調整を行うこととなり、独立行政機関は計画過程において OMB の関与を受けることとなった。

　また、クリントン政権では、指令に関する大統領の権限が拡大されたのが特徴である。大統領は、行政機関の長に対して、メモランダムによって、委

---

(67)　Id. at 2281-2319.
(68)　Exec. Order No. 12291 3, 3 C.F.R. §§127, 128-130 (1981).
(69)　Nina A. Mendelson and Jonathan B. Wiener, *Executive Discretion and the Rule of Law: Responding to Agency Avoidance of OIRA*, 37 HARV. J. L. & PUB. POL'Y 447 (2014). 他方で、行政機関は情報・規制問題局の審査対象とならない部分に重要事項を記載するなどして、そのチェックを免れようとする傾向があるとされる。
(70)　Exec. Order No. 12866 2 (b), 6 (a) (3) (B), 3 C.F.R. §§638, 640, 645 (1993).

任された権限の範囲内で特定の行為を行うように指示することができることが明示された。これに対しては、大統領は立法府の委任によって活動する行政機関に対して指示権限を持たないはずであり、そのような命令は立法府の権限を侵害するとの批判もあるが、法律にその旨が明示されていなければ侵害にはならない。

　クリントン大統領による以上の行政改革は、大統領が行政機関を統括するモデルを提示するものであり、大統領行政を具現化したものである。大統領行政は、説明責任と効率性という2つのメリットを有する[71]。大統領が行政機関を統括することで、官僚機構の権力の源泉が明らかになるので透明性が確保され、さらに大統領が選挙による審判を受けることから官僚機構も間接的に民主的責任を負うことになる。また、大統領は民主的責任を負う独任機関であるという特性があることから、全体的視点からコストベネフィットや優先順位を判断し、スピーディに政策決定を行うことができるため、その指示に従うことで行政機関の活動も効率的になる。

　このようにケイガンは、大統領による統制こそが、行政機関の活動を憲法の枠の中に秩序づけていくことになると考えている。たしかに、大統領の統制によって、行政機関の民主的統制が可能になり、個別官庁の自主利益にそった政策に対して一定の歯止めをかけることが期待される。また、大統領は法律を誠実に執行する責務を負っているので、大統領の行政機関への指示は立法府の意思にそっていると想定される。そのため、行政機関の活動は結果として立法府の意図に従ってなされるようになるという予測も可能である。

　しかしながら、大統領の統制が行政機関の判断を立法意図に従わせる方向に向かうとは限らない。そもそも大統領が立法府の意図に忠実な法解釈を行うというインセンティブが見当たらず[72]、法律の誠実な執行についても、立法意図とは関係なくあくまで大統領が最良と考える方法で執行することが誠実な執行であると解釈する可能性がある。

　とりわけ、法律が一定の権限を行政機関の長に委任しているにもかかわらず、大統領がその行政機関の長に対して指示をする場合が問題となる。ケイガンは、行政機関への委任は大統領への委任であるとして、大統領が指示権

---

(71) Kagan, *supra* note 65, at 2331-2346.
(72) *See* Yvette M. Barksdale, *The Presidency and Administrative Value Selection*, 42 AM. U. L. REV. 273, 309-326 (1993).

を有すると考える[73]。しかし、立法府が行政機関の長に判断させようと考えていた場合、大統領が行政機関の長に命令することは立法意図と対立する構図になる[74]。この問題については、執行府と司法府との間で異なる解釈が提示されている。1838年のKendall v. United States連邦最高裁判決[75]では、連邦議会が大統領の統制を受けずに行政機関に責務を付与することができるとした。他方で、執行府はこうした見解に対して反発し続け、これまでも各行政機関の長は事前に大統領に相談するという慣行になっている[76]。

ケイガン自身は上記のような大統領行政が立法意図に反するとは考えていないが、かかる実際上の対立をどのように調整するかを説明する必要があろう。また、ケイガンのいう大統領行政は立法意図に関する問題を乗り越えたとしても、大統領が行政機関の専門的判断を自己の都合のいいように変容させてしまうかもしれないという懸念を払拭する必要もある。実際、G・W・ブッシュ（George W. Bush）政権は行政機関の科学的判断を政治化し、政権の政策に合致しない行政機関の専門的知見に基づく科学的判断に修正を迫ったり採用しなかったりした[77]。とりわけ、科学的検証が問われるリスク評価の分野において、政権はしばしば都合の良い結果のみを採用した。そのため、行政機関の専門的判断に関する自律性を確保すべきかどうかという問題を考えなければならない。

2　専門的行政——専門的能力の意義

行政機関は、民主的正統性に欠けるものの、専門的知見に基づく判断ができるという特性がある。とりわけ行政国家では、様々なリスクに対応する必要があるため、各分野の専門的判断に基づく政策決定が必要となる。その点、各分野の専門家集団を抱える行政機関の判断は、他権に比べて専門性に秀でている。だからこそ、立法府は行政機関に広範な裁量を認め、司法はシェブロン法理（後述）にみられるようにその決定に敬譲してきた[78]。

---

(73)　Kagan, *supra* note 65, at 2320.
(74)　Thomas O. Sargentich, *Critiquing Presidential Administration*, 59 ADMIN. L. REV. 1 (2007).
(75)　Kendall v. United States, 37 U.S. (12 Pet.) 524 (1838).
(76)　Robert V. Percival, *Presidential Management of the Administrative State: The Not-so-Unitary Executive*, 51 DUKE L. J. 963, 976–977 (2001).
(77)　Sidney A. Shapiro, *OMB and the Politicization of Risk Assessment*, 37 ENVTL. L. 1083 (2007).
(78)　Sidney Shapiro and Elizabeth Fisher, *Chevron and the Legitimacy of "Expert" Public Administration*, 22 WM. & MARY BILL OF RTS. J. 465 (2013).

したがって、行政機関の専門性は、行政需要に適切に対応するという積極的意義を持つと同時に、他権がその判断に敬譲するという消極的意義を有する。その結果、行政機関の専門的判断に対しては民主的統制が弱くても正当化されることになる。

もっとも、行政機関の判断のすべてが専門的なわけではない。ヴァーミュールは、行政機関の専門性が発揮されるのはどの時点なのかを明らかにするために、政策決定を2つの段階に分けている[79]。第1段階は、具体的な事実、因果関係、予測可能性などの事実的判断である。第2段階は、第1段階の事実的判断を基にして、様々な要素を考慮してルールを設定することである。このうち、第1段階は専門性が強く求められるが、第2段階は政策の選択なので、専門性はあまり関係ない。したがって、ヴァーミュールによれば、行政機関の専門性は第1段階のものに限定されるというのである。

この分類に従うと、行政機関の判断を尊重する場合、第1段階の判断を尊重するということはその専門性に敬譲することを意味し、第2段階の判断を尊重するということは政策判断の合理性に敬譲することを意味することとなる。第2段階は政治的影響を受けやすい場面でもあり、実際、大統領はしばしば指示を出すことがある。換言すれば、第2段階は、民主的統制がかけられる領域であるといえる。

このような棲み分けができていれば、専門性と民主的統制を兼ね備えた判断によって秩序形成が可能になるが、しかし、この2つの境界線がはっきりしない場合もありうる。とりわけ、専門的判断と政策判断が1つのプロセスになっていたり、専門的判断の中に政策判断が混ざっていたりするような場合、両者を鮮明に区別することは難しい。たとえば、ある物質Xを温室効果ガスに含めるかどうかにつき、環境保護庁（Environmental Protection Agency: EPA）がXの効果を検証し、温室効果ガスに含めるかどうかの決定を行うことになっていたとしよう。もし政権が温暖化対策に消極的な姿勢をとっている場合、EPAは政権の意向を忖度したりまたは政権の指示を受けたりして、Xを温室効果ガスに含まないと決定するかもしれない。この決定は専門的知見を前提としているので、専門性と政治性の両方を帯びていることになる。G・W・ブッシュ政権においてみられたのはまさにこうしたケ

---

[79] Adrian Vermeule, *The Parliament of the Experts*, 58 DUKE L. J. 2231, 2236 (2009).

ースであり、行政機関の専門性がただちに敬譲的要素に結びつかないことを示している。

行政機関の専門性が大統領の指示の下になし崩しにされてしまうとすれば、第1段階の判断（＝専門的判断）であることが明らかである場合を除き、行政機関の判断を憲法秩序の中に位置づけるためには結局、民主的統制に服せしめるしかない。しかしながら、民主的統制それ自体も曲者であり、それが単に特定の政治的選好に服せしめることだけを意味するのであれば、形式的には正統性があっても、実質的な正統性は弱い。スティーブンソン（Matthew C. Stephenson）は、民主的統制の意味を問い直しながら、行政機関はむしろそこから距離をとった方が民主政に馴染むとしている[80]。スティーブンソンによれば、市民の多数によって選出された者が民主的正統性を持つとされているが、その決定は平均的な多数派の意思から外れていることが多いという。たとえば、共和党出身の大統領は選挙民の平均的多数派よりも保守的であることが多く、民主党出身の大統領は選挙民の平均的多数派よりもリベラルであることが多い。そのため、大統領による統制をもって、行政機関に民主的正統性があるとみなすことは早計である。むしろ、行政機関に対する大統領の民主的統制を緩くすることで民意から離れた政治的影響を受けずに済み、かつ中道的な判断を行うことがより多くの民意に従うことになる。つまり、行政機関に対する民主的統制を弱くすることが、行政機関の民主的正統性を最も強める結果になるというのである。

スティーブンソンが指摘するように、大統領の統制がただちに民主的統制を意味するとは限らないということについては近年しばしば指摘されるところである。たしかに、多数決主義を前提とした場合の大統領による民主的統制論は実質的内容が問われないので、特定集団の利益を代表していたり、自らの再選を意識したりと、全体の公益とは距離のある民意となってしまう可能性がある。

3 「民主的統制」の統制——熟議的要素

「大統領による民主的統制」に統制をかける議論として、メンデルソン（Nina A. Mendelson）やワッツ（Kathryn A. Watts）は透明性の確保といった

---

[80] Matthew C. Stephenson, *Optimal Political Control of the Bureaucracy*, 107 MICH. L. REV. 53 (2008).

形式的側面だけでなく、内容の正当性という実質的側面にも踏み込んだ議論を展開している[81]。まず、大統領が行政機関の政策判断に責任を負っていることを明確化するために、行政機関は大統領の責任で指示を受けたことを明示し、あるいは政権の影響があったことを明らかにする必要がある。これにより、行政機関の判断を大統領の責任と結びつけることができる。また、公益的観点からの政策実現を求める指示と法律の射程から外れたむき出しの選好を求める指示を区別し、前者は正当な民主的統制となりうるが、後者は正当な民主的統制にはなりえないとする。

しかし、これらの議論は透明性や内容の正当性が要求される理由が弱いという問題がある。透明性の確保については、大統領が世間に知られたくない指示をインフォーマルな形にして隠してしまう可能性があり、オープンにしても支障がない指示しか明らかにしないかもしれない[82]。また、民主的統制の内実についても、正当な指示と正当でない指示の区別がつねに可能とは限らない[83]。

これらの課題を乗り越えるために、「熟議」(deliberation) というキーワードを用いて統制を持ち出す議論がある。論者によって熟議の内容やプロセスについては温度差があるが、おおむね、官僚の専門技術的決定を熟議とみなすアプローチと市民や他権の関与を経た決定を熟議とみなすアプローチとに大別される。前者は、フィッシャーが「熟議構成パラダイム」(Deliberative-Constitutive Paradigm) と呼ぶものである。それによれば、行政機関は、政治的多数派の見解や利益集団などの要望から距離をとり、専門技術的知識と経験的判断によって決定することで、正しい判断と応答責任を果たすことができるという[84]。このアプローチは、行政の専門性を熟議という形で再評価したものといえる。しかし、行政が自律的に専門判断を行えるようにしただけでは憲法秩序との接合が不十分であり、その限界を画するための統制方法を提示する必要があろう。一方、後者は、行政過程への市民参加や他権

---

(81) Nina A. Mendelson, *Disclosing "Political" Oversight of Agency Decision Making*, 108 MICH. L. REV. 1127, 1173-75 (2010); Kathryn A. Watts, *Proposing a Place for Politics in Arbitrary and Capricious Review*, 119 YALE L. J. 2, 14-32 (2009).

(82) Glen Staszewski, *Political Reasons, Deliberative Democracy, and Administrative Law*, 97 IOWA L. REV. 849, 878 (2012).

(83) *Id.* at 879.

(84) FISHER, *supra* note 3, at 30-32.

との折衝などのプロセスを重視するアプローチが代表的である[85]。とりわけ、スタチュースキー（Glen Staszewski）は、熟議民主主義によって行政過程の透明性や公益追求が可能になるとする[86]。立法府のみならず、様々なアクターとの対話を経ることでその政治的要素を薄め、内容の妥当性を担保し、判断過程がオープンになるというわけである。

4　ポスト行政国家論——サブ政治と民主的実験主義

しかしながら、そもそも民主的統制論は行政機関の判断に対してある種の敵意をもって挑むものであり、どれも成功しているとは言い難い。そのため、多くのアクターを政策形成過程に参入させ、責任を分有させることで、従来の利益代表に基づく政治過程を刷新し、協働的な意思決定を行おうとする構想が20世紀末頃から注目されるようになった[87]。

熟議のプロセスを多元化することで、ポスト行政国家を構想する議論がある。ポスト行政国家論は、行政国家がデフォルトとなった今、行政機関に対する民主的統制の問題など行政国家が抱える諸課題に対してどのように対応するかを考える議論である。ベック（Ulrich Beck）によれば、リスク社会を迎えた今、政治部門だけが政治を決定しているのではなく、科学、産業、経済、さらには司法や市民運動など、政治システムの外の領域で政治文化が多方面に展開してそれぞれがリスク対応を行っているという[88]。ベックは、そのことをサブ政治といい、サブ政治が独自の公共を形成し、政治部門や行政機関の判断に大きな影響を与え、かつ市民生活にも大きな影響を与えることから、行政国家を衰退させる要因になっているとする。すると、この状況が進めば、行政国家は縮小していくことが予想されるが、しかしそれは経済的・社会的問題におけるリスクを個人が引き受けざるをえない事態をもたらす。このようなリスクの個人化は、行政国家のリスクを軽減させる反面、責

---

(85) Mark Seidenfeld, *A Civic Republican Justification for the Bureaucratic State*, 105 HARV. L. REV. 1511, 1530 (1992).

(86) Staszewski, *supra* note 82, at 849. なお、スタチュースキーは、熟議民主主義的統制を担保するために、司法が行政機関の決定についてハードルック審査を行うべきであるとする。

(87) Jody Freeman, *Collaborative Governance in the Administrative State*, 45 UCLA L. REV. 1 (1997).

(88) ウルリヒ・ベック（東廉＝伊藤美登里訳）『危険社会―新しい近代への道』376-460頁（法政大学出版局、1998年）。

任の所在を分散し、個人の負担を重くする。そこでベックはサブ政治を法的に制度化して育成し、個人がそれに参加できる枠組を整えていくことが重要であるとする。市民の政治参加の機会を広げることにより、リスクの個人化にストップをかける可能性を残しておくのである。

こうした議論を公法的観点から規範論的に展開しているのが「民主的実験主義」(democratic experimentalism) の議論[89]である。民主的実験主義にもいくつかのアプローチがあるが、その骨子は新たなガバナンスのあり方として市民参加および分権を促進し、様々な機関のアクターが熟議のプロセスに参加し、自己統治を行っていくことを提示する点にある[90]。その根底には、デューイ (John Dewey) のプラグマティックな実験主義の思想があり、このようにしてイデオロギーに基づく政治システムから脱却することができるとする[91]。それは、民主主義の実践のための制度構想であり、従来のような議会制や政党政治に基づく民主主義構想とは趣を異にする。また、アッカーマンの唱えるような二元的民主政とも違い、民主的実験主義はむしろ、アッカーマンのいう通常政治における民主主義の実践構想を描くものといえる[92]。

たとえば、行政法の領域で考えた場合、現在の統治システムでは、司法は行政機関の決定につき表面的な判断しか行わない[93]。しかし、民主的実験主義は各社会的アクター (市民や団体) に対して、憲法的考慮を行い、意見交換をするように要請する。その際、行政機関は各アクターの意見交換を見守り、その結果を集約し、司法は、行政機関がそうした任務を果たしているかどうかをチェックする。こうして民主的実験主義は、公的決定を民主化し、硬直的な権力分立システムよりも憲法の理想を実践できるとする。こうした統治システムを確立することは憲法上の権利を再考することにもつながる。

---

(89) *See generally* Michael C. Dorf, *Legal Indeterminacy and Institutional Design*, 78 N.Y.U. L. Rev. 875 (2003).

(90) *See, e.g.*, Michael Wilkinson, *Three Conceptions of Law: Towards a Jurisprudence of Democratic Experimentalism*, 2010 Wis. L. Rev. 673.

(91) *Id.* at 677.

(92) 亀本洋「アンガーの民主的実験主義の法学ー『89年体制』以後の左翼法学の1つの可能性」法律時報71巻9号89頁、89-92頁 (1999年)。たとえば、アンガー (Roberto M. Unger) の民主的実験主義は、革命とルーティンの距離を縮めて、つねに民主主義のための構想が発揮できるような制度構築を目指すものであるという。

(93) Michael C. Dorf and Charles F. Sabel, *A Constitution of Democratic Experimentalism*, 98 Colum. L. Rev. 267, 268 (1998).

憲法上の権利をめぐる問題は、権利をどのように実現するかというプラグマティックな問題であり、民主的実験主義はそれに対して司法が憲法上の権利が侵害される前に予防線をはる予防的ルール（prophylactic rules）など様々な救済策を実践すべきことを要請する。このように、民主的実験主義は、従来の権力分立の枠にとらわれずに、プラグマティックな視点からポスト行政国家の統治システム（ガバナンス）を構想するのである[94]。

かかる議論は、うまくいけば、昨今問題視されている政治的停滞を打破し、政治を利害にまみれた場から公共的決定の場へと変貌させることができるかもしれない。また、事実行為など強制力を伴わない行政活動についても、市民が関与することによって、行政の恣意性に一定の歯止めをかけることができる可能性もある。その意味で民主的実験主義はまさに実験モデルであり、現状打破を予感させるような議論である[95]。しかしながら、他方で、こうした構想がもたらすリスクも考慮しなければならない。民主的実験主義に実験的要素が強いことからして、それが望ましい方向で成功するとは限らないというリスクがある。望ましくない方向とは、市民参加の統治構造が迅速な決定に支障をもたらすことや、権力分立に動揺を生じさせてしまうことである。民主的実験主義はそもそも従来の権力分立モデルに縛られない議論ともいえるが、しかし、権力分立原理の持つ権力統制的側面は今なお立憲主義に欠かせない要素である[96]。民主化によるコントロールがどこまで有効かわからないまま、今の権力分立を無碍に扱うことには大きなリスクがあるといえよう。

また民主的実験主義は、民主的統制の意味を政治部門のみではなく、市民を含む社会的アクターの参加に求め、さらに司法には行政機関が適切に対応したかどうかをチェックさせるとしているので、新たな司法的統制のあり方

---

(94) 萩原能久「民主的ガバナンス論への道程」法学研究84巻2号415頁、419頁（2011年）。「伝統的な民主的統治システムが適切に機能しなくなった危機感に対応する形で登場してきたのが『ガバナンス』という構想であ」るとされ、そこでは分権モデルの提示や、国家だけなく市場や市民社会も責任を分有し、私的アクターが政策の形成や実行に参入することを求める理論であると指摘される。

(95) Michael C. Dorf and Charles F. Sabel, *Drug Treatment Courts and Emergent Experimentalist Government*, 53 VAND. L. REV. 831 (2000). たとえば、ドラッグコートの機能についても民主的実験主義の観点から分析している。

(96) Jamison E. Colburn, *"Democratic Experimentalism": A Separation of Powers for Our Time?*, 37 SUFFOLK U. L. REV. 287 (2004).

を提示するものとして興味深い。しかし、その実現にはかなりの時間がかかり、まとまらないことも予想される。パブリックコメント制度が形骸化している現状などをみると、民主的実験主義のアイデアは、ある意味でそれを実効化する方法の1つのようにも思えるが、パブリックコメントの意見集約ですら、かなりの時間と労力がかかることに加え、それがどこまで住民の意思を反映しているのかが不明瞭である。そのため、現実的にそのような制度がありうるのかという問題がある。さらに、統一的対応が望ましい事項につき、ケースごとに異なる結果が出た場合はどうするのだろうか。それでも「やらないよりはまし」という選択もありうるが、その場合はコストベネフィットを慎重に考える必要があるだろう。

　ところで、ベックは行政国家がサブ政治の出現により衰退しているというが、本当に衰退しているのだろうか。たしかに、サブ政治の出現はいたるところで散見され、その影響力も強まっているが、逆に政治部門や行政の果たす役割は一層期待されるようになっていると思われる。たとえば、サイバー空間の法的秩序、企業責任に関する法整備、介護・育児等に関するサービスの提供など、枚挙にいとまがない。こうした需要がサブ政治によって行われている側面もあるが、実際にアクションを起こすのは政治部門や行政機関である点に変わりはなく、その権限が縮小しているわけではない。財政上の理由から行政国家が縮小していくことはありうるが、サブ政治の出現は政治部門や行政の仕事を増やし、むしろその拡大を招いている側面もあるように思われる。

　注目されるのは、ベックはサブ政治の中に司法を入れている点である。たしかに司法の政治的役割も拡大している。政治部門や行政機関が訴訟関係者として参加したり判決のゆくえを注視したりしているのもその表れであろう。そのため、司法には、行政国家を維持しつつ、かつそれを法的に秩序づけていく役割が期待されることになる。

　そもそも、民主的実験主義にせよサブ政治にせよ、それらによって民主的統制の内実やプロセスをより良い形にこしらえても、それによって良い結果が担保されるとは限らない。つまり、民主的統制は基本的に事前統制であることから、事後統制を考えなければ、結果を統制することができないのである。さらに、民主的統制は多数派の意思に従属するがゆえに、少数派の権利や利益が無視されることになりかねない。こうした問題に対応するためにも、

司法的統制が重要な鍵となる。

V 司法的統制による秩序形成

1 規範論としての行政立憲主義——司法的統制による秩序形成

　行政立憲主義は、司法だけが憲法秩序を形成するわけではなく、三権がそれぞれコミットする動態的システムを想定し、その中で大統領や行政機関の果たす役割を顕現させるものである。しかしながら、行政立憲主義は行政機関の人権保障的役割を明らかにするだけで終わるわけではない。行政の果たしている役割を明らかにするだけでは、動態的憲法構造を示すという点では規範論的性格を有するものの、その概要は記述論や制度論で終わってしまいかねない。また、行政の役割を示した結果、さらなる行政の肥大化を助長する議論として把握される可能性もあり、その意味では権力統制を旨とする古典的立憲主義と衝突することになる。行政立憲主義においては、むしろその先が重要であり、行政の果たす役割を前提としつつ、いかに行政の憲法構築を法的に秩序づけていくかが課題となる。

　行政については、大統領が行った場合と一般行政機関が行った場合とで、司法的統制にも違いが出てくる。とりわけ、大統領が直接憲法上の権限を行使する場合、司法はその自律性を尊重しなければならない。たとえば、軍事、外交、拒否権、恩赦などがそれに当たる。ただし、それは無制約に行えるわけではなく、司法はグラデーション的に統制を行う。それを明らかにしたのがYoungstown判決[97]のジャクソン（Robert H. Jackson）判事の同意意見であった[98]。

　この事件では、朝鮮戦争に際し、1952年にストライキに入ろうとしていた鉄鋼所を大統領が法律の授権のない大統領命令10340号[99]によって収用したため、その違法性が問われた[100]。この命令を発したトルーマン大統領

---

(97) *Youngstown*, 343 U.S. 579.
(98) *Id.* at 634-667 (Jackson, J., concurring). これについては、駒村圭吾「危機・憲法・政治の"Zone of Twilight"——鉄鋼所接収事件判決におけるジャクソン補足意見の解剖」奥平康弘=樋口陽一編『危機の憲法学』143頁（弘文堂、2013年。以下、『危機の憲法学』とする）の詳細な検討がある。関連して、蟻川恒正『憲法的思惟』（創文社、1994年）も参照。
(99) 17 Fed. Reg. 71.
(100) LOUIS FISHER, PRESIDENTIAL WAR POWER 115 (2004). トルーマン（Harry S. Truman）大統領はこの命令が憲法に基づくものであると明言している。

は、緊急時にこういった収用を行うことができるのは、大統領固有の権限であることを主張した[101]。法廷意見はトルーマン大統領の行為を違憲としたが、大統領の行為に関する分類を行いながら当該行為の権威および正当性の認否やそれに対する司法判断の方法を示したのが、ジャクソン判事の同意意見であった。

　それによれば、第1に、法律の授権に基づいて大統領が権限を行使する場合には、大統領の権限行使の権威が最大化する。第2に、法律の授権も法律による禁止もないときに大統領が権限を行使できるのは、独立した憲法上の権限のみとなる。しかし、立法府と協働して行う権限についてはそれが独立した権限かどうかが不明確であるため、これに関しては抽象的なルールを適用するのではなく、実際上の緊急性等を判断することになる。第3に、法律と矛盾した行為を大統領が行った場合にはその権威はほとんど認められない。ただし、執行府の憲法上の責務が立法府の憲法上の責務を減殺してでも達成しなければならない場合であるときは認められる余地があるが、その際、裁判所は当該行為が立憲制度に照らして相当であるか否かを慎重に審査しなければならない。

　これを簡潔に整理すると、大統領は原則として法律の授権に基づいて行為することができ、法律が黙示の場合にも憲法上の責務を遂行するために行為することができるが、当該行為が法律に反するような場合には、よほどの正当化事由がない限り認められることはないということである。したがって、憲法または法律の授権の有無に応じて、大統領の権限行使の正当性はグラデーション的に変化し、それに対応する形で司法的統制が行われることとなる。

　もっとも、多くの場合、司法判断の対象となるのは行政機関の行為であり、その司法的統制のあり方を検討しなければならない。この点につき、新たな構想を提示しているのが、メッツジャーである[102]。メッツジャーは、モナハン（Henry P. Monaghan）の「憲法的コモン・ロー」（Constitutional Common Law）の概念[103]を援用しながら、憲法構造の形成における司法の役割を踏

---

(101)　Neal Devins and Louis Fisher, *One of a Kind?*, 19 CONST. COMMENT. 63, 64-75 (2002). トルーマン大統領は、朝鮮戦争に際しても、連邦議会の授権なく権限を行使している。

(102)　Gillian E. Metzger, *Ordinary Administrative Law as Constitutional Common Law*, 110 COLUM. L. REV. 479 (2010).

(103)　Henry P. Monaghan, *The Supreme Court, 1974 Term-Foreword: Constitutional Common Law*, 89 HARV. L. REV. 1 (1975).

まえて、行政を法的に秩序づけていく方法を提示している。

まず、モナハンの憲法的コモン・ローを確認しておこう。モナハンによれば、司法審査は、様々な憲法規定の要請を受けて設定された実体的、手続的、救済的ルールの土台を築くものであるが、その内容については法律等によって修正されうるという[104]。モナハンは、司法判断を最終的な憲法解釈とみなす Marbury v. Madison 連邦最高裁判決[105]流の捉え方をせず、司法審査によって確立された法理は立法による修正も可能であり、コモン・ローのように徐々に形成されていく憲法構造を想定する。このように、司法審査を他権との協働に開かれたものとみなすのが憲法的コモン・ローの概念である。モナハンは、その例としてミランダルール（Miranda rule）を挙げながら、司法自体、法律によるミランダルールの改善の余地を認めていたことを指摘する[106]。ただし、憲法的コモン・ローは司法の役割を軽視するわけではなく、三権がそれにコミットする動態的システムを構想しているといえる[107]。

メッツジャーは、この憲法的コモン・ローの概念を基にしながら、行政立憲主義の構想を提示する。司法は憲法の土台を構築するような憲法解釈を行い、適切な憲法秩序の形成に向けて他権の修正に開かれた判断を行わなければならない。そのため、司法は憲法問題が起きている場合にはその秩序形成に向けた憲法判断を行う必要がある。現在の行政国家状態を踏まえると、行政法の分野は人権問題が頻発し、司法の憲法判断が要請されている領域であるといえる。したがって、司法は憲法問題が絡む行政事件につき、憲法的要素を考慮して判断しなければならない。たとえば、行政機関への敬譲的手法として登場したシェブロン法理でさえも、司法が憲法的考慮を行った結果である。なぜなら、立法の意思を軸に行政判断の妥当性を決めていることから、

---

(104) *Id.* at 2-3.
(105) Marbury v. Madison, 5 U.S. 137 (1803).
(106) ミランダルールは、身柄を拘束された被疑者が尋問を受ける前に黙秘権や弁護人依頼権などについて説明（注意）を受けることをいう。なお、ミランダルールが権利といえるのかどうかについては、山本龍彦「違憲審査理論と権利論―権利・救済関係の再検討を通じて」大沢秀介＝小山剛編『東アジアにおけるアメリカ憲法―憲法裁判の影響を中心に』399頁（慶應義塾大学出版会、2006年）も参照。
(107) 憲法的コモン・ローの概念に対しては、不適切な司法の立法ではないか、あるいは憲法上の権利保障としては不十分なのではないかなどの批判もある。*See, e.g.,* Thomas S. Schrock and Robert C. Welsh, *Reconsidering the Constitutional Common Law*, 91 HARV. L. REV. 1117, 1138-1140 (1978).

同法理は権力分立や民主政という憲法原理を考慮した結果だといえるからである。

　もっとも、これまでの判例をみると、司法がそうした判断を行ったものもあれば、そうでないものもある。たとえば、司法が行政立憲主義を実践した例として、2008年のBoumediene v. Bush 連邦最高裁判決[108]がある。軍事委員会法（Military Commissions Act: MCA）[109]はグアンタナモ基地収容所の被拘禁者人身保護令状を停止しているが、そこでは適切な行政手続が保障されていないことから、連邦最高裁はMCAを憲法違反であるとしたのである。その際、連邦最高裁は行政機関が人身保護令状の代替手段を憲法に従って設定する必要があることに言及した。他方で、2009年のFederal Communications Commission v. Fox Television Stations, Inc. 連邦最高裁判決[110]では、憲法問題が絡んでいるにもかかわらず行政法の問題だけで片付けてしまったのであるが、こちらは逆に、司法が行政立憲主義を実践しなかった例といえる。

　また、ここで注意すべきは、「行政立憲主義の目的は……行政が憲法的要請を実現することについて積極的かつ独立的な役割を促進することである」[111]とメッツジャーが述べている点である。つまり、司法が行政事件において憲法的考慮を行うとはいっても、それは行政統制だけを目指して行われるのではない。司法は、行政国家型憲法秩序の形成に向けて、行政判断が尊重される領域については敬譲し、行政判断に問題があればそれを指摘して行政があるべき方向に向かうような判断を行っているというのである。

　このようなメッツジャーのアプローチは、行政が果たす憲法実現の役割を重視しつつ、それを法的に秩序づけていくために司法の憲法判断が必要であるとするものである。そこでは、単に司法が憲法判断を行えばよいというわけではなく、行政機関が考慮すべき憲法的要素を提示することも重視してい

---

(108)　Boumediene v. Bush, 553 U.S. 723 (2008).
(109)　The Military Commissions Act of 2006, 10 U.S.C. §948.
(110)　Federal Communications Commission v. Fox Television Stations, Inc., 556 U.S. 502 (2009). 法廷意見は、連邦通信委員会（Federal Communications Commissions）の判断が行政手続法に反していないかどうかだけを判断した。なお、本件に潜む憲法問題については、大林啓吾「行政機関の政策変更に関する司法統制—F言葉の放送を禁じることの合法性および合憲性」憲法訴訟研究会＝戸松秀典編『続・アメリカ憲法判例』62頁（有斐閣、2014年）、田代亜紀「放送の規制根拠—FCC v. Fox を素材に考える」法学77巻6号887頁（2014年）を参照。
(111)　Metzger, *supra* note 102, at 497.

る。

　そこでメッツジャーは、「行政コモン・ロー」(administrative common law) が重要な役割を担っていることに括目すべきであると説く[112]。行政コモン・ローとは、行政法の重要な部分を形成している判例法理のことをいう。メッツジャーによれば、「司法は現代行政国家が引き起こす憲法上の緊張を緩和する中心的メカニズムとして行政コモン・ローを活用している」とする[113]。そもそも行政法の多くはコモン・ローによって形成され[114]、さらにその核心部分もコモン・ローによって形成されている。行政法の核心部分とは、行政機関の決定には合理性が要請されることと、その合理性を判断する際に制度的（機能的）要素を考慮する必要があるということである[115]。前者は、判例法理が裁量濫用テストを確立したことによって実現された。すなわち、行政手続法 702 条(2)項(A)号[116]は行政機関が裁量を濫用逸脱することを禁止しているが、司法がこれを行政の合理的決定の審査として基準化したことにより、行政機関の判断には合理性が要請されることになったのである[117]。後者は、権力分立上の権限分配を基に行政判断の合理性の審査方法を考えるものであり、立法意図という民主的側面と裁判所の審査能力を勘案し、立法意図が明らかな場合はそれに従っているかどうか、不明確な場合は合理性があるかどうかを審査するという敬譲型のシェブロン法理を設定したことを表す。

　これらの中核部分の内容は、憲法上の要請を具現化したものである[118]。憲法は、民主政を実現するために、立法府が法律によって事前に行政判断に対して法的統制を行うことを予定している。ただし、事柄によっては事前統制が難しい問題があり、行政機関の合理的判断に委ねざるをえない問題がある。そのため、司法が事後的に行政判断の合理性を審査する際、立法意図が明確であればそれに適合しているかどうかを審査し、そうでない場合には行

---

(112) Gillian E. Metzger, *Embracing Administrative Common Law*, 80 GEO. WASH. L. REV. 1293 (2012).

(113) *Id.* at 1296.

(114) Cass R. Sunstein, *Factions, Self-Interest, and the APA: Four Lessons Since 1946*, 72 VA. L. REV. 271, 271 (1986).

(115) Metzger, *supra* note 112, at 1298-1310.

(116) 5 U.S.C. §706 (2)(A).

(117) Judulang v. Holder, 132 S. Ct. 476 (2011).

(118) Metzger, *supra* note 112, at 1322-1342.

政機関の判断に合理性があるかどうかを審査するのである。また、民主的統制は立法府のみならず、大統領が行う点も見逃せない。大統領による統制がある場合には責任の所在も明確化し、説明責任を果たすことが可能になることから、司法は大統領の監督を受けているかどうかを考慮要素にし、それがある場合には敬譲することがある[119]。ただし、大統領による統制ばかりに目がいってしまうと、大統領が法律の範囲を超えて行政機関に指示をするようなケースも合法とされる可能性があることに注意しなければならない[120]。このとき、司法は大統領権限の正当性についても判断する必要がある。

このように、司法は憲法上の要請に応える形で行政コモン・ローを形成している[121]。行政コモン・ローの特徴は、それが私人の行為ではなく行政機関の行為を規律することから制度的要素が前面に出てくる、という点にある。そのため、憲法の統治構造を考慮したコモン・ローを形成することとなり、ひいては行政国家の憲法秩序を形成していくことになるというわけである。

もっとも、行政コモン・ローは憲法上の要請にすべて応えているわけではなく、問題点も抱えている。すなわち、司法の選好に基づいて法形成が行われてしまうのではないか、また透明性が確保されていないのではないかという問題である。これらの問題はある意味リンクしているところがあり、司法判断が政治過程を経ないことから、透明性や応答責任に欠けたまま法形成してしまうことが問題視されている。これに対してメッツジャーは、そうした懸念事項があるとしても、司法判断も一般的な批判の対象にはなることや、判例法理は他権による修正に開かれていることから、憲法構造を大きく損ねることにはならないとしている。

メッツジャーが主張するように、行政コモン・ローは行政国家の憲法秩序を形成していくにあたり、重要な役割を担っているように思われる。しかしながら、司法がつねにそうした構想を念頭に置いているかというと、そうで

---

(119) *See, e.g.,* Free Enter. Fund v. Pub. Co. Accounting Oversight Bd., 130 S. Ct. 3138 (2010).
(120) Lisa Schultz Bressman, *Procedures as Politics in Administrative Law,* 107 COLUM. L. REV. 1749, 1753 (2007); *See also* Peter L. Strauss, *Presidential Rulemaking,* 72 CHI.-KENT L. REV. 965, 982-983 (1997).
(121) なお、行政コモン・ローという用語自体はすでに提示されてきたところである。Kenneth Culp Davis, *Administrative Common Law and the Vermont Yankee Opinion,* 1980 UTAH L. REV. 3; John F. Duffy, *Administrative Common Law in Judicial Review,* 77 TEX. L. REV. 113 (1998); Richard W. Murphy, *Hunters for Administrative Common Law,* 58 ADMIN. L. REV. 917, 918 (2006).

もない。というのも、司法が人権保障に関するケースにおいて憲法に触れないまま判断してしまうケースも散見されるからである。そこで次に、人権が絡む行政事件について、司法が憲法的考慮を行う必要性を喚起するバーガー（Eric Berger）の議論を考察する。

2 司法的統制──憲法的考慮の必要性

バーガーは、人権が絡む行政事件における司法の役割を提示している[122]。バーガーによれば、人権が絡む行政事件において司法の慎重な判断を垣間見ることができるが、それは少数のケースにとどまっており、多くは行政の判断に敬譲する傾向があるという。

司法が行政機関の判断に敬譲したケースとしては、2003年のGrutter v. Bollinger連邦最高裁判決[123]が挙げられる。これは、ミシガン州のロースクールが入試でアファーマティブアクションを行ったことが逆差別に当たるかどうかが争われた。バーガーによれば、連邦最高裁は厳格審査をしたにもかかわらず民主的機関ではないロースクールの判断に敬譲する判断を行ったことから、敬譲型の部類に入るとされる。また、1987年のTurner v. Safley連邦最高裁判決[124]は、囚人の権利制限については、それを制約する規則が正当な利益にさえ関連していれば合理的だと判断しており、刑務所という特殊な機関の専門的判断に敬譲したとされる。

一方、審査を厳しくしたケースとして、1976年のHampton v. Mow Sun Wong連邦最高裁判決[125]が挙げられる。このケースは、人事院（Civil Service Commission）が外国人に連邦公務員になる資格を認めていなかったことから、中国人が平等違反だとして訴えを提起した事件であり、裁判所は、行政機関が平等違反となるような規則を制定してはならないとした。また、メリーランド州検閲委員会（Maryland State Board of Censors）による映画内容のチェックの合憲性が問題となった1965年のFreedman v. Maryland連邦最高裁判決[126]では、法律が映画の免許について広範な裁量を検閲委員会に

---

(122) Eric Berger, *Individual Rights, Judicial Deference, and Administrative Law Norms in Constitutional Decision Making*, 91 B.U. L. Rev. 2029 (2011).
(123) Grutter v. Bollinger, 539 U.S. 306 (2003).
(124) Turner v. Safley, 482 U.S. 78 (1987).
(125) Hampton v. Mow Sun Wong, 426 U.S. 88 (1976).
(126) Freedman v. Maryland, 380 U.S. 51 (1965).

付与したことに問題があることに言及しながら、表現の自由の問題を判断し、当該委員会には映画を承認する権限はあるもののそれを禁止する権限はないとした。

　このように、司法は人権が絡む行政事件について敬譲することもあれば厳しく審査することもあるが、全体的な傾向として以下のようなことを指摘できる。司法は、行政機関の判断をチェックする際、民主的正統性、専門性、裁量濫用を審査するが、その際に憲法的要素を考慮して判断してきた。

　まず、法律が行政機関に一定の権限を委任している場合、司法は行政判断がその指針に合っているかどうかを審査することになる。人権などの憲法問題が絡む場合には、人権を制約する機関には民主的正統性がより必要になるため、司法は行政判断が立法の指示に適っているかどうかをより厳しく審査する。また、行政機関が立法の意思から離れないように、透明性が担保されなければならない。ハードルック審査は行政の事実判断と法的判断をチェックするが、それは裁判で行政判断の透明性が確保されることを求めるものである。透明性の要求は、政府の秘密性と人権が衝突した際に、どこまで秘密性を認めるかという問題に関連してくる。

　つぎに、行政機関には専門性があることから、司法はこれまでその判断に敬譲する傾向があった。行政の専門的判断には、事実の判断とルールの設定の2段階があり、とくに前者はその専門性に敬譲することが多い。だが、後者については専門的判断というよりも政策選択の場面であり、かつ法解釈が絡む場面である。ここに憲法問題が絡む場合には、司法は憲法解釈が適切かどうかを判断する必要があり、行政機関の専門性に敬譲する必要はない。

　そして行政機関の裁量の濫用逸脱に関する司法的統制は、行政機関が人権を侵害することを防ぐために行政手続法（Administrative Procedure Act）[127]が規定したものである。そこでは、司法は、行政行為の内容や理由の明確化、慎重な決定の促進、決定プロセスの明確化、適切な憲法的考慮、がなされたかどうかをチェックする。

　以上のことから、バーガーは、裁判所が憲法的考慮の有無について判断することで、行政機関が人権の絡む問題について慎重な決定を行うようになるという。多くの場合、行政機関は裁判所よりも専門的な判断能力に長けてい

---

[127]　The Administrative Procedure Act, Pub. L. No. 79-404, 60 Stat. 237.

るが、裁判所は憲法価値に関して判断する能力に優れている。それゆえ、裁判所が行政判断のチェックの際に憲法的考慮を行うことは機能的にも正当化されるものであり、実際、より良い判断ができるはずである。また、行政機関が適正な判断をするインセンティブにもつながり、民主的要請への応答、法理の一貫性なども担保される。

　バーガーの議論は、司法が憲法的チェックを行うことで行政機関の判断を秩序づけるとともに、それによって行政機関が憲法的考慮を行うようになり、憲法秩序が形成されていくという構想を提示するものであり、統制面のみならず構築面をも考慮しているところが重要である。行政立憲主義はともすると行政機関による憲法価値の実現だけに照射してしまい、司法的統制はそれと対立するものとさえみなされることもある[128]。もちろん、そのような場面も重要であるが、それだけでは現代社会における人権保障を実践することはできない。むしろ、行政による憲法価値の実現をいかしつつ、それを憲法秩序の中に組み込んでいくような司法的統制のあり方を模索するべきであり、その意味でバーガーの議論は重要であると思われる。

　もっとも、裁量の濫用逸脱テストは決して万能ではないという点に注意が必要である。たとえば、憲法問題であっても、大統領の行為に対してはこのテストを用いることができないとするのが判例の立場であるし[129]、大統領が関与する行政機関の行為に対してどこまでこれを適用できるかについてはなお検討の余地がある[130]。

3　司法的統制の諸問題①——シェブロン法理と憲法問題回避の法理

　行政による憲法価値の実現に対して、司法的統制による秩序形成を行っていくためには、司法的統制とは逆の方向を向いた法理や準則との関係、換言すれば司法的統制を緩めたり回避したりする法理や準則を検討しなければならない。ここではシェブロン法理と憲法問題回避の準則（constitutional avoid-

---

(128)　Bertrall L. Ross II, *Denying Deference: Civil Rights and Judicial Resistance to Administrative Constitutionalism*, 2014 U. Chi. Legal F. 223. ロス（Bertrall L. Ross II）によれば、連邦最高裁は雇用差別に関する行政判断に対して審査密度を上げる傾向にあり、行政立憲主義を拒絶しているという。

(129)　Franklin v. Massachusetts, 505 U.S. 788 (1992).

(130)　Daniel P. Rathbun, *Irrelevant Oversight: "Presidential Administration" from the Standpoint of Arbitrary and Capricious Review*, 107 Mich. L. Rev. 643 (2009).

ance doctrine)[131]の存在が問題となる。シェブロン法理は、先述の通り（第2章II-3(3)）、①立法意図が明確かどうかを審査して、明確であれば行政機関の法解釈がそれに従っているかどうかを判断し、②立法意図が不明確な場合、行政機関の法解釈が合理的であるかどうかを判断する、というものである。とりわけ、②については行政機関の解釈が合理的かどうかだけを審査することから、シェブロン法理は行政機関の判断に敬譲的な審査手法とされる。

一方、憲法問題回避の準則には7つの要素があるが、ここでは「憲法問題を回避できるような法律の解釈が可能な場合、裁判所はそのような解釈を行わなければならない」という第7準則を取り上げる。つまり、憲法上の疑義があっても、司法はそれを回避できる解釈が可能であれば、そのような解釈を行って法律を存続させるというものである。そのため、一般に、立法府の意思を尊重する準則として理解されている。

このように、一見すると、両方とも法律の解釈の余地がある場合に司法的統制を弱めるような法理または準則のようにみえるが、行政機関の憲法解釈に対する司法的統制という観点からみると、どのように作用するのであろうか。

当該事件において法律の解釈が問題になったとき、行政機関の法解釈が重大な憲法問題を惹起する場合であっても、シェブロン法理を適用すると、司法は行政機関の判断に敬譲しやすい。しかし、憲法問題回避の準則を適用すれば、司法はそれとは異なる解釈を提示して憲法問題を回避し、結果的に行政機関の法解釈を統制することになる。司法は、憲法解釈を提示しないものの、行政機関の法解釈が憲法問題を惹起しているので、その憲法問題を惹起しないような法解釈を提示する。つまり、実質的には憲法の観点から行政機

---

(131) 憲法問題回避の準則は、Ashwander v. Tennessee Valley Authority, 297 U.S. 288 (1936) においてブランダイス判事が同意意見で述べたルールである。全部で7つのルールがあり、①裁判所は当事者対抗主義が成立しているとは言い難い馴れ合い的な訴訟について法律の合憲性を判断してはならない、②裁判所は憲法問題を判断する必要が生じる前に、憲法問題を取り上げない、③裁判所は憲法問題の準則について、それが適用される正確な事実が要求する以上に広く定式化しない、④裁判所は、憲法問題が記録上適切に提示されていてもその事件を処理することができる他の理由が存在する場合には、憲法問題について判断しない、⑤裁判所は、原告が当該法律の施行によって損害を受けていなければその法律の合憲性について判断しない、⑥裁判所は法律の利益を利用した者の要請でその法律の合憲性について判断しない、⑦連邦議会の法律の有効性について重大な疑いが提起された場合でも、裁判所は憲法問題を回避できるような法律の解釈が可能かどうかを最初に検討しなければならない、という準則が示された。

関の法解釈を統制することになるわけである[132]。

　この点につき、連邦最高裁は憲法問題回避の準則を優先させているという指摘がある[133]。1988 年の Edward J. DeBartolo Corp. v. Florida Gulf Coast Building & Construction Trades Council 連邦最高裁判決[134]では、ショッピングモールに入っている店の従業員がモール内で消費者に不買を呼びかけるビラ配りを行ったところ、オーナーが不法行為に当たるとして国家労働関係委員会（National Labor Relations Board: NLRB）に申立を行い、NLRB が不法行為に当たると判断し、かつ修正 1 条の問題も生じないと判断したことが問題となった。連邦最高裁は、NLRB の労働関係法の解釈が修正 1 条の問題を惹起することから敬譲に値しないとし、その際、シェブロン法理と憲法問題回避の準則との競合についても判断した。

　連邦最高裁は、「NLRB の法解釈は、それが連邦議会の意図に明らかに反しない限り、通常は敬譲に値する。しかしながら、別の法解釈のルールがここでは必要である。すなわち、その法解釈が重大な憲法問題を惹起している場合、そのような解釈が連邦議会の意図に明らかに反していなくても、裁判所は憲法問題を惹起しないような解釈を行う」[135]と述べ、両者が競合する場合は憲法問題回避の第 7 準則が適用されうることを示したのである[136]。

　実際、司法は、憲法問題回避の準則を用いながら行政機関の判断を統制する傾向にある。たとえば、1958 年の Kent v. Dulles 連邦最高裁判決[137]では、

---

(132) Christopher J. Walker, *Avoiding Normative Canons in the Review of Administrative Interpretations of Law: A Brand X Doctrine of Constitutional Avoidance*, 64 ADMIN. L. REV. 139, 143 (2012).

(133) William K. Kelley, *Avoiding Constitutional Questions as a Three-Branch Problem*, 86 CORNELL L. REV. 831, 871 (2001).

(134) Edward J. DeBartolo Corp. v. Florida Gulf Coast Building & Construction Trades Council, 485 U.S. 568 (1988).

(135) *Id.* at 574-575.

(136) Anthony Vitarelli, *Constitutional Avoidance Step Zero*, 119 YALE L. J. 837 (2010). なお、連邦最高裁は、憲法問題回避の準則の適用に進む前に、憲法問題を惹起するかどうかを判断することがあるという指摘がある。先の DeBartolo Corp. 判決もそうであり、NLRB v. Catholic Bishop of Chi., 440 U.S. 490 (1979) もそうであるという。NLRB v. Catholic 判決では、信教の自由の問題を惹起すると判断した後、憲法判断を回避できるかどうかの判断に進んだ。このように、司法はいったん当該事件に憲法問題があるか否かを判断し、その上で憲法判断を行うかどうかを決めている。この意味でも、憲法問題回避の準則は司法が憲法判断を一切放棄しているわけではなく、憲法的考慮の責務は果たしている点に注意すべきであろう。

(137) Kent v. Dulles, 357 U.S. 116 (1958).

大統領が旅行制限に関する法律(138)に基づき国務長官に旅券を発行しない権限を付与したところ、国務長官が共産党員に旅券を発行しなかったことが問題となった。連邦最高裁は国務長官にそのような権限があるものとして同法を解釈することは重大な憲法問題を惹起するとし、連邦議会の明確な意図が条文に示されていない場合、移動の自由を縮減する権限は狭く解釈されなければならないとした。ここでは、法律の憲法問題を回避しつつ、行政判断を統制している点が特徴的である。本来、法律が広範な権限を委任しているような場合、委任禁止の法理によってその法律が違憲とされる可能性がある。だが、本件では法律が広範であったにもかかわらず、法律の合憲性の問題を回避し、行政の法解釈に問題があるとし、行政は移動の自由を制限しないような解釈をしなければならないとした。

また、人権問題が生じていなくても、委任禁止の法理との関係で法律の合憲性の問題が生じないように、行政の法解釈を統制することがある。1980年の Industrial Union Department v. American Petroleum Institute 連邦最高裁判決(139)では、職業安全衛生法（Occupational Safety and Health Act）(140)が労働長官に労働者の安全や衛生に関する基準を設定する権限を付与していたところ、労働長官の設定した基準の妥当性が裁判で問われ、さらには職業安全衛生法が委任禁止の法理に反しているのではないかも問題となった。連邦最高裁は、労働長官の基準の設定権限につき、職業安全衛生法の授権規定を限定的に解釈しなければならないとし、法律自体は合憲としつつ、労働長官が権限を逸脱しているとした。

このように、連邦最高裁は法律の合憲性の問題については回避しつつ、行政の法解釈が憲法問題を惹起している場合にはそれを統制する手法を用いているのである。

4　司法的統制の諸問題②——複雑化した行政判断への対応

行政機関の判断に対する司法的統制を行う場合、司法が考慮すべき事項は多岐にわたる。なぜなら、現代行政国家は行政機関の拡大だけで片付く問題ではなくなってきているからである。とりわけ、21世紀に入って加速した

---

(138)　8 U.S.C. §1185 and 22 U.S.C. §211a.
(139)　Industrial Union Department v. American Petroleum Institute, 448 U.S. 607 (1980).
(140)　29 U.S.C. §651 et seq.

グローバリズムと公私協働の増加は大きな不確定要素をもたらしている。グローバリズムは国民国家の揺らぎのみならず、移民規制、外国企業の規制、温暖化規制などの分野で行政機関の判断に大きな影響を及ぼすようになってきており、これまで語られてきた民主的統制とは異なるベクトルの民主的統制という問題が顔をのぞかせることから、従来とは違った角度から民主的統制の有無や程度を考えざるをえない状況になってきている[141]。また、一般に公私協働は効率性を促進するというメリットをもたらすように考えられているが、しかし、それは外見上の効率性を提示するだけで、実際に効率化しているかどうかについては検討の余地がある。さらに、公私の境界が曖昧になったことで、責任の所在が不明瞭になりかねない。

ゆえに、司法が行政機関の判断に敬譲するかどうかを判断する際、民主的統制、専門性、効率性などの要素が占める比重が相対的に弱まり、個別の事案ごとに様々な要素を考慮せざるをえない状況に迫られている[142]。

そこで司法がとるべき選択肢は3つあるといわれる[143]。第1に、司法がそこまで多様な要素を考慮することはできないのだから、行政機関の判断に敬譲せざるをえないとする方法である。第2に、実質的審査を行うという方法である。考慮要素が多様化した結果、民主的要素や専門的要素などの敬譲的事項の影響が相対的に弱まったことを理由に、司法が内容審査に踏み込むということである。その際、裁判官には法令解釈以外に、海外事情や事業内容などについて総合衡量を行うジェネラリスト的素養が求められる。第3に、プロセス審査に徹底するという方法である。行政機関と国際機関や民間企業との交渉過程をも判断過程に含め、適切な判断過程を経たかどうか、または熟議の過程を経たかどうかを審査するという方法である。

行政決定の内的ファクターの変化をどのように捉えるかによってどの選択肢をとるかが異なってくるが、行政立憲主義の観点からすると、最終的には行政という公権力の決定が素材となる以上、行政判断を憲法の中に秩序づけていくために一定の統制が必要である点に変わりはない。そこでの統制密度に

---

[141] なお、グローバリズムと民主政の問題については、山田哲史「国際的規範と民主政―アメリカ合衆国における議論を手がかりにして」帝京法学29巻1号223頁（2014年）。

[142] Anne Joseph O'Connell, *Bureaucracy at the Boundary*, 162 U. PA. L. REV. 841 (2014).

[143] Daniel A. Farber and Anne Joseph O'Connell, *The Lost World of Administrative Law*, 92 TEX. L. REV. 1137 (2014).

ついては今後の行政国家化の進行状況を勘案しながら考えていくことになろう。

VI　内部的統制

1　内部的統制の必要性

　以上の統制方法は、大統領による行政機関の統制を除き、いずれも他権の機関によるものであった。しかしながら、執行府は「最も危険な機関」(The Most Dangerous Branch)[144]と指摘されることを踏まえると、その権力発動についてはあらかじめその統制を内部的装置として組み込んでおいた方が権力濫用のリスクを軽減することができる。また、統合政府の場合など時の政治状況次第で、立法府は執行府に対する統制機能を発揮できない場合がある。さらにいえば、執行府は実行機関であることから、盗聴行為など、外部に知られずに違法行為を行うこともでき、そのような場合はそれが公にならない限り司法的統制を行うこともできない（第4章参照）。

　こうした事態に対応するためには、執行府内部におけるチェックシステムを整備し、適正な法執行が行われるように秩序づけていく必要がある[145]。以下では、特別検察官、独立検察官、監察総監、その他の内部的統制方法を検討する。

　（1）特別検察官制度　　特別検察官（Special Prosecutor）は、司法省内に特別検察官という役職を設け、ある程度執行府から独立して政府高官の犯罪について捜査・訴追を行うという制度である。最初に特別検察官を任命したのはグラント（Ulysses S. Grant）大統領であった[146]。1875年、グラント大統領は大規模な汚職事件であるセントルイスウイスキーリング事件を解明するために、司法省内に特別検察官を設置したのである。ただし、特別検査官が積極的な捜査を行って容疑者である歳入監督官のみならず、大統領の秘書

---

(144)　*See, e.g.,* Martin S. Flaherty, *The Most Dangerous Branch,* 105 YALE L. J. 1725 (1996).
(145)　内部的統制に関する議論は近年高まる傾向にある。その方法は様々であり、内部的な権力分立を説く議論として、Katyal, *supra* note 59, at 2316-2325、行政機関に対してどのように権力を割り当てるかに着目した議論として、Elizabeth Magill and Adrian Vermeule, *Allocating Power Within Agencies,* 120 YALE L. J. 1032, 1038-1041 (2011)、各機関の内外の権力分立作用を説く議論として、Gillian E. Metzger, *The Interdependent Relationship Between Internal and External Separation of Powers,* 59 EMORY L. J. 423, 427-437 (2009) がある。
(146)　Jerome J. Shestack, *The Independent Counsel Act Revised,* 86 GEO. L. J. 2011, 2012 (1988).

をも起訴しようとすると、グラント大統領は途中で特別検察官を解任し、別の者を特別検察官に任命したことから、特別検察官制度の有効性には疑問が残ることとなった。その後、ウォーターゲート事件までに5人の大統領が特別検察官を任命しており、大きな政治的スキャンダルが起きた場合には特別検察官が任命されるという慣行ができつつあった[147]。有名なのは、やはりウォーターゲート事件であり、ニクソン（Richard M. Nixon）大統領が特別検察官によって裁判沙汰にされ、辞任に追い込まれた。

ただし、特別検察官の解任権が執行府にある以上、執行府から独立した捜査を行えるのかという問題がある。事実、過去に特別検察官が大統領または司法長官によって解任された事例があった。それらはいずれも予想以上に特別検察官が積極的な捜査を展開したために、恣意的に解任されたというものである。このため、特別検察官の公正な捜査・訴追を期待するのであれば、解任に何らかの制限を課して特別検察官の独立性を保障する必要があるといえる。

(2) **独立検察官** つぎに、独立検察官を設置して、違法行為を徹底的に捜査し、起訴するという方法が考えられる。独立検察官は、ウォーターゲート事件などで政治倫理の問題が浮上した際、連邦議会が執行権統制手段の1つとして設置した制度である[148]。独立検察官を任命する必要が生じたら、司法長官が3名の連邦高裁判事からなる特別審査部（special division）に独立検察官の発動を要請し、特別審査部が独立検察官を任命する。場合によっては、連邦議会が独立検察官の発動を要請することもできる。独立検察官は、政治的利害にとらわれずに、公平な観点から捜査・訴追しなければならず、連邦議会への報告義務もある。なお、独立検察官に著しい非行がある場合には司法長官が解任できるようになっている。ところが、この制度は時限立法で、1999年に4回目の期限を迎えて失効してしまった。主に時間や予算がかかりすぎることが問題とされたのである。そのため、一部には復活を望む声があるものの、現時点では独立検察官制度は存在しない。

---

(147) Donald C. Smaltz, *A View from Inside,* 86 GEO. L. J. 2307, 2313 (1998).
(148) 独立検察官および特別検察官制度については、大林啓吾『アメリカ憲法と執行特権―権力分立原理の動態』159-207頁（成文堂、2008年）を参照。

2　監察総監

(1)　行政監査局と監察総監　　監察総監室（Office of Inspector General）は、行政監査局（Government Accountability Office）と類似の役割を果たす機関であり、行政統制・会計監査という点では同系列に属する。しかし、両者は組織としては別組織であり、機能的にも相違点がある。これについては、両者の歴史的経緯をみる必要がある。1921年、行政監査局の前身である会計検査局（General Accounting Office）が、予算会計法（Budget and Accounting Act）[149]により設立された。その後、第二次世界大戦を挟んで、行政の役割が急激に増え始めると、会計検査局のチェックがますます必要になってきた。そこで1950年には予算会計手続法（Budget and Accounting Procedures Act）[150]が制定され、会計検査局に、会計基準の設定、内部的統制、財務管理の検査などを行う権限が付与された。

こうした中、1970年代に入ると、ウォーターゲート事件などの政治汚職が大きな問題となり、連邦議会も政治倫理をめぐる改革に乗り出した。その一環として、1978年に新たに制定されたのが監察総監法（Inspector General Act）[151]である[152]。これは、主要な行政機関に監察総監および監察総監室を配置し、行政の不正等を内部からチェックするというものである。これにより、会計検査局が担ってきた監査や調査の機能が監察総監に移転し、会計検査局は行政プログラムの評価を中心に行うようになった。新たに設置された監察総監室は、従来の会計検査局の職務を引き継ぐ一方、本法が独立検察官法など1978年における一連の行政統制関連法令の1つとして制定されたこともあり、行政の不正や濫用のチェックを行うことになった。一方その後、2004年のGAO人材改革法（GAO Human Capital Reform Act）[153]により、会計検査局の名称が行政監査局に変更され、こちらは政府の説明責任を果たすための機関という性格がますます強まっている。その結果、監察総監は行政機関を内部から常時チェックする役割を担い、行政監査局は連邦議会の手足となって行政のプログラムを評価するようになった。

---

(149)　The Budget and Accounting Act of 1921, Pub. L. No. 67-13, 42 Stat. 20.
(150)　The Budget and Accounting Procedures Act of 1950, Pub. L. No. 784, 64 Stat. 832.
(151)　The Inspector General Act of 1978, Pub. L. No. 95-452, 92 Stat. 1101.
(152)　Diane M. Hartmus, *Inspection and Oversight in the Federal Courts: Creating an Office of Inspector General*, 35 CAL. W. L. REV. 243, 244-249 (1999).
(153)　The GAO Human Capital Reform Act of 2004, Pub. L. No. 108-271, 118 Stat. 811.

以上のような経緯があるため、両者は似て非なるものとなっている。行政監査局は連邦議会の尖兵的機関であり、いわば外部から行政機関のチェックを行うが、監察総監は各行政機関の内部に置かれるため、内部的統制の色合いが濃い。また、現在の行政監査局の主な任務が連邦議会の依頼に基づく行政のプログラム評価などであるのに対し、監察総監は経済性や効率性の検査を行い、さらに行政裁量の濫用をチェックする。双方ともに、非党派性が要求されるが、行政監査局が連邦議会の手先である以上、政権与党と議会野党の対立に利用されてしまうことがある(154)。一方、監察総監は内部に常時設置されるものであるため、行政監査局ほど大胆なメスを入れることはしないが、より中立的見地から責務を遂行する傾向にある。

　(2)　監察総監制度　監察総監制度は、一般法である1978年監察総監法に基づき監察総監室が設置される場合と、個別の法律に基づいて設置される場合とがある(155)。もっとも、ほとんどの場合、監察総監法に基づいて個別法によって設置されており、1978年の時点ですでに類似の部局が存在していた機関については監察総監室に吸収される形で改組されている(156)。1978年以降、監察総監室は年々その数を増やし続け、2008年の時点で67の行政機関(157)に設けられている(158)。

　監察総監法2条は、監察総監室の任務について、独立および公平の観点から、①行政のプログラムおよび活動に関して監査および調査を行い監督すること、②行政における経済性、効率性、効果を促進すること、③行政のプログラムや活動における不正や濫用を防止または発見すること、④各省庁の長

---

(154)　廣瀬淳子「アメリカにおける行政評価と行政監視の現状と課題―GAOとCIAを巡る最近の状況から」レファレンス664号48頁、51-55頁（2006年）。
(155)　なお、監察総監法に基づき、それぞれの組織法において個別に設けられていることが多い。たとえば、退役軍人省（The Department of Veterans Affairs）の組織法では、「(a)本省には、上院の助言と承認を得て、大統領によって任命される、1978年法（合衆国法典第5編附則）に規定される監察総監を置く。監察総監は本法に規定された役割を遂行し、責任を持ち、権限を行使する」と規定されている。See 38 U.S.C. §312.
(156)　5 U.S.C. App. §9. 監察総監法は改組に該当する機関について規定しており、たとえば、農務省にあった調査室や監査室、労働省にあった特別調査室、環境保護庁にあった監査室や安全検査部など、多くの組織が監察総監室に改編されている。
(157)　なお、ここでいう行政機関には、通常の行政機関のみならず、公社や行政法人等を含む。
(158)　Frederick M. Kaiser, *Statutory Offices of Inspector General: Past and Present*, CRS Report for Congress, Congressional Research Service, Order Code 98-379 Updated September 25, 2008, P6, available at http://www.fas.org/sgp/crs/misc/98-379.pdf.

官および連邦議会に行政の問題点を提示すること、と規定しており、内部的統制の役割を担わせている(159)。

こうした任務を果たすためには、特定の党派に偏ることなく政治的に中立な人物を監察総監に選ばなければならない。そこで、同法3条は、「(a)政治的関係にとらわれずに計算、会計、財務分析、法、運営分析、公行政、調査について総合的かつ実証的な能力があることのみに基づき、上院の助言と承認を得て大統領によって任命される監察総監の長を設置する」(160)と規定している。つまり、監察総監は、専門中立的な能力だけを評価して選ばれなければならず、それを制度的に担保するのが上院の助言と承認に基づく大統領の任命というプロセスなのである。ただし、監察総監が行政機関内部に設置される以上、いくら独立して職権を行使できるとはいえ、まったく大統領の指揮監督に服させないというわけにはいかない。そのため、大統領は監察総監を解任する権限を持つ(161)。

以上のように、監察総監が中立的見地から任命されることが前提となっていることから、副監察総監の任命は監察総監に一任されている。監察総監は、任務別に2人の副監察総監を任命することができる。1人は、所属部門のプログラムおよび活動に関する監査の監督責任者であり、もう1人は所属部門のプログラムおよび活動に関する調査の監督責任者である(162)。監察総監室の役職は、監察総監と副監察総監であるが、その職務を遂行するためには当然職員が必要となる。その職員については、監察総監が雇用できることになっている(163)。また、各所属機関の長は、オフィスを設けたり必要な物を用意したりするなど、日々の活動が行えるように配慮しなければならない(164)。

---

(159) 5 U.S.C. App. §2.「監察総監室の目的及び設置：関連省庁及び機関　独立かつ公平なユニットを創るために(1) 11条の(2)に列挙された機関のプログラム及び活動に関して監査及び調査を行い監督すること、(2)指導力や協調性を整備し次に掲げる活動を行うための政策を勧告すること(A)行政における経済、効率、効果を促進すること(B)行政のプログラム及び活動における不正や濫用を防止又は発見すること、(3)各省庁の長官又は連邦議会が行政のプログラム及び活動における問題及び欠陥並びに是正の必要性について十分かつ最新の情報を得られるようにする方法を提示すること、(A)各省庁(B)に服する監察総監室、(B)財務省の中に(i)財務省監察総監室及び、(ii)税務行政のための財務監察総監室を設置する」。
(160) 5 U.S.C. App. §3 (a).
(161) 5 U.S.C. App. §3 (b). なお、大統領は解任理由について両院に説明しなければならない。
(162) 5 U.S.C. App. §3 (d).
(163) 5 U.S.C. App. §6 (a)(7).
(164) 5 U.S.C. App. §6 (c).

監察総監の具体的責務については、監察総監法4条に規定されている[165]。まず最も重要な責務は、所属機関のプログラムや活動について監査、調査、監督、調整を行うことである。そして、そのプログラムや活動の経済効率性をチェックし、さらに不正や濫用の調査を行い、是正策を勧告する。また、当該機関がそのプログラムや活動以外に活動・支出した行為についてもチェックし、必要な勧告を行う。また、他の機関との関係についても、プログラムや活動の経済効率性、不正や濫用のチェックと是正策の勧告を行う。

　以上の責務を果たすために、監察総監は、調査対象となっている関連資料や情報にアクセスする権限を持つ[166]。その際、所属機関のみならず、関連する諸機関の保有する情報にもアクセスすることができる。もし、相手方が情報提供を拒絶した場合には、監察総監は連邦地裁の命令によって強制執行可能な召喚状を発行することができる。また、所属機関の長は、監察総監の情報公開の要求に対して協力しなければならない。

　さらに、司法長官の許可に基づき、監察総監や副監察総監らは職務の際に拳銃を所持することができ、現行犯や犯罪を犯したと合理的に信じるに足る犯罪者を令状なしで逮捕することができる[167]。

　また、監察総監は、所属機関の職員から、法律違反、規則違反、管理ミス、無駄遣い、権限濫用、公衆衛生や公共の安全への危険等に関する申立や情報提供を受け、調査することができる[168]。

　このように、監察総監制度は、行政機関の内部に常設されていることから、常時、内部から違法行為をチェックすることができるという特徴がある。し

---

(165) 5 U.S.C. App. §4.「(a)各監察総監は、監察総監室が設置された部門について以下の責務及び責任を果たさなければならない。(1)当該部門のプログラム及び活動に関して政策的方向性を指示し、監査及び調査を行い、監督し、調整すること、(2)当該部門のプログラム及び活動に関する既存の又は提案された法律及び規則を審査すること並びに当該部門が実施又は支出したプログラム及び活動の経済性及び効率性又は当該プログラム及び活動における不正及び濫用の防止と発見に関する立法及び規則の影響力に関して5条(a)の要求する半年に1回の報告書において勧告を行うこと、(3)プログラム及び活動における経済性及び効率性の促進又は不正及び濫用の防止と発見のために、当該機関が実施又は支出したその他の活動を実行、監督、調整し、そのための政策を勧告すること、(4)当該部門及び他の連邦行政機関、州及び地方政府の機関、並びに民間との間の関係についても、以下の点につき、実行、監督、調整し、そのための政策を勧告すること、(A)当該部門が実施又は支出したプログラム又は活動においてその実行における経済性及び効率性又は不正及び濫用の防止と発見に関する全ての事項、(B)当該不正及び濫用に関与した者の特定及び訴追」。
(166) 5 U.S.C. App. §6 (a).
(167) 5 U.S.C. App. §6 (e) (1).
(168) 5 U.S.C. App. §7 (a).

かも、任命過程において政治的中立性が重視されており、公平な観点からチェックすることが期待される[169]。権限については、調査、資料提出、勧告、報告など、逮捕権限を除けば比較的ソフトな手法に限られるが、逆にそれが権力分立の問題を回避し、コスト面でも割安になるというメリットを持っている。とくに、独立検察官制度が主にコスト問題によって失効したことを考えると、コストの削減は大きな課題である。この点、事件ごとに大掛かりな捜査を行う独立検察官制度と違って、監察総監は、常時、調査の専門集団がチェックしていることから、コストが大幅に削減できるといわれている[170]。

3　その他の内部的統制

最後に、執行府内部におけるその他の統制方法を模索してみよう。G・W・ブッシュ政権時代の内幕を赤裸々に写実した『策謀家チェイニー』によると、NSA盗聴事件に際して、司法省法律顧問や大統領法律顧問が大統領に様々な法的アドバイスをしていたという[171]。最終的に、G・W・ブッシュ大統領は盗聴の継続を行うと判断したが、ここで反対意見や修正意見があったことは記憶にとどめておくべきであろう。

この点につき、カテュアル（Neal K. Katyal）は、執行府内部における「反対意見の場」（dissent channel）が存在していること自体が重要だと主張する[172]。カテュアルによれば、第二次世界大戦中にF・D・ルーズベルト（Franklin D. Roosevelt）大統領が盗聴を行っていたとき、そこでも他権のチェックがうまく機能していなかったという。そのとき、後に連邦最高裁の判事に就任するジャクソン司法長官が盗聴について懐疑的な意見を述べていたという事実が重要だという。実際にそれを止めることができるか否かは別として、そこで政策の是非を検討すること自体が重要な意義を持つというのである。

たしかに、こうした内部における反対意見の場の確保は、問題活動につい

---

(169) Michael R. Bromwich, *Running Special Investigations: The Inspector General Model,* 86 GEO. L. J. 2027, 2029-2030 (1998). 監察総監の任命プロセスは、オープンな政治過程を経るので、独立検察官制度と比べて透明性が高いという指摘がある。

(170) *Id.* at 2038-2041.

(171) バートン・ゲルマン（加藤祐子訳）『策謀家チェイニー——副大統領が創った「ブッシュのアメリカ」』359-421頁（朝日新聞出版、2010年）。

(172) Katyal and Caplan, *supra* note 59, at 1023.

て執行府に再考を迫るだけでなく、メモや報告書を残すことにより、そのような行為が永久に闇に葬り去られてしまうことを防ぐことにもつながる[173]。監察総監の常時チェックに、司法長官や法律顧問の法的意見を加えることで、内部的統制に相乗効果がもたらされるように思われる。

　内部的統制を整備することは重要であるが、行政統制の態様は必ずしも1つの方法に限られるわけではない。外部的統制および内部的統制をうまく組み合わせつつ、様々な角度から対応していくことが肝要であろう。

後　序

　以上の議論を踏まえて、憲法と行政立憲主義の関係を敷衍しつつ、行政国家時代の憲法秩序形成に向けた法の支配像を整理したい。

　現代行政国家は、市民の行政需要に応えるために、社会福祉や環境保護を筆頭に、教育や医療の充実、社会的平等の実現など、市民の権利利益について様々なサービスを担っている。そこでは、憲法によって直接保障された権利ではなく、法律によって保護される権利が多くなってきている。法律による権利保障は、新しく必要になった権利保障を行うだけでなく、憲法と異なり私人間の権利利益に関する問題を調整できるという特質がある。そうした法律を基に、執行府は柔軟に法を執行し、市民の権利利益の実現をはかる。

　このような構図は、他面において、憲法を無視した構造になっているようにみえる。憲法の関与しない権利が創造されていくことに加え、それらの権利はともすると憲法が保障する権利と衝突するおそれがある。とりわけ、行政機関が権利利益の実践に深く関与するようになると、法の支配からも遠ざかっていく恰好となり、立憲主義との間に大きな溝ができてしまう。

　そのため、こうした行政機関の権利実現に対しては大統領または立法府による民主的統制が必要になってくる。ところが、現代の行政国家が直面している政治過程のリスクに目を向けるとき、政治部門の構造的欠陥が露呈していることが目につく[174]。たとえば、社会福祉の維持や財政問題は長期的な

---

(173)　なお、内部記録の重要性については、蟻川恒正「決定―アーカイヴズ―責任―〈3.11〉と日本のアーカイヴァル・ポリティクス」『危機の憲法学』前掲注（98）59頁を参照。
(174)　長谷部恭男「3.11後の法律からみたリスク」長谷部恭男編『リスク学入門3 法律からみたリスク〔新装増補〕』163頁、169-171頁（岩波書店、2013年）。

世代間の較差に関わるものであり、現在意思を代表する今の政治過程でこれに対応しうるのかどうかという問題がある。また、ポピュリズム的反応によってもたらされるねじれ現象と一党政治は政党政治に内在する病理であり、利害とイデオロギーに偏するがゆえに、一方では政治的停滞を引き起こし、他方では偏向政治に傾く。こうした構造的問題を抱えている以上、行政に対する民主的統制には限界があるといえる。

こうしたマクロのリスクに対する処方箋として、市民参加型の公共的決定が提示されており、サブ政治の制度化、民主的実験主義、ガバナンス論はその卑近な例である。それらは、個人化するリスクへの対応にもなっている。というのもリスク社会では、公共の熟議を制度化し、個人が能動的に参加する自己統治を担保しなければ、社会における個人化の下に民主的自律が埋没してしまうおそれがあるからである[175]。

かかる構想は、公共的決定を市民の手に取り戻そうとする試みであり、従来の政治過程に対する不満・不信を解消し、新たな政治過程のモデルを創出するという意味で魅力的なようにも映る。しかも、行政国家を縮小させていこうとする案でもあり、合理的なリスク対応といえるかもしれない。

しかし、それが現実的な制度構想になりうるのか。とりわけ、日本では社会アクターの1つである自治的集団が公共性を語る場として成熟していないと指摘される[176]。かりに何らかの形で制度化が実現されたとしても、経済的・社会的関係における力の差が広がったとき、相対的地位が低下している政治過程にその修正を行う余力が残されているだろうか。

行政国家を放棄して市民参加型の政治空間を創出することにもリスクがあり、とくに個人に対するリスクは相当大きいように思われる。そのため、ひとまず行政国家を維持したまま、それを憲法秩序に組み込んでいく試みを考えるのが先決である。その際、重要な役割を担うのが司法である。司法は憲法の観点から執行府の判断の合理性を判断することで、執行府の行為を憲法に適合させていくことができる。

もっとも、行政国家の拡大の中では、盗聴問題のように、裁判にならない

---

[175] 山田陽「個人化する社会と熟議民主主義」仲正昌樹編『「法」における「主体」の問題』19頁、34頁（御茶の水書房、2013年）。
[176] 中川丈久「行政による新たな法的空間の創出」土井真一編『岩波講座憲法4 変容する統治システム』195頁、225頁（岩波書店、2007年）。

まま、権力の濫用が行われ、人権が侵害されるケースもありうる。そのような場合、司法的統制だけでは行政国家のリスクに対応することができない。そこで、他権による統制を補完する形で、執行府の内部的統制を充実させることが重要になる。内部的統制には様々な方法がありうるので、いずれか1つに限らず、場面に応じて組み合わせながら運用していくことになろう。

このように、行政国家においては三権の動態的プロセスに着目しながら、秩序形成を考えていくことが重要である[177]。

---

(177) Glen Staszewski, *Constitutional Dialogue in a Republic of Statutes,* 2010 MICH. ST. L. REV. 837, 852-867.

第2部 各論

第4章　監視とリスク
第5章　犯罪予防とリスク
第6章　公衆衛生とリスク
第7章　情報提供とリスク
第8章　環境問題とリスク

　各論では、総論で取り上げた統治の視点を踏まえて、個別の憲法問題についてリスクの視点を交えながら検討する。総論で述べたように、憲法とリスクの問題は、行政国家を前提としてそれを憲法の中で秩序づけていくことが重要である。そのため、各論で取り上げる個別の憲法問題についても、問題の状況を概観しながら、政治部門や行政機関の対応を考察し、それを司法が憲法の中で秩序づけていく様相を描いていく。

　リスクの観点から上記目次にあるような個別の憲法問題にアプローチすると、以下のような流れで論を進めることになる。まず、政治部門や行政機関がそのリスクに対していかなる対応を行っているのかを把握する。次に、そのリスク対策が別のリスクを生み出している状況を考察する。そして最後に、リスク対策に関する司法的統制を考察することで、その対策が憲法適合的に形成されていくプロセスを分析する。このとき、司法的統制が不十分な場合もあれば、憲法秩序の形成に向けて動いている場合もある。不十分な場合は司法判断に欠けている問題点を明らかにし、憲法秩序の形成中の場合はその状況を明らかにする。

　このアプローチの特徴は、必ずしも〈政治部門（行政機関）対司法〉という対立構図で両者を捉えない点である。そもそもリスクが循環する性質を有する以上、司法的統制によってリスク対策を無効にしても、元のリスクの問題は何も解決しないままとなってしまう。重要なのは、リスクの最適化であり、それをどのように実現していくかという点である。

　各論では、以上のような問題意識を念頭に置きながら、個別の憲法問題を検討する。

第**4**章

監視とリスク
―― 9.11 後のテロ対策を素材にして

> 天使が人間を統治するというならば、政府に対する外部からのものであれ、内部からのものであれ、制御など必要としないであろう。
> ――ジェイムズ・マディソン

　パノプティコン（全展望監視システム）の例にあるように、監視は統治の効率化の道具として用いられることが多い。しかも、現代社会は科学技術の進歩によって相当広範囲な監視が可能になっている。そのため、統治者側にとって、監視はますます有用な手段となっている。

　しかし、監視は憲法上の権利を侵害し、自由の領域を狭めてしまうリスクがある。とりわけ、人々のコミュニケーションを監視する場合、それはプライバシー権や表現の自由という精神的自由を侵害するリスクがある。

　その典型例が盗聴である。通信は現代社会において欠かせないコミュニケーションツールとなっているので、それを盗聴することで膨大かつ重要な情報を集めることができる。そのため、統治者にとって盗聴はきわめて有効な手段である。しかし、盗聴される側にとってはプライバシー権が侵害されることになり、さらには盗聴されているかもしれないという不安から表現活動も委縮してしまう可能性がある。

　ところが、盗聴は秘密裏に行われることに加え、どの時点で権利侵害が発生するのかは必ずしも定かではない。盗聴が発覚して盗聴対象が明らかになれば、その問題を裁判で争うことができるだろうが、そうでないケースの方が多い（はずである）。そのため、この問題については盗聴のもたらすリスクを中心に、それに対する司法的統制を検討することが重要になる。

　本章では、監視のリスクについて、アメリカのNSA盗聴問題を素材にして、その対応を検討する。

序

　冒頭のエピグラフは、かつてマディソン（James Madison）が『ザ・フェデラリスト』の第51編において述べた箴言であるが[1]、このことは現在にも通用し、政府にはつねに権力濫用のリスクがつきまとう。21世紀に起きたアメリカの2つの盗聴問題はまさにマディソンの懸念を想起させるものであった。

　2つの盗聴問題とは、9.11以降、国家安全保障局（National Security Agency: NSA）[2]が行ってきた大規模な電話やメールの盗聴のことである。1つはG・W・ブッシュ（George W. Bush）政権が行ってきたもので2005年に発覚し（以下、「2005年盗聴問題」という）、もう1つはオバマ（Barak Obama）政権が行ってきたもので2013年に発覚した（以下、「2013年盗聴問題」という）。いずれも新聞が暴露しなければ誰も知らないまま続けられていたものであり、盗聴の特性が垣間見えるケースである。

　21世紀は、まさに監視社会の問題に直面しており、政府の監視を、どのように憲法秩序の中に位置づけていくかが問われている。監視は、防犯などの安全目的で行われることが多く、有形力を行使するものではないため、権利侵害の問題を肌で感じにくい。むしろ、監視が犯罪減少に役立つのであれば、設置を望む声の方が多い可能性すらある。そのため、統治者からすれば、監視ほど使い勝手の良いものはない。テロや犯罪のリスクの予防という名目の下、監視システムを駆使することによって人々の行動を予測したり誘導したりすることができ、また、監視データを基に様々な規制を行うことができるからである。

　マディソンがいうように統治者が天使であるならば、監視の濫用のリスクを懸念する必要はないかもしれない。だが、統治者は天使ではなく、人間、

---

(1) A. ハミルトン=J. ジェイ=J. マディソン（齋藤眞=武則忠見訳）『ザ・フェデラリスト』253頁、254頁（福村出版、1991年）〔マディソン執筆部分〕。
(2) なお、NSA は、トルーマン（Harry S. Truman）大統領によって設置された機関である。この組織に関する法律は存在しないため、設置および当該機関の活動を制限する規定はない。そして、秘密裡に活動が行われているため、NSA をもじって「存在しない機関」（No Such Agency）と呼ばれている。Robert Bloom and William J. Dunn, *The Constitutional Infirmity of Warrantless NSA Surveillance: The Abuse of Presidential Power and the Injury to the Fourth Amendment*, 15 WM. & MARY BILL OF RTS. J. 147, 152-153 (2006).

あるいは人間の集まりからなる国家である以上、つねに濫用されるリスクが潜んでいる。また、たとえ統治者が天使であったとしても、常時どこかで視られているという状況が自由で健全な社会といえるだろうか。

このリスクが明らかになったのが先の2つの盗聴問題であった。これらのケースのように、監視はひそかに行われている可能性がある。実際に監視されているかどうかは定かではないが監視されている可能性が高い、という状況が創出されている場合、それによって行動が委縮させられないだろうか。こうしたタイプの監視については、プライバシー権や表現の自由の侵害が問題になりそうである。

マディソンは政府の権力濫用に対する処方箋として抑制と均衡を提示したのであるが、盗聴問題についても抑制と均衡によって対応できるだろうか。G・W・ブッシュ政権のケースでは法律が破られており、また裁判所が判断しようにも当事者適格の壁が立ちはだかっていることから、司法的統制も効かない可能性がある。一方、オバマ政権のケースは法律に基づく形で行われたものの、それは法律に従っていても権利侵害を引き起こしているのではないかという問題を惹起する。

以下では、2つの盗聴問題を素材にして、執行府によるテロのリスクへの対策を概観しつつ、それがもたらす監視のリスクを明らかにしながら、憲法上そのリスクをどのように取り扱っていくべきかを検討する。

I 2005年の盗聴問題

2005年12月16日付のニューヨークタイムズは、G・W・ブッシュ大統領が2002年から令状なしの通信傍受をNSAに行わせていたことを報じた[3]。新聞が暴露した事実は、G・W・ブッシュ大統領がNSAに、国内と海外間の電話や電子メールを令状なしで通信傍受するように命令を下し、その後何度か命令を更新しながら常時500人前後を通信傍受の対象としてきたというものである。この事実を暴露されたことに対し、G・W・ブッシュ大統領は、当初、事実関係の認否や法的問題には触れず、「この戦時にこの重要な通信

---

(3) James Risen and Eric Lichtblau, *Bush Lets U. S. Spy on Callers Without Courts*, N. Y. TIMES, Dec. 16, 2005, at A1.

傍受プログラムを明かした者は恥じるべきである」とリークした者を非難した[4]。G・W・ブッシュ大統領としては、テロのリスクを予防するために秘密裡に行ってきた活動を暴露されてしまったため、効果的なテロ対策に支障が生じることを懸念したのである。だが、アメリカでは外国諜報活動偵察法（Foreign Intelligence Surveillance Act: FISA）で政府が外国の情報について通信傍受を行う場合には特別裁判所（FISA Court: FISC）の令状を要件としている[5]。このため、G・W・ブッシュ大統領の行為はこの法律に明らかに反しているようにみえる。こうしたG・W・ブッシュ大統領の行為に対しては、連邦議会や世論から糾弾されただけでなく、執行府内部からも批判の声が上がっていった[6]。

これに対してG・W・ブッシュ大統領は、そうした令状なしの通信傍受が行われていたことを認め、それどころか当該行為の正当性を主張し始めた[7]。大統領には国防の権限があることに加え、市民の安全を守ることがその責務であり、テロ対策に必要であったというのである[8]。そして、今後も安全のためにこうした通信傍受行為が必要であり、さらに継続することまで述べた[9]。だが、これは、アメリカが貫き通してきたと自賛する法の支配に反するのはもちろんのこと、G・W・ブッシュ大統領がしばしば言及する「自由と民主主義」に矛盾するものである。

ところが、この問題は、当該違法行為の批判だけで終わるほど簡単なもの

---

(4) Terence Hunt, *Bush Vows Continue Domestic Surveillance,* AP, Dec. 19, 2005.

(5) The Foreign Intelligence Surveillance Act of 1978, 50 U.S.C. §§1801-1811.

(6) James B. Comey, *Fighting Terrorism and Preserving Civil Liberties,* 40 U. RICH. L. REV. 403, 412 (2006). コミー（James B. Comey）は元司法長官代理であるが、この盗聴問題について「ひどいとしかいいようがない」との発言をしている。

(7) Jennifer Van Bergen, *The Unitary Executive: Is the Doctrine Behind the Bush Presidency Consistent with a Democratic State?,* FINDLAW (Jan. 9, 2006), http://writ.news.findlaw.com/commentary/20060109_bergen.html. G・W・ブッシュ大統領は、ユニラテラリズムを唱えて、執行権拡大の論理を構築しようとし、それによって当該行為の正当化を試みた。

(8) Matthew R. Segal, *Why the Bush Administration's Legal Stance on "Don't Ask, Don't Tell" Undermines Its Legal Stance on the NSA's Warrantless Wiretapping,* FINDLAW (Feb. 28, 2006), http://writ.news.findlaw.com/commentary/20060228_segal.html.

(9) Nedra Pickler, *Key Lawmaker Questions Value of Bush's Domestic Surveillance Program,* SEATTLE TIMES (Feb. 13, 2006), http://community.seattletimes.nwsource.com/archive/?date=20060213&slug=spying13. だが、こうしたG・W・ブッシュ大統領の継続宣言に対しては、秘密裡に行ってこそ効果的な通信傍受が世間に知れてしまった以上、もはやこれを行う効果は薄くなってしまったという指摘がある。たしかに、秘密性を根拠にするのであれば、これ以上令状なしの通信傍受を継続することの効果は薄いといえよう。

ではない。9.11 以降の自由と安全の問題においては、テロのリスクを予防することもきわめて重要であるため、単に自由を擁護すれば済むわけではないからである。実際、当該問題が発覚した後のある世論調査では、アメリカ市民の 56% が令状要件を満たすべきだというのに対し、42% はテロ対策の重要性から令状は不要であると回答したとされる[10]。つまり、アメリカ市民の半数近くは、法の支配の要請がテロ対策においては必ずしも有効ではなく、法の支配からの逸脱が例外的に認められることもありうると考えているのである。当時、G・W・ブッシュ大統領自身の支持率は低迷し続けていたものの、テロ対策については引き続き必要であるという認識が、アメリカ市民の間には存在していたといえる。

1 通信傍受と令状

まずは、執行府の通信傍受権限は、どのように認められているのかについて、他権によるその統制をみながら考察してみよう[11]。まず、通信傍受については、19 世紀末から執行府によって行われてきたとされる。というのも、19 世紀中盤の南北戦争において、執行府が通信手段の有効性を認識したことに加え[12]、19 世紀末の産業・技術の発達が重なり、執行府が通信傍受を行う前提条件がそろったのがこの頃だったのである。そのため、歴史的必然であるかのように、執行府は通信傍受を有効活用し始めた。こうして通信技術に力を注いだ結果、執行府は、それに関する専門的能力を高めていった。だが、それと比べて他権は、通信事項に関してやや出遅れてしまった。それに加えて、通信等の法的位置づけがまだ不十分だったこともあり、執行府は、令状等の法的手続に制約されないまま通信傍受行為を行うことができた。

しかし、令状のない通信傍受行為が法的に許されるかどうかについては、1928 年の Olmstead v. United States 連邦最高裁判決[13]において、連邦最高裁で取り上げられることになる。この事件では、禁酒法時代に、飲料用アル

---

[10] Katherine Shrader, *56% Want Court OK for Wiretapping*, CHI. SUN TIMES, Jan. 8, 2006, at A26.
[11] 通信傍受の統制に関する展開については、岡本篤尚「愛国者法による FISA の改正と電子的監視権限の強化—《9・11》以後の「安全」と「自由」に関する予備的考察(2)」神戸学院法学 35 巻 4 号 59 頁（2006 年）参照。
[12] 内田義雄『戦争指揮官リンカーン—アメリカ大統領の戦争』（文春新書、2007 年）。
[13] Olmstead v. United States, 277 U.S. 438 (1928).

コールの入手や販売を共謀した者を逮捕した際、その証拠が電話の通信傍受だったため、それが修正4条に反していないかどうかが問題となった。これについて連邦最高裁は、修正4条の令状主義は身体など物理的なものを対象とするのであって、電話の通信傍受はこれに含まれないと判断した。つまり、令状のない通信傍受行為は憲法に反しないとされたのである。これによって、執行府は第二次世界大戦やその後の冷戦において、ますます通信傍受を活用していった。

もっとも、ウォーレンコートの時代に入ると、連邦最高裁はこの問題について見直しをはかるようになる。すなわち1967年の Katz v. United States 連邦最高裁判決[14]において判例変更を行ったのである。この事件は、賭博に関する情報を電話で伝達したことが露見して容疑者が逮捕されたものであるが、その際、その電話を令状なしで通信傍受していたことが修正4条に反しないか否かが問題となった。連邦最高裁は、修正4条の令状主義が電子的なものにも及ぶとし、通信傍受行為に対しても令状主義が適用されるとした。令状なしの通信傍受は、修正4条に反することが示されたのである。これを受けて、連邦議会は、翌年の1968年、包括的犯罪取締および街路安全法（Omnibus Crime Control and Safe Streets Act）を制定した[15]。本法により、一定の例外事項を除き、通信を傍受することが禁止された[16]。

もっとも、本件において連邦最高裁は、通信傍受に関する令状主義は捜査に対しては及ぶものの、国防に関する事項に対しては適用されないとしていた。これは、包括的犯罪取締および街路安全法の内容にも反映されており、外国との会話などの外国関連情報は令状の例外事項とされた[17]。

このため、国防を理由とする令状なしの通信傍受が拡大するおそれが残されており、事実、その後そうした方向に向かっていくことになった。

2　国内通信傍受と外国通信傍受

そうした問題が端的に現れたのが、ニクソン（Richard M. Nixon）政権の時

---

(14)　Katz v. United States, 389 U.S. 347 (1967).
(15)　Title III of the Omnibus Crime Control and Safe Streets Act of 1968, 18 U.S.C. §2510 et seq. なお、本法は合衆国法典に編入された後、何度か改正されており、近年ではアメリカ保護法（Protect America Act: PAA）によって改正されている。
(16)　18 U.S.C. §2511.
(17)　18 U.S.C. §2511 (2)(f).

であった。ニクソンと通信傍受といえば、民主党本部に盗聴器を仕掛けたことが問題となったウォーターゲート事件が有名であるが、ここでは、国防を目的とする令状なしの通信傍受が問題となった1972年の United States v. U. S. D. C. 連邦最高裁判決[18]が重要である。この事件は、CIAの建物の爆破計画等を企てたとして、3人の容疑者が逮捕されたことに端を発する。本件逮捕の根拠となった証拠は、通信傍受による情報収集に基づいていた。しかも、それが令状のない通信傍受であったため、当該証拠の違法性が争われることとなった。連邦最高裁は、まず、執行府の通信傍受に関する権限について判断する。憲法尊重擁護の宣誓を定める憲法2条1節に基づき、大統領には憲法のみならず、国家を守る責務がある。「この責務を果たすために、大統領は——司法長官を通して——政府に対する非合法的活動を謀る者の計画に関する情報を得るために通信傍受を行うことが必要となる」[19]。つまり、憲法2条1節から通信傍受の権限が導かれることを示したのである。しかしながら、その権限行使にあたっては、修正4条との調整が必要となる。そこで、本件は外国の諜報が関係するケースではなく、国内の安全に関する事例であり、国内の安全に関しては裁判所も判断可能であることから、事前の令状が必要であるとした。つまり、国防目的であっても、国内を対象とした場合には令状が必要であるとしたのである。

　以上の判例法理をまとめると、通信傍受は、犯罪捜査事項と国防事項とで区別され、国防事項の中でも国内と外国でさらに分かれていることになる。犯罪捜査に関する通信傍受は、すべて令状が必要となる。一方、国防に関する通信傍受については、国内の安全に関する事項は令状が必要であるが、外国との通信を傍受する場合には令状が不要である、ということになる。

3　FISAの展開

　もっとも、そのような通信傍受行為は無制限にできるというわけではない。ウォーターゲート事件を経て、通信傍受活動に対する議論が高まり、外国に関する通信傍受活動についても法的統制が必要ではないかという主張が強くなってきた。1976年にフォード（Gerald R. Ford）大統領が主導して提案した法案は、従来の執行府の通信傍受行為を法制化する内容のものであっ

---

(18)　United States v. U.S.D.C., 407 U.S. 297 (1972).
(19)　*Id.* at 310.

た[20]。だが、外国に関する通信傍受は固有の執行権に該当することから刑法のような統制はできないのではないかという論点で対立していた。一方、1977年にT・ケネディ（Ted Kennedy）上院議員によって提出された法案では、固有の執行権を排除し、刑事手続に準じる手続を要件とすることで議論が進められ、カーター（James E. Carter, Jr.）大統領もこれを支持し、1978年にFISAが成立した。これにより、アメリカ国内と外国との間における通信を傍受する場合には、FISC[21]の許可（令状）が必要になることとなった。FISCは、外国諜報目的で情報収集を行うとの申請に対して、それを許可する令状を発行する[22]。同時に、令状が発行されなかった場合の異議申立を審理する役割も持っており、通信傍受の問題に関する排他的管轄権を有している。

令状が発行されるのは、司法長官の承認に基づく通信傍受の申請が、外国勢力か外国勢力の諜報員を対象とするものであって、かれらの通信内容を対象としていると信じるに足る相当の理由があり、最低限の手続を経ている場合、とされている[23]。

もっとも、令状要件の例外として、3つの場合が規定されている。①一定の要件を満たす司法長官の承認がある場合、②戦争状態、③緊急時、である。①一定の要件を満たす司法長官の承認がある場合とは、次のような要件が満たされている場合を指す。すなわち、大統領は、司法長官を通じて、外国勢力の諜報員との間の会話で、合衆国市民が当事者となっているという実質的な可能性がなく、通信傍受に必要な最小限の手続に則っている場合に、そのことを司法長官が書面で宣誓したときには、1年間に限り令状なしで通信傍受をすることができる[24]。ただし、司法長官はただちにFISCにその複写を提出し、連邦議会にも報告しなければならないとされている。②戦争状態

---

(20) FISAの立法経過については、see William C. Banks and M. E. Bowman, *Executive Authority for National Security Surveillance*, 50 AM. U. L. REV. 1, 75-76 (2000).
(21) FISCのメンバーは、連邦最高裁長官によって指名された11人の判事（7年の任期）からなる。
(22) もっとも、ほとんどの場合、FISCは令状を発行している。2007年までに令状が発行されなかったケースは、わずか9件しか存在しない。See Electronic Privacy Information Center, Foreign Intelligence Surveillance Act Orders 1979-2007, http://epic.org/privacy/wiretap/stats/fisa_stats.html.
(23) 50 U.S.C. §1805 (a).
(24) 50 U.S.C. §1802.

とは、戦争宣言がなされている状態のことをいい、15日間だけは令状のないまま通信傍受行為をすることが認められている[25]。③緊急時とは、FISCの令状を得る暇がないときであり、それが認められたとしても72時間以内にFISCの許可を得る必要がある[26]。

ところが、9.11が起きると、愛国者法（USA PATRIOT Act）[27]により、FISAにもテロ対策関連規定が盛り込まれることになった。傍受対象としてこれまでの外国勢力とその諜報員にテロリストを加え、目的要件を緩めたり、通信傍受期間を120日に延ばしたりするなどの改正が行われた[28]。もっとも、これについては批判も強く、かつ時限立法であったため、その後政治的衝突を繰り返しながら、延長や修正を重ねていった。

このように、当初、無制約だった通信傍受権限が、判例法理や法律の積み重ねによって、現在では、犯罪捜査事項、国内安全事項、対外的安全事項に場合分けされながら、一定の制約が設けられている。しかしながら、9.11以降、テロ対策における情報収集の役割が特別に重視され始めると、執行府は通信傍受プログラムに力を入れ始める。その一例がNSA盗聴事件であり、通信傍受における憲法問題を引き起こすこととなった。

II　執行府の情報収集

1　データ解析

9.11以降、執行府がテロのリスクを予防するためにどのような情報収集を行ってきたのかを概観しておこう。複雑なテロ組織やテロ活動を把握するために、執行府がとくに着目したのは、データ解析（data minig）である。データ解析とは、データ要素内のグループ関係を見つけ出すために、統計的手法を用いたりモデリングをしたりするプロセスのことをいう[29]。執行府は、国防事項のみならず、その他多くのエリアにおいてデータ解析を行って

---

[25]　50 U.S.C. §1811.
[26]　50 U.S.C. §1805(f).
[27]　The Uniting and Strengthening America by Providing Appropriate Tools Required to Intercept and Obstruct Terrorism Act of 2001, Pub. L. No. 107-56, 115 Stat. 272.
[28]　愛国者法によるFISAの改正については、中川かおり「米国愛国者法（反テロ法）(上)(下) 外国の立法214号1頁（2002年）、同215号1頁（2003年）参照。
[29]　Justin W. Whitney, *FISA's Future: An Analysis of Electronic Surveillance in Light of the Special Needs Exception to the Fourth Amendment*, 47 WASHBURN L. J. 127 (2007).

いる。これまで、執行府は、データ解析により、行政サービスの向上、効率化、人的資源の運用をはかってきた。ところが、G・W・ブッシュ政権は、テロ対策として、いわゆる MATRIX（Multistate Anti-TeRrorism Information eXchange）というデータ解析を行い始めた。これは、連邦および各州の執行機関の間で様々な情報を相互に提供してこれをテロ対策のために分析するというもので、自動車免許証、犯罪記録、写真等も含まれている。

NSA は、テロ対策のための情報を積極的に収集・分析してきた。NSA のデータ解析の典型例が、TIA（Terrorism Information Awareness）プログラムである。これは、テロ対策を目的とする大規模なデータ解析のコンピュータプログラムで、翻訳機能や決定能力も備わっている。これにより、システマティックにテロ対策に必要な情報を抽出することが可能となった。

2 情報収集の組織編制と NSA

NSA の通信傍受は、もちろん、NSA が主体となって行ってきたわけであるが、NSA は執行府の機関の中で、どのように位置づけられるのだろうか。NSA も、近年の諜報組織改革の影響を受けている。9.11 独立調査委員会の報告を受けて、政府は 2004 年におおがかりな諜報組織改革を行った。テロを防止できなかった要因として、諜報組織の協力体制が不十分だったことが指摘されていたことから、国家情報局長官（Director of National Intelligence: DNI）を中心に諜報システムを一元化しようとしたのである。DNI は、諜報システムを一元化するために様々な権限を有することになった。もっとも、DNI の任命については、上院の承認が必要となる。また、再編された各機関は法律によって設置された機関も多く、必ずしも大統領が独断的に諜報活動を操作できるようになったというわけではない。

ただし、NSA はこの再編の渦にあまり巻き込まれていない。というのも、NSA は、大統領直属の機関として、法律の統制を直接受けていないからである。したがって、再編後も NSA の通信傍受行為は継続され、適宜、他の機関との連携をはかりながらテロ対策がなされてきたといえる。

III NSA 盗聴事件の憲法問題

こうして、I に述べた暴露記事が出るまで、NSA は令状のない通信傍受を

継続してきたのであった。そして、このNSA盗聴事件が法廷に持ち込まれると、それが様々な憲法問題を内在していたことが判明する。以下、NSA盗聴事件に関する連邦地裁および連邦高裁の判決をみながら、そこで惹起された憲法問題を考察していくことにしよう。

1 当事者適格の問題

まず、争点となるのが、当事者適格の問題である。そもそも、盗聴行為は、それによって犯罪者を摘発する段階にいたるか、内部告発でもない限り、発覚する可能性がきわめて少ない。あるいは、盗聴の事実が発覚しても、自分が盗聴されていたかどうかをどのように証明すればよいのかといった問題が出てくる。

本件の原告は、日常生活で国際電話やインターネットを使用している者たちである。かれらは、NSAが行ってきたテロリスト監視プログラム（Terrorist Surveillance Program: TSP）、すなわちNSAが、かれらの通信を盗聴してきたことで、かれらに直接的な損害を与え、さらに憲法上保護される会話を実質的に萎縮させるとして、TSPが違憲であることの宣言的判決とその差止を求めて提訴した。これに対し、NSAは、国家秘密特権（state secrets privilege）に立脚しながら原告には当事者適格が欠如しているとして、却下判決を下すべきであると反論した。

連邦地裁は、次のような判断を下した[30]。まずは、被告が主張する国家秘密特権と当事者適格の問題についてである[31]。被告によれば、原告は当事者適格を欠くという。なぜなら、原告が当事者となるためには自らが盗聴の対象となっていることを示さなければならず、そのためには盗聴の対象に関する情報を政府側から引き出さなければならない。だが、当該情報は国家秘密に該当するものであることから、政府は国家秘密特権を適用することになる。そうなると、原告は自己の利益が侵害されていることを証明することができず、ゆえに当事者適格を欠くというのである。これについて、連邦地裁は被告が提出したすべての記録についてインカメラ審理を行い、当該情報に国家秘密が含まれていることを確認し、当該情報を開示してしまうと問題

---

(30) ACLU v. NSA, 438 F. Supp. 2d 754 (2006).
(31) *Id.* at 758-771.

が生じることを認めた(32)。連邦地裁は当該情報に関する国家秘密特権を認め、これを開示する必要はないとしたのである。ところが、連邦地裁は、当該情報がなくても、原告には当事者適格があることを認めた。会話を盗聴されている可能性があると原告が主張することで、十分自己の利益の侵害が認められるというのである。

　こうして国家秘密特権が当事者適格の妨げにならないとした上で、連邦地裁は、当事者適格についての審理に移り、①原告が実際に損害を被っているかどうか、②損害と被告の行為との因果関係、③損害に対する救済可能性を審査した。そして、①萎縮効果が働くことから原告は損害を被っており、②TSP が外国との会話を盗聴することから原告らの会話が含まれる、③ TSP を違憲とすることで原告らは萎縮せずに会話できることから、原告の当事者適格を認めた。

　一方、連邦高裁は、原審を破棄し、当事者適格の問題について以下のように答えた(33)。連邦高裁は、国家秘密特権によって盗聴対象に関する情報を開示することはできないという前提に立ちながら、① NSA が外国との電話での会話を盗聴したかもしれないという漠然性は証拠にならないため、事実上の損害に該当せず、②盗聴対象が不明である以上それによる影響は存在しないため因果関係はなく、③ TSP を停止させて代わりに通信傍受の令状を発行しても原告らの主張する損害を回復できないため救済可能性も存在しない、として当事者適格を否定したのである。

　ここでは、連邦地裁も連邦高裁も国家秘密特権を認めているものの、通信傍受の対象となった者のリストが当事者適格の認定に不可欠かどうかが明暗を分ける結果となっている。連邦地裁はそれがなくても当事者適格を立証できるとしたが、連邦高裁はそれがなければ当事者適格を認めるわけにはいかないとしたからである。これについて、パーキンス（Jared Perkins）は、こうした事例において執行府の国家秘密特権を認めてしまうことは権力分立の観点からしても問題があり、証拠という司法府の領域を侵害させることになると述べている(34)。

---

(32) *Id.* at 764.
(33) ACLU v. NSA, 493 F. 3d 644 (6th Cir. 2007).
(34) Jared Perkins, *The State Secrets Privilege and the Abdication of Oversight,* 21 BYU J. Pub. L. 235, 255 (2007).

2 修正1条の問題と修正4条の問題

　連邦高裁は実体審理に踏み込まなかったため、①修正1条の問題と②修正4条の問題については、連邦地裁の判断をみることになる。

　①の問題は、盗聴によって表現活動が萎縮してしまい、対話や専門職の活動ができなくなってしまうため、TSP は修正1条を侵害しているのではないかという問題である[35]。これについて連邦地裁は、「歴史的にイギリスにおける言論および出版の自由のための闘争は捜査または押収の範囲の問題に関連してきた」[36]と述べた Marcus v. Search Warrant 連邦最高裁判決を引用したり、「"合衆国市民は合衆国憲法修正1条によって保護された活動を理由として外国のスパイとみなされてはならない"と、FISA が明らかに配慮していることに注意しなければならない」[37]と FISA を引用したりしながら、本件盗聴行為が表現の自由の問題に深く関連していることを述べた。その上で、「合衆国大統領は、……FISA の要求する裁判官の令状を得ていないことから明らかに修正4条を侵害しており、その結果原告らの修正1条の権利をも侵害している」[38]とした。

　②の問題は、修正4条が公正な刑事手続を保障していることから、令状なしの通信傍受がこれを侵害しないかどうかという問題である。原告は、プライバシーの権利の侵害をも主張したが、連邦地裁は、修正4条が執行府による捜査権の濫用を防ぐために設けられたものであることを確認し、もっぱら公正な刑事手続という論点に焦点を当てて判断した。連邦地裁は、修正4条が合理的な捜査を要求しており、その1つの具体化が令状主義であるとした。したがって、FISA や合衆国法典第 III 編の基準を満たさない本件盗聴行為は明らかに修正4条を侵害するとした[39]。

　このように、連邦地裁は、本件通信傍受行為が修正1条および修正4条を侵害するとしたわけであるが、その論理構成は執行府の刑事手続違反に重点を置きながら、それぞれの違憲性を導き出している点が特徴的である。つまり、公正な刑事手続の保障は修正1条と修正4条の両方が要求するものであり、そうした観点から本件盗聴行為は違憲となると判断しているのである。

---

(35)　438 F. Supp. 2d at 769.
(36)　Marcus v. Search Warrant, 367 U.S. 717, 724 (1961).
(37)　438 F. Supp. 2d at 776.
(38)　Id.
(39)　Id. at 773-775.

この点について、ソロブ（Daniel J. Solove）の見解が興味深い。ソロブによると、政府の情報収集行為に対しては公正な刑事手続に修正１条を組み入れて対応すべきであるという[40]。ソロブは、修正１条が憲法の刑事手続規定と同様に煽動罪への対応として制定された歴史的背景があったことから、両者の接合可能性を指摘し[41]、その上で、政府の情報収集行為が刑事手続上の問題だけでなく、修正１条に影響をもたらすとする。それによると、修正１条は、対話や自律的決定を保障するために存在してきたのであり、政府の情報収集はこれを侵害する可能性がある。さらに、連邦最高裁が萎縮効果を重視して修正１条の法理を形成してきたことに触れ[42]、政府の情報収集行為はまさにその萎縮効果をもたらすとする。したがって、NSA のような令状なしの通信傍受は、修正１条に違反する可能性が高いというのである。

このように、ソロブは、政府の情報収集行為が修正１条の問題であることを述べた上で、これに対して裁判所がいかなるアプローチをはかるべきかについて言及している。本件の場合、連邦地裁は違憲審査基準を設定しなかったが、ソロブはその点について触れている。それによると、まず、政府の情報収集行為が修正１条で保障された領域を侵害し、萎縮効果をもたらしているかどうか[43]、侵害している場合、当該行為に①重要な政府の目的があり、②その目的を達成するために限定された手段であるかどうか、を検討することになるという[44]。このアプローチは萎縮効果の問題を重視していることから、リスク予防的側面が内在しているといえよう。

3　権力分立の問題

ACLU v. NSA 判決における権力分立の問題について、連邦地裁は、まず、武力行使容認決議（Authorization for Use of Military Force: AUMF）[45]が執行府

---

(40)　Daniel J. Solove, *The First Amendment as Criminal Procedure*, 82 N.Y.U. L. REV. 112 (2007).
(41)　*Id.* at 132-138.
(42)　連邦最高裁の法理が萎縮効果をメインにして展開してきたことについては、毛利透『表現の自由―その公共性ともろさについて』105-241 頁（岩波書店、2008 年）を参照。
(43)　Solove, *supra* note 40, at 155-156. もっとも、萎縮効果をもたらしているかどうかの判別は困難な作業であることをソロブは自覚しつつも、少なくとも、刑事捜査のための情報収集は萎縮効果をもたらすことが明白であるとしている。
(44)　*Id.* at 165-166.
(45)　The Authorization for Use of Military Force, Pub. L. 107-40, 115 Stat. 224. これにより、大統領は軍隊をテロ対策に用いることができる権限を授権された。

にTSPを行う権限を授権したかどうかを取り上げた。執行府側は、AUMFが授権したことによって、TSPが合法的に行われたと主張した。これに対して連邦地裁は、そもそもAUMFは情報監視に関する事項について何も述べていない上、かりに黙示の意図があったとしても、FISAの規定が存在するのだから、それと整合するように解釈されなければならず、あるいは、もしAUMFがFISAに代わって通信傍受に関する事項を授権していたとしても、それは修正1条、修正4条、権力分立に反して違憲であるとした。

つぎに、執行府が法律に違反する行動を行うことは権力分立に違反しないかという問題があるとした[46]。連邦地裁は、Youngstown Sheet & Tube Co. v. Sawyer 連邦最高裁判決[47]のジャクソン（Robert H. Jackson）判事の同意意見[48]に触れながら、本件における法律違反の行為はその第3の要件、すなわち法律と矛盾した行為を大統領が行った場合にはその権威はほとんど認められないという要件（第3章V-1）に該当するとする。これを本件に照らし合わせて、TSPは明らかにFISAに反する行為であり、そのような大統領の行為は最も正当性が低く、それを認めることはできないとし、さらに大統領が法律に反して単独で行動することは権力分立に反するとしたのである。

さらに連邦地裁は、執行府に固有の権限があることから、TSPは合憲かつ合法であるという執行府の主張を検討した[49]。執行府側は、憲法によって、法律のみならず、修正1条や修正4条の権利についても制限することができると主張する。しかし、この主張は、執行権自体、憲法によって授権されたものであるということを忘れている。憲法はあらゆる執行府の行為に及ぶのであって、憲法に反する固有の権限は存在しないのである。また、執行府はFISAが固有の権限を侵害していることから違憲であることを主張するが、その問題はここで直接関連するものではない。連邦地裁は、TSPはFISAのみならず憲法にも違反しているのであって、固有の権限によって正当化することはできないとした。

一方、連邦高裁は、権力分立の問題について、当事者適格の問題と関連させながら言及している。すなわち、原告は、①本件盗聴行為が憲法上の執行

---

(46) 438 F. Supp. 2d at 776-779.
(47) Youngstown Sheet & Tube Co. v. Sawyer, 343 U.S. 579 (1952).
(48) *Id*. at 634-667 (Jackson, J., concurring).
(49) 438 F. Supp. 2d at 780-781.

権を逸脱している、②法律によって課された限界を逸脱している、と主張するが、それと同様に当事者適格のない事件において大統領の権限の問題を判断することは司法府の権限を逸脱することになる、としたのである。

4 権利救済への壁

このように、本件では当事者適格の問題が大きな壁として立ちふさがった。明らかに違法行為であることが明白であっても、付随的違憲審査制をとる以上、自らの権利利益が侵害されたことが証明できなければ、裁判の俎上に載せることは難しい。

そこでディーン（John W. Dean）は、盗聴の被害にあった者が特定されなければ訴訟を提起することが難しいため、市民が訴訟を提起するというよりも、連邦議会の議員が法律の侵害を理由に訴訟を提起する等[50]、当事者適格を満たす工夫が必要となってくると指摘している[51]。

IV 司法的および立法的統制

1 司法的統制——情報公開訴訟

このように、裁判になれば、違憲または違法とされる可能性が高い事件であるにもかかわらず、連邦高裁では当事者適格が認められなかったため、最終的には違憲または違法判断は下されなかった。そうなると、これに変化がもたらされない限り、結局、こうした行為を他権は統制できないという話で終わってしまう。そこで、当事者適格の問題に加えて、他権による他の統制手段を模索する必要がある。

裁判によって違法な通信傍受の責任を追及するとすれば、直接的方法と間接的方法が考えられる。直接的方法とは、当該盗聴行為が違憲であったと判断することである。間接的方法とは、情報公開訴訟によって当該事件の解明を試みることで、間接的に責任を追及する方法である。

---

(50) Douglas C. McNabb and Matthew R. McNabb, *Of Bags, the President, and the NSA: National Security Agency Intercepts Within the United States*, 30 CHAMPION 10, 14 (2006).

(51) John W. Dean, *An Update on President Bush's NSA Program: The Historical Context, Specter's Recent Bill, and Feingold's Censure Motion*, FINDLAW (Mar. 24, 2006), http://writ.corporate.findlaw.com/dean/20060324.html.

これについて、やや特殊なケースではあるが、2007年のAl-Haramain Islamic Foundation, Inc. v. Bush連邦高裁判決[52]が参考になる。この事件は、イスラム団体がNSAの盗聴の対象になっていたとして、損害賠償および宣言的救済を求めたものである。この事件が特殊なのは、原告側が盗聴対象となっていたことを証明できる可能性のある文書を一時期入手していたことがあるからである。その後、その文書は政府に返却されたが、それを基に当該訴訟を提起できるか否かが争われた。政府側は国家秘密特権を主張して訴訟を却下するように反論したが、連邦高裁は、国家秘密特権を主張すればそのままストレートに訴訟が却下されるわけではないとしつつ、秘密文書については特権によって保護が及ぶとした。そのため連邦高裁は、秘密文書を基に当事者適格を認めることはできないとし、当事者適格を認めるためにはFISAに基づいて国家秘密特権を排除するアプローチをとらなければならないとして差し戻した。

　本件はやや特殊であるとしても、連邦高裁の判断は原告が盗聴対象となっていたことを示す可能性のある文書について、FISAに基づいて国家秘密特権を排除できる可能性を示唆しており、盗聴による人権侵害に対する司法的統制の可能性を残したものといえる。

　間接的方法については、連邦地裁レベルの判決がすでに下されている。2006年のEPIC v. DOJ連邦地裁判決である[53]。この事件は、ニューヨークタイムズの報道に触発された市民団体が、当該事件の実態を知るために司法省に対して情報開示を求めたものである。原告は、大統領が情報機関に対して令状なしの通信傍受を行うように命じた指令の記録を開示するように求めた。これに対して司法省は迅速な対応をすると回答したが、2ヶ月以上経っても行政機関から応答が得られなかった。そこで、原告は、司法省が20日以内に情報開示の対応を済ませ、30日以内にボーンインデックスを提出させるための裁判所命令を求めて訴えたのである。

　司法省は、情報自由法（Freedom of Information Act）[54]が公開請求に対して可能な限り早く対応しなければならないと規定しているのは、具体的な期

---

(52) Al-Haramain Islamic Foundation, Inc. v. Bush, 507 F. 3d 1190 (9th Cir. 2007).
(53) Electronic Privacy Information Center v. Department of Justice, 416 F. Supp. 2d 30 (D. D. C., 2006).
(54) The Freedom of Information Act, 5 U.S.C. §552 et seq.

限まで設定する趣旨ではなく、そもそも対応期限については裁判所は行政機関の判断に敬譲すべきであると反論した。

連邦地裁は、原告の訴えをほぼ全面的に認め、司法省に原告の求める対応を行うように裁判所命令を出した。本件における裁判所命令の必要性に関して、原告の利益（公開することの公益）と司法省の公益を比較し、当該事件に関する世論やメディアの関心と上院司法委員会による公聴会の開催を考えると、それらの公益は裁判所命令を出すことによって侵害される司法省の公益を上回るものであるとしたのである[55]。

本件は、司法省に情報開示要求に対する何らかの対応とボーンインデックスの提出を求めるものにとどまったため、これによって情報が開示されるわけではない。その回答次第では、ほとんど非開示にされる可能性もおおいにありうる。しかし、ボーンインデックスの提出によって、開示・非開示の分類がなされ、それにより情報の存否などを確認できる可能性がある。また、裁判所は公益の比較において、世論の関心の高まりを考慮要素として挙げており、当該事件の重要性を確認したといえる。これは、開示そのものについては裁判所が実質的に踏み込まないものの、こうした指摘によって執行府の説明責任を求める効果を有しているように思われる。

しかしながら、ある座談会においてクー（Raymond Shih Ray Ku）がコール（David D. Cole）に質問したように、令状なしの通信傍受行為が違法・違憲であるとすれば、いかなる救済が考えられるかについて、具体的な訴訟法論は議論されていない[56]。現状では、司法による上記のような間接的統制が現実的手段といえるが、本来であれば、実体的判断による救済が望まれる事案である。

2 立法的統制

TSP は、法律の要件を無視して盗聴を行ってきたから違法ではないかと指摘されるのであって、FISA の要件に基づけば合法的に通信傍受をするこ

---

(55) Id. at 42.
(56) A Debate Between Professor David D. Cole and Professor Ruth Wedgwood, *"Torture and the War on Terror": NSA Wiretapping Controversy,* 37 CASE W. RES. J. INT'L L. 509, 521-522 (2006). これについてコールは、きわめて重要な指摘であると答えたものの、具体的な訴訟による救済方法にまでは言及していない。

とも可能である。盗聴行為がどこまでテロ対策として有効かどうかは議論の余地があるが、9.11以降の状況が国家監視状態（national surveillance state）にあるとすれば、情報収集が重要となるため、盗聴行為もある程度必要となってくる可能性は否定できない。

　かような状況を踏まえて、ボールドウィン＝ショー（Fletcher N. Baldwin, Jr. and Robert B. Shaw）は、憲法および法律に反しない形で盗聴を行うことが理想の形となってくるという[57]。つまり、FISAの要件に従って盗聴を行うのが望ましいというのである。こうした見解に対して、おそらく執行府は、それでは有効なテロ対策にならないという反論をするだろう。しかしながら、有効なテロ対策は、令状をとった後からでも可能である。というのは、連邦最高裁はこれまでほとんどの場合執行府の要請に応じて令状を発行してきたからである[58]。令状を要求している暇がないときは、戦争突入後15日以内であれば令状なしでも通信傍受が可能であるし、その後も必要であれば、そのつど令状を申請すればよいだけの話だからである。

　しかし、それでも執行府が令状なしの通信傍受を行うのは、緊急性があるという理由と、自由に活動したいという理由があるからであろう。これに対し、立法府が打つ手としては、FISAを改正して令状なしの通信傍受ができないように規制を厳しくするか、あるいは逆に一定の条件をつけて令状なしの通信傍受を法的に認めてしまうかである。NSA盗聴事件後のFISA改正をみてみると、後者の流れになっているようである。

　まず2007年の改正により、外国にいると合理的に確信できる人が傍受の対象である場合など、いくつかの要件を満たせば、令状なしの通信傍受（1年間）が可能になった。従来は令状なしで通信傍受を行う場合は合衆国市民が含まれていない実質的な見込みが必要だったが、本改正によって、市民該当性よりも、「外国にいる者」かどうかに着目して対応することになった。これには合衆国市民を含む余地が残されているため、市民の通信が含まれる場合をも1年の間令状なしで通信傍受することが可能になったのである。さらに2008年のFISA改正では、通信傍受に協力した民間会社の訴追免除規

---

[57] Fletcher N. Baldwin, Jr. and Robert B. Shaw, *Down to the Wire: Assessing the Constitutionality of the National Security Agency's Warrantless Wiretapping Program: Exit the Rule of Law*, 17 U. FLA. J. L. & PUB. POL'Y 429, 462-468 (2006).

[58] *Id.* at 462.

定を設けた。こうして、FISA 改正の動向は、通信傍受に制限をかけるのではなく、むしろそれを法的に追認することによって、法の網にかけるという流れにあるといえる。

以上のように、立法的統制としては FISA による法的規制が試みられているものの、それが結果として執行府の行為を追認しているようになっていることに加え、NSA による新たな盗聴を防ぐ手立ては用意されていない。

3 統制方法の模索

それでは、こうした執行府の令状なしの通信傍受に対して、以上の他、いかなる対応をとることが可能であろうか。ここまでにみてきた司法的統制および立法的統制では十分対応できないことが判明したため、別の方法を模索する必要がある。

ここでは、強制的手法として、独立・特別検察官の設置による責任追及と弾劾による罷免を取り上げ、もう少しソフトな手法として、公聴会によるアカウンタビリティの追及と学者による非難声明について考察することにする。

（1） **独立・特別検察官による捜査**　まず、独立検察官を設置して、違法行為を徹底的に捜査し、訴追するという方法が考えられる。独立検察官は、ウォーターゲート事件などで政治倫理の問題が浮上した際、連邦議会が執行権統制手段の1つとして設置した制度である[59]。ところが、この制度は時限立法で、1999年に4回目の期限を迎えて失効してしまった。主に時間や予算がかかりすぎることが問題とされたのである。そのため、一部には復活を望む声があるものの、現時点では独立検察官制度は存在しない。

そこで、これに類似の機関である特別検察官の設置を唱える声がある。とりわけ、バーゲン（Jennifer Van Bergen）は、NSA 盗聴事件について特別検察官制度を利用すべきであると主張する[60]。彼女によれば、大統領は FISA 違反という犯罪を犯したのだから、規定通りにいくと、1万ドル以下の罰金または5年以下の懲役、またはその両方が科せられるはずである。したがっ

---

(59) 独立検察官および特別検察官制度については、大林啓吾『アメリカ憲法と執行特権―権力分立原理の動態』159-207 頁（成文堂、2008 年）を参照。

(60) Jennifer Van Bergen, *It's Time to Appoint a Special Prosecutor to Investigate the President's Actions with Respect to the NSA's Warrantless Wiretapping*, FINDLAW (Mar. 1, 2006), http://writ.news.findlaw.com/commentary/20060301_bergen.html.

て、それはまぎれもなく重罪であり、特別検察官の捜査が発動されてもよいケースであると指摘する。

ただし、バーゲンは特別検察官の任命について懸念を表している。なぜなら、今回の事件には執行府の利益が密接に絡んでいることから、その任命が独立的でなければ、その捜査に公平性が期待できない可能性があるからである。そこで彼女は、立法府または司法府が可能な限り迅速に特別検察官を任命する案を提唱している。

(2) 弾　　劾　　責任追及手段として弾劾を提唱するのがディーンである。ディーンは、G・W・ブッシュ大統領が当該盗聴行為を認めており、それが違法行為であることは明白であるため、当然に弾劾事由に該当するという。その際、ディーンは、ニクソン大統領の例を先例として引き合いに出して、本件も同様の事件であるとみなす[61]。ディーンの主張は次のとおりである。

ニクソン大統領は、ベトナム戦争に絡む情報漏洩に対処するため、国防関係の職員や報道記者をFBIに盗聴させた。その盗聴が表沙汰になった際、ニクソン大統領は、国防機密の漏洩が敵を有利にさせてしまうため盗聴が必要だったとして、その正当性を主張した。このような正当化はG・W・ブッシュ大統領のそれと類似している。

さらに、このときニクソン大統領が盗聴行為の根拠として用いた憲法解釈が、G・W・ブッシュ大統領のそれと類似しているという。ニクソン大統領によると、盗聴行為の理由となる軍事権限は大統領の排他的権限であり、憲法上正当化されるものであると主張した。この憲法上の正当化も、G・W・ブッシュ大統領のそれと同様であるというのである。

ディーンはこうした類似性を指摘した上で、ニクソン大統領がベトナム戦争に絡む盗聴事件とウォーターゲート事件が重なって弾劾にかけられたことを取り上げる。周知のように、ウォーターゲート事件は、民主党本部に盗聴器を仕掛けようとした者が捕まった事件であり、これも盗聴問題が関係している。つまり、ニクソン大統領の弾劾には盗聴問題が大きな部分を占めていることになるのである。

---

(61) John W. Dean, *George W. Bush as the New Richard M. Nixon: Both Wiretapped Illegally, and Impeachably: Both Claimed That a President May Violate Congress' Laws to Protect National Security*, FINDLAW (Dec. 30, 2005), http://writ.news.findlaw.com/dean/20051230.html.

さらに、ディーンは、ニクソン大統領が辞職した後、こうした事件を教訓にして連邦議会が制定したのが FISA であることに着目する。つまり、FISA はかかる大統領の盗聴行為を防ぐために制定されたのであって、これに反する行為は許されない。こうしてみると、G・W・ブッシュ大統領の盗聴行為は、ニクソン大統領が弾劾されたものと同じであり、弾劾事由に該当することになるため、もはや弾劾を免れる余地はないというのである。

　(3)　**公聴会**　　盗聴活動について、多くの批判にさらされた執行府側は、公聴会を開くことに合意した。共和党のスペクター（Arlen Specter）上院議員は、アリート（Samuel Alito）の連邦最高裁判事指名に関する公聴会が終わり次第すぐにこの問題に関する公聴会を開くことを約束し、G・W・ブッシュ大統領も、民主主義にとって公聴会が必要であるとして、公聴会の開催に同意した。なんとかアカウンタビリティを果たし、あわよくば当該行為の必要性を説いて反対派を納得させようという執行府の狙いがうかがえる。カッセル（Elaine Cassel）は、この公聴会で、盗聴プログラムの内容、盗聴の対象、情報収集の対象を明らかにすべきであると指摘する[62]。カッセルによれば、この盗聴行為は G・W・ブッシュ政権が行っている違法行為の氷山の一角にすぎないという。G・W・ブッシュ大統領はこうした違法行為を積み重ねて大統領帝政（imperial presidency）を敷こうとしているというのである。このため、これを１つでも明らかにすることが重要であり、その意味で公聴会は重要な役割を担うことになってくる。

　公聴会では、ゴンザレス（Alberto Gonzales）司法長官を召喚して、民主党議員を中心に激しい質問がなされた。しかし、質問に対してゴンザレスは、国防を害することになるという抗弁を終始繰り返し、盗聴行為に関する直接的事項どころか、FISA に関する解釈についてさえ何も答えなかった。バー（Bob Barr）は、この公聴会はゴンザレスが歌舞伎役者を演じた見世物であると非難し、こうした執行府の態度は、アカウンタビリティどころか、自己の排他的権限を唱えて他の意見に耳を傾けない単独主義の表れであると指摘している[63]。

---

(62)　Elaine Cassel, *The Congressional Research Service and Constitutional Law Scholars Weigh in on President Bush's Authorization of Warrantless Surveillance: Why This Controversy Bridges the Partisan Divide, at Least Among Experts*, FINDLAW (Jan. 12, 2006), http://writ.news.findlaw.com/cassel/20060112.html.

このように、公聴会では、執行府のアカウンタビリティの実現が期待されたが、まったくの期待はずれに終わった[64]。

（4）　**憲法学者の投じた一石**　　周知のように、アメリカでは憲法学者が実践的活動をしばしば行う。それは、弁護士としての参加やアミカスキューリエの提出といったような裁判所を通じて行われるものだけでなく、政治部門に意見書を提出して、影響を与えることがある。今回もその例外ではなく、本件をゆゆしき事態と感じた憲法学者らは、連邦議会に意見書を提出した。しかもそれは、トライブ（Laurence H. Tribe）、ストーン（Geoffrey Stone）、ドゥウォーキン（Ronald Dworkin）、ヴァンアルスタイン（William Van Alstyne）ら、高名な憲法学者ら14名の意見書である[65]。

　かれらの意見書は、司法省の言い分を論破しながら、その違憲性を指摘する。それによると、司法省は当該盗聴行為がFISAに規定された要件に該当するものではないことを認めながら、AUMFを基にして当該行為の正当性を主張するが、AUMFがこうした行為を認めたという解釈には次のような問題がある。第1に、AUMFはそのような行為が認められるか否かについて一言も触れていないにもかかわらず、FISAに反する行為を授権したと考えるのは、無理がある。第2に、AUMFによってFISAが修正されたために当該盗聴行為が可能と考える明白な根拠はなく、そもそも連邦議会がそのような意図を持っていたということも想定し難い。第3に、執行府は連邦議会が拒絶することを見越してFISAを改正して当該盗聴行為を行おうとしなかったという背景から、執行府はAUMFにそのような意図が含まれていなかったことをそもそも認識していたといえる。第4に、Hamdi v. Rumsfeld

---

(63) Bob Barr, *NSA Kabuki Theatre: Though Same-Party Oversight Led to Weak Hearings on NSA Wiretapping, Some Important Facts Did Come Through*, FINDLAW (Feb. 9, 2006), http://writ.news.findlaw.com/commentary/20060209_barr.html.

(64) Brian Ross, *NSA Whistleblower Alleges Illegal Spying*, ABC NEWS (Jan. 10, 2006), http://abcnews.go.com/WNT/Investigation/story?id=1491889. 一方、これと対照的な結果となったのが、NSA職員を勤めていたタイス（Russell Tice）のABCニュースでの証言である。タイスは、令状なしの通信傍受が違法であることを知りながら携わってきたことを告白し、盗聴対象のしぼり方についても明らかにした。タイスによれば、テロリストが使いそうな語句を検索にかけ、それに該当するものが盗聴対象となるという。さらにタイスは、G・W・ブッシュ政権が明かした盗聴件数に疑問を呈し、もしNSAの盗聴プログラムを実施すれば何百万といった数の盗聴が行われるはずなのであって、政府が少なく見積もっているのではないかと述べている。

(65) Laurence H. Tribe et al., *On NSA Spying: A Letter to Congress*, N. Y. REV. OF BOOKS 53-2, Feb. 9, 2006.

連邦最高裁判決[66]は政府がアメリカ市民を敵性戦闘員として拘束することがAUMFに基づくものであるとしたが、それによって執行府がいかなる必要なテロ対策をも行えるようになったとしたわけではなく、これを根拠に当該盗聴行為を行うことはできない。

このように、AUMFを基に当該盗聴行為を正当化することには無理があるわけだが、かりにAUMFがそのような授権を行ったと解釈しても、それは重大な憲法問題を引き起こすことになる。まず、大統領が憲法上戦争権限を与えられているからといって、かかる盗聴行為も正当化されるという議論には誤りがある。憲法は、戦争権限を、大統領と連邦議会の両方に与えている。したがって、法律によって大統領の戦争権限を部分的に制限することが可能である。そこで、FISAが大統領の戦争権限を違憲なほどに制限しているかどうかが問題となりうるが、本法は合理的な範囲内でしか盗聴を制限していない。FISAは、大統領が外国の情報を収集することを可能にする枠組を創設しており、大統領権限を侵害していない。令状の必要性は、修正4条の要請を満たすために規定しているにすぎないのである。このため、AUMFが当該盗聴を認めたものであると解してFISAの令状要件を骨抜きにすることは、修正4条に反することになる。つまり、AUMFによって当該盗聴行為を正当化することは、FISAに違反するだけでなく、その背後にある修正4条に反することになるのである。

ここでの批判は今回の盗聴行為が法律に反しているという点に主眼を置いている。たしかに、こうした批判はG・W・ブッシュ政権が行ったような法律違反の行為に対しては有効である。しかし、法律の枠内かどうかだけに着目すると、法律の授権さえあれば長期かつ広範にわたる通信傍受が可能ということになりかねない。実際、その後、FISAの修正により、執行府は一定の手続さえ経れば法律の枠内で、長期にわたり相当広範な通信傍受を行うことができるようになった。つまり、法律を遵守する形で、G・W・ブッシュ政権が行ったような盗聴が可能になったのである。それが問題になったのが2013年盗聴問題であった。

---

(66) Hamdi v. Rumsfeld, 542 U.S. 507 (2004).

V　プリズム問題（2013年盗聴問題）

　2013年6月、NSAがインターネット等の通信を監視していることを、ガーディアン紙とワシントンポスト紙が暴露した[67]。NSAは「プリズム」（Prism）と呼ばれる監視プログラムを実行しており、インターネット上のメールやスカイプ、チャット等のやり取りにアクセスし、その他の通信手段も監視していることが明らかになった。

　9.11から10年以上経過してもなおテロのリスクがあり、リスク予防の名目で広範な監視が許されるとすれば、それは監視が常態化していることをも表しているといえる。かかる状況は、もはや自由と安全という問題の枠組では収まりきらず、監視国家と立憲主義という深淵な領域に移行しつつある。

　監視国家が立憲主義に変容をもたらすおそれがあることは、すでにバルキン（Jack M. Balkin）の指摘するところである[68]。監視国家化が進むと、監視の実行役である執行府が強大化し、事後処罰から事前予防にシフトすることで自由が縮減するリスクがある。また、政府が民間企業の情報インフラを利用して情報管理を行うことで、政府自身は憲法上の統制を受けずに監視を強めていく可能性もある。その結果、個人のプライバシーは、政府と企業の双方によって脅威にさらされることになるのである[69]。

　ところが、監視行為や監視内容は一般市民にとって不可知であるがゆえに、具体的な権利侵害が表面化しにくいというやっかいな問題がある。この潜在的権利侵害を甘受すべきか否か、換言すれば司法的救済が可能なものへと転換させるか否か、という問題は、今後の立憲主義のゆくえを占うものである。また、今回のプリズム計画は、少なくとも政府の主張による限り、形式上は

---

(67) Glenn Greenwald, *NSA Collecting Phone Records of Millions of Verizon Customers Daily*, GUARDIAN (June 6, 2013), http://www.theguardian.com/world/2013/jun/06/nsa-phone-records-verizon-court-order; Barton Gellman and Laura Poitras, *U. S., British Intelligence Mining Data from Nine U. S. Internet Companies in Broad Secret Program*, WASHINGTONPOST. COM (June 6, 2013), http://articles.washingtonpost.com/2013-06-06/news/39784046_1_prism-nsa-u-s-servers. なお、最初に発表したのは、2013年6月5日付のガーディアン紙であったとされるが、世界的に大きな反響を呼んだのは6月6日付の報道（インターネット上のニュース）であった。

(68) Jack M. Balkin, *The Constitution in the National Surveillance State*, 93 MINN. L. REV. 1 (2008).

(69) Orin S. Kerr, *A Response to Balkin*, 93 MINN. L. REV. 2179 (2009). そのため、監視国家に対応するためには、政府による監視に憲法上の統制をかけつつ、同時に民間企業に対する法的規制が必要である。

合法的に行われているという点も見逃せない。つまり、現在のアメリカの法制度は、合法的に監視することができる仕組みになっているのである。

1 NSA による監視——G・W・ブッシュ政権の遺産？

　まず、プリズム計画にいたる流れを概観しておく[70]。先に述べたように、国内と外国との通信傍受を統制しているのが FISA であるが、2001 年に愛国者法 215 条[71]の制定により、修正が行われた。これにより、政府は、アメリカ国民に関係しない外国情報を得るため、捜査に必要な電話番号記録を含む記録を収集することを FISC に求めることができるようになった。このとき、政府は、その記録が外国諜報情報や対テロ情報を収集するための捜査に関係すると信じられる合理的理由を証明しなければならないが[72]、ここでいう合理的理由は相当な理由（probable cause）ではなく、合理的な疑い（reasonable suspicion）でよいとされる。また、これらの情報が外国勢力または外国勢力の諜報員に関するものである場合、捜査対象となる疑いのある活動に従事している者に関するものである場合、捜査対象となる疑いのある外国勢力の諜報員と交信している個人に関するものである場合であれば、関連記録とみなされることとされた。

　しかし、2005 年盗聴問題が発覚し、政府の盗聴行為に対する批判が強くなると、G・W・ブッシュ大統領は法整備を進め、2008 年に FISA の修正（FISA Amendments Act of 2008: FAA）がなされた。FAA の 702 条（合衆国法典 1881a 条）により、外国の諜報情報だと合理的に信じられる場合であれば、FISC の許可を得た上で、1 年間通信傍受できることになった[73]。従来、外国のエージェントの活動に関する情報といったように、通信対象には相応の容疑が必要とされていた。だが、本改正により、事実上、ほとんど対象をしぼる必要がなくなったといえる。つまり、外国の諜報情報に関すると予想されれば、その通信を傍受することができるようになったのである。このよう

---

(70) プリズム問題の概要については、大林啓吾「プリズムの衝撃(1)～(3)」人権新聞 387 号 8 頁、同 388 号 8 頁、同 389 号 5 頁（2013～2014 年）を基にしている。また、プリズム問題を分析したものとして、石井夏生利『個人情報保護法の現在と未来』239-274 頁（勁草書房、2014 年）も参照。
(71) 50 U.S.C. §1861.
(72) 50 U.S.C. §1861 (b) (2) (A).
(73) 50 U.S.C. §1881a (a).

に、法律上、実質的な対象の特定が不要となっていることから、FISC はほとんどの傍受申請を許可しており、許可の実態は通常の裁判所の令状よりもかなり緩和された形となっている[74]。

2 監視計画の概要——G・W・オバマ？

　G・W・ブッシュ大統領が政権末期に残した FAA という遺産は、G・W・ブッシュ政権の盗聴行為を批判していたオバマ大統領にとっても使い道のあるものであった。実際、この法制度を実行していたのが、今回のプリズムだったのである。新聞報道によると、NSA の監視プログラムは、電話番号や通話時間等のメタデータを収集するメインウェイ（Mainway）、電話の通話内容を収集するニュークレオン（Nucleon）、インターネット上のメールアドレス等のメタデータを収集するマリーナ（Marina）、そして外国との通信内容を収集するプリズム、があるとされる[75]。このうち、プリズムは 2007 年から G・W・ブッシュ政権がスタートさせたもので[76]、オバマ政権はそれを引き継いだ形となっている。

　オバマ政権下の NSA は、マイクロソフト、ヤフー、グーグル、フェイスブック、ユーチューブ、スカイプ、アップル等の 9 社に対し、メール等のデータにアクセスさせるように求めていた。FAA の規定により、司法長官と国家情報局長は電子メディアに対し、先のような外国情報を入手するためにあらゆる情報の提供を命じることができるとしているからである[77]。しかも FAA により、電子メディアは情報提供による法的責任を負わないと規定されており、情報提供しやすい環境が整えられている[78]。そのため、オバマ政権では 2008 年以降対象を拡大し、数百万人を対象にしてきたとされる。また、メインウェイの一環と考えられる情報収集も行われており、ベライゾ

---

(74) Mitra Ebadolahi, *Warrantless Wiretapping Under the FISA Amendment Act,* 39 Human Rights 11（2013）.

(75) Barton Gellman, *U. S. Surveillance Architecture Includes Collection of Revealing Internet, Phone Metadata,* Washingtonpost. Com（June 16, 2013）, http://www.washingtonpost.com/investigations/us-surveillance-architecture-includes-collection-of-revealing-internet-phone-metadata/2013/06/15/e9bf004a-d511-11e2-b05f-3ea3f0e7bb5a_print.html.

(76) The Protect America Act of 2007, §105B. なお、2007 年に PAA が制定され、一定の要件の下に令状なしで外国との通信傍受が可能になっていたが、サンセット法であったため、新たに 2008 年に FAA が制定されることとなった。

(77) 50 U.S.C. §1881a（h）(1)(A).

(78) 50 U.S.C. §1881a（h）(3).

ン社に電話の通話記録（メタデータ）を提供させてきたと報じられている。

こうした情報収集は、暴露されるまで明るみにならなかったので、インターネット上ではG・W・ブッシュ大統領と変わらないとして、「G・W・オバマ」などの揶揄が飛び交った。G・W・ブッシュ政権の盗聴行為を批判し、透明性を前面に打ち出していたオバマ大統領であったからこそ、余計にリベラル派の市民を大きく落胆させたのである。また、グーグルやフェイスブックはプリズムのような大規模な通信傍受計画に加担した事実はないとしており(79)、事実に関する政府発表との食い違いも、政権の信頼性を揺るがす一因となっている。

これに対してオバマ大統領はまるでG・W・ブッシュと一緒にされてはたまらないといわんばかりに、ただちにその正当化をはかった(80)。G・W・ブッシュ大統領の場合と異なり、プリズムはFISAに基づく合法的な行為であることを強調したのである。また、それはテロを防ぐために必要な行為であり、しかも外国にいる者の通信が対象となっているのであって、市民のプライバシーには最大限の配慮を行っているとした。オバマ大統領の反論後、国家情報局も弁明書を出している(81)。弁明書は、まずプリズムがFAA702条に基づく行為であることを確認し、それが手続に則っていることを強調する。とりわけ、プリズムによる情報収集はFISCの許可と電子メディアの協力があって初めて行えるものであるとして、NSAが独断で行っているわけではないと主張した。

たしかに、FAAの規定がある以上、その手続に従う限り法律上は合法的に通信を傍受することができる(82)。だが、それはあくまで法律上は合法にすぎないということに注意しなければならない。たとえ法律に則っていたとしても、それが憲法上正当化される行為であるか否かは別問題だからである。

---

(79) Craig Timberg and Cecilia Kang, *High-Tech Giants Urge Openness on Probes*, WASH. POST, June 8, 2013, at A7.

(80) Peter Finn and Ellen Nakashima, *Obama Defends NSA Collection of Citizens' Data*, WASH. POST, June 8, 2013, at A1.

(81) *Facts on the Collection of Intelligence Pursuant to Section 702 of the Foreign Intelligence Surveillance Act*, DIRECTOR OF NATIONAL INTELLIGENCE WASH. DC 20511 (June 8, 2013), *available at* http://www.dni.gov/index.php/newsroom/press-releases/191-press-releases-2013/871-facts-on-the-collection-of-intelligence-pursuant-to-section-702-of-the-foreign-intelligence-surveillance-act.

(82) 今回のプリズムについては、司法長官および国家情報局長が外国にいると合理的に信じられる者の通信につき、FISCの許可に基づいて傍受することを認める1881a条を基に、電子メディアに情報提供を要求できる1881a条(h)(1)(A)に依拠しながら、NSAに情報収集をさせたと考えられる。

3 FAAの合憲性

　実は、プリズムが発覚する前からFAAの合憲性が司法の場で問われていた。ACLUやアムネスティらが、FAAが表現の自由を侵害し違憲であるとして訴えを起こした2013年のClapper v. Amnesty連邦最高裁判決[83]である。ところが、連邦最高裁は5対4の僅差で当事者適格に欠けるとして、訴えを却下した。法廷意見によれば、当事者適格を満たすためには、具体的で、特定された、実際の、差し迫った損害があり、また問題となっている行為が原因で、なおかつ請求を認容する判決が出ることによって救済されるものでなければならないという。これを本件に当てはめると、原告の通信が対象となっているという主張は憶測にすぎない。かりに対象になっているとしても1881a条に基づいて傍受しているとは限らず、1881a条による傍受が行われているとしてもFISCが許可しているともいえない。また、FISCの許可があったとしてもまだ傍受を続けているかどうかはわからず、たとえ傍受の中に原告の通信が入っていたとしてもそれは当初から対象とされていたのではなく偶然含まれていたのかもしれない。ゆえに、本件では当事者適格が満たされていないとして、訴えを却下したのである。

　一方、ブライヤー（Stephen G. Breyer）判事の反対意見は、原告の損害が仮定的ではなく、具体的で特定された損害であるとする[84]。損害の有無は、通信傍受が実際に行われまたは切迫しているかどうかで判断される。原告は、1881a条の対象となりうるコミュニケーションをとってきたという事実があること、原告はテロが関係しそうな通信に関心があるだけでなく政府もそれに関心があったこと、政府は過去にもそうした情報を収集していたこと、政府はそうした通信を傍受する能力を有していることなどからして、政府は原告の通信を傍受していた可能性が高い。さらに、法廷意見は、脅威となる損害が確実に切迫（certainly impending）していなければならないとしているが、そもそも将来に起きる事象は不確実であり、先例はこれまで一定のケースにおいて将来の損害の可能性を認めてきた。したがって、本件では切迫した損害があり、当事者適格を認めるべきであると反論した。

　法廷意見と反対意見は当事者適格の有無をめぐり真っ向から対立しているのであるが、法廷意見の想定する当事者適格はかなり射程が狭いものである。

---

(83) Clapper v. Amnesty International USA, 133 S. Ct. 1138 (2013).
(84) *Id*. at 1155-1165 (Breyer, J., dissenting).

法廷意見の枠組で考えると、この種の事案では、具体的な監視行為が明らかになり、そこで監視対象とされた個人が特定され、どのようなプロセスで何を目的として監視していたのかがはっきりしなければ、当事者適格が認められないかのように思える。

そうなると、今回発覚したプリズムに対して、司法がどのような対応をするのかは興味深いところである。実際、プリズムに対しては早速 ACLU が訴えを提起している。ACLU によれば、ベライゾンの顧客には ACLU も含まれていることから、当事者適格のハードルを乗り越えることができるという[85]。ただし、提出記録の中に ACLU が入っているかどうかは不明であるため、ただちに当事者適格が認められるとは限らない点に留意しておかなければならない。

このように、FAA の合憲性の問題以前に、当事者適格の問題が主戦場になっているのが現状である。しかしながら、もし FAA が違憲であるにもかかわらず、当事者適格の問題を突破できないがゆえに違憲判断を獲得することができないとすれば、FAA によって侵害される憲法上の権利は画に描いた餅ともいうべきものとなってしまう。なぜなら、具体的な侵害行為が行われているにもかかわらず、対象が明らかにならないがゆえに、当該行為の違法性を糾弾できないという事態が生じるからである。では、事態の打開をはかるためには何が必要であろうか。

4 何の権利が侵害されているのか？

(1) プリズムによって侵害される権利　　ここで闇雲に当事者適格のハードルを越えるための技術論をひねり出そうとしても、実体的判断の場面で侵害が正当化されてしまえば同じことである。ゆえに、FAA に基づく監視行為がいかなる権利を侵害しているのかをきちんと分析しておかなければならない。

監視行為によって侵害される権利といえば、日本における一般的な感覚からすれば、プライバシーの権利が思い浮かぶだろう。むしろ、それ以外に何があるのか、とすら感じるかもしれない。ただし、アメリカの法文化は独自の発展を遂げていることに注意しなければならない。

---

(85) Ellen Nakashima and Scott Wilson, *ACLU Challenges NSA Program*, WASH. POST, June 12, 2013, at A5.

まず、アメリカの判例法理はいまだ古典的プライバシー観に縛られている感がある。そのため、いわゆる自己情報コントロール権としての情報プライバシー権が判例上十分に展開しているとはいえない[86]。しかも、政府による監視の問題は令状との関係が問題視されることから、修正14条に基づく一般的プライバシー権の文脈ではなく、修正4条に基づく刑事手続に関するプライバシー権の問題として認識されることになる。つまり、主として令状主義の問題に収斂されてしまう可能性が高い。FAA の文脈でいうと、FISC の許可だけで1年間監視できるシステムは修正4条の令状主義の要請との関係で問題となり、よってプライバシー権を侵害するのではないかという問題になるわけである。

　さらに、アメリカは表現の自由を重視する国であることを忘れてはならない。表現の自由の観点からすると、政府の監視行為に対しては自由な情報の流通を阻害しかねないプライバシー権よりも表現の自由の問題として構成した方が自由な表現空間を狭めなくてすむ。実際、アメリカでは情報に関する事件がプライバシー権よりも表現の自由の問題として把握されることがある[87]。加えて、監視行為は表現活動を委縮させるものであることから、表現の自由の問題を主張した方がプライバシー権よりも当事者適格の壁を突破しやすくなるというメリットもある。したがって、プリズム問題もプライバシー権の問題としてだけでなく、表現の自由の問題としても並行して考えていく必要がある。ただし、時として両者は緊張関係に陥る可能性があるため、その接合が可能かどうかも吟味しなければならない。

　(2)　**アメリカにおけるプライバシー権**　　まずは、プライバシー権の法理を確認しておこう。アメリカの刑事手続に関するプライバシー権もまた独自の発展を遂げている。先述のように、かつて連邦最高裁は、修正4条の令状主義は物理的捜査（捜索）に対してのみ要請されるとしてきた[88]。そのため、通信傍受については令状が不要とされてきたのである。しかし、1967年のKatz 判決[89]が盗聴にも令状が必要であるとしたことにより、1968年に包括

---

(86)　判例法理については、大林啓吾「アメリカにおける情報プライバシー権の法理」千葉大学法学論集27巻4号157頁（2013年）参照。

(87)　*See, e.g.,* Anita L. Allen, *First Amendment Privacy and the Battle for Progressively Liberal Social Change*, 14 U. PA. J. CONST. L. 885 (2012).

(88)　*Olmstead*, 277 U.S. 438.

(89)　*Katz*, 389 U.S. 347.

的犯罪取締および街路安全法（Title III）が制定され、通信傍受にも令状が要件となった。その後、コンピューター上の通信に対応するため、1986年に法改正が行われて電子コミュニケーションプライバシー法（Electronic Communications Privacy Act）[90]が制定された。その結果、パソコン等を使用した電子通信を傍受するためには令状が必要とされることになった。このように、国内における電子通信については、裁判所の令状がなければ修正4条違反となる。

もっとも、すでに例外を設けていたのが、8年前の1978年に制定されたFISAであった。外国との通信に関する傍受は特殊な領域の問題であることから、それについては裁判所の令状ではなく、FISCの許可にかからしめることになったのである。

実は、今回のケースも、FISAの手続に基づき、FISCの許可を得ているので、修正4条の要請を満たしているようにみえる。しかしながら、FAAに基づく通信傍受は、FISCの許可条件が緩やかであることに加え、対象も漠然としたまま1年もの間通信を傍受することができる。しかも、FISAレポートをみると、ほとんどすべての通信傍受申請に許可が与えられている。たとえば、2012年のレポートをみても、電子通信の傍受申請が1789件あり、このうち1件については政府側が撤回したものの、残るすべての申請が許可された[91]。FISCは40件の申請に修正を施しているが、ほぼ政府の申請を認めているのが現状である。したがって、たとえ法律で傍受権限を執行府に付与していても、その内容が適正でなければなお修正4条との関連で問題になる[92]。

5　司法の動向——Klayman v. Obama 判決と ACLU v. Clapper 判決

プリズム計画が暴露された後、ACLUなどの市民団体はただちに訴訟を提起していた。裁判では、NSAの4つの監視プログラムのうち、とくに電

---

(90) The Electronic Communications Privacy Act of 1986, 18 U.S.C. §2510 et seq.
(91) FISA Annual Reports to Congress of 2012, Office of the Assistant Attorney General, Washington, D. C. 20530（Apr. 30, 2013）, *available at* http://www.fas.org/irp/agency/doj/fisa/2012rept.pdf.
(92) Adam Florek, *The Problems with Prism: How a Modern Definition of Privacy Necessarily Protects Privacy Interests in Digital Communications*, 30 J. MARSHALL J. INFO. TECH. & PRIVACY L. 571 (2014). 実際、FAAはプライバシー権との関係で不適切であるとの指摘がある。

話記録のメタデータを収集していたことが争われた。そして、この裁判に関する2つの判決が2013年12月に下されたのである。しかも、Klayman v. Obama 連邦地裁判決[93]が違憲判断を下したのに対し、ACLU v. Clapper 連邦地裁判決[94]は合憲判断を下しており、2つの連邦地裁で判断が異なる結果となっている。

　判決結果は異なるものの、両判決ともに当事者適格を認めていることがまずは注目される。両判決は、NSA が原告の電話記録に関するメタデータを収集していることは新聞の暴露や FISC の許可命令により明らかになっており、ベライゾン（アメリカの大手通信事業者）の顧客である原告はその対象となっている可能性が高いと判断したのである。G・W・ブッシュ政権の盗聴が裁判となった ACLU v. NSA 連邦地裁判決[95]でも当事者適格が認められていたことからすれば、一審レベルでは当事者適格が認められやすく、上級審に進むにつれて否定的になる可能性もあるが、今回のケースでは新聞の暴露だけでなく、FISC の許可命令という具体的国家行為によって政府が監視をしていたことが明らかになっている。そのため、本件原告は前回のケースよりも監視対象となっていた可能性が高く、当事者適格が認められやすくなっているといえる。

　さて、気になる権利侵害の問題については、両判決で判断が分かれた。その際、争点となったのは、第三者任意提供の法理（third party doctrine）の適用であった。この法理は、自発的に個人情報を第三者に提供した場合、修正4条のプライバシー保護が及ばないというものである。たとえば、インターネットを利用してメール通信を行った場合は、自らすすんで個人情報をインターネットプロバイダー（第三者）に提供したことになり、政府がそれを収集・利用しても修正4条に基づくプライバシーの侵害にはならないということである。Klayman v. Obama 判決は、第三者任意提供の法理の先例としてしばしば引用される1979年の Smith v. Maryland 連邦最高裁判決[96]が本件では参照に値しないとし、代わりに自動車に GPS を取り付けて約1ヶ月にわたり追跡したことがプライバシー権を侵害するとした2012年の United

---

(93)　Klayman v. Obama, 2013 U. S. Dist. LEXIS 177169 (D. D. C., Dec. 16, 2013).
(94)　ACLU v. Clapper, 2013 U. S. Dist. LEXIS 180863 (S. D. N. Y., Dec. 27, 2013).
(95)　*ACLU v. NSA,* 438 F. Supp. 2d 754.
(96)　Smith v. Maryland, 442 U.S. 735 (1979).

States v. Jones 連邦最高裁判決[97]を先例として参照すべきだとする。というのも、特定事件の捜査のために短期間特定個人の電話記録を収集した Smith v. Maryland 判決と異なり、今回のケースでは、①約5年間という長期にわたり情報が収集されたこと、②通常、あらゆる電話会社が政府の情報収集に協力しているとは想定されないこと、③今回のケースでは何百万ものデータが収集されていること、④現在の政府は以前と比べてはるかに多くの情報を収集し解析できること、などの特徴があるからである。そのため、本件は、高度な技術を使って長期にわたり位置情報を収集したことが問題となった United States v. Jones 判決に近い事案である。本件では、政府が違法行為の疑いがない者に対して個別の令状をとらずに5年間にわたり電話記録のメタデータを収集したことから、それはプライバシーの期待を侵害しているといえるがゆえに、電話記録であっても第三者任意提供の法理は適用されず、プライバシー権の侵害が認められる、とした。

　その上で判決は、本件捜査が修正4条に照らして正当であったか否かの判断に移り、次のように政府の利益と個人の権利との比較衡量を行う。すなわち、政府の利益は当該情報収集によって将来のテロを防ぐことであるが、この情報収集によって差し迫った危険を実際に防ぐことができたという例を示していないため、その利益は疑わしい。一方で、原告らには長期間電話記録が収集されていないという、重要なプライバシーの期待があり、それが侵害されている。したがって、原告のプライバシーの利益は政府の情報収集の利益に勝り、本件情報収集は修正4条に反して違憲である。その結果、判決は、政府に対して電話記録のメタデータに関する情報収集を中止し、これまでに収集したデータを破棄しなければならないという命令を出した。

　一方、ACLU v. Clapper 判決は、本件においても第三者任意提供の法理を適用し、プライバシー権の侵害が認められないとした。なぜなら、第三者任意提供の法理により、原告は電話記録についてプライバシー権を放棄していることになるからである。連邦最高裁は United States v. Jones 判決において GPS の取り付けが修正4条に違反するとしたが、Smith v. Maryland 判決を覆さなかったので、第三者任意提供の法理はなお有効である。Smith v. Maryland 判決が先例として生きている以上、第三者任意提供の法理が適用

---

(97) United States v. Jones, 132 S. Ct. 945 (2012).

され、NSAの電話記録のメタデータの収集はプライバシー権を侵害しているとはいえないとした。

このように、一審レベルの下級審は当事者適格を認めた上で、実体的権利侵害の有無につき、第三者任意提供の法理を適用するか否かで判断を行っている。もし、当事者適格の問題を乗り越えることができるとすれば実体的権利の問題をどのように考えるべきかが主戦場となるが、判例法理にそって考えてみると、これがなかなかやっかいである。なぜなら、本件は刑事手続と行政手続の狭間にある問題であり、刑事手続上のプライバシー権の問題として判断するのか、情報プライバシー権の問題として判断するのかが定かではないからである。前者であれば下級審が判断したように合理的期待の有無と第三者任意提供の法理の問題が中心になり、後者であれば情報プライバシーに該当するかどうかの問題が争点となるように思われる。

前者が問題となった場合、たとえ第三者任意提供の法理が適用されるとしても、日々の電話記録がつねに収集されるという事態は異常であり、通常、人々はそのような事態を想定していないことから、プリズム計画等はプライバシーの期待を侵害しているといえるのではないだろうか[98]。後者については、当該情報の性質や政府利益の重要性を考慮しながら、政府が当該情報の管理を適切に行っているかどうかを問うのがこれまでの判例法理のスタイルである[99]。電話記録という情報の性質とテロ対策に必要だとする政府の利益を考慮した場合、電話記録は単純個人情報にすぎないのに対し、テロ対策に必要だとする政府の利益はそれなりの重要性を有するので、情報収集自体は認められそうである。しかし、当該情報収集のテロ対策への有効性も抽象的すぎるきらいがあり、情報プライバシー権に当然に優先するとはいえないことから、続けて情報管理の適切性が問われることになろう。この点、今回の事件では実際に情報が漏れているので、適切な管理が行われているとはいえないように思われる[100]。

---

(98) ただし、修正4条に照らして捜査が合理的であったかどうかは別途判断される可能性がある。
(99) *See, e.g.,* Whalen v. Roe, 429 U.S. 589 (1977); NASA v. Nelson, 131 S. Ct. 746 (2011).
(100) 本来であれば、情報収集自体が問題であると思われるが、判例はなおプライバシー権の本質を私事の公開とみなしているので、判例法理にそって考える場合、管理の場面が争点になると考えられる。

6 第三者任意提供の法理の問題

　しかしながら、プライバシー権の侵害を主張する場合には、やっかいな障壁が立ちはだかる。とりわけ、刑事手続上のプライバシー権については、先述した第三者任意提供の法理が大きな壁となっている。

　この法理は、1976 年の United States v. Miller 連邦最高裁判決[101]によって示された法理で、銀行記録は本人が自発的に銀行に個人情報を提供したものであるから、修正 4 条のプライバシー保護が及ばないとした。しかし、これに対しては批判が強く、1978 年に連邦議会は金融記録に関する保護法（Right to Financial Privacy Act）[102]を制定している。一方、連邦最高裁はこの法理を維持する姿勢を崩さず、1979 年の Smith v. Maryland 判決[103]では自宅からかけた電話番号の記録にも第三者任意提供の法理を適用し、プライバシーの保護が及ばないとされた。ただし、この判決に対しても連邦議会が反発し、電話番号記録を保護する法律（Pen Register Act）[104]を制定している。

　その後、連邦最高裁は第三者任意提供の法理に限定をかける傾向があるものの、この法理自体は捨てていない。すると、この第三者任意提供の法理がインターネット上の情報にも適用される可能性がある。

　その是非は、Katz 判決の合理的期待の法理をどのように理解するかにもよるが、そもそも第三者任意提供の法理自体の妥当性に疑問がある[105]。この法理は自己情報を自発的に公にさらすことでプライバシー性を放棄することになるというロジックに基づくが、しかし、個人情報を事業者に提供することが公にさらすことと同義であるとはいえない。特定のサービスを利用するために自らの情報を提供しても、それはあくまで当該サービスを利用するために提供するのであって、他者に公開されることとは別問題のはずである。むしろ、合理的期待論を文字通り受け止めれば、プライバシーとして保護されると考えることが客観的にみて合理的であることが重要なのであるから、提供した個人情報は当該事業者との契約等の関係でのみ使用されることが通

---

(101) United States v. Miller, 425 U.S. 435 (1976).
(102) The Right to Financial Privacy Act of 1978, Pub. L. No. 95-630.
(103) *Smith v. Maryland,* 442 U.S. 735.
(104) The Pen Register Act, Pub. L. No. 99-508, Title III, §301 (a)、100 Stat. 1868 (codified as amended at 18 U.S.C. §§3121-3127).
(105) United States v. Jones, 132 S. Ct. 945, 957 (2012) (Sotomayor, J., concurring). ソトマイヨール（Sonia Sotomayor）判事は、「第三者に任意で公開した情報にはプライバシーの合理的期待がないという前提については再考する必要がある」と述べている。

常期待されるといえるのではないだろうか[106]。それは、あくまで個人と事業者との関係において使用される個人情報であり、そこに介入してくる政府に対する関係とは異なるのである[107]。

ましてや、インターネットを通じたコミュニケーションが日常生活に不可欠になっている現状を踏まえると、インターネットについてはなおさら第三者任意提供の法理を適用することには問題がある[108]。なぜなら、インターネットにアクセスしなければ通信できないという環境にある以上、契約または利用した時点で自己情報を任意提供したとみなされてしまえば、自己情報を提供したくない者はインターネットにアクセスすることができなくなり、結果的に通信を行うことができなくなるからである。とすれば、インターネットにアクセスすることがただちに第三者たるプロバイダーに対して個人情報を自由に提供または使用させることを認めるということを意味するわけではなく、実際に通信する段階においてどの方法を選ぶかという時点で初めて個人情報を提供するかどうかの選択を行うことになるといえよう。

したがって、第三者任意提供の法理を理由に、政府の情報収集を正当化することには無理があるといえる。そうした論理の飛躍があるにもかかわらず、連邦最高裁がこの法理を放棄しないことにはいかなる理由があるのだろうか。それは、合理的期待の法理の射程が曖昧であることが大きいが[109]、そこには連邦最高裁が重視してきた表現の自由との調整をどうはかるかという問題が潜在しているように思われる。なぜなら、プライバシー権の保護を高めると情報を自由に利用できなくなり、自由な表現空間に支障をもたらすおそれがあるからである。しかし、監視行為に対するプライバシー権の主張を考える場合、プライバシー権と表現の自由は相互補完的に機能する可能性があり、その調整論を検討する必要がある。

---

(106) この点につき、日本では講演会名簿提出事件（最2小判平成15年9月12日民集57巻8号973頁）において、情報を取得した側が本人に無断で個人情報を警察に開示する行為は、任意に提供した個人情報の適切な管理についての合理的な期待を裏切るものであり、プライバシーを侵害すると判断されている。ただし、この事件における被告は国ではなく、情報を提供した法人である。
(107) Brett Snider, *NSA, FBI Surveillance: Legally Justified?*, FINDLAW (June 7, 2013), http://blogs.findlaw.com/blotter/2013/06/nsa-fbi-surveillance-legally-justified.html.
(108) Saby Ghoshray, *Privacy Distortion Rationale for Reinterpreting the Third-Party Doctrine of the Fourth Amendment*, 13 FL. COASTAL L. REV. 33, 63-78 (2011).
(109) Brandon T. Crowther, *(Un) Reasonable Expectation of Digital Privacy*, 2012 B.Y.U. L. REV. 343 (2012).

7　プライバシーの量と質

　そこで、プライバシー権と表現の自由とを調整しながら、知的プライバシー（intellectual privacy）として再構成するのがリチャーズ（Neil M. Richards）である。リチャーズは、ブランダイス（Louis D. Brandeis）判事のプライバシー観に依拠しながら、プライバシー権と表現の自由につき、公共討論の観点から調整をはかる。プライバシー権は、公共討論と関係のない言論による私的介入を阻止するものであり、ブランダイスのプライバシー論文[110]もそうした趣旨のものであった。他面において、ブランダイス判事はOlmstead判決における反対意見[111]で、修正4条の起草者が個人の知性（intellect）の重要性を認識していたことに触れながらプライバシー権を持ち出し、盗聴がプライバシー権の侵害になるとした[112]。つまり、プライバシー権は私的領域を保護しつつ公共討論の重要性を提示するという両側面を併せ持つ知的プライバシー権だと、リチャーズは考えるのである。

　こうしたプライバシー観のもと、リチャーズは、政府の監視行為は2つの側面において被害をもたらすという[113]。1つは、知的プライバシー権の侵害である。監視されるおそれがあると、市民は政治や社会問題についてコミュニケーションをとらなくなり、公共討論が実現されなくなる。もう1つは、監視による差別が行われるおそれがあることである。監視目的とは関係なく、政府批判等が取り締まられるおそれがあるのである。

　これに対して、シトロン＝グレイ（Danielle Keats Citron and David Gray）は、リチャーズのように情報の質に着目するのではなく、情報の全体量を問題にすべきだとする[114]。かれらによれば、技術の発展により大量の情報集積が可能になったことこそが監視社会を生み出しており、市民は収集されるプライバシーの質よりも、量が合理的に保護されるように期待することができるという。政府は民間と協働して無制約に情報を集積しており、もはや情報の性質はプライバシーの本質ではなくなっている。しかも、政府の収集し

---

(110)　Samuel D. Warren and Louis D. Brandeis, *The Right to Privacy*, 4 HARV. L. REV. 193 (1890).
(111)　*Olmstead*, 277 U.S. at 471-485 (Brandeis, J., dissenting).
(112)　Neil M. Richards, *The Puzzle of Brandeis, Privacy, and Speech*, 63 VAND. L. REV. 1295 (2010).
(113)　Neil M. Richards, *Privacy and Technology: The Dangers of Surveillance*, 126 HARV. L. REV. 1934 (2013).
(114)　Danielle Keats Citron and David Gray, *Addressing the Harm of Total Surveillance: A Reply to Professor Neil Richards*, 126 HARV. L. REV. F. 262 (2013).

た情報が知的活動に関連するものなのかどうかを特定することが難しいことから、情報の性質に着目して訴えを提起することも実際上は困難である。そのため、プライバシーの量に関する合理的な保護を求めて、司法のみならず、立法や行政に対してもそれを要求していくべきだと考えるのである。

一方、ポズナー（Richard A. Posner）は、莫大な量の個人情報の収集がプライバシー権に影響することを認めながらも、コンピューターによる収集の自動化により、プライバシーの問題が回避されるという[115]。コンピューターは意思を持っていないことから、個人情報を機械的に扱うだけである。つまり、意思を持たない機械が情報を集めてもプライバシーが侵されたことにはならないので、プライバシー権の問題が生じないというのである。

また、スタンツ（William J. Stuntz）のように、プライバシー権が問題になるのは公開の場面であって、収集の段階では問題にならないという見解もある[116]。そのため、NSA が情報を収集していてもプライバシー権が侵害されたことにはならず、プライバシー情報が公になって初めて侵害が生じるというのである。

さらに、プライバシー権といっても、状況に応じて様々な保障のレベルがあり、そのレベルごとに、あるいは文脈ごとに考えていくべきだとする見解（文脈的アプローチ）がある[117]。ソロブによれば、プライバシー権の問題は、収集と公開のいずれかの段階においてのみ生じるわけではなく、収集、管理、公開の各段階においてそれぞれ問題が起きる。これらのうち、データマイニングでは、収集された情報がどのように保管され、分析され、使用されるのかという点が最も重要な問題となる。

情報の保管、分析、使用については、令状主義、表現の自由、平等の問題が生じうる。もっとも、令状主義は主として情報収集の段階に対応するものであることから、収集後の情報管理の場面で機能させるためには工夫が必要である。一方、表現事項や宗教事項等に着目しながら情報の内容をプロファイルし、その結果に基づいてブラックリストに載せるといった行為は表現の自由の問題を惹起する。また、人種や民族に基づいてプロファイルし、それ

---

(115) Richard A. Posner, *Our Domestic Intelligence Crisis*, WASH. POST, Dec. 21, 2005, at A31.
(116) William J. Stuntz, *Secret Service: Against Privacy and Transparency*, NEW REPUBLIC 12 (Apr. 17, 2006).
(117) Daniel J. Solove, *Data Mining and the Security-Liberty Debate*, 75 U. CHI. L. REV. 343 (2008).

に応じた差別的取扱いを行うことは平等の問題を生じさせることになる。

8 文脈アプローチによるパラドックスの回避

そこで、ソロブが重視するのが、情報収集や管理方法についての透明性である。テロ対策のために情報を集めて分析する場合、その内容を明らかにしてしまうと意味がなくなってしまうおそれがあることから、透明性が確保されないことが多い。しかし、政府行為の実体が判明しなければ、情報がどのように集められ、使用されているのかがわからず、不利益を及ぼす行為の根拠にそうした情報が用いられていることすらわからない。その結果、権利侵害の救済を行うことが不可能になってしまうのである。

ソロブのいうように、プライバシー権について、場面や状況ごとに考えていくアプローチは重要である。というのも、今回のプリズム事件をプライバシー権からアプローチした場合、あるパラドックスが起こるからである。情報漏洩や情報流出などの偶発的事象によって初めて事が露見するという特性は、そうした暴露事件が市民のプライバシー保護にとって僥倖となる反面、プライバシー保護を強化するために情報システムをますます密閉させるというパラドックスである。つまり、プライバシーを守るためには情報管理が厳重になされなければならないものの、情報管理のために外部からのアクセスを遮断すればするほど、勝手に情報が収集・管理・利用されていることが明らかにされにくくなってしまうおそれが生じるのである。これは、プライバシー権のうち、公開されない側面のみにとらわれてしまうことで生じるパラドックスである。

この問題に対しては、場面ごとに分けながら制度的改善をはかることである程度対応することができる。つまり、収集の段階で要件をしぼったり、管理や利用にも一定の制限を設けたりすることで、プライバシー権の保護につなげるような方法である。では、プリズムのような監視行為によって侵害されるプライバシー権を守り、かつ当事者適格の問題を解消するためにはいかなる法理論を考えればよいだろうか。ここで登場するのが統治論である。

9 統治論——マクロとミクロの憲法問題

クーは、マクロレベルとミクロレベルの問題があるという[118]。マクロレベルの問題とは形式的な意味での法的統制のことである。TSP問題の際、

執行府が立法的統制を受けないまま盗聴をしていたことが最も問題視された。しかも、裁判においても原告のACLUなどが当事者適格の問題ではねられていることから、司法的統制にもかかっていない。そこで、立法的統制および司法的統制に服せしめるべく、制定されたのがFAAであった。FAAは、法律による手続を規定し、FISCの許可にかからしめる枠組を設けたのである。このように、法的統制をかけるという意味でFAAは肯定的に評価できる。しかし、視点を変えると、令状なしの通信傍受に法的な意味でお墨付きを与えたという見方もできる。なぜなら、FAAは、司法長官と国家情報局長が外国諜報に関する情報を得るために合衆国外にいると合理的に信じられる者の通信を、FISCの許可を得れば1年間傍受できるとしているからである。そのため、この法的手続に反しない限り、執行府は合法的に長期間通信傍受をすることができるようになったのである。

すると、もはやマクロレベルの法的問題は解決済みということになり、問題は実質的内容に移る。クーはこれをミクロレベルの問題とし、当該手続が修正4条の令状主義を没却していないかを検討しなければならないという。クーによれば、かつてジャクソン判事が法の支配におけるルールを強調したように、修正4条はプライバシー権の保護にとどまらず、全般的な私的自由の保障を規定したものであり、政府が私的領域に介入する際のルールを定めたものであるという。そのため、FAAの手続が修正4条の令状主義を没却させていないかどうかを分析しなければならない。すると、FAAは、傍受対象となる場所等を提示することを求めるものではなく、政府による私的領域への介入を大幅に緩和したものとなっているため、修正4条が要請するルールを満たしているとはいえないと、クーは結論づけている。

クーが指摘するように、通信傍受が法律に基づいて行われる以上、そこに形式的問題があるとは言い難い。だが、その内容に問題があるとすれば、その違憲性を司法の場で問うことが必要である。ただし、当事者適格の壁が予想以上に高い場合、個人の主観的権利を前面に押し出すだけでなく、客観的ルール違反を問うことにより、実際の損害の要件を突破する糸口を見出すというわけである。

---

(118) Raymond Shih Ray Ku, *Unlimited Power: Why the President's (Warrantless) Surveillance Program is Unconstitutional*, 42 CASE W. RES. J. INT'L L. 647 (2010).

VI 今後のゆくえ——オバマ政権の政策転換と立法動向

　Klayman v. Obama 判決が違憲判断を下したことに加え、市民団体や憲法学説からの批判も強かったことから、政治部門でも情報収集体制の改善を検討せざるをえなくなった。連邦議会内でも、政府による大規模情報収集プログラムを停止すべきであるという議論が行われるようになり、連邦議会ではFISA の改正を求める法案が提出されるようになった[119]。その中で注目を集めたのが、センセンブレナー（Jim Sensenbrenner）共和党下院議員とレーヒー（Patrick Leahy）民主党上院議員が各院に提出したアメリカ自由法案（USA FREEDOM Act）[120]である[121]。この法案名は愛国者法（USA PATRIOT Act）[122]と同様に各単語の頭文字をつなぎ合わせたバクロニムであり、正確には「盗聴、網羅的収集、オンライン上の監視を終了して権利保障をはかることによってアメリカを一体化し強固にする法案」（Uniting and Strengthening America by Fulfilling Rights and Ending Eavesdropping, Dragnet-Collection, and Online Monitoring Act）という。「……によってアメリカを一体化し強固にする」という部分は愛国者法と同じであり、その前の内容を大きく変えたことから、愛国者法からの転換を強く意識したものになっている。

　アメリカ自由法案には、政府の監視について、透明性を確保し、プライバシー権を確保することを狙いとして、監視対象の特定化、手続のさらなる整備、FISC や監察総監によるチェックを増やすなどの内容が盛り込まれている。

　監視対象の特定については、FBI が電話詳細記録の監視を 1 日単位で申請する場合、当該情報が捜査に関連していること、また外国勢力または外国勢力の諜報員を対象としているという証明をしなければならないことが追加された。手続については、遵守しなければならない最低限の手続の内容をより詳細にし、情報収集を最小限にしなければならないことなどが追加された。また、チェック機能については、FISC がデータの取得や保管に関する手続

---

(119)　*See, e.g.,* The FISA Court Reform Act of 2013, S. 1467, 113th Cong. (2013).
(120)　The USA FREEDOM Act, H. R. 3361, 113th Cong. (2013).
(121)　Tom Risen, *Freedom Act to End NSA Data Collection Introduced*, U. S. News (Oct. 29, 2013), http://www.usnews.com/news/articles/2013/10/29/freedom-act-to-end-nsa-data-collection-introduced.
(122)　なお、愛国者法の英文は、「Uniting and Strengthening America by Providing Appropriate Tools Required to Intercept and Obstruct Terrorism Act of 2001」である。

の遵守について評価する権限を持ち、監察総監も監視方法や手続遵守を評価することになっている。

こうした連邦議会の動きを受けて、2014年1月17日、オバマ大統領はNSAの大規模収集プログラムを廃止する方針を打ち出した[123]。オバマ大統領は、安全保障のために情報収集が必要であることと、それがプライバシー権等の侵害の問題を引き起こすことに触れ、両者のバランスをとることの難しさを説明した上で、次のように述べた。

「適切な安全弁がなければ、この種のプログラムは我々の私生活情報を集めるようになり、将来的により侵害度の強い大規模収集プログラムへのドアを開けてしまうと指摘する批判は正しい。電話記録の大規模収集プログラムはFISCの統制に服し、連邦議会によって繰り返し認められてきたが、それは活発な公的議論に付されてこなかったという批判もまた正しい。こうした理由も含め、私は新たなアプローチが必要だと考える。したがって、私は、現在行われている215条の大規模メタデータプログラムを終了して政府がこの大規模メタデータを保持せずに必要な能力をいかせるメカニズムを構築するように転換するように命令している」[124]。

オバマ大統領が声明を出した数日後の1月23日、プライバシー・市民的自由監視委員会（Privacy and Civil Liberties Oversight Board）はNSAの大規模収集が法的根拠に欠けるとして終了を勧告する報告書を作成した[125]。

さらに3月27日になると、オバマ政権はNSAの大規模収集プログラムを変更する方向に舵をきった[126]。オバマ大統領の声明によれば、政府は国

---

[123] Mark Landler and Charlie Savage, *Obama Outlines Calibrated Curbs on Phone Spying*, N. Y. TIMES, Jan. 18, 2014, at A1.

[124] Transcript of President Obama's Jan. 17 Speech on NSA Reforms, WASHINGTONPOST. COM (Jan. 17, 2014), http://www.washingtonpost.com/politics/full-text-of-president-obamas-jan-17-speech-on-nsa-reforms/2014/01/17/fa33590a-7f8c-11e3-9556-4a4bf7bcbd84_story.html.

[125] Privacy and Civil Liberties Oversight Board, Report on Mass Surveillance（July 2, 2014), http://www.wired.com/wp-content/uploads/2014/07/PCLOB-Section-702-Report-PRE-RELEASE.pdf. なお、この機関は、9.11独立調査委員会の報告に基づき、2004年の諜報改革法（The Intelligence Reform and Terrorism Prevention Act of 2004, 50 U.S.C. §401 et seq.）によって設置された独立行政機関である。その任務は、テロ対策においてプライバシー権に配慮しているかどうかを監視し、必要な助言を与えることである。

[126] David Jackson, *Obama Unveils Plan to Change NSA Data Collection*, USA TODAY (Mar. 27, 2014), http://www.usatoday.com/story/news/nation/2014/03/27/obama-national-security-agency-edward-snowden-metadata-plam/6950657/.

民の通話記録の一括収集を行わずこれらの記録は電話会社が保管する、緊急事態を除いて通話記録を入手するのは国家安全保障上の懸念に基づいてFISCがこれを認めた場合でありFISCの個々に発行する命令に従う、政府が入手したあらゆる記録の取り扱いについては、FISCによる承認を受けた最小限の手続に従う、とした(127)。

　2014年5月22日、先述のアメリカ自由法案が下院で可決されたが、同年11月4日の中間選挙で共和党が上院でも過半数を確保すると、可決に必要な票数を得ることが困難になった。もっとも、その後政党間の調整を経て再提出され、2015年6月2日に成立した (Pub. L. No. 114-23)。

　なお、本法の成立には司法判断の影響があったことも見逃せない。2015年5月7日、ACLU v. Clapper 判決の控訴審（ACLU v. Clapper, 2015 WL 2097814 (2d Cir. 2015)）がNSAの電話記録のメタデータの収集を違法と判断し、その後本法案が下院と上院とで可決されるという流れになったからである。

後　序

　本章では、アメリカの2つの盗聴問題を素材に、執行府によるテロのリスクの予防を概観しながら、それがもたらす監視のリスクを検討してきた。政府は監視をテロ対策の重要なツールとし、それによる自由の制約の問題を軽視してきたきらいがある。監視自体は身体に直接制限をかけるわけではなく、せいぜいプライバシーに触れる事柄が含まれるおそれがあるにすぎないのだから、むしろ監視によってテロを防ぎ多くの人命を助けることができれば、監視のメリットの方が大きいというわけである。

　たしかに監視国家はただちに立憲主義を崩壊させるわけではないが、徐々に監視の目を広げながらそれを常態化していくところに、その怖さがある。しかも、盗聴のように、監視されているかどうかがわからない方法で行われてしまうと、たとえそれがプライバシー権を侵害していたとしても、その事実が明らかにならない限りその侵害の救済を求めることもできないおそれがある。

---

(127)　Zeke J. Miller, *Obama Says Government Shouldn't Collect Americans' Phone Records,* TIME (Mar. 27, 2014), http://time.com/40002/obama-says-government-shouldnt-collect-americans-phone-records/.

そうした既成事実の積み重ねに対し、いつ、どのような疑問符を打てるかが、喫緊の課題である。状況が行き着くところまで行ってしまうと、もはや取り返しがつかない可能性が高い。なぜなら、いったん創られた社会状況をそれ以前に戻すことは容易ではないからである。そうなる前に疑問を呈し、そこに潜む憲法問題を直視する必要がある。

　監視国家がプライバシー権を侵害しているとすれば、立法府および司法府はそれに対応する責務がある[128]。実際、アメリカでは社会状況に応じて立法府と司法府のいずれかがプライバシー権保護を発展させてきたという経緯があるが、プリズム問題にみられるように、最近では、双方ともにプライバシー権保護の要請に追いついていない感がある。このとき、世論または政治に訴えて法律修正を促すか、裁判を通してプライバシー権の保護を勝ち取るか、という２つの方法がありうるのであって、どちらの戦略を選ぶかに当たっては、その時々の事情を考えなければならない。政府の侵害行為に対して、司法的救済の見込みはないが立法的改善に期待が持てる場合、選挙を通して政治が改善を迫られることになる。一方、立法府に改善を期待できない場合、司法的救済に頼るしかない。かつてブランダイス判事が主張したように、修正４条に基づくプライバシー権の保護は自由権的側面が強いことから本来司法が担うべき責務であるとすれば[129]、司法を動かす法理論を模索することが重要である。

　司法の対応としては３つの方法がありうる。①執行府が憲法的考慮を十分行わずに監視を行っている場合に司法が適切な憲法判断を行う方法、②執行府の監視に関する法解釈が重大な憲法問題を惹起するためそれを回避するようなやり方で解釈する方法、③監視に関する執行府の憲法解釈に誤りがある場合に司法がそれを正す方法である。とりわけ、①と②は司法が執行府の行為を憲法秩序に導いていく方法であるが、プリズム問題では法律自体に問題があるため③の方法が適切なように思える。

　あるいは、別の角度からのアプローチとして、国家機関以外に目を向ける方法もありうる。その典型例が、カナダで提唱されたプライバシーバイデザイン（privacy by design）のように、民間企業にリスク対応を迫るという方

---

[128]　Marc Rotenberg and David Brody, *Protecting Privacy: The Role of the Courts and Congress*, 39 HUMAN RIGHTS 7, 10 (2013).
[129]　*Olmstead*, 277 U.S. at 478 (Brandeis, J., dissenting).

法である。これは、民間企業があらかじめプライバシー保護を埋め込んだ技術や組織の設計をすることの重要性を説くものであり、近年注目が集まっている。プリズム計画にみられるように、監視国家は民間企業を巻き込む形で進展しているが、それは逆に民間企業によるプライバシーの事前保護が有効であることを示唆しているといえる。企業は何らかの経済的インセンティブがなければこうした対応を行わないかもしれないが、企業が無断で政府に個人情報を提供した場合に裁判でプライバシー侵害が認められるようになれば、企業もプライバシー設計に重点を置くようになるかもしれない。これを懸念したからこそ、政府は FAA によって企業のプライバシー侵害の免責をセットすることで、企業を抱き込もうとしたわけである。よって、この点からも、司法がプライバシー権侵害を認めることの意義が潜在しているといえる。

　すると、プリズム計画（Prism Program）に対抗するプライバシー計画（Privacy Program）においては、やはり司法を舞台に、政府の監視行為を憲法の中で秩序づけていくことが目下の課題であるように思われる。

　かかるアメリカの状況は、決して他人事ではなく、日本でもすでに技術面および法令面において監視国家の基盤が整いつつある。日本では、通信傍受法により、一定の要件の下、令状を取得すれば通信を傍受できることになっている。問題は、アメリカのように、令状のない大規模な通信傍受が行われているかどうかという点であるが、現時点ではそのような事実は明らかになっていない。あるいは当該法律自体が合憲かどうか、運用次第では違憲になりうるかという問題があり、アメリカのケースを参考にしつつ、議論を進める必要があろう。

　また、政府は法律の明確な授権がなくても一定事項に関する情報収集を行うことができるか否か[130]、あるいは民間会社が捜査機関からの求めに応じて任意で情報の提供を行った場合に民間会社はプライバシー侵害による法的責任を負うかどうか[131]などの問題もある。

　他の精神的自由権と比べてプライバシー権については相応の保護を行って

---

[130] この点につき、N システム設置の違法性が争われた事件（東京高判平成 21 年 1 月 29 日判例タイムズ 1295 号 193 頁・上告棄却）や自衛隊情報保全隊の情報収集の違法性が争われた事件（仙台地判平成 24 年 3 月 26 日判例時報 2149 号 99 頁）がある。裁判では両方とも法律の授権が争点となったが、N システムの事件では法律の授権が認められて合法の判断が下されたのに対し、情報保全隊の事件では法律の授権が認められず違法の判断が下されている。

きた日本の司法が、今後いかなる展開をみせるのかが注目されるところである。

(131) 民間企業による、捜査機関への情報提供行為については、たとえば、コンビニエンスストアが防犯ビデオの録画記録を警察に提供したことが争われた事件（名古屋高判平成17年3月30日裁判所HP）において、裁判所はコンビニエンスストアの提供行為が公益目的に仕えるもので損害の程度も低いとして違法ではないとしたケースがある。

第5章

犯罪予防とリスク
——性犯罪予防を素材にして

> 治療より予防のほうがいいのは誰でも知っている。でも、予防のために何かをして高く評価されることはあまりない。
> ——ナシーム・ニコラス・タレブ

　犯罪の取締は、夜警国家の時代から続く国家の古典的責務であり、その重要性は現代になっても変わらない。犯罪は、被害者のみならず、社会に対しても損害をもたらすものであり、そのリスクを軽減することは国家の重要な責務である。

　しかし、最近では、犯罪捜査のみならず、犯罪予防を強化する傾向にある。とくに、多くの犯罪については再犯率が高いとされることから、再犯を防ぐための予防措置を施す試みが行われるようになってきている。

　たしかに、出所後の生活支援を行うなどして、再犯を防ぐ試みは本人にとっても社会にとっても利益になることである。だが、再犯予防が自由を大幅に制約するようになると、今度は自由に対するリスクが生じることになる。

　とくに近年、出所後の性犯罪前科者に対する再犯予防が強化される傾向にある。アメリカではその傾向が顕著であり、出所後の住所登録はもちろんのこと、居住や移動の制限からGPSの装着まで、幅広い規制が行われている。日本でも、2012年に大阪府で「大阪府子どもを性犯罪から守る条例」が制定され、子供に対する性犯罪前科者に対して出所後一定期間住所の届出義務を課す制度が始まっており、今後規制が強化される可能性もある。しかしながら、こうした措置は自由に対するリスクを内包しているといえないだろうか。

　本章では、このような状況を念頭に、性犯罪予防がもたらす自由へのリスクを検討する。

序

　ベック（Ulrich Beck）によれば、近代以降、制度化された個人主義（一般的な道徳的個人主義に代わって登場した普遍的人権）がナショナルな境界を越えてコスモポリタン化し、それに伴って保障された自己決定の名の下に伝統的なコミュニティによるリスク分散システムが荒廃し始めた結果、リスクの個人負担傾向が強まる事態が生じているという[1]。たとえば、安全な住処と考えられてきた家族でさえも、いまやリスクの要因となっている。なぜなら、個人主義の目線から家族形成をみると、家族は育児・介護・離婚等の計算困難なリスクをはらむからである。このような状況は、自己決定と引き換えに個人がリスクを背負うという自己責任の論理を生み出しているように思える。個人は、自分自身を守るのでさえ精一杯なのに、家族形成を選択した場合には家族を守るためにも精力を注がなければならない状況に陥ることになるのである。

　そうした折、政府が家族保護に協力する政策を打ち出せば、多くの者は喜んで受けいれるだろう。とりわけ、それが性犯罪者のように、絶対悪と目されがちな対象を規制するような場合には、なおさらのことである[2]。一般に、多くの人は自らが善人であると思い込み、そのような規制が自己の自由の縮減にはならないと信じ込んでいると予想されるため、個人のリスク軽減というメリットだけを想定してしまうだろう。だが、これに対して諸手を挙げて喜べないのは、犯罪予防が処罰の領域に踏み込みながら、自由を侵食していくおそれがあるからである。

　冒頭のエピグラフで指摘されるように、本来、予防はその効果とは裏腹に敬遠されがちな存在であった。ところが、最近ではリスク論の興隆とともに、個人のリスク負担を軽減する予防が需要されるようになり、その予防策が受容され始めてきている。そのような中で、一般に再犯率が高いイメージのあ

---

[1] ウルリッヒ・ベック（伊藤美登里訳）「個人化の多様性―ヨーロッパの視座と東アジアの視座」ウルリッヒ・ベック=鈴木宗徳=伊藤美登里編『リスク化する日本社会―ウルリッヒ・ベックとの対話』15頁、21-32頁（岩波書店、2011年）。

[2] Catherine Wagner, *The Good Left Undone: How to Stop Sex Offender Laws from Causing Unnecessary Harm at the Expense of Effectiveness*, 38 AM. J. CRIM. L. 263, 264 (2011).

る性犯罪前科者（以下、性犯罪にかかる前科を有する者のことを「性犯罪前科者」という）という少数グループに対し、出所後にも個人情報を公開して再犯を予防しようとする国が増えてきた（以下、出所後の性犯罪前科者に対する規制を「性犯罪前科者規制」という）。隣近所の住民の顔が見えにくい現代社会において、性犯罪前科者が近くにいるという情報を政府が提供することによって市民の不安を軽減させようというわけである[3]。

こうした予防的規制は、アメリカ、イギリス、カナダ、オーストラリアなどの英米圏の国を中心に整備されており、近隣国では韓国が同様の規制を行っている[4]。日本でも、性犯罪前科者のみを対象としたものではないが、2005年に警察庁が各都道府県警察本部長らに「凶悪重大犯罪等に係る出所情報の活用について」と題する文書を通達し[5]、出所情報の利用をはかる取り組みを行っている[6]。

また、アメリカでは、出所後の氏名や住所等の登録義務やその公開のみならず、新たな規制にも乗り出している。その対応は州によって異なるが、出所後の性犯罪前科者に対して居住制限や移動制限を課したり、進入禁止エリアに入らないようにGPSを装着させたりするようになっている。

かかる状況を眼前にしたとき、「政府の規制の重さが多数派によって特定の少数派に課されるとき、その不当な行為のリスクは限りなく大きい」[7]というサンスティン（Cass R. Sunstein）のアフォリズムが想起される。性犯罪

---

(3) 「見えない、信頼できない社会」という観点からこの問題を考えるものとして、紙谷雅子「前科という個人情報と地域の安全」都市問題102巻8号91頁（2011年）。

(4) 向井紀子＝大月晶代「性犯罪者情報の管理・公開（諸外国の制度）」レファレンス655号46頁（2005年）。

(5) 通達文書には、①法務省から提供された殺人・強盗等の凶悪重大犯罪や再犯のおそれが大きい侵入窃盗・薬物犯罪等にかかる出所情報を犯罪捜査に活用することにしたこと、②出所情報管理システムができるまでの間、警察庁が作成した出所情報ファイルを送付するので、本件通達の示すところに従い、その有効活用および適正な取扱いの確保を図られたい旨が記載されていた。そして、出所情報ファイルには、犯罪の捜査のために利用するものとした上で、出所予定の受刑者を、「入所罪名」および「出所事由の種別」によってさらに限定した上で、出所者の氏名、生年月日、性別、本籍、入所罪名、入所年月日、出所者が出所した年月日または出所予定の年月日、出所者が出所する行刑施設の名称、出所事由、出所者ごとに付与された管理番号、法務省から提供があった年月日を記録するものであることなどが示されていた。

(6) なお、新潟県警察本部長に宛てた通達文書について、当該通達文書の情報公開請求がなされたが、「出所者の入所罪名」、「出所者の出所事由の種別」および「出所情報ファイルの有効活用」に関連する部分が非公開とされ、最高裁（最1小判平成21年7月9日判例時報2057号3頁）も非公開決定を認容しているため、その詳細は不明である。

(7) CASS R. SUNSTEIN, LAWS OF FEAR: BEYOND THE PRECAUTIONARY PRINCIPLE 222 (2005).

前科者規制はまさに特定少数者に向けられたもので、しかも過去に犯罪に手を染めた者に対して出所後に不利益を課すものであることから、政治過程においてかれらの利益を代弁する者は少ない。そのため、法律によって過剰な規制が行われてしまう危険性がつきまとう領域の1つといえる。たとえば、出所者の個人情報を登録・公開することは刑罰のようにみえるため、二重処罰の禁止に違反する可能性がある。かりに刑罰に当たらないとしても、前科情報を登録・公開することは何らかの権利または自由を侵害しないのであろうか。移動制限、居住制限、GPS装着についてはなおさらのことである。

　以下では、アメリカにおける出所後の性犯罪前科者に対する規制を素材に、犯罪のリスクを軽減する犯罪予防とそれが惹起する自由に対するリスクの問題を考察していこう。

I 性犯罪のリスクと性犯罪予防

1 性犯罪のリスク

　性犯罪が個人または社会にもたらすリスクは大きい。被害者は肉体的・精神的に耐え難い苦痛を受け、その後も何らかの精神的・身体的な後遺症を抱えることが多い。また、社会に与える打撃も大きく、人々はそうした犯罪の恐怖に怯えるようになる。その結果、人通りの少ない地域や夜道を1人で歩くことが敬遠されるようになり、そうした地域はますます治安が悪くなるという悪循環に陥る。したがって、個人にとっても、社会にとっても、性犯罪が大きなリスク要因になっていることに間違いはない。

　もっとも、性犯罪以外にも、個人や社会にとって大きな脅威となる犯罪は存在する。殺人や暴力が性犯罪と同様に脅威であることは疑いようがない。しかし、同じレベルの重罪（felony）であっても、性犯罪が関連すると量刑が重くなる傾向にあるという指摘がある[8]。そして「性犯罪者は社会で最も嫌われた存在の1つとなっている」[9]ともいわれるように、性犯罪は特殊な犯罪類型として位置づけられる傾向にある。それはなぜだろうか。

---

[8] Anthony Walsh, *Criminology: Differential Sentencing Patterns Among Felony Sex Offenders and Non-Sex Offenders*, 75 J. CRIM. L. & CRIMINOLOGY 443 (1984).

[9] Sarah E. Agudo, *Comment, Irregular Passion: The Unconstitutionality and Inefficacy of Sex Offender Residency Laws*, 102 NW. U. L. REV. 307, 308 (2008).

これについては、性犯罪の性格、性的行為に関する社会規範、性犯罪に対する強い恐怖、性犯罪のインパクトなど、様々な理由が考えられる[10]。性犯罪は被害者に耐え難い肉体的・精神的苦痛を負わせるものであり、許し難い犯罪の1つであるという性格がある。さらに、性犯罪はおぞましい恐怖感を惹起すると同時に、犯罪が起きると社会に大きなショックを与えるという特性がある。また、女性や子供の被害者が多いことから、一般に、弱者に対する暴力的行為としてみなされることが多い。この点に着目するフェミニズムは、性犯罪が男性優位の社会構造によってもたらされているのではないかと分析する[11]。

　さらにいえば、性犯罪は一種の病気とみなされる傾向があることも見逃せない。実際、性犯罪の常習者はある種の精神疾患を抱えているという分析がある[12]。一般的ではない性嗜好を総称してパラフィリア（paraphilia）というが、さらに露出症（exhibitionism）、フェティシズム（fetishism）、窃触症（frotteurism）、小児性愛（pedophilia）、性的マゾヒズム（sexual masochism）、性的サディズム（sexual sadism）、異性装（transvestic fetishism）、窃視症（voyeurism）などに細分化される[13]。これらの嗜好が犯罪行為に直結するわけではないが、性犯罪へと駆り立てる要因になっている可能性もある。ある性犯罪がこうした精神疾患に起因している場合、それが治癒しない限り、性犯罪が繰り返されるおそれがある。そのため、性犯罪者については出所後も治療が必要とされるケースがあると精神医学の見地から指摘されることもあり[14]、実際、そうした治療が行われることがある[15]。このような特性は、性犯罪の再犯率が高いのではないかという推定につながり、予防が要請される要因の1つとなる。

---

(10) Lucy Berliner, *Sex Offenders: Policy and Practice*, 92 Nw. U. L. Rev. 1203, 1204 (1998).
(11) *Id.* at 1207.
(12) Geoffrey S. Weed, *Ending Recidivism: How a Judicial Paradigm Shift Could Prevent Recidivism by Sex Offenders*, 20 Wash. & Lee J. Civil Rts. & Soc. Just. 457 (2014).
(13) *Id.* at 472.
(14) Richard Hamill, *Recidivism of Sex Offenders: What You Need to Know*, 15 Crim. Just. 24 (2001).
(15) *See, e.g.*, Samuel Jan Brakel and James L. Cavanaugh, Jr., *Of Psychopaths and Pendulums: Legal and Psychiatric Treatment of Sex Offenders in the United States*, 30 N. M. L. Rev. 69 (2000).

2　モラルパニックとリスク

　以上のような性犯罪の特性は、アメリカ社会を性犯罪前科者規制に向かわせる要因となった。ただし、社会が性犯罪前科者規制に取り組み始めたことには、社会的背景も影響していたことに注意しなければならない。性犯罪前科者規制の必要性が叫ばれた1970年代は平等な社会の実現に向けた法整備が進み、ベトナム戦争をめぐる混乱から秩序の回復が目指された時代であった。そのため、そこではモラルの回復が叫ばれ、性犯罪前科者規制もその波に乗りやすかったといえる。児童虐待という言葉が世間に広まったのもこの頃であり、性犯罪に対する取締が一層要請されることとなった。

　その結果、半ばパニックにも近い形で、性犯罪前科者規制が進むこととなった[16]。一種のモラルパニックが起きたのである。モラルパニックとは、特定集団に対する道徳的憎悪が原因となって、その脅威が誇張されてパニックが起きる様相を指すが、性犯罪前科者規制の強化がそれに当たるというわけである。モラルパニックのプロセスは、①脅威に対する関心が高まり、②一般の道徳からはみ出した者に対する憎悪が生じ、③何らかの対策が必要であるとの合意が形成され、④被害の深刻さや道徳的問題の大きさから脅威が誇張され、⑤ある時突然パニックが生じる、という流れで起きるといわれる[17]。実際、性犯罪に対するモラルパニックも、子供の性的虐待をはじめとする性犯罪に対する関心が高まり、それは道徳的に問題があることから犯罪者が憎悪の対象となり、被害への対策の必要について合意が形成され、さらにその社会的害悪が強調され、パニックになったというプロセスを経ている。ただし、性犯罪に対するモラルパニックは、性犯罪を社会的リスクと捉え、そうしたリスクを生じさせないような規制をもたらす傾向があることから、一過性のモラルパニックと比べて、リスク社会ではそのパニックが長期にわたり継続すると指摘される[18]。なぜなら、リスク社会ではリスクコントロールが必要となり、しかもそれは個人だけでは対応できないことから、法による規制が必要となる。そして、そのパニックが継続する限り、法規制

---

(16)　See, e.g., Daniel M. Filler, *Terrorism, Panic, and Pedophilia*, 10 Va. J. Soc. Pol'y & L. 345, 347-348 (2003); Janice M. Irvine, *Transient Feelings: Sex Panics and the Politics of Emotions*, 14 GLQ: J. Lesbian & Gay Stud. 1 (2007).

(17)　Bela August Walker, *Deciphering Risk: Sex Offender Statutes and Moral Panic in a Risk Society*, 40 U. Balt. L. Rev. 183, 196 (2010).

(18)　*Id.* at 201-212.

が緩和されることはなく、むしろ強化される傾向になっていくからである。

　実際、性犯罪前科者に対する規制は、出所後の登録や関係情報の公開に始まり、さらに移動制限や居住制限に発展し、さらにはGPSを装着させるところにまで進んでいる。しかし、こうした規制が感情に起因しているとすれば、事実認識に問題があったり規制方法が不合理であったりする可能性がある。具体的には、性犯罪前科者の再犯率が高いといわれるが本当に高いのかどうか、そして過剰なおそれが過度な規制を招いているのではないかという点である。

　再犯率については調査の主体、対象、時期、比較等の各要素によって結果の評価が異なってくる。まず主体について、民間が行うのか、政府が行うのかという問題があり、それは調査情報の規模や信頼性に関係する。対象については、どの類型を性犯罪とみなすのか[19]、そして再犯の罪の対象は性犯罪とするのかそれとも他の犯罪も含むのか、性犯罪とした場合でも同じ種類の性犯罪とするのか、あるいは別の性犯罪を含むのかによって結果の意味が異なってくる。時期については、どの程度の期間内に再犯に及んだかという問題であり、短期間の再犯率と長期間の再犯率とで結果が異なる可能性がある。また、調査結果を基に、どの犯罪類型と比較するのか、その場合の比較は適切なのかどうかという問題もある。いずれにせよ、性犯罪の再犯率については、一概に語れないところがあるということを踏まえた上で、一般にどのようなことがいえるのかを考える必要がある。

　統計資料のうち、最も詳細な統計を行っているのが、司法省司法プログラム局（U.S. Department of Justice Office of Justice Programs）の出した調査結果である。とりわけ、よく参照されるのは、当局が1994年の性犯罪前科者9691人（15州／全犯罪者の約4％）を対象に再犯率を調査した統計結果（2003年公表）である[20]。それによると、性犯罪前科者が出所後3年以内に再犯（あらゆる罪を含む）で逮捕される割合が43％、性犯罪で逮捕される割合が5.3％、暴力犯で逮捕される割合が17.1％、財産犯で逮捕される割合が13.3％とされる。この資料によると、全犯罪者の再犯率からすると、性犯

---

(19)　一般には、レイプ、性に対する攻撃的犯罪、子供に対する性犯罪などが対象となる。
(20)　Matthew R. Durose, Patrick A. Langan and Erica L. Schmitt, *U. S. Department of Justice Office of Justice Programs, Recidivism of Sex Offenders Released from Prison in 1994*, NCJ 198281 (Nov. 16, 2003), *available at* http://www.bjs.gov/content/pub/pdf/rsorp94.pdf.

罪前科者の再犯率は全体と比べて低いことになる。なぜなら、全犯罪者（性犯罪者を含む）の再犯率（あらゆる犯罪を対象とする）は68%であるのに対し、性犯罪前科者の再犯率（あらゆる犯罪を含む）は43%だからである。しかし、出所後3年以内に、前科者が性犯罪を行う確率は性犯罪前科者の方が一般の前科者よりも割合が高くなる。性犯罪前科者が再び性犯罪によって逮捕される割合（5.3%）は、全犯罪前科者が性犯罪で逮捕される割合（1.3%）の約4倍となっている。つまり、出所者が性犯罪を行う確率は、性犯罪前科者の割合が他の前科者よりも高いということになるため、性犯罪前科者は再犯率が高いというイメージにつながっているといえる。ただし、全体の再犯率からすると、性犯罪前科者の再犯率は決して高くないわけであり、性犯罪についての再犯率だけをもって再犯率が高いといえるかどうか、しかも5.3%という数字を基に再犯率が高いといえるかというと、微妙なところである。

ところが、統計主体によって性犯罪前科者の性犯罪の再犯率は高くなる場合もある。たとえば、1998年の民間調査では、29000人の性犯罪前科者の出所後5年以内の再犯率を調べたところ、レイプの再犯が18.9%、子供への性犯罪の再犯が12.7%であったといわれる[21]。この数字をみると、性犯罪についての再犯率はやや高いといえるが、全体と比べて高いのかどうかがわからないという問題がある。

かりに性犯罪前科者の性犯罪の再犯率が高いとしても、それに対して社会が過剰反応をしている可能性がある。まず、個人情報の登録や公開はスティグマを押しつける結果となり、社会復帰を困難にさせてしまうという問題がある。次に、移動制限や居住制限は、とくに子供に対する性犯罪の前科を有する者を子供に近づけさせないようにして再犯を防ぐという意図で行われているが、その前提には性犯罪前科者は近所の見知らぬ子供を襲うというイメージがあるとされている。しかし、子供に対する性犯罪の多くは家族や子供と面識のある者に対するものであり、このような規制は効果が低い反面、過度に自由を制限するという不合理なものとなっていると指摘される[22]。

---

(21) LeRoy L. Kondo, *The Tangled Web-Complexities, Fallacies and Misconceptions Regarding the Decision to Release Treated Sexual Offenders from Civil Commitment to Society*, 23 N. Ill. U. L. Rev. 195, 199 (2003).

(22) Caleb Durling, *Never Going Home: Does It Make Us Safer? Does It Make Sense? Sex Offenders, Residency Restrictions, and Reforming Risk Management Law*, 97 J. Crim. L. & Criminology 317 (2006).

このように、性犯罪に関するリスク対策はモラルパニックの結果不合理な規制につながる可能性がある。だが、より問題なのは、こうした規制が憲法上の自由に対するリスクとして立ち現れていることである[23]。一般に、犯罪者は法的に罪を償えば、一般市民と同様の身分に復帰できるはずである。それにもかかわらず、出所後も氏名や住所を公開させることに対しては、二重処罰に当たるのではないかという憲法問題が出てくる。また、移動制限や居住制限は、移動や居住の自由を制約するものであり、出所後にもそのような規制を行うことは憲法上の自由を侵害する可能性が高い。また、GPS装着による監視はプライバシー権や移動の自由を制約するものであり、私生活に相当程度踏み込む規制を行っている。

性犯罪に対してのみ、ここまで自由を制約するのは、ある種のモラルパニックが起きているといってもよいだろう。もちろん、規制が合理的で、その制約が憲法上正当化されるのであればよいが、パニックがもたらした規制はやや過剰になる傾向が強い。こうした予防的傾向は社会全体の一般的自由を狭める可能性もあり、性犯罪前科者に限らず、市民の一般的自由の問題としても認識しておく必要がある。

そこで以下では、アメリカにおける規制状況を概観しながら、それに対して司法がどのような対応を行っているのかを考察し、性犯罪リスクへの対応策が自由のリスクを惹起していないかどうか、そして司法が適切な対応を行っているかどうかを検討することにする。

3 性犯罪前科者規制の動向

まずは、出所後の性犯罪前科者に対して個人情報の登録義務を課し公開を行うことの問題からみていくことにする。現在、アメリカでは性犯罪予防のために性犯罪前科者の個人情報登録およびその公開を行っている。これまでの推移をみると、何らかの事件をきっかけに規制を求める声が高まり、連邦レベルで法律が制定されるという傾向がある。こうした法律をまとめてメーガン法と呼ぶこともあるが、メーガン法は一連の法律の1つにすぎず、区別しておかなければならない。

---

[23] Lee Ann S. Turner, *Sex Offender Statutes: Society's Need for Protection Versus an Individual's Constitutional Rights*, 20 L. & PSYCHOL. REV. 263 (1996).

性犯罪前科者に対する規制が本格化し始めたのは20世紀末の頃からであった。その皮切りになったのが、1994年のジェイコブ・ウェッターリング法（Jacob Wetterling Crimes Against Children and Sexually Violent Offenders Registration Act）[24]である。この法律は、11歳のジェイコブ・ウェッターリング（Jacob Wetterling）少年誘拐事件を発端に、性犯罪予防の機運が高まった結果、制定されたものである。その内容は、性犯罪前科者に関する情報を登録し、指紋と写真の提供を義務づけ、その公表を州に促すものであった。

　その2年後に制定されたのが、有名な1996年のメーガン法（Megan's Law）[25]である。この法律は、メーガン・カンカ（Megan Kanka）少女の誘拐・強姦致死事件をきっかけに制定された。この事件の犯人が性犯罪前科のある者で、しかも近所に住んでいたことから、両親は性犯罪前科者に関する情報の地域への通知制度の必要性を求めて運動を展開し、連邦議会にも法制定を求めてロビー活動を行った。こうして制定されたメーガン法は、登録制度の制定と、その登録情報の公開を義務づけた。ただし、この法律は州に対して最低限の制度構築を要請するものにすぎなかったので、具体的な実施方法は各州に委ねられた。

　さらに、性犯罪前科者の行動の監視を強めようとして制定されたのが、2006年のアダム・ウォルシュ法（Adam Walsh Child Protection and Safety Act）[26]である[27]。アダム・ウォルシュ（Adam Walsh）少年が惨殺された事件をきっかけに、その親が犯罪被害者の支援活動を展開した結果、性犯罪前科者の監視を強めるアダム・ウォルシュ法が制定された。この法律の核をなすのが第I章の性犯罪者登録認証法（Sex Offender Registration and Notification Act: SORNA）である[28]。SORNAは、連邦レベルで、DNAを含む個人情報

---

(24) The Jacob Wetterling Crimes Against Children and Sexually Violent Offenders Registration Act, Pub. L. No. 103-322, tit. XVII, §170101, 108 Stat. 1796, 2038.

(25) The Megan's Law, Pub. L. No. 104-145, 110 Stat. 1345.

(26) The Adam Walsh Child Protection and Safety Act of 2006, Pub. L. No. 109-248, 120 Stat. 587 (codified at 42 U.S.C. §§16901-16991).

(27) Bailey Bifoss, *The Sex Offender Registration and Notification Act: The Need to Break the Constitutional Mold*, 41 GOLDEN GATE U. L. REV. 255 (2011). なお、連邦法によって性犯罪前科者規制を行うようになったのは、どのような規制であれば連邦権限を逸脱していないかという点について、近時の司法が判断枠組を示すようになったからだという指摘がある。

(28) The Sex Offender Registration and Notification Act, Pub. L. No. 109-248, 120 Stat. 587, 590 (codified at 42 U.S.C. §§16901-16917).

の登録を強制し、登録情報の更新を義務化し、さらに登録期間を長期化した。登録期間については、犯罪の重さによって3つのレベルに分けられ、それぞれのレベルに応じた期間が設定された。また、出所後にGPSを装着させることについて州に補助金を出すなどの規定も盛り込まれた。

連邦法の要請を受けて、実際に登録や公開を行うのは州であるが、その対応は州によって違いがある。ただし、このシステムに協力する州は年々増加するとともに、登録情報事項も増える傾向にある。最近では、氏名、住所、電話番号、性別、年齢、身体的特徴、犯罪内容、出所日、勤務先、社会保険番号、免許証番号、写真、指紋、DNAサンプルなどが登録情報として管理されている。これらの登録を怠った場合、違反者は1～10年の禁錮、1000ドルの罰金等の処罰を受けることになる。また、州によってまちまちであるが、登録期間は10年～終生とされる。なお、登録に関する告知と聴聞の機会はない。

しかしながら、以上の規制は、出所後であるにもかかわらず性犯罪前科者に登録および公開を義務づけているため、二重処罰の禁止に触れないのか、またこれらの規制はその時点で服役中の性犯罪者も対象となっていたため、遡及処罰の禁止にも反しないのかという問題をはらんでいる。さらには、たとえ処罰性がなくとも、実体的権利を侵害していないかという疑念も払拭できない。以下では、性犯罪前科者規制の合憲性をめぐる判例の展開を追うことにする。

II 刑事手続に関する連邦最高裁の判例

1 出所後の施設収容の合憲性

連邦最高裁は、性犯罪前科者規制の合憲性につき、刑事手続の問題に焦点をしぼって判断を下している。まずは、一定の性犯罪前科者を出所後も施設に強制的に拘禁することの合憲性が争われた1997年のKansas v. Hendricks連邦最高裁判決[29]がある。カンザス州の性暴力的略奪者法 (Sexually Violent

---

(29) Kansas v. Hendricks, 521 U.S. 346 (1997). 判例評釈として、津村政孝「sexually violent predatorに対する民事収容の合憲性」[2000-1] アメリカ法172頁、早野暁「性暴力犯罪を習慣とする精神異常者の収容を規定するキャンザス州法は、合衆国憲法上のデュー・プロセス及び二重危険禁止に違反せず、事後法にもあたらない、と判示された事例」比較法雑誌33巻1号217頁 (1999年) を参照。

Predator Act)[30]は、性暴力的略奪者（精神異常のために性暴力を行いがちな者）を出所後も施設に収容していた。収容する場合には、出所前に検察官が裁判所に認定の申請を行い、裁判所によってその疑いがあるとの相当な理由があるとされれば鑑定に回し、その後陪審の判断を経て収容される。いったん収容されると治癒するまで出られない場合もある。

　連邦最高裁は、精神異常者の民事拘禁自体はこれまで憲法に違反しないとされてきたのであって、当該規制も精神異常者を公共への危険がなくなるまで拘禁するにすぎないので刑罰ではないとし、合憲であるとした。トーマス（Clarence Thomas）判事による法廷意見は、「身体的拘束からの自由はつねにデュープロセスが政府の恣意的な行為から保護してきた自由の核心であるが、その自由の利益は絶対的なものではない」[31]と述べた上で、本件のような危険人物の民事拘禁（civil commitment）は秩序ある自由（ordered liberty）に反するものではないとする。危険を事前に予防することは立法の任務であり、司法はその判断を立法府に委ねてきたというのである。また、本件規制が処罰性を持つことから二重処罰の禁止および遡及処罰の禁止に違反するのではないかという問題については、本法の目的規定が刑罰であることを意図していないことや、犯罪に対する更生の目的を含んでいるわけではないことから刑罰に当たらないとした[32]。ただし、ブライヤー（Stephen Breyer）判事の反対意見（スティーブンス（John P. Stevens）、スーター（David Souter）、ギンズバーグ（Ruth B. Ginsburg）が同調）があり、本件には処罰性があると主張している[33]。

2　登録および公開の合憲性

　つぎに、登録および公開の問題が争われた事案をみていく。2003年のSmith v. Doe 連邦最高裁判決[34]では、性犯罪前科者に個人情報の登録を義務づけ州がその公開を行うアラスカ州法（Alaska Sex Offender Registration Act）[35]

---

(30)　KAN. STAT. ANN. §59-29a01 et seq.
(31)　521 U.S. at 356.
(32)　Id. at 360-371.
(33)　Id. at 373-397 (Breyer, J., dissenting).
(34)　Smith v. Doe, 538 U.S. 84 (2003). 判例評釈として、田中利彦「性犯罪者の個人情報の公開と遡及処罰法の禁止」法律のひろば57巻8号48頁（2004年）を参照。
(35)　1994 ALASKA SESS. LAWS ch. 41.

の合憲性が争われた。この規制が刑事罰に当たり、本法制定以前の性犯罪前科者にまで適用することは遡及処罰の禁止に反するのではないかという点が争われたのである。

　連邦最高裁は当該規制に処罰性を認めず合憲とした。ケネディ（Anthony Kennedy）判事の法廷意見は、本法が刑罰を意図しているかどうか、そして刑罰的効果を有しているかどうかを判断する。まず、立法目的は公共の安全であることから、処罰的意図はうかがわれない。問題は、その効果に処罰性があるか否かである。本法のように処罰的意図がない場合、処罰的効果を認めるためには意図を覆すだけの明確な証拠が必要である。そこで法廷意見は、1963年のKennedy v. Mendoza-Martinez連邦最高裁判決[36]で提示されたメンドーザテストを持ち出す。すなわち、歴史的に刑罰とみなされてきたかどうか、積極的に制約をかけているかどうか、処罰的意図を促進しているかどうか、を判断することにしたのである。しかし、本法は原則公開となっている刑事関連情報を開示するだけであって、過去の刑罰のように対象者を辱めるようなものではなく、物理的にも拘束するわけでもなく、民事的な抑止機能を持つにすぎない。つまり、本法は公衆を保護するための民事手続であり、有罪判決を受けたことを公表するのも処罰に該当しない。したがって、公表は、出所者の身体や移動を拘束するわけではなく、処罰規定でない以上、遡及処罰に当たらないとした。

　これに対して、スティーブンス判事やギンズバーグ判事は反対意見を書いている。スティーブンス判事は、当該規制が憲法上保護された「自由の利益」（liberty interest）を侵害しているとする[37]。性犯罪前科者に関する情報の登録・公開は、重大なスティグマを押しつけており、制裁的意味を持つ。それゆえ当該規制は処罰性を有しているため、本法制定以前の性犯罪前科者に適用することは遡及処罰にあたり、違憲であるとした。また、ギンズバーグ判事（ブライヤー判事も同調）は、法廷意見と同じくメンドーザテストを適用するが、結果が異なるものになるとする[38]。本規制は性犯罪前科者に出所後も犯罪者の烙印を押しつけ、しかも全国に公開することから、処罰的

---

(36)　Kennedy v. Mendoza-Martinez, 372 U.S. 144 (1963). 選抜徴兵を免れるためにメキシコに逃亡したが捕まり、その罪によってアメリカ国籍を失うはめになり、拘禁されてしまった者らが国籍関連法令の違憲性を訴えたケースである。

(37)　538 U.S. at 110-114 (Stevens, J., dissenting).

(38)　538 U.S. at 114-118 (Ginsburg, J., dissenting).

効果を持っている。そのため、メンドーザテストを適用すると、処罰性があるということになり、遡及処罰の禁止に反することになるとした。

一方、同日に判断が下されたConnecticut Department of Public Safety v. Doe連邦最高裁判決[39]では、性犯罪前科者に個人情報の登録を義務づけ公開を行うコネチカット州法[40]が聴聞の機会を与えていなかったため、その合憲性が争われた。連邦最高裁は本件でも合憲の判断を下した。レーンキスト（William H. Rehnquist）判事の法廷意見は、登録はその者が現在危険であるということを知らせることを目的としたものではなく、前科があったという事実を公衆に知らせるだけのものであることから、それについて聴聞の機会を設ける必要はないとしたのである。なお、スーター判事の同意意見（ギンズバーグ判事が同調）は、本件では手続的デュープロセス違反か否かだけが問われたのであって、実体的デュープロセス違反は問われていないので、この問題を争う余地は残されていると付言している[41]。

3　州際移動登録要件の遡及適用

以上の判決により、登録および公開には処罰性がないとされたことから、連邦議会は新たな性犯罪前科者規制に動き出し、2006年に先述のアダム・ウォルシュ法を制定した。本法は、登録を要求される性犯罪前科者が他州または外国に移動する際に故意に登録の更新を行わなかった場合に刑罰を科すと規定していた[42]。具体的には、登録を要求される者は、出所前か出所後3日以内に登録しなければならず、登録事項に変更が生じた場合は3日以内に更新しなければならないことになっていた[43]。本法の委任規定に基づき[44]、2007年2月28日、ゴンザレス（Alberto Gonzales）司法長官は、本法制定以前に有罪判決を受けた者に対しても本法の登録要件を適用するとした[45]。2010年のCarr v. United States連邦最高裁判決[46]では、このような遡及適

---

(39) Connecticut Department of Public Safety v. Doe, 538 U.S. 1 (2003).
(40) CONN. GEN. STAT. §§54-251, 54-252, 54-254.
(41) 538 U.S. at 9-10 (Souter, J., concurring).
(42) 42 U.S.C. §2250(a).「本章に規定される罰金若しくは10年以内の懲役又はその両方が科せられる」。
(43) 42 U.S.C. §§16913(b), (c).
(44) 42 U.S.C. §§16913(b), (d), 16917(a), (b).
(45) 28 C.F.R. §72.3.
(46) Carr v. United States, 130 S. Ct. 2229 (2010).

用が許されるのかどうか、すなわち SORNA の制定前に有罪判決を受けた者およびその者の州際移動に対しても適用することができるのかどうかが問題となった。

アラバマ州で第一級の性的虐待で有罪判決を受けた被告人は、本法制定以前にインディアナ州に転居したが、インディアナ州で性犯罪登録を行わなかった[47]。2007 年 7 月に、被告人は喧嘩をしているときに保安官に職務質問されたことがきっかけで本法違反が明るみに出て起訴された。連邦地裁は 30 ヶ月の懲役を命じたため、被告人は控訴して遡及処罰禁止違反を主張したが、連邦高裁は SORNA の制定後に登録するための合理的期間があったのにもかかわらず、それを怠ったとして有罪判決を下した。

連邦最高裁は、SORNA は本件には適用されないとし、原審に差し戻した。ソトマイヨール（Sonia Sotomayor）判事の法廷意見は SORNA の条文解釈を行いながら、本件への適用を検討する。まず、本法の規定は過去の性犯罪前科者の過去の州際移動を対象としたわけではく、現在の移動を対象としたものである。また、その他の文言をみても、「要求される」（is required）や「故意に怠る」（knowingly fails）なども現在時制である。さらに、下院司法委員会の報告書を読むと、本法制定後の移動を対象としていることがうかがえる。したがって、本法制定前の移動に適用されるものではなく、憲法の遡及処罰禁止の問題を惹起するまでもないとして原審に差し戻した。

また、2011 年の United States v. Juvenile Male 連邦最高裁判決[48]でも、本法制定以前に犯した青少年の性犯罪に対して登録要件を課すことが遡及処罰の禁止に当たるか否かが争われた。2005 年、被告人（当時 15 歳の少年）は 12 歳の少年に対して性的虐待を行った罪（連邦青少年非行法）で有罪判決を受け、2 年間の少年院収監と 21 歳までの保護観察処分の刑が下された。2006 年に制定された SORNA は、性犯罪前科者に出所後の住所・勤務先・通学先等を登録するように義務づけ、重大な性的非行を行った青少年にも適用するとしていた。これを受けて司法長官は規則を制定し、本法制定以前に

---

(47) Kathy Swedlow, *When Does the Ex Post Facto Clause Preclude Prosecution Under the Sex Offender Registration and Notification Act?*, 5 PREVIEW 228 (2010). なお、SORNA 違反は 10 年以内の懲役だが、インディアナ州の登録違反の罰則は 3 年以内の懲役となっており、この差をどうするのかが今後の問題である。

(48) United States v. Juvenile Male, 131 S. Ct. 2860 (2011).

有罪判決を受けた者にも適用するとしていた。2007年、被告人は釈放前プログラムの条件を満たすことができず、連邦地裁は6ヶ月の追加刑を認めた。その際、連邦地裁は、SORNAに基づき、少なくとも21歳まで登録要件を課すことを決定した。これに対して、被告人が遡及処罰の禁止に当たり違憲であると主張した。だが、これについて連邦最高裁は、現在、被告人に対する登録要件はSORNAではなく、モンタナ州法によって実施されており、本法の問題はムート（moot）[49]であるとして、遡及処罰の禁止に当たるかどうかの判断を行わなかった。

4　判例法理の整理

以上の判例法理をまとめると、性犯罪前科者の登録・公開システムは処罰に該当しないというのが連邦最高裁の態度であるといえる。Connecticut v. Doe判決とSmith判決ではともに控訴審が違憲の判断をしていることや、Smith判決の反対意見が処罰性を認定していることに留意すべきであるが、現時点では連邦最高裁が性犯罪前科者情報の登録・公開システムを処罰に該当しないとしていることに変わりはない。

一方、Carr判決は、司法長官による遡及適用の運用を認めなかった。有罪判決を受けた者に対して関連情報の登録・公開を課すことが可能であるとしても、更新義務を遡って適用し罰則を科すことはできないとしたのである。ここでは、遡及対象が罰則に連結しているために認められなかったともいえるが、法廷意見は緻密な法解釈作業を行っている点が注目される。要するに、ここでは司法長官による遡及適用の判断が法解釈として妥当でないことが主な問題とされたのである。逆にいえば、法律によって明確にこのような遡及適用を行うことを許容する余地を残しているものともいえる。

ともあれ、連邦最高裁は性犯罪前科者規制には処罰性がないとして合憲としているわけであるが、かかる規制が実体的権利を侵害していないかどうかについては判断していない。情報の登録および公開が公共の安全のためであるとはいえ、それはみせしめとしての効果を持っており、性犯罪前科者に不利益を課している点に変わりはなく、この問題について検討する必要がある。

---

(49)　つまり、被告人はSORNAの適用を受けなくてもモンタナ州法によって登録要件を課される身であることから、SORNA違反を争う利益がないとされた。

III 自由の利益（liberty interest）の動揺

1 自由の利益

これまでみてきたように、連邦最高裁は性犯罪前科者情報が公共の安全に必要な情報であるとして、当該情報の登録・公開の合憲性を認めている。たしかに、政府が安全に関する情報提供を行うことは重要である。地震や台風などの自然災害情報から食品や薬品などの生活関連情報まで、政府が様々なリスク情報を提供しなければ社会が不安定になり、市民は安心して日常生活を送ることができなくなってしまう。しかしながら、時として政府の情報提供は市民の自由を制限する場合がありうる。たとえそれが処罰性を帯びていなくても、実質的に制裁作用を伴っていたり、間接的に自由を制約したりすることがあるのである。その自由に配慮しないとき、予防社会は一気に加速する。

この点、Smith 判決でスティーブンス判事がいみじくも指摘した「自由の利益」は、現代社会において押し寄せる予防の波に対し、消波材としてのテトラポッドを投げ込んだといえる。これにより、処罰にはいたらない不利益処分に対し、自由の防波堤を築く余地が残されたからである。

とはいえ、「自由の利益」を使いこなすのは容易ではない。これまで、判例はしばしばこの言葉を用いることがあったが、首尾一貫した意味で用いていたとは言い難い。むしろ、曖昧かつ抽象的な使い方をすることが多く、しばしば広く自由一般を指すことに用いることもあれば、権利と同じ意味で用いることさえある。それゆえ、あらゆる行為が自由の利益に包含されてしまう可能性がある一方、逆に狭めすぎてしまうと自由のエリアが縮小し、自ら首を絞めるような結果に陥ってしまうおそれがある。かかるジレンマに加え、そもそもニューディール以降、連邦最高裁は明示された基本的権利（fundamental rights）以外の自由に対する規制には合憲性の推定の下に判断を下す傾向にあった。1938 年の United States v. Carolene Products Co. 連邦最高裁判決[50]の脚注 4 を皮切りに、1955 年の Williamson v. Lee Optical of Okla-

---

(50) United States v. Carolene Products Co., 304 U.S. 144 (1938). この事件は日本において二重の基準との関係で取り上げられる判例であり、判決の内容については、松井茂記「市民的権利の制限と司法審査のあり方」アメリカ法判例百選46頁（2012年）を参照。

homa, Inc. 連邦最高裁判決[51]などで合憲性推定のルールが実践され、明示された基本的権利以外の自由を認める余地がないかのような判断が下されていった。

2 自由の利益と基本的権利

しかしながら、1965年のGriswold v. Connecticut 連邦最高裁判決[52]が修正14条からプライバシーの権利を導き出すと、連邦最高裁は権利や自由の門を徐々に開き始めていく。それを加速させたのが1973年のRoe v. Wade 連邦最高裁判決[53]であり、私的事項に関する自己決定権が基本的権利として認められるにいたる。かかる権利の規制には、やむにやまれぬ利益と厳密に仕立てられた手段が存在しなければならないとする、いわゆる厳格審査が用いられた。

このように連邦最高裁は基本的権利の幅を拡大したのだが、その後いよいよ基本的権利以外の自由についても踏み込み始める。それが1982年のYoungberg v. Romeo 連邦最高裁判決[54]であった。この事件は、精神遅滞者の子供を入院させる施設が子供に対して不適切な取扱いを行っているのではないかとして裁判になったものである。パウエル（Lewis F. Powell, Jr.）判事による法廷意見は、まず、非自発的収容の場合、最低限の適切な取扱いを受ける権利が修正14条のデュープロセスによって保障されていると述べる。その上で、安全の自由および拘禁からの自由が憲法上保障されているのであって、これら「自由の利益」を侵害してはならないとする。ただし、この自由の利益は絶対的なものではなく、州の利益との比較衡量に服する。本件では、州の施設運用における利益よりも、適切に収容される利益の方が大きい。そのため、本件における収容は不適切なものであるとした。

Youngberg 判決により、修正14条に基づき安全の自由および拘禁からの自由が「自由の利益」として憲法上保障されていることが示された。そして

---

(51) Williamson v. Lee Optical of Oklahoma, Inc., 348 U.S. 483 (1955).
(52) Griswold v. Connecticut, 381 U.S. 479 (1965).
(53) Roe v. Wade, 410 U.S. 113 (1973). 本件についてはかなりの数の判例評釈があるので、ここではさしあたり判決の部分訳を行った文献として、小竹聡「翻訳—Roe v. Wade, 410 U.S. 113 (1973) 判決」拓殖大学論集政治・経済・法律研究17巻1号113頁（2014年）、山﨑康仕「翻訳—人工妊娠中絶をめぐる規範の形成—Roe v. Wade」神戸大学大学院国際文化学研究科紀要国際文化学研究科紀要40巻143頁（2013年）などを挙げておく。
(54) Youngberg v. Romeo, 457 U.S. 307 (1982).

それは絶対的なものではなく、州の利益との比較衡量に服するとした点が重要である。というのは、基本的権利に適用される厳格審査ではなく、それ以外の規制に対して用いられる合理性の基準でもない、比較衡量基準が用いられたからである。本件は、〈基本的権利＝厳格審査／基本的権利以外＝合憲性推定型合理性審査〉という枠組に風穴を開け、新たに〈特定の自由＝比較衡量〉という要素を組み込んだといえる。

　もっとも、その4年後、連邦最高裁は黙示の基本的権利を重視する代わりに、「自由の利益」を眠りにつかせてしまう。ソドミー行為を規制するジョージア州法の合憲性が争われた1986年のBowers v. Hardwick連邦最高裁判決[55]は、ソドミーを行う自由が基本的権利に当たるかどうかという枠組を設定した。ある自由がこれに該当するかどうかは、国家の歴史と伝統に深く根ざしてきたかどうかによって判断されるという。その結果連邦最高裁は、本件行為はそのような範疇に入らないとしてジョージア州法を合憲とした。これに対して、ハードウィック（Michael Hardwick）はたとえ基本的権利に該当しないとしてもソドミーを行う自由があるはずであると主張したが、法廷意見は基本的権利以外の問題を司法はわざわざ判断しないとした。この結果、芽吹き始めた自由の利益の法理が早々に摘み取られてしまったのである。

　その後、連邦最高裁は判決の中で「自由の利益」という言葉に言及することこそあるものの、法理や基準として用いることはなかった。代わりに何をもって基本的権利に当たるとするかという点が重視され、1997年のWashington v. Glucksberg連邦最高裁判決[56]ではいわゆるグラックスバーグテストが提示される。すなわち、基本的権利該当性は、①客観的に、国家の歴史や伝統に深く根ざし、秩序ある概念の中に含まれてきたかどうか、②慎重な認定を行うために狭く定義されているかどうかによって判断されるというものである。

---

(55) Bowers v. Hardwick, 478 U.S. 186 (1986). 同性愛をめぐる事件として有名な事件であり、さしあたり、判例評釈として、丸山英二「ソドミー禁止法の合憲性と合衆国最高裁」判例タイムズ38巻23号41頁（1987年）を参照。

(56) Washington v. Glucksberg, 521 U.S. 702 (1997). 本件はある自由が基本的権利に該当するか否かに関する基準を正面から示した判決であり、判例の内容については、藤井樹也「自殺幇助を禁止する州法の合憲性」憲法訴訟研究会＝戸松秀典編『続・アメリカ憲法判例』277頁（有斐閣、2014年）、佐藤雄一郎「医師の助けを受けて死ぬ権利（PAS）」アメリカ法判例百選100頁（2012年）、村山史世「自殺幇助を禁止した州刑法は、合衆国憲法修正14条のデュープロセス条項にも平等保護条項にも違反しないと判断された事例」比較法学32巻2号415頁（1999年）を参照。

もっとも、先述の Hendricks 判決では久方ぶりに「自由の利益」が登場する。連邦最高裁は、デュープロセスによって物理的拘束からの自由が保障されているとし、自由の利益に該当するとしたのである。ただし、自由の利益と規制の利益との実質的な比較衡量を行わずに、危険人物の拘禁という公益性を指摘するだけで簡単にその合憲性を認めている。自由の利益の法理が生き残っていることは確認できたが、性犯罪前科者規制という予防の前にはかなり弱められてしまうことが明らかになったといえる。

3　自由の利益と基本的権利の区分

　その後、自由の利益の法理を創出し、基本的権利との共存関係を構築したのが、2003 年の Lawrence v. Texas 連邦最高裁判決[57]であった[58]。この事件では、同性間のソドミー行為を規制するテキサス州法の合憲性が争われ、連邦最高裁は Bowers 判決を変更したのである[59]。

　ケネディ判事による法廷意見によると、ソドミーが基本的権利に該当するか否かだけで問題を処理した Bowers 判決は誤りであり、基本的権利に当たらなくても憲法上の保護を受ける場合があるという。それが自由の利益である。ここでいう自由の利益は、個人の自律を前提とした自由のことであり、私的選択や関係形成の自由を制限するためにはその規制に合理性がなければならない。ところが、当該規制にはそのような合理性があるとはいえず、さらに当該規制はスティグマを押しつけるという問題をもはらむ。そのため、

---

(57) Lawrence v. Texas, 539 U.S. 558 (2003). 本件は、自宅内の同性愛行為を処罰することを違憲としただけでなく、基本的権利以外の保護されるべき自由の領域を認めたことから、大きなインパクトがあった。本件の判例評釈として、上田宏和「アメリカ憲法学における『自己決定権』の保護範囲」創価大学大学院紀要 35 集 63 頁（2013 年）、大野友也「同性愛行為に対する憲法上の保護」アメリカ法判例百選 102 頁（2012 年）、萩原滋「実体的デュー・プロセス論の再考」白山法学 8 号 1 頁（2012 年）、阿部純子「プライヴァシー理論の新展開」中央大学大学院研究年報 37 号 27 頁（2007 年）、羽渕雅裕「同性婚に関する憲法学的考察」帝塚山法学 10 号 31 頁（2005 年）、根本猛「実体的適正手続の新たな射程―いわゆるソドミー法をめぐって」静岡大学法政研究 9 巻 4 号 184 頁（2005 年）、篠原光児「ソドミー法と同性愛者の権利」［2004-1］アメリカ法 69 頁、藤井樹也「ソドミー行為を禁止する州法が違憲とされた事例」ジュリスト 1255 号 142 頁（2003 年）などがある。

(58) Jedediah Purdy and Neil S. Siegel, *The Liberty of Free Riders: The Minimum Coverage Provision, Mill's "Harm Principle," and American Social Morality*, 38 AM. J. L. & MED. 374, 383 (2012).

(59) 本件につき、挑戦モデルの観点から道徳立法の問題を分析したものとして、駒村圭吾「道徳立法と文化闘争―アメリカ最高裁におけるソドミー処罰法関連判例を素材に」法学研究 78 巻 5 号 83 頁（2005 年）。

本件規制は違憲であるとしたのである。

本件で示された自由の利益は、Glucksberg 判決のような基本的権利の法理でも、Youngberg 判決のような特定の自由を保護した法理でもなく、抽象的な自由の利益に関する法理である[60]。その違いは審査基準においてもみることができ、基本的権利は厳格審査、特定の自由は比較衡量で判断されるが、自由の利益は合理性の有無で判断されている。

バーネット (Randy E. Barnett) によれば、Lawrence 判決はこれまでの合憲性推定の原則から自由の推定へと転換した画期的判決であるという[61]。従来、裁判所が規制の合憲性を審査するかどうかは基本的権利か否かという問題に吸収されてしまっており、それ以外であるとされた場合には当該規制については合憲性の推定が働くがゆえに、実質的判断がされないまま合憲判断が下される傾向にあった。ところが、Lawrence 判決は基本的権利以外の一般的自由についても審査場面 (scrutiny land) に入るチケットを与えることになったというのである。

こうして、基本的権利に該当しない自由についても、規制が私的選択や関係形成の自由を制限している場合、あるいはそれに付随してスティグマを押しつけている場合には、憲法上保障される自由の利益を侵害することになるとされた。このとき、司法は合理性の基準を適用し、必ずしも合憲性を推定せず、実質的に合理性があるか否かを判断することになったのである[62]。

4　判例法理の整理——ファロンの慧眼

実は、ファロン (Richard H. Fallon, Jr.) が Lawrence 判決以前の頃からすでにこうした判断枠組を指摘していた[63]。ファロンによれば、そもそも〈基本的権利＝厳格審査／基本的権利以外＝合憲性推定型合理性審査〉という二分論は絶対的なものではないという。なぜなら、基本的権利に関する規

---

(60) Matthew Coles, *Lawrence v. Texas & the Refinement of Substantive Due Process*, 16 STAN. L. & POL'Y REV. 23, 26-37 (2005).
(61) Randy E. Barnett, *Scrutiny Land*, 106 MICH. L. REV. 1479 (2008).
(62) Lisa K. Parshall, *Redefining Due Process Analysis: Justice Anthony M. Kennedy and the Concept of Emergent Rights*, 69 ALB. L. REV. 237, 249-250 (2005). なお、本件以降、下級審は自由の利益に関する事案について合理性のテストのハードルを上げて判断する傾向がみられるとされる。
(63) Richard H. Fallon, Jr., *Some Confusions About Due Process, Judicial Review, and Constitutional Remedies*, 93 COLUM. L. REV. 309 (1993).

制がつねに厳格審査になるわけではなく、規制方法によっては厳格審査がなされないこともありうる。また、基本的権利以外の規制であっても、スティグマを押しつけるような規制の場合には、連邦最高裁は平等保護とあいまって合理性のハードルを上げる傾向がある[64]。さらに、Youngberg 判決のように、特定の自由については比較衡量判断がなされることもあり、二分論以外の領域も開拓されている。そのため、二分論は判例法理を正確に説明できるものではないとするのである。

かかるファロンの指摘は判例動向を正確に言い当てており、まさに慧眼である。ただし、ファロンは判例法理が明確な枠組を創設しているわけではないとし、定式化に否定的である。ファロンは、連邦最高裁が権利の問題というよりも規制態様に着目して判断の恣意性や判断過程を審査しているとし、個別の事案ごとにある種の直感に基づいて判断しているとする。

ファロンの指摘を踏まえた上で、あえてこれまでの判例法理を整理すると、〈基本的権利＝厳格審査／特定の自由＝比較衡量／自律的一般的自由＝合理性審査／一般的自由＝合憲性推定型合理性審査〉という形に整理できるのではないだろうか。ただし、ファロンの言うとおり、規制態様次第で審査基準の強弱に差が生じることにも留意しておきたい。

5　性犯罪前科者規制の問題

それでは、性犯罪前科者規制は以上の判例法理との関係でみるとどのように評価されるのであろうか。連邦最高裁は、性犯罪前科者規制の合憲性につき、当該規制が刑罰的か否かだけの判断を行うだけで、実体的権利の問題については判断していない。それゆえ、Connecticut v. Doe 判決におけるスーター判事の同意意見が指摘するように、この問題を考える余地は残されている。

まずは、性犯罪前科者の出所後の関連情報の登録・公開制度の問題を考えてみる。これについては、①アメリカでは性犯罪のみならずほとんどの犯罪について前科情報がオープンにされていること[65]、② Paul v. Davis 連邦最

---

(64) *See, e.g.,* City of Cleburne v. Cleburne Living Ctr., Inc., 473 U.S. 432, 448-450 (1985); U.S. Dep't of Agric. v. Moreno, 413 U.S. 528, 534 (1973).

(65) 松井茂記『性犯罪者から子どもを守る―メーガン法の可能性』112-116 頁（中央公論新社、2007 年）。

高裁判決[66]により犯罪関連情報は公共の安全を守るために公開することが許容されていること、③登録および公開は処罰性を帯びていないことなどの理由により、基本的権利はもちろんのこと、自由の利益も侵害しているとはいえないようにみえるかもしれない。しかしながら、性犯罪前科者の関連情報の登録および公開は周囲からの視線が厳しくなるという表面的スティグマだけでなく、雇用場面や居住選択にもネガティブインパクトをもたらすと予想されるがゆえに、実質的スティグマを押しつけているように思える[67]。実際、性犯罪前科者に対する殺人や放火などの事件も起きており、その因果関係の程度にもよるが、無視できない問題となりつつある[68]。それは、ただ名声を傷つけるといったようなスティグマのみならず、私的決定に関する権利を侵害しているわけであって、自由の利益を侵害していると考えられる。カプラン（Aaron H. Caplan）は、このような権利侵害的スティグマをスティグマプラス（stigma plus）と呼び、少なくとも下級審レベルの判例法理では自由の利益を侵害するものとされているという[69]。

性犯罪前科者関連情報の登録および公開が私的生活において不利益を伴うスティグマを押しつけているとすれば、それは実質的に制裁的性質を帯びており、自由の利益を侵害することになる。ただし、それがただちに違憲の評価に結びつくわけではない。自由の利益の法理によれば、その規制に合理性がある場合には合憲となる。このとき、スティグマを押しつけるような形で一般的自由を制限する場合には、合憲性推定は働かないので、政府側が当該規制の合理性を証明することになろう。

---

(66) Paul v. Davis, 424 U.S. 693 (1976). 警察がクリスマスシーズン中の万引注意ビラに前科者の氏名や写真を載せて配布したところ、その中に当時公判中であった容疑者も含まれており（その後無罪判決を受けた）、そのことがデュープロセスに違反するか否かが争われた事案で、連邦最高裁は名声（reputation）だけではデュープロセス上の自由の利益を侵害していることにはならないとし、配布行為の合憲性を認めた。

(67) Heather R. Hlavka and Christopher Uggen, *Does Stigmatizing Sex Offenders Drive Down Reporting Rates? Perverse Effects and Unintended Consequences,* 35 N. Ky. L. Rev. 347 (2008). 性犯罪前科者規制によるスティグマは性犯罪前科者のみならず、被害者に対してもスティグマを押しつける結果になるという指摘もある。

(68) Wagner, *supra* note 2, at 274.

(69) Aaron H. Caplan, *Nonattainder as a Liberty Interest,* 2010 Wis. L. Rev. 1203.

IV　移動制限およびGPS装着の問題

　以上のように、アメリカでは、出所後の性犯罪前科者の住所や勤務先などの情報の登録および公開が常態化している[70]。それは、性犯罪前科者の情報を公開することで、付近住民が必要な防御策をとることができ、公共の安全のために有益であると考えられているからである。しかしながら、この方法は住民の自衛を促すだけで再犯防止の効果は必ずしも定かではないとの批判にさらされてきた[71]。もっとも、最近になって政府はそうした状況を逆手にとり、「性犯罪者との戦争」(War on Sex Offender) を掲げて規制強化のキャンペーンを張り始めると、市民の間でもより効果的な手段を用いるべきとの声が上がり始めた[72]。その結果、地方では性犯罪前科者の情報の登録および公開にとどまらず、性犯罪前科者が学校や児童施設等があるエリアに立ち入ることを禁止し、移動制限や居住制限を行っている[73]。また、性犯罪前科者にGPSを装着させてその活動を監視するという方法も実施されている。この方法は、見張られているという状況が性犯罪前科者の心理に働きかけて再犯を抑止し、また警察の捜査や犯人検挙を行いやすくする効果が期待されるため、より効果的な方法だとみなされているようである[74]。しかしながら、かかる規制は、地域によってはほとんど移動ができないような区域が設定されることもあり、規制される側からすれば、まるで「人間ゾーニング」(Human Zoning) になっているかのようであるとの指摘がある[75]。

　犯罪予防は重要な国家の責務の1つであるが、過剰な予防は自由の大きな制限となる。以下では、出所後の移動制限およびGPS装着の問題を取り上

---

(70)　Andrew R. Hodges, *Balancing Evils: State Sex Offender Registration and Notification Laws*, 10 J. L. Soc'y 134, 136-142 (2008).

(71)　Amanda Y. Agan, *Sex Offender Registries: Fear Without Function?*, 54 J. Law & Econ. 207 (2011).

(72)　Corey Rayburn Yung, *The Ticking Sex-Offender Bomb*, 15 J. Gender Race & Just. 81, 98-108 (2012).

(73)　James Tierney, *Huntington, New York's Sex Offender Policy and the Intrastate Right to Travel*, 26 Touro L. Rev. 145 (2010).

(74)　Pamela Foohey, *GPS Monitoring of Domestic Violence Offenders: Applying the Lessons of GPS Monitoring of Batterers to Sex Offenders*, 43 Harv. C. R.-C. L. L. Rev. 281 (2008).

(75)　Ryan Hawkins, *Human Zoning: The Constitutionality of Sex-Offender Residency Restrictions as Applied to Post-Conviction Offenders*, 5 Pierce L. Rev. 331 (2007).

げながら、予防がもたらす自由へのリスクを考察する。

　移動制限と GPS 装着はセットで用いられることが多い。たとえばカリフォルニア州の規制は、まず最初に移動禁止区域を設定した上で、性犯罪前科者に GPS を装着させ、そこに近づくとアラームが鳴ったり警告したりするという制度をとっている[76]。GPS 装着は、性犯罪前科者の危険レベルに合わせて、常時中央監視センターに情報が送信され、監視員は適宜性犯罪前科者に警告等の通知を行う。このように GPS 装着は直接性犯罪前科者が移動禁止区域に入ることを防ぐわけではないが、監視されているという意識を与えることで犯罪を思いとどまらせる効果や、状況次第で警察が再犯を事前に止められるかもしれないという効果があるとされる[77]。もっとも、GPS には高額の費用がかかることや、一部の場所では機能しなくなる場合があることに加え、故障するおそれもあり、費用対効果の面で問題があると指摘される[78]。さらに、こうした政策上の問題に加え、かかる規制には憲法上の問題がある。移動制限は、個人の移動の自由を侵害し、GPS 装着は個人のプライバシーを侵害するおそれがあるからである。以下では、移動制限および GPS 装着の惹起する憲法問題について考察する。

1　移動の自由に関する判例

　（1）　州際移動の権利　　まずは、移動制限の問題からみていこう。合衆国憲法には移動の自由を明記する条文は存在しないが、一般に移動の自由があると考えられている。これまで、連邦最高裁は、州際移動（interstate travel）[79]の自由についてたびたび言及してきた。州際移動とは、その名のとおり、ある州から別の州に移動することをいう。州際移動をする自由については、従来から連邦最高裁でたびたび言及されてきた。古くは 1849 年の Smith v. Turner 連邦最高裁判決でトーニー（Roger B. Taney）長官が、「我々

---

[76]　Megan A. Janicki, *Better Seen Than Herded: Residency Restrictions and Global Positioning System Tracking Laws for Sex Offenders*, 16 B. U. PUB. INT. L. J. 285, 294-296 (2007).

[77]　Foohey, *supra* note 74, at 281.

[78]　*Id.* at 296-297.

[79]　travel の訳については、文脈により、「移動」を指すこともあれば、「旅行」を指すこともあり、以下本章では適宜文脈に応じて使い分けてある。なお、『英米法辞典』は、travel は「旅行」と「移動」を意味するとし、right to travel は「移転の自由」を意味し、freedom of movement という言葉が用いられることもあるとしている。田中英夫編『英米法辞典』737 頁、860 頁（東京大学出版会、1991 年）。

は皆合衆国市民である。また、同じコミュニティのメンバーとして、自分のいる州と同じように自由に、妨害を受けずにあらゆる所へ通過および再通過する権利を有しなければならない」[80]と述べている。また、United States v. Wheeler 連邦最高裁判決でも、「それぞれの州の内に平穏に居住し、自分の意思で場所を行き来し、あちこちに自由に出入りするという、あらゆる自由な政府の市民に固有の、基本的権利」[81]を市民に与えているとする。

さらに、福祉国家の時代を迎えると、福祉受給に関連する文脈で、州際移動の自由に言及する判例が出始める。州の福祉受給を受ける際に一定の継続的居住要件を課したことが問題となった Shapiro v. Thompson 連邦最高裁判決は、「ここでの分類は州際移動の基本的権利に関係しているので、その合憲性はそれがやむにやまれぬ州の利益を促進しているかどうかという、より厳しい基準によって審査されなければならない」[82]とし、州際移動の自由が厳格審査に服することを示した。同じく一定の継続的居住を福祉受給資格の条件にしていたことが問題となった Saenz v. Roe 連邦最高裁判決[83]でも、州際移動の権利に基づきながら判断を下している。

このように判例上、州際移動の権利は確立しているといえるが、その根拠はケースによって異なる[84]。州際通商条項(憲法1条8節)が関連したケースとして Edwards v. California 連邦最高裁判決[85]があり、そこで連邦最高裁は、カリフォルニア州の州内に貧困者を輸送することを禁止する法律は州際通商を阻害するものとしている。一方、Kent v. Dulles 連邦最高裁判決[86]は、移動の自由を市民の基本的権利だとした上で、旅行の自由も保障されるとし、修正5条のデュープロセスなくして奪われない権利とした。また、

---

(80) Smith v. Turner, 48 U.S. (7 How) 283, 572-573 (1849).
(81) United States v. Wheeler, 254 U.S. 281, 293 (1920).
(82) Shapiro v. Thompson, 394 U.S. 618, 638 (1969).
(83) Saenz v. Roe, 526 U.S. 489 (1999).
(84) Kathryn E. Wilhelm, *Freedom of Movement at a Standstill?: Toward the Establishment of a Fundamental Right to Intrastate Travel*, 90 B.U. L. REV. 2461, 2466-2469 (2010).
(85) Edwards v. California, 314 U.S. 160 (1941). この事件は、無職の義理の兄弟(テキサス州民)をカリフォルニア州に自動車で連れてこようとしたところ、州法違反で逮捕されてしまったというものである。連邦最高裁は憲法1条8節の州際通商を阻害するとして違憲判断を下した。
(86) Kent v. Dulles, 357 U.S. 116, 125-127 (1958). この事件は、国際会議に出席しようとしてパスポートを申請したところ、共産党員であることを理由に発券を拒否された原告が訴えを提起したものである。連邦最高裁は、外国旅行の自由は修正5条のデュープロセスなくして奪われないとし、本件ではパスポート発券拒否が裁量を濫用しているとした。

Zobel v. Williams 連邦最高裁判決のオコナー（Sandra Day O'Connor）判事の同意意見は、憲法4条の特権免除規定の前身が州際移動の自由を明記していた連合規約4条[87]であったとし、憲法起草者はこの自由が含まれる形で4条を制定したと解釈し、憲法4条から州際移動の自由が導かれるとする[88]。さらに先の Saenz 判決は、修正14条の特権免除規定から州際移動の自由が導かれるとしている。

このように、文脈によって関連条文がまちまちであるが、州際移動の権利の直接的な保障根拠としては4条、修正5条、修正14条になると思われる。なぜなら、憲法1条8節の州際通商条項は主観的権利を保障するというよりも、州の規制の限界を枠づけるものであるからである。4条、修正5条、修正14条のそれぞれについては、連邦による規制か州による規制かで使い分けることになろう。

(2) **州内移動の権利**　連邦最高裁が正面から州内移動の自由を認めた判決はないが、間接的にそれを認めたと解されるものはいくつか存在する。その代表例が Kent v. Dulles 判決である。少し長いが、法廷意見の関連部分を以下に抜粋する。「旅行の自由は修正5条に基づく法のデュープロセスなくして奪われない市民の"自由"の一部をなすものである。これについては訟務長官も認めるところである。アングロサクソンの法では少なくともマグナカルタと同じくらい早い時期にその権利が登場していた。チャフィーのいう1787年憲法における3つの人権は、いかに我々の歴史にこの移動の自由が刻み込まれてきたのかを示している。内外を問わず横断する開拓者の移動の自由は我々の遺産の1つである。外国旅行は、国内旅行と同様に、人生にとってかけがえのないものである。それは人が食べたり、着たり、読んだりすることの選択と同じように個人の核心に密接なものである。移動の自由は我々の価値観において基本的なものである」[89]。これをみると、移動の自由は、外国旅行のみならず、国内での移動の自由を含んでいるようにみえる。

しかし、州際移動の自由に州内移動が含まれるかどうかをめぐっては、下級審の間で争いがみられる。King v. New Rochelle 連邦高裁判決[90]は、州際

---
(87) 連合規約4条は「各州の人民は州から州へ行き来する自由を有」すると規定している。
(88) Zobel v. Williams, 457 U.S. 55, 79 (1982) (O'Connor, J., concurring).
(89) *Kent v. Dulles,* 357 U.S. at 125.
(90) King v. New Rochelle, 442 F. 2d 646 (2d Cir. 1971).

移動と州内移動を区別することには意味がないとして州内移動の自由が認められる余地を残したが、Wardwell v. Board of Education 連邦高裁判決[91]は州際移動の自由は州内移動に適用されないとして否定している。そのため、たとえば Johnson v. City of Cincinnati 連邦高裁判決[92]は「州内移動の権利の存在は本法廷ではオープンクエスチョンのままである」[93]としている。

もっとも、州裁判所レベルでは、州内移動の自由を認める傾向にある。たとえば、青少年の夜間外出禁止条例の合憲性が争われた Treacy v. Municipality of Anchorage アラスカ州最高裁判決[94]は州内移動の権利が基本的な権利であるとし、同じく夜間外出禁止条例の合憲性が争われた Commonwealth v. Weston W. マサチューセッツ州最高裁判決[95]では、デュープロセスを保障したマサチューセッツ州憲法12条が移動の自由を認めているとしている。

このように、移動の自由は州内レベルでも認められる傾向にあるが、それでは出所後の性犯罪前科者に対する移動制限は移動の自由を侵害していないのであろうか。

2 性犯罪前科者の出所後の移動・居住制限に関する下級審判例

（1）州内移動の自由を否定した事例　Doe v. Miller 連邦高裁判決[96]では、2002年7月から、未成年者に対する性犯罪前科者または暴力的性犯罪前科者は学校または児童施設から2000フィート（約600m）以内に居住してはならないとするアイオワ州法の合憲性が争われた。当該規制は施行以前から居住している場合を除き、施行以前に有罪判決を受けた者も対象としていた。施行以前に有罪判決を受けていた原告は、本法の適用がデュープロセス違反であるとして訴訟を提起した。判決は、移動の自由は州と州の間を移動する自由を保障するものであるから本法はそれを侵害しておらず、居住の自由は

---

(91) Wardwell v. Board of Education, 529 F. 2d 625 (6th Cir. 1976).
(92) Johnson v. City of Cincinnati, 310 F. 3d 484 (6th Cir. 2002).
(93) Id. at 495.
(94) Treacy v. Municipality of Anchorage, 91 P. 3d 252 (Alaska 2004). ただし、本件条例は、やむにやまれぬ利益があり、その利益と手段との関係も密接であるとして合憲判断が下されている。
(95) Commonwealth v. Weston W., 913 N. E. 2d 832 (Mass. 2009). 本件では、必要最小限の手段が採用されていないとして違憲判断が下されている。
(96) Doe v. Miller, 405 F. 3d 700 (8th Cir. 2005), *cert. denied*, 546 U.S. 1034 (2005).

歴史的に権利と認定されるほどのものとなっていないので新たな権利として認めるわけにはいかないとする。そして、居住制限が処罰性を有するというためには、立法目的が処罰ではなく公共の安全というものである以上、それを覆すだけの明白な証拠がなければならない。本法は、学校等へのアクセスそのものを禁止しているわけではないので、コミュニティから排除しているわけではなく、公共の安全という目的との関連性もあるので処罰的ではないとして合憲性を認めた。

(2) 処罰性の有無をめぐる事例　①処罰性を否定した事例　Weems v. Little Rock Police Department 連邦高裁判決[97]では、高度に危険なレベル3の性犯罪前科者として認定された者は学校等から2000フィート以内に居住してはならないとするアーカンソー州法の合憲性が争われた。判決は、居住制限は公共の安全のためであるから処罰性がなく、危険性のレベルによって規制の程度を分けることには合理性があるから平等保護にも違反しないとした。また、アーカンソー州では、性犯罪前科者評価委員会が設置され、レベルの認定がなされていたが、それは居住制限の認定を合理的に行うものであるとし、合憲性を維持する理由の1つとされた。

②処罰性を肯定した事例　一方、州レベルのケースではあるが、People v. Mosley カリフォルニア州高裁判決[98]では居住要件の処罰性を認定している。被告人は12歳の少女にわいせつ行為をしたとして逮捕されたが、わいせつに当たるかどうかが微妙な行為であったため、陪審は性犯罪ではなく、軽犯罪として有罪の評決を行った。ところが、事実審は被告人に性犯罪前科者登録を要求したため、被告人が控訴したのが本件である。

本件では、陪審が認定していない犯罪を基に性犯罪前科者登録を要求することができるか否かが争点となったが、関連して性犯罪前科者登録に伴う居住要件（学校や公園から2000フィート以内に居住してはならない）が処罰に該当するかどうかも論点となった。カリフォルニア州高裁は、居住要件が処罰性を帯びるかどうかについて、意図効果テストを用いて審査した。意図については、法令（proposition 83）が性犯罪前科者を規制する点を明らかにしているものの、居住要件が処罰だと明記しているわけではないので、処罰の意

---

(97) Weems v. Little Rock Police Department, 453 F. 3d 1010 (8th Cir. 2006), *cert. denied*, 550 U.S. 917 (2007).

(98) People v. Mosley, 188 Cal. App. 4th 1090 (Cal. 2010).

図はないとした。しかし、効果については、要件に該当する範囲に自宅がある場合には住めなくなってしまうことや、人口が密集している地域には住めなくなってしまうことを考えると、十分処罰性があるとした。それゆえ、陪審の認定しなかった犯罪に対して処罰を科していることになるとして、事実審の付加した部分を取り消した。

（3）　移動の権利を認めた上で規制を合憲とした事例　　Standley v. Town of Woodfin ノースキャロライナ州最高裁判決[99]は、性犯罪前科者が市立公園に立ち入ることを禁止した条例の合憲性が争われた事件である。被告人は、フロリダ州で性的暴行罪を犯して有罪判決を受け、その後仮釈放中に買春で逮捕され、再度有罪判決を受けた。出所した後、原告は母親と同居するため、ノースキャロライナ州のウッドフィンタウンに移動し、州の性犯罪前科者登録を行った。その後、原告は脳卒中のため、母親または他者の付添いなくしては長距離移動ができなくなり、リハビリのために母親と公園を訪ねていた。ところが、公園で別の性犯罪事件が起きたことを機に、ウッドフィンタウンは性犯罪前科者の公園への立ち入りを禁止する条例を制定した。そのため、原告は公園に行くことができなくなり、当該条例が移動の自由を制限しているとして訴えを提起した。

ノースキャロライナ州最高裁はまず州際移動の自由が連邦最高裁の判例によって確立されていることを確認し、その帰結として州内移動の自由が認められるとする。そして、公道を移動する権利は個人の自由の一部であり、合衆国憲法修正 14 条のデュープロセスやノースキャロライナ州憲法 1 条 17 節の人身の自由によって保障され、また、この自由について、Johnson v. City of Cincinnati 判決が「我々が日常生活を送るために依拠する権利、すなわち日常の権利」[100]としている、という。

しかしながらノースキャロライナ州最高裁によれば、市立公園に立ち入ることが日常生活を営む自由に含まれるわけではなく、そのため、原告の主張する自由がいかなるものであるかについて、当該行為が客観的にみて国家の歴史や伝統に深く根ざしているかどうかを考えなければならないが、公園に立ち入る行為には、婚姻の権利や子供を持つ権利などと比べて、そのような

---

(99)　Standley v. Town of Woodfin, 661 S. E. 2d 728 (N. C. 2008).
(100)　*Johnson v. City of Cincinnati,* 310 F. 3d, at 498.

伝統性は見当たらず、したがって、デュープロセスに基づく基本的権利として認めることはできない、という。

以上のことからノースキャロライナ州最高裁は、原告の主張する自由の利益については、合理性の基準に基づき、当該条例の合憲性を審査することになるとする。つまり、当該規制が正当な政府目的と合理的に関連しているかどうかである。公園内の人々や子供を保護するという本件条例の目的は正当であり、また、性犯罪者が出所後に同種の再犯を行う可能性が高いことからすれば、当該規制は目的と関連性がないとはいえず、したがって本件条例は合憲である、とした。

このように、判例上、州際移動の自由は憲法上の権利とされ、また州内移動の自由も連邦最高裁の傍論や下級審レベルでは認められる傾向にある。しかし、性犯罪前科者登録に基づく移動制限の合憲性については、裁判所は合理性の基準を適用して合憲性を導き出している。

もし州内移動の自由が憲法上の権利の1つとして認められるのであれば、それは単なる一般的自由の利益にとどまらず、基本的権利または特定の自由となる可能性がある。すると、合理性の基準によって簡単に合憲性を認める姿勢には注意が必要であろう。実際、性犯罪前科者の移動制限はやむにやまれぬ政府目的と厳密に仕立てられた手段の存否を審査すべきであるという見解があり[101]、移動の自由の憲法上の位置づけと合わせて、審査基準のあり方も検討すべき課題である。あわせて、居住制限と移動制限とを分けて、それぞれの侵害の程度を踏まえながら合憲性を考える必要があるだろう。

V　プライバシー侵害の検討

1　刑事手続におけるプライバシーの権利

つぎに、GPS装着によるプライバシー侵害の問題を考察する。もともと、プライバシーの権利は刑事手続の分野で発達してきたものである。その嚆矢は、1928年の Olmstead v. United States 連邦最高裁判決[102]におけるブランダイス（Louis D. Brandeis）判事の反対意見であったが、法廷意見は電話盗聴

---

(101)　Wilhelm, *supra* note 84, at 2486.
(102)　Olmstead v. United States, 277 U.S. 438 (1928).

が物理的侵入に当たらず修正4条を侵害しないと判示した。壁越しの盗聴が問題となった1942年のGoldman v. United States連邦最高裁判決[103]でも修正4条の問題にはならないとされたが、1961年のSilverman v. United States連邦最高裁判決[104]は壁を通して接触マイクロホン（spike mike）で盗聴することは修正4条の問題であるとした。このように、1960年代中盤まで採用されていた修正4条の法理は、憲法上保護されたエリア（住居など）に対する物理的侵入に対して向けられていた。ところが、技術の進歩によって修正4条は大きな転機を迎える。

　技術の進歩に合わせてプライバシーを守るために捜査の定義を再考したのが1967年のKatz v. United States連邦最高裁判決[105]であった。判決は、伝統的な財産ベースの分析（＝物理的侵害）を放棄し、場所ではなく、対象となっている人に焦点を当てたプライバシーのアプローチを採用したのである。さらに、その侵害となるか否かについては、①主観的にプライバシーが予見されるかどうか、②社会がその予見を合理的に受容するかどうかを基に判断するとした（私的領域の法理）。

　ところがその後、連邦最高裁は「公然の法理」（public exposure doctrine）のテストを用いて修正4条適合性を判断する方法をとり始める。1986年のCalifornia v. Ciraolo連邦最高裁判決[106]では、マリファナを栽培している疑いのある庭について、上空から撮影した写真を証拠として令状が発行されたことが修正4条に反するかが争われた。連邦最高裁は空から見るのは公然にさらされている場所で見ることに等しいとして合憲とした。また、1988年のCalifornia v. Greenwood連邦最高裁判決[107]も、被告人のゴミから麻薬に関する証拠を集めて令状をとったことが修正4条に反しないか否かにつき、公にさらされている場所であることを理由に修正4条に反しないとした。

　もっとも、最近になって再びKatzテスト（私的領域の法理）に戻るような

---

(103) Goldman v. United States, 316 U.S. 129 (1942).
(104) Silverman v. United States, 365 U.S. 505 (1961).
(105) Katz v. United States, 389 U.S. 347 (1967).
(106) California v. Ciraolo, 476 U.S. 207 (1986). 判例評釈として、松岡武彦「フェンスによって外界から隔絶された家屋隣接地を空中から捜索することは、第4修正違反とはならないとされた事例」同志社法学37巻6号122頁（1986年）を参照。
(107) California v. Greenwood, 486 U.S. 35 (1988). 判例評釈として、原田保「ゴミ収集に出したゴミ袋に対する無令状捜索の適法性」愛知学院大学論叢法学研究33巻4号83頁（1990年）を参照。

判例が出てきている。2000年のBond v United States連邦最高裁判決[108]は、捜査官がバスに乗り込んで不法滞在者が乗っていないかチェックした後、バスの中の荷物を検査してメタンフェタミンを見つけて逮捕したという事例において、公然の法理を採用した控訴審の判断を退け、当該逮捕は修正4条に反して違憲であるとした。また、赤外線サーモグラフィーを用いて、被告人の家の外から家屋の一部に温度の高い場所を見つけ出し、これをマリファナ栽培の疑いの証拠として令状をとり逮捕したことが問題となった2001年のKyllo v. United States連邦最高裁判決[109]でも、公然の法理を用いず、認識（感覚）を高める技術を使って家屋の内部情報を調べることは憲法上保護されたエリアへの侵害であるとし、赤外線サーモグラフィーの使用が捜査に当たるとした上で、この捜査を行ったときには令状がなかったので修正4条に反し違憲であるとした。

このように近時の連邦最高裁は、Katzテストに回帰する傾向があり、①物理的侵害ではなく人に対する侵害となっているかどうかを判断する、②プライバシーに関わるものであることが合理的に予見できればよく、プライバシーを守るために過度な防備（警告）をすることを要求しない、③公然の法理を採用しないといった特徴を持っている[110]。

2 性犯罪前科者へのGPS装着に関する下級審判例

連邦最高裁が修正4条に関する様々な事件について判断する中、出所後の性犯罪前科者にGPSを装着させることの合憲性が下級審で取り上げられることになった。

Doe v. Bredesen連邦高裁判決[111]では、性犯罪前科者に出所後GPSを装着することが遡及処罰禁止に反するかどうかと、プライバシー侵害になるか

---

(108) Bond v United States, 529 U.S. 334 (2000).
(109) Kyllo v. United States, 533 U.S. 27 (2001). 判例評釈として、津村政孝「家屋内から発せられる熱を測定するthermal imaging装置と第4修正」憲法訴訟研究会＝戸松編・前掲注(56) 288頁、大野正博「令状によらない熱線画像装置（thermal imager）の使用が合衆国憲法修正4条に違反するとされた事例」朝日法学論集31号27頁（2004年）、洲見光男「令状によらない熱画像器（温度感知器）の使用が第4修正に違反するとされた事例」[2003-1] アメリカ法204頁を参照。
(110) Melissa Arbus, *A Legal U-Turn: The Rehnquist Court Changes Direction and Steers Back to the Privacy Norms of the Warren Era*, 89 VA. L. REV. 1729 (2003).
(111) Doe v. Bredesen, 507 F. 3d 998 (6th Cir. 2007), *cert. denied*, 2008 U. S. LEXIS 6350 (U. S., Oct. 6, 2008).

どうかが争われた。まず前者については、GPS の装着は処罰性があるか否か、すなわち刑事手続か民事手続かが問題となった。連邦高裁は次のように判示する。すなわち、それを判断するためには、GPS 装着を義務づける州法の目的と手段との関連性を審査しなければならない。本法の規定には、市民の安全と福祉を守るためという明確な目的が定められており、公共のために GPS の情報を使用するとしていることからすれば、本法は処罰を意図して制定されたものではない。次に当該目的を達成するための手段が用いられているかどうかについては、GPS 情報により公共の安全が保たれ、再犯防止に役立つことから関連性が認められる。その結果、本法は遡及処罰の禁止に当たらないとした。一方、プライバシーについては、政府側の反論に原告側が応答していないことから判断する必要がないとした。

　また、保護観察中の性犯罪前科者への GPS 装着がプライバシーを侵害しないか否かについて判断したケースもある。State of North Carolina v. Bowditch ノースキャロライナ州最高裁判決[112]では、州が GPS 装着制度を制定したのが犯罪実行時よりも前であったことから、制定以前の犯罪にまで適用することが遡及処罰の禁止に当たるか否かが争われた。裁判所は、メンドーザテストを用いて、処罰的意図も効果もないとして合憲とした。なお、ここではプライバシーの侵害は争われていない。

3　GPS 装着のプライバシー侵害性

　しかしながら、United States v. Jones 連邦最高裁判決[113]が GPS を自動車に装着することは修正 4 条の捜索に該当するとしたことや、People v. Weaver ニューヨーク州最高裁判決[114]が令状なしで GPS を自動車に装着することは州憲法の刑事手続条項に違反するとしていることからすれば、令状なしで GPS 装着を義務づけることは憲法違反になるという指摘もある[115]。

---

[112]　State of North Carolina v. Bowditch, 364 N. C. 335（N. C. 2010）.
[113]　United States v. Jones, 565 U. S. ＿＿（2012）. 判例評釈として、大野正博「GPS によって取得される位置情報の法的性質」朝日法学論集 46 号 199 頁（2014 年）、緑大輔「GPS 監視装置による自動車の追跡の合憲性」[2013-2] アメリカ法 356 頁、湯淺墾道「位置情報の法的性質」情報セキュリティ総合科学 4 号 171 頁（2012 年）を参照。
[114]　People v. Weaver, 909 N. E. 2d 1195（N. Y. 2009）.
[115]　Sarah Shekhter, *Every Step You Take, They'll Be Watching You: The Legal and Practical Implications of Lifetime GPS Monitoring of Sex Offenders*, 38 HASTINGS CONST. L. Q. 1085, 1099（2011）.

もっとも、この問題に関する下級審の判断は揺れているのが現状である。たとえば、United States v. Cuevas-Perez 連邦高裁判決[116]では、GPS 装着が捜索に当たらないとしている。この事件は、麻薬取引の疑いのある被告人の自動車に令状のないまま GPS を装着し、約 60 時間にわたって追跡を行い、それが麻薬の発見および逮捕につながったというケースであった。連邦高裁は、そもそも GPS 装着が捜索に当たらないこと、短時間しか装着していないので被装着者に何ら影響を与えていないこと、公道で自動車を走らせることは衆目にさらされている情報であることを理由に、修正 4 条に違反しないとした。

4　性犯罪前科者への GPS 装着の問題

また、Jones 判決や Weaver 判決をもってしても、性犯罪前科者に GPS を装着させることがただちにプライバシー侵害となるわけではない。なぜなら、下級審判例は性犯罪前科者に対する GPS 装着には処罰性がないとしているからである。つまり、刑事事件において捜査に付随して令状なしで GPS を付けることは違憲になる可能性がある一方、性犯罪前科者の場合は処罰性に欠けることから刑事問題とされない可能性がある。

とはいえ、意図効果テストにプライバシー侵害の基準を挿入してみると、修正 4 条違反となる余地がある。なぜなら、効果の判断を行う際に、プライバシー侵害の有無を判断すると、私的領域の法理または公然の法理のどちらを用いても、侵害となる可能性が高いからである。意図効果テストの効果についてプライバシー侵害性を検討すると、身体への GPS 装着は自宅内にもその効果が及ぶことに加え、公道、そして公道以外の場所にいる場面でも常時活動を把握されることにつながることから、対象者はあらゆるエリアで監視されていることになる。居場所を示すだけとはいえ、そのような広範な監視は、一般にプライバシーの侵害と認識される規制といえよう。それゆえ、修正 4 条違反となりうる行為といえ、効果の面において処罰性を有する可能性があるのである。

---

(116)　United States v. Cuevas-Perez, 640 F. 3d 272 (7th Cir. 2011).

VI 情報プライバシー

1 情報プライバシーの法理

　性犯罪前科者に対するGPS装着は理論的には処罰性を有する可能性が高いが、Hendricks判決[117]が性犯罪前科者の予防拘禁でさえ処罰性がないとしているところをみると、裁判所が処罰性を認めない可能性も捨てきれない。しかし、かりに処罰性がなくとも、GPS装着は情報プライバシー（informational privacy）を侵害しているおそれがある。

　情報プライバシーに初めて言及したのは1977年のWhalen v. Roe連邦最高裁判決[118]である。この事件では、危険な薬品に指定された薬物を医師が処方する場合に、処方された者の氏名、住所、年齢等を報告するように医師に要求し、この情報を州が管理することがプライバシーを侵害するのではないかとして問題となった。連邦最高裁は、プライバシーの利益には①個人情報を公開されない利益と②重要な意思決定に際し政府からの介入を受けない利益があることを認めた。この点につき、原告側は、当該規制により、情報が流出させられてしまうおそれがあることから①の侵害となり、自身の健康問題に政府が介入していることから②の侵害にもなると主張した。しかし、本件では州の情報管理が適切になされている以上、いずれをも侵害していないとし、修正14条の保護する自由を制限していないと判断された。Whalen判決は情報プライバシーに言及した点で重要な判決であるが、適切な情報管理がなされていれば合憲とされることを示したものともいえる。なお、ブレナン（William Brennan）判事の同意意見では、情報収集の方法には修正4条との関連で一定の限界があることが指摘されている。

　数ヶ月後、Nixon v. Administrator of General Services連邦最高裁判決[119]でも、情報プライバシーが争われた。この事件は、ニクソン（Richard M. Nixon）前大統領の記録資料を保管するために制定された1974年大統領記録資料保存法（Presidential Recording and Materials Preservation Act）[120]がニク

---

(117) *Hendricks,* 521 U.S. 346.
(118) Whalen v. Roe, 429 U.S. 589 (1977).
(119) Nixon v. Administrator of General Services, 433 U.S. 425, 447 (1977).
(120) The Presidential Recording and Materials Preservation Act of 1974, Pub. L. No. 93-526, 88 Stat. 1695.

ソン前大統領の執行特権やプライバシーの権利を侵害しないかとして問題となったものである。本法によれば、公文書館職員が記録を審査し、公的文書と私的文書に分けて、公的文書を公文書館で管理することになっていた。これに対し、ニクソン前大統領は、かかる権限を公文書館に与えることがプライバシーの権利を侵害すると主張したのである。連邦最高裁は、本法の管理システムは私的文書を不当に公開させてしまうような制度になっておらず、そのような懸念はきわめて小さなものであるとした。さらに修正4条違反となるか否かについては、本件で問題となっている記録はそれを保管する公益性が高く、プライバシーの期待を上回るものであるとしてその合憲性を認めている。本件においても、情報管理が適切になされていれば情報プライバシーを侵害しないとされている。ただし、Whalen判決のブレナン同意意見にあったように、修正4条との関連では公益との比較衡量がなされており、修正4条が情報プライバシー保護について一定の役割を果たしている点も重要である。

　その後しばらくの間、情報プライバシーが正面から取り上げられた事件はなく、2011年のNASA v. Nelson連邦最高裁判決[121]で久しぶりに情報プライバシーが問題となった。この事件は、9.11独立調査委員会の勧告に基づき、NASAの契約社員に対しても個人情報の提出が義務化されるようになったことに端を発する。NASAは勧告に従い、2007年から契約社員にも採用調査（background check）を行うことにし、氏名、住所、前住所、学歴、職歴、資格、国籍、軍歴、そして薬物使用歴を回答させるようにした（standard form 85）。薬物使用歴があると回答した場合、刑事証拠として用いることはないとした上で、その後治療を受けたかどうかなどの項目が置かれた。回答については真実を記載するとの署名をさせ、その後、FBIなどの各機関と連携しながら回答の信用調査を行う（form 42）。回答に記載された学校や企業等に照会し、当該情報が真実かどうかをチェックするのである。このような採用調査が情報プライバシーを侵害しているとして裁判になったのが本件である。

　連邦最高裁は、採用調査は規制または免許に関する政府権限の行使ではなく、内部運営の管理者としての地位で行うものであるため、管理者としてそ

---

(121) NASA v. Nelson, 131 S. Ct. 746 (2011).

れを行うことができるかどうかが問題になるとする。この点につき、採用調査は長く行われてきたものであり、政府はそれを行う利益がある。すなわち、施設の安全、能力の確保、労働能力の確認などに必要なのである。薬物調査についても、職務に関係するものであり、政府の利益が認められる。さらに、採用調査で集められた情報は、プライバシー保護法によって、政府が法で認められた目的を果たすために必要な限りにおいて保持することが認められ、個人の書面による同意がなければ公開されることはなく、それに違反した場合には当該職員が刑事罰に処せされることが規定されており、安全な情報管理がなされている。そのため、当該調査は憲法上の情報プライバシーを侵害していないとした。

2 性犯罪前科者へのGPS装着と情報プライバシー

　以上の判例法理をみる限り、①個人情報を公開されない利益と②重要な意思決定に際し政府からの介入を受けない利益がプライバシーとして認められているといえるが、しかし、政府が情報収集に関する利益を有し、その情報を適切に管理していればそれを侵害しないものとされている。それでは、性犯罪前科者へのGPS装着は情報プライバシーを侵害するといえないのであろうか。

　まず、GPS装着が個人の行動をチェックする以上、個人情報を収集していることは明らかであるため、情報管理が適切になされているか否かが問題となる。GPS情報の管理方法は州によって異なっており、それぞれの州によって保護の方法も違うため、一概に判断を下すことはできない。ただし、これまでの判例法理からすれば、かかる情報の公開に対する保護システムが整備されていなければならないとしていることから、そうしたシステムの有無や当否を分けそうである。また、この問題が一般的な情報プライバシーだけでなく、修正4条の問題ともリンクする点に留意すべきである。

　もっとも、本件は②の問題にも関連する。GPS装着は、間接的に被装着者の地理的な行動範囲を制約するものであるため、行動の私的決定の自由を侵害するおそれがある。これについては、①の場合のように情報管理の方法の問題ではなく、規制態様が私的決定を制約しているかどうかの問題であるため、自己決定という意味でのプライバシーを侵害している可能性が高い。このとき、いかなる違憲審査基準が設定されるかについては司法判断が出て

いないが、少なくとも政府側は規制の合理性などの立証責任を課されることとなろう。

後　序

　本章では、アメリカにおける性犯罪前科者規制を素材にして、予防のもたらす自由へのリスクを検討してきた。「1990年代が性犯罪前科者規制に関する『登録の10年』であるとすれば、21世紀の最初の10年は『追跡の10年』ということができるだろう」[122]と指摘されるように、性犯罪前科者規制においては、出所者の個人情報の登録・公開から、移動制限や居住制限、そしてGPS装着による追跡まで行われるようになっている。たしかに性犯罪のリスク自体は大きいものであるが、性犯罪前科者規制の拡張は自由に対するリスクが大きいため、判例を中心に後者のリスクを検討してきた。

　連邦最高裁は、登録・公開について刑罰に当たらないことから合憲であると判断しているが、それが情報プライバシー権を侵害している可能性はある。アメリカでは前科情報がセンシティブ情報と考えられていないことから、情報プライバシー権の侵害にはならないという推測もできるが、将来的に司法がどの程度情報プライバシー権を発展させるかにかかっているといえる。とりわけ、性犯罪前科者の関連情報登録および公開においては、他の犯罪と比べてより詳細な情報がオープンになっていることは見逃せない。また、登録・公開はスティグマを押しつける効果がある点に着目すると、これらは自由の利益に反する可能性がある。過去において、姦淫者には犯罪の烙印が押しつけられてきたことを考えると[123]、性犯罪の前科をオープンにすることはある種のスティグマを押しつける結果になろう[124]。実際、性犯罪前科者は雇用や住居などの選択において差別されることがあり、実生活においても

---

[122]　Eric M. Dante, *Tracking the Constitution-the Proliferation and Legality of Sex-Offender GPS-Tracking Statutes*, 42 SETON HALL L. REV. 1169 (2012).

[123]　N. ホーソーン（八木敏雄訳）『緋文字』（岩波文庫、1992年）。たとえば、ホーソーン（Nathaniel Hawthorne）の『緋文字』では、植民地時代のアメリカにおいて、不貞を働いた者に対し、見せしめのために「姦淫」を象徴する「A」の文字のついた服を一生着させるという習慣があったとされる。

[124]　Katherine Godin, *The New Scarlet Letter: Are We Taking the Sex Offender Label Too Far?*, 60 R. I. BAR JNL. 17 (2011).

嫌がらせを受ける状況にある。加えて、登録情報の更新を怠れば刑罰が科されることになっていることを考慮すれば、この制度が自由に与える影響を看過してはならないだろう[125]。

　移動制限やGPS装着は登録・公開制度以上に憲法上の権利を侵害するおそれがある。さらに地方自治体レベルでは、性犯罪前科者に対して、学校から2000フィート以内に居住してはならない[126]、公園や映画館から500フィート以内に近づいてはならない[127]、バスやタクシーを運転してはならない[128]、SNSを利用してはならない[129]等々の過重な負担を課す傾向にあり、こうした「ドラコニアン的規制」（Draconian restriction）[130]はもはや民事手続の範疇を超えたものであり、民事罰の類だとしても比例性を欠いたものであると指摘される[131]。

　登録・公開制度と異なり、これらの規制は自由の利益というよりも、プライバシーの権利や移動の自由といった基本的権利を侵害している可能性があるため、より根源的な憲法問題を惹起するものである。ただし、移動の自由およびプライバシーは、まだ裁判所が正面から判断していないこともあり、憲法上の位置づけが不明瞭であることが否めない。

　現時点では、連邦最高裁がいずれの問題も実体的権利の問題として取り上げていないため、司法的統制が行われているとはいえない。だが、ひとたび裁判の俎上にのれば、かりに違憲判断が下されなくても、予防のもたらすリスクについて再考がなされる機会となるように思われる[132]。

　アメリカでは、目の前にある刑事的課題に対し「戦争」という言葉を使って対策における意気込みを表そうとすることがしばしばある[133]。「ドラッ

---

(125) Catherine L. Carpenter and Amy E. Beverlin, *The Evolution of Unconstitutionality in Sex Offender Registration Laws*, 63 HASTINGS L. J. 1071, 1076 (2012).
(126) IOWA CODE ANN. §692A. 114.
(127) NEV. REV. STAT. ANN. §213. 1243 (4).
(128) LA. REV. STAT. ANN. §15: 553 (A).
(129) N. C. GEN. STAT. ANN. §14-202. 5.
(130) 「ドラコニアン」とは、古代アテネの立法者として有名なドラコンが厳しい内容の法を制定したことから、アメリカ法では厳しい制限を行う立法を比喩するものとしてこの言葉が用いられる。
(131) Erin Miller, *Let the Burden Fit the Crime: Extending Proportionality Review to Sex Offenders*, 123 YALE L. J. 1607, 1607-1609 (2014).
(132) Regina Armon, *The Nebulous Right to Travel as a Possible Limitation on "Child Safety Zones": The Greenwich Sex Offender Ordinance*, 10 CONN. PUB. INT. L. J. 441, 476 (2011).
(133) Corey Rayburn Yung, *The Emerging Criminal War on Sex Offenders*, 45 HARV. C. R.-C. L. L. REV. 435 (2010).

グとの戦争」(War on Drug)、「テロとの戦争」(War on Terrorism)、そして「性犯罪者との戦争」(War on Sex Offenders) である[134]。これらに共通する点として、いずれも予防が重視されていることが挙げられる。麻薬についてはドラッグコート、テロについては盗聴や収容、性犯罪については登録・公開制度である。これらの「戦争」が喩えにとどまっていればよいが、テロとの戦争が示すように、刑事的枠組を越えて、行きすぎた予防がなされてしまうおそれがある。最近では、アダム・ウォルシュ法の後押しもあり、州レベルで性犯罪前科者に GPS を装着させたり、居住制限を課したりする規制が出てきており、性犯罪との「戦争」は過熱する傾向にある。戦争に喩えられた取り組みはともすると行きすぎることが多いことから、司法はそれが憲法秩序を逸脱しないようにチェックしていく必要があろう。

　本章の冒頭でも言及したように、かかる予防の波は日本にも押し寄せてきている。日本でも行政国家化は著しく、予防行政の下地が十分出来上がっている。加えて、体感治安が悪化しているのではないかという指摘が一部でなされるようになり、ますます犯罪予防が要望されるような状況が創出されている[135]。

　そうした状況が性犯罪予防にも影響している節もあり、地方の条例では性犯罪予防のための規制が萌芽しつつある。最初に性犯罪予防のための規制に取り組もうとしたのが宮城県であった。2011 年初頭、宮城県では性犯罪前科者規制を行う条例案が提出されようとしていた[136]。ただし、このときは同年に東日本大震災があったため、いったん見送られ、条例制定には及ばなかった。その後、有識者懇談会を再開させたが、復興の優先に加え、コストベネフィットや人権上の問題が指摘され、2013 年には条例案を見送る決定をしている[137]。アメリカの状況をみる限り、少なくともこうした GPS 装着については日本においてもプライバシー権や移動の自由の侵害が問題とされる可能性が高いといえよう。

---

(134) Melissa Hamilton, *Individual Liberty, and Suspect Science: Future Dangerousness Assessments and Sex Offender Laws*, 83 TEMP. L. REV. 697 (2011). 最近の性犯罪前科者規制の拡大は 9.11 以降の安全志向と関連しているという指摘がある。
(135) 河合幹雄『安全神話崩壊のパラドックス』(岩波書店、2004 年)。体感治安の悪化は統計的事実とズレがあり、必ずしも現実と合致しているわけではないという指摘もある。
(136) 「性犯罪―宮城県 GPS 条例検討」毎日新聞朝刊 2011 年 1 月 23 日 24 面。
(137) 「宮城県知事、性犯罪前歴者ら監視見送り表明」日本経済新聞朝刊 2013 年 5 月 19 日 34 面。

もっとも、2012年には、大阪府で「大阪府子どもを性犯罪から守る条例」が制定された。これにより、18歳未満の子供に対する性犯罪前科者は居住地の届出を義務づけられることとなった。
　移動制限やGPS装着の問題につき、処罰性に着目するのではなく、実体的権利の侵害として捉えることには意味がある。もし処罰性を帯びることが問題なのであれば、刑期を終えてから規制することが問題なのであるから、最初から刑罰の一環として科せるように法改正すればよいのではないかという議論が登場する可能性があるからである。たとえば、これまで行刑の管轄であった仮釈放に伴う保護観察について、最初から刑罰の中に保護観察を組み込み、刑罰と更生または再犯防止を一連のプロセスとして捉えようとするわけである。その中にGPS装着や移動制限などの規制措置を盛り込めば、二重処罰の問題を免れることができるかもしれない。そのため、GPS装着や移動制限が問題であると考えるのであれば、やはり実体的権利侵害を争点として考える必要があるのではないだろうか。
　安全に関する政府の情報提供が重要であることに間違いはない。だが、それが自由に与える影響を考慮し、その運用方法には十分な配慮を行っていく必要があろう。

第6章
公衆衛生とリスク
――感染症対策を素材にして

> リウー（医師）「問題は、法律によって規定される措置が重大かどうかということじゃない。それが、市民の半数が死滅させられることを防ぐために必要かどうかということです」
> 知事「しかし、私としては、それがペストという流行病であることを、皆さんが公に認めてくださることが必要です」
> リシャール（医師）「君はこれがペストだと、はっきり確信をもってるんですか」
> リウー「そいつは問題の設定が間違ってますよ。これは語彙の問題じゃないんです。時間の問題です」
> 知事「つまり、たといこれがペストでなくても、ペストの際に指定される予防措置をやはり適用すべきだ、というわけですね」
> ――アルベール・カミュ

　人類は太古から感染症と闘ってきた。かつて猛威をふるった天然痘はワクチンの開発によって終息に向かった数少ない例として挙げられるが、それは例外的なケースと目されており、人間の防御策に対し、ウイルス側も変形などによって対抗し、両者の闘いは終わりが見えない様相を呈している。コレラやペストなど細菌が引き起こす感染症に対してはワクチンと抗生物質である程度対応できるようになったが、耐性菌が登場するなど、終わりの見えない闘いが続いている。

　感染症対策はワクチンに限られない。感染の被害を最小限にとどめるためには、隔離等により感染が広まらないようにすることが重要であるが、それは自由を大幅に制約するものである。しかも、国家は、そうした措置をとるか否かについて、切迫した状況の中で最善に近い判断を下すことを迫られる。

　このように、感染症は国家に対して抜き差しならないジレンマを突きつけるものであり、国家はこのリスクにどのように対応すればよいのだろうか。本章では、感染症対策を中心に、公衆衛生とリスクの問題を取り上げる。

序

　冒頭に掲げたエピグラフは、カミュ（Albert Camus）の小説『ペスト』の一部を抜粋したものである。リウー医師のいうように、いったん深刻な感染症が広がると取り返しのつかない事態となるおそれがあることからすれば、迅速に対応しなければならないことは明白である。しかし他方で、リウー医師が切り捨ててしまった部分——すなわち、その対策は市民の自由を大幅に制約する可能性が高いことに留意しなければならない。それには、隔離や収容など強度に自由を制約する措置が想定されるからである。

　現代医学の進歩によって、かなりの程度の感染症対策が事前に可能となり、従来ほど不測の事態が生じるおそれは減少したといえるかもしれない。しかしながら、日々ウイルスや細菌も進化していることを踏まえれば、人類と感染症の闘いは決して終わりが見えているわけではない。それどころか、交通手段の発達により、従来よりも感染症の感染範囲は世界中へと拡大する傾向にある。いわゆるパンデミック（pandemic）の問題である。

　疫学上、パンデミックとは、「世界的規模、又はきわめて広範囲に起き、国境を横断しながら、通常多くの人々が感染する流行」[1]のことを指す。感染症は、流行の規模に応じて、感染範囲が狭い地域に限定されるエンデミック（endemic）、感染が広範囲に及ぶエピデミック（epidemic）、そして世界的規模で大流行するパンデミックとに分類される。具体的には、天然痘やインフルエンザなどのウイルス感染、ペストやコレラなどの細菌感染、マラリアなどの原虫感染などが挙げられる。

　パンデミックは、まさに世界的規模で大流行する点にその特徴があるため、その対策には各国の協力が欠かせないことはもとより、国家の枠を越えたWHOなどの国際機関の役割が重要である。ただし、本章の分析対象は、主に国家の感染症対策に関する憲法問題についてである。これには、2つの理由がある。

　第1に、感染症はいきなりパンデミックになるわけではなく、その前段階として地域的流行があり、それから段階を経てパンデミックになるのが一般

---

(1) A DICTIONARY OF EPIDEMIOLOGY 179 (Miquel Porta ed., 5th ed. 2008) [hereinafter A DICTIONARY OF EPIDEMIOLOGY].

的パターンであることから、第一次的には国家の感染症対策が重要になるという点である[2]。そうであるとすれば、パンデミックに絡む憲法問題を検討するためには、エンデミックやエピデミックを含めた国内の感染症対策一般を対象とする必要がある。もちろん、未知のウイルスなどが突如として現れ、瞬く間に世界中に広がるというケースもありうる。しかし、その場合であっても、国家がその対策について第一次的責務を負う点に変わりはない。そのため、まずは、感染症の流行に対する国家の公衆衛生上の責務について考察しなければならない。

第2に、国家のパンデミックへの対応には強制的に身体を拘束したり自由を制限したりするものがあることから、しばしば人権侵害を引き起こすことがあるという点である。これは、古典的な憲法上の論点であり、この自由と安全の調整をいかにしてはかるのかを検討しなければならない。たとえば、パンデミックといっても、既知の感染症がパンデミックになる場合と未知の感染症がパンデミックになる場合とでは、対応が異なってくる。前者の場合、ワクチンの備蓄や隔離手続など、予防方法が中心となる。一方、後者の場合は緊急的対応を迫られることから、国家の緊急事態権限の問題が出てくる。いずれのケースも人権を制約する度合いが大きい。

このような理由から、本章はパンデミックに関する憲法問題について、公衆衛生に関する国家の責務と感染症対策による人権侵害の問題を検討する。日本では憲法25条2項が公衆衛生の維持を国家の責務と規定しているが、公衆衛生に関する憲法上の規定のない国ではその責務がないかというと、そうではない[3]。国家は、その成り立ちからして国民の安全を守る責務があり、その中には公衆衛生の維持が含まれているはずである。そこで、まずは感染症のリスク対策に焦点をしぼりながら、国家の公衆衛生に関する責務について考察する。つぎに、そうしたリスク対策がもたらす自由への侵害について、侵

---

[2]　実際、WHO のパンデミックの警戒区分は感染力や流行状況に応じて段階ごとに区分されている。
[3]　日本国憲法と公衆衛生権限の関係を論じる研究は少ないが、それらの先行研究では憲法25条2項から導き出されるとの見解が有力になっている。桜井昭平編『現代行政法 各論』261頁（八千代出版、2001年）〔緒方章宏〕、室井力編『新現代行政法入門(2)―行政組織・主要な行政領域』136頁（法律文化社、2004年）〔德田博人〕。その他、また、健康権に関連して分析したものとして、唄孝一「『健康権』についての一試論」公衆衛生37巻1号10頁（1973年）、下山瑛二『健康権と国の法的責任―薬品・食品行政を中心とする考察』77-90頁（岩波書店、1979年）参照。なお、公衆衛生の維持や感染症対策の推進を日本国憲法の平和主義の理念に求める見解もある。蟻田功=中根美幸「人類と感染症―平和憲法の意義と課題」公衆衛生72巻1号15頁（2008年）。

害程度の高い隔離やワクチン接種を中心に、その限界を検討する。そして、ワクチン接種の優先順位の問題を取り上げ、公衆衛生規制が自由の侵害だけでなく、平等の問題をも惹起しうる場面があることについて検討する。最後に、公衆衛生の監視という予防的手法に光を当て、それがもたらすリスクを考察する。

Ⅰ 公衆衛生に関する国家の責務

1 警察権限

　公衆衛生学や公衆衛生活動は英米で発達した学問・行政活動であるとされる[4]。とりわけ、パンデミックの懸念や新しいウイルスの発生の問題が生じたとき、WHOと同等またはそれ以上に、アメリカの公衆衛生機関の存在がクローズアップされることがあることからわかるように、この分野においてアメリカは世界を主導する立場にある。本章でもアメリカを中心に、憲法の観点から感染症とリスクの問題を考察する。

　建国の歴史的背景により、アメリカでは州が広範な自治権を有していることは周知のとおりである。もともと独立した邦（state）を形成していた州は、公衆衛生を含む警察権限（police power）を有する。しかし、その範囲は必ずしも定まっているわけではない。

　古くからあるラテン語の法諺に、「君は他人のものを害しないように、そのように君は自身のものを用いよ」（sic utere tuo ut alienum non laedas）[5]という言葉がある。権利の濫用について言及したとされるこの法諺を警察権限との関係で用いたのが Thorpe v. Rutland & B. R. Co. バーモント州最高裁判決[6]であった。それによれば、州の警察権限は生命、身体、健康を含む州内にあるあらゆる財産を守るために用いることができるが、それは個別の他者加害をもたらす行為に対してのみ正当化されるものであるという。換言すれば、特定の利益に対する具体的侵害を抑止する場合でなければ、州の警察権限を行使することができないとしたのである[7]。当初、アメリカの警察権限

---

(4) 須藤陽子「公衆衛生と安全」公法研究69号156頁、157頁（2007年）。
(5) 柴田光蔵=林信夫=佐々木健編『ラテン語法格言辞典』276頁（慈学社、2010年。以下、『法格言辞典』という）。
(6) Thorpe v. Rutland & B. R. Co., 27 Vt. 140, 149-150 (1854).
(7) Glenn H. Reynolds and David B. Kopel, *The Evolving Police Power: Some Observations for a New Century*, 27 HASTINGS CONST. L. Q. 511 (2000).

はこのような狭い概念だった。

　他方、「国民の安全は最高の法である」(Salus populi est suprema lex)[8]という法諺がある。これは、法が公共の安全、福祉、道徳のために規制をすることを認めたものと解される。ここでの対象は、他者加害や具体的侵害が前提とされておらず、むしろ一般的・抽象的な公益のために規制を行えることを示している。19世紀末から産業革命を迎えたアメリカでは、州が様々な規制を行うことが要請され、それにあわせて警察権限の概念も拡張される必要があった。そして、1904年のフロイント（Ernst Freund）の著作[9]により、警察権限はこうした広い内容を持つものであると目されるようになった[10]。

　ただし、エプスタイン（Richard A. Epstein）によれば、ここでいう「安全」は、古典的国家における「公衆の健康な状態」(the well being of the public) を意味しているとする[11]。警察権限の射程が広がったとはいえ、現代のように人々の幸福を幅広く追求する福祉国家像にまで拡大できない。むしろ、警察権限はその名のとおり、安全や公衆衛生の維持を主軸にしているというのである。

　警察権限の射程にはなお検討の余地が残るものの、その展開をみる限り、公衆衛生の維持が伝統的に国家の責務であったことは明らかである。このことは判例法理においても確認できる。

　まず、最初に市民の公衆衛生を守る警察権限が州にあることを示した1824年のGibbons v. Ogden連邦最高裁判決[12]を挙げなければならない。この事件では渡船の免許付与をめぐり連邦と州との権限関係が争われたが、その際、連邦最高裁は州に固有の警察権限に言及した。連邦最高裁によると、州の警察権限につき、「州内の通商規制法と同様、高速道路や渡船に関す検査法、隔離法、衛生法は、この包括的権限に含まれる」[13]という。そして、これらの規制権限は、いずれも州が適切に行使できるものであるとした。

　つぎに、外国船舶がニューオーリンズ湾に入ることを禁止したルイジアナ

---

(8) 『法格言辞典』前掲注 (5) 266頁。
(9) Ernst Freund, The Police Power: Public Policy and Constitutional Rights (1904).
(10) Reynolds and Kopel, *supra* note 7, at 512.
(11) Richard A. Epstein, *In the Defense of the "Old" Public Health: The Legal Framework for the Regulation of Public Health*, 69 Brooklyn L. Rev. 1421, 1427 (2004).
(12) Gibbons v. Ogden, 22 U.S. 1 (1824).
(13) *Id.* at 203.

衛生委員会の政策が問題となった Compagnie Francaise de Navigation a Vapeur v. Louisiana State Board of Health 連邦最高裁判決[14]がある。ここでは、州がどこまで外国船舶に対する規制を行えるかが主な争点となったが、それに関連して州の警察権限の射程も問題となった。連邦最高裁は、連邦法の授権がなくても、ルイジアナ州が感染症発生地区への船舶入港の禁止を行うことは可能であるとし、州の警察権限に基づく感染症対策を広く認めた。

ここまでは、主として連邦権限と州の権限との関係をめぐる争いであったが、公衆衛生規制と個人の自由が衝突したのが 1905 年の Jacobson v. Massachusetts 連邦最高裁判決[15]であった。この事件では、強制的ワクチン接種を拒否できるか否かが問われることとなった。連邦最高裁は、当該規制の合憲性の判断は敬譲的にならざるをえないとし、規制の合理性を認めて合憲判断を下した。その際、州の警察権限には公衆衛生を維持する責務が含まれるとし、それが合理的である限りは尊重されると述べている。

また、州裁判所レベルの判決ではあるが、公衆衛生の維持が国家の主要責務の1つであるとしたのが Moore v. Draper フロリダ州最高裁判決[16]である。結核に罹ったために結核治療施設（sanitarium）に収容された原告が、当該収容は不当に身体を拘束するものであり修正 14 条違反であるとして訴えを提起したものである。フロリダ州最高裁は、公衆衛生に関する政府の責務について、腸チフスに罹患したことで隔離された者が人身保護令状を請求した People v. Robertson イリノイ州最高裁判決[17]をそのまま引用して、次のように述べた。すなわち、「州が主権として担う責務の1つが公衆衛生の維持であることは疑いないだろう。政府が保護すべき対象の中で公衆衛生の維持ほど重要なものはない。公衆衛生を維持する責務は州の固有かつ不可譲の警察権限に十分な根拠を求めることができる」[18]と。

このように、公衆衛生の維持は警察権限に基づいて認められてきた。これら従来の規制には対象や方法に一定の特徴を見出すことができる。先述した判例をみてもわかるように、警察権限に基づく公衆衛生の維持の典型例は感

---

(14) Compagnie Francaise de Navigation a Vapeur v. Louisiana State Board of Health, 186 U.S. 380 (1902).
(15) Jacobson v. Massachusetts, 197 U.S. 11 (1905).
(16) Moore v. Draper, 57 So. 2d 648 (Fla. 1952).
(17) People v. Robertson, 302 Ill. 422 (Ill. 1922).
(18) 57 So. 2d at 649 (quoting People v. Robertson, 302 Ill. at 427).

染症対策であった。「感染症から公衆衛生を守ることは政府の重大な責務の1つなのである」[19]。また、そこで用いられた手段は隔離が一般的であり、ワクチンによる予防法が発明されてからは隔離とワクチンの強制的な接種が主な手段であった点も忘れてはならない。こうした点から、主な規制対象は感染症で、その対策としては隔離やワクチン接種が強制的に行われていたことがわかる。つまり、当初の公衆衛生規制は、かなり限定的に行われていたのである。

エプスタインによると、このような限定的対応しかとられなかったのは、公衆衛生の維持が公共財の一種とみなされていたからだという[20]。なぜなら、公衆衛生の維持は一般に必要な公益であるものの、非競合的および非排他的性格を有するため、国家がその任務を負わざるをえない。国家は公共財としての公衆衛生の維持が必要な限りにおいてその責務を果たしてきたからこそ、その役割は主に感染症対策に限定されてきたというのである。

しかしながら、19世紀末のアメリカ版産業革命を経て産業や技術が発達すると、国家が扱える公衆衛生の対象範囲が広がり、かつ規制需要も高まっていった。この頃になると、公衆衛生に関する国家の責務はもはや市場の失敗をカバーするだけでは不十分になってきたのである。

2 現代国家による公衆衛生の維持

20世紀に入って福祉国家の幕が開けると、公衆衛生規制のあり方にも変化がみられるようになる。20世紀初頭のアメリカは雇用者側の営業の自由と労働立法を中心とした福祉政策とが衝突した時期であり、連邦最高裁がLochner v. New York 連邦最高裁判決[21]をはじめとして労働関連立法を次々と違憲にしたため、ロックナー期と呼ばれる。ロックナー期の福祉政策は労働立法としてクローズアップされがちであるが、労働環境整備の根底には公衆衛生の維持が含まれており、当時はまだ公衆衛生規制と労働規制が未分化であった。Lochner判決では、5対4の僅差でパン屋の最長労働時間規制が違憲とされたが、先述したJacobson判決も同年に下されたものである。

---

(19) Ernest B. Abbott, *Law, Federalism, the Constitution, and Control of Pandemic Flu*, 9 ASIAN-PASIFIC L. & POL'Y J. 185, 197 (2008).

(20) Epstein, *supra* note 11, at 1425-1427.

(21) Lochner v. New York, 198 U.S. 45 (1905).

Lochner判決とは対照的にJacobson判決では公衆衛生規制が合憲とされており、司法が警察権限の中でも感染症対策の重要性を認識していたことがわかる。また、両判決の7年前に下されたHolden v. Hardy連邦最高裁判決[22]では、危険な労働環境の下で働く炭鉱労働者についてはその最長労働時間を警察権限に基づいて規制することができるとして合憲判断を下している。これらの判決をみると、ロックナー期における最高裁の態度は、公衆衛生規制および労働規制のいずれについても、危険に対する安全確保を目指す立法であれば正当な警察権限の行使として合憲としているようにみえる。

　その後、ニューディール期になると、連邦最高裁はこれまでの態度を転換し、労働規制全般を立て続けに合憲とし始めた。公衆衛生については、1922年のZucht v. King連邦最高裁判決[23]によってワクチンの強制接種が再度合憲とされて以降、連邦最高裁で取り上げることはなくなり、いったんこの問題は解決済みのような状態になった。

　こうしてニューディール期を境に、政府は福祉国家へと舵をきり、様々な分野で規制を行い始めた。それに伴い、公衆衛生についても、従来の感染症対策のあり方に変化が見え始める。これまで、強制的な隔離やワクチン接種が主に問題となってきたが、医療技術の進歩により柔軟な対応が可能になってきた。たとえば、エイズは一定の危険な行為にさえ注意すれば感染することを防ぐことができるため、強制的に隔離する必要性がない。また、過去に猛威をふるった感染症についても、その多くが終息に向かっていることからワクチン接種を義務づけるなどの強制的手法を使う範囲が限定されてきた。

　そして現代では、先の理由に加えて、福祉国家に伴う財政難の問題も浮上し、ますます強制的手法を用いる公的介入は一部に限定されるようになってきている。その反面、民間団体や私人に注意を喚起したり努力を促したりする形で、いわば誘導型の公衆衛生対策が行われるようになってきた。

　たとえば、喫煙等の健康に害をもたらす習慣を持つ者への注意喚起が挙げられる。政府が直接介入するのではなく、人々の努力に委ねるような形で健康維持をはかろうとしているわけである[24]。あるいは、サンスティン＝セ

---

(22)　Holden v. Hardy, 169 U.S. 366 (1898).
(23)　Zucht v. King, 264 U.S. 174 (1922).
(24)　日本の健康増進法2条が、「国民は、健康な生活習慣の重要性に対する関心と理解を深め、生涯にわたって、自らの健康状態を自覚するとともに、健康の増進に努めなければならない」として健康維持を国民の責務としている点も、こうした流れの中に位置づけられるかもしれない。

イラー（Cass R. Sunstein and Richard H. Thaler）がリバタリアンパターナリズムと呼ぶような手法も顕著になってきている[25]。それは、あらかじめ政府がデフォルトを設定してその選択メニューを提示したりすることで、個人の自由意思に基づく決定を担保しつつ、政府が目指す方向に誘導していくという手法である（第2章参照）。たとえば、臓器移植を推進したい場合に、従来のように移植してもよいと考える場合に意思表示させるのではなく、デフォルトを変換し、移植を希望しない場合に意思表示させるようにして、移植しやすい方に誘導していくという方法などがそれにあたる。この方法であれば、個人の選択を尊重しながら、望ましい政策を達成することができる。このように、現在の公衆衛生施策は多様化しており、特定の病気の予防や治療方法にとどまらず、健康を守るための様々な手段を含むようになってきている[26]。その結果、今日の公衆衛生に関する議論においては、古典的な感染症対策に固執するのではなく、より柔軟な対応策への関心が高まってきており、保護者というよりも、いわば保険者（insurer）としての政府を想定しているといわれる[27]。

　実際、こうした展開は公衆衛生の定義にも影響を与えている。現代アメリカの公衆衛生法学を牽引するゴスティン（Lawrence O. Gostin）によると、伝統的な公衆衛生の定義は『ブラック法律辞典』がよく表しているという[28]。それによると、公衆衛生とは、「人々の一般的集合体又はコミュニティ全体の健康又は衛生条件。特に病気に対する予防的投薬や組織的ケアによるコミュニティの健康の維持方法」[29]を指す。ここでは、「コミュニティが行う病気予防」が主な部分を占めている。

　一方、『疫学辞典』が、公衆衛生をいったん「人々の健康を保護、促進、保持するために社会によってなされる努力の1つ」[30]と定義した上で、「病気の予防又は住民全体の健康需要を重点とするプログラム、サービス、制度。公衆衛生活動は技術や社会的価値の変化によって変わるが、その目的は変わ

---

(25) Cass R. Sunstein and Richard H. Thaler, *Libertarian Paternalism Is Not an Oxymoron*, 70 U. CHI. L. REV. 1159 (2003).
(26) Epstein, *supra* note 11, at 1423-1425.
(27) *Id.* at 1463.
(28) LAWRENCE O. GOSTIN, PUBLIC HEALTH LAW: POWER, DUTY, RESTRAINT 16 (2d ed. 2008).
(29) BLACK'S LAW DICTIONARY 724 (9th ed. 2009).
(30) A DICTIONARY OF EPIDEMIOLOGY, *supra* note 1, at 198.

らない。すなわち、人々の病気、夭逝、病気に伴う不具合及び身体障害を減らすこと。したがって公衆衛生は社会の制度、規律、活動である」[31]と補足説明を行っている点が興味深い。これによると、病気予防および病気治療を目的とする点には変わりがないものの、それを行う手段がプログラム、サービス、制度など多岐にわたるようになっている。

しかしながら、エプスタインは、このような状況に警鐘を鳴らす。なぜなら、公衆衛生活動が多様化すると様々な形の規制が行われるようになり、結果的に過度な自由の制限を招くおそれがある一方で、感染症対策など本当に必要な公衆衛生規制が度外視されてしまうおそれがあるからである。とりわけ、「エピデミックはいつ起きるのかわからないので、一定の問題はなお脅威が残っている」[32]のであって、「エピデミックなどの問題は隔離等の積極的手段を必要とする」[33]。したがって、現代における公衆衛生規制は、やはり感染症対策を中心に分析する必要があり、それが自由と衝突するとき、いかにして調整していくべきかを検討しなければならない。

3 公衆衛生維持システム

前述のように、アメリカでは、エピデミックの問題に対しては、州が中心となって対応することになっている。だが、エピデミックが感染症であることを踏まえれば、州を越えた全国レベルの問題であることが容易にわかる。さらに、それが世界的規模となるパンデミックとなれば、ますます全国レベルの対応が必要となる。またそもそも、行政国家化に伴う連邦権限の拡大により、現在では公衆衛生に関する連邦の役割が大幅に増加しているという現実がある。

連邦政府が公衆衛生を維持する責務を担う憲法上の根拠として、ゴスティンは以下の点を挙げる[34]。第1に、合衆国憲法1条8節18項の必要かつ適切条項[35]に基づき、国家全体に関わる様々な公衆衛生に関する規制を行う

---

(31) *Id.* at 198-199.
(32) Epstein, *supra* note 11, at 1465.
(33) *Id.* at 1463.
(34) GOSTIN, *supra* note 28, at 77-110.
(35) 憲法1条8節18項「上記の権限、及びその他この憲法により合衆国の政府またはその部門もしくは公務員に付与された一切の権限を行使するために、必要かつ適切なすべての法律を制定すること」高橋和之編『新版 世界憲法集〔第2版〕』60-61頁（岩波書店、2012年。以下、『世界憲法集』という）〔土井真一訳〕。

ことができる。これにより、人および物の移動に関する規制を行うことができ、全般的な感染症対策を行うことが可能となる。第2に、1条8節1項により、連邦政府は、一般的福祉のための課税権を持つ。これに基づいて健康管理を中心とする様々な施策を実行するために資金を投入することができる。第3に、1条8節8項により、知的財産を保障する権限がある。これを基に医薬品などの特許制度を構築する。第4に、2条2節2項により、条約締結権を有する。これにより、公衆衛生の維持に関する国際条約を結ぶことができ、パンデミックなどに対する国際的対応を行うことができる。第5に、修正13条・14条・15条により、市民権を守るために様々な措置を行うことができる。これにより、市民の権利を保護するために公衆衛生を整備することができる。このように、憲法の複数の規定を組み合わせることで、連邦政府が公衆衛生関連の施策を行う権限が導き出されるというのである。

以上の憲法条文をバックボーンとして、連邦政府は様々な公衆衛生に関する連邦機関を創設している。まず、公衆衛生関連施策を総括する機関として、保険社会福祉省(Department of Health and Human Services)がある。公衆衛生問題のうち、エピデミック/パンデミックなどに関する対応は、疾病管理予防センター(Centers for Disease Control and Prevention: CDC)や公衆衛生局長(Surgeon General)などの下部組織が具体的な実働部隊となっている。

CDCは、第二次世界大戦後の1946年に創設された[36]。戦争により各地で衛生状態が悪化していたことに加え、熱帯地方まで出兵した結果マラリア等の感染症が流行していたため、この対策を行う専門機関として創られたのである。もっとも、当初は蚊を駆除することが主な目的となり、スタッフの多くは昆虫学者や技術者であった。その後、感染症対策の研究が進んでいくと、自然と医学・薬学・公衆衛生学の専門スタッフが増加していき、他の感染症対策も手がけるようになっていった。

現在では感染症対策に特化せず、各政府機関への援助、世界各国における衛生環境の改善、重大な病気への対策、監視の強化と疫学の発達、衛生政策の改善など、様々な役割を担っている。それに伴い、それぞれの領域に担当部署が置かれ、専門に応じて組織的に細分化されていった。このうち、感染症対策は感染症部局(Office of Infectious Diseases)が主な任務を担っており、

---

[36] CDC Home, http://www.cdc.gov/about/history/ourstory.htm.

感染症を減らすための戦略やプログラムを練っている。具体的な個別の感染症についてはさらに専門課が存在し、たとえばインフルエンザについてはインフルエンザ共同課（Influenza Coordination Unit）がパンデミックを含めて対策を行っている。また、感染症部局長は、エイズや肝炎などの対策を行うエイズ・肝炎・STD・TB 予防センター（National Center for HIV/AIDS, Viral Hepatitis, STD, and TB Prevention）などの他の感染症部局との調整役を担っており、感染症問題を総括している。もっとも、感染症対策は、感染症に特化した部局だけで対応できるわけではなく、研究方面で活動する監視・疫学・研究サービス部局（Office of Surveillance, Epidemiology, and Laboratory Services）や、主にバイオテロなどの対策を行う公衆衛生予防対策部局（Office of Public Health Preparedness and Response）などとも連携して、感染症対策を行っている。

4　パンデミック対策の緊急性

　エピデミック／パンデミックは、突然発生し、急激に感染を拡大させていくことから迅速な対応が不可欠である。そのため、連邦政府は、公衆衛生に関する緊急事態が生じた場合に全国レベルで対応すべく様々な対策に乗り出している。最初に制定されたのが、いわゆるスタフォード法（Stafford Act）[37]であり、連邦政府は州政府に協力して対応するシステムになっている。具体的には、大統領の指示に基づき、各連邦機関は生命、財産、安全を守るため、捜索や救助のみならず避難所、食料、薬品を確保したり、コミュニケーションや移動の手段を用意したり、警告等の措置を行ったりする[38]。もちろん、まずは州政府が第一次的な対応を行うのであるが、州の感染防止策が不十分な場合にはCDCが対策に乗り出すことができ[39]、逆に州の側から連邦政府の援助を求める場合には連邦緊急管理庁（Federal Emergency Management Agency）に要請することができる[40]。

　また、エピデミック／パンデミックに際して隔離措置が必要となった場合、

---

(37) The Stafford Disaster Relief and Emergency Assistance Act of 1988, 42 U.S.C. §5121 (amended the Disaster Relief Act of 1974).
(38) 42 U.S.C. §5170b.
(39) 42 C.F.R. §70.2.
(40) 42 U.S.C. §§5152-5206.

公衆衛生局長が、保険社会福祉省長官の同意に基づき、感染拡大を防ぐために必要な規則を制定する[41]。その際、CDC が可能な限りそれを補助する任務を果たす。それを踏まえて、大統領は感染症を特定して隔離すべき者のリストを掲載した大統領命令を出すことができる[42]。

ところで、感染症にはワクチンが有効な手段であることから、平時の間に、ワクチン接種の準備をしておくことが肝要となる。そこで公衆衛生サービス法（Public Health Service Act）は 1986 年の改正により[43]、国家ワクチンプログラム部局（National Vaccine Program Office）を設置した[44]。この部署は、連邦による総合的なワクチン政策を目指して、ワクチン研究・開発・安全性および効果のテスト・ワクチン特許・ワクチン配布などに関するプログラムを作成することになった[45]。

もっとも、本格的な緊急事態対策立法が制定され始めたのは 2000 年以降のことであった。新たな公衆衛生予防プログラムの作成を命じた 2000 年の公衆衛生への脅威およびそれに対する緊急対策法（Public Health Threats and Emergencies Act）[46]を皮切りに、バイオテロの脅威に対応するために制定された 2002 年の公衆衛生維持およびバイオテロ予防対策法（Public Health Security and Bioterrorism Preparedness and Response Act）[47]、医薬品などの予防関連商品の製造者を援助する 2004 年のバイオシールドプロジェクト法（Project Bio Shield Act）[48]が矢継ぎ早に制定されていった。これらの法律は、スタフォード法と並んで、公衆衛生維持のために必要な緊急対策立法と位置づけられている[49]。たとえば、バイオシールドプロジェクト法は、保険社

---

(41) 42 U.S.C. §264 (a).
(42) 42 U.S.C. §264 (b).
(43) なお、後述の国家ワクチン被害法によって改正された規定である。
(44) 42 U.S.C. §300aa-1.「長官は保険社会福祉省の中に予防接種によって人間の感染症に対する最適な予防をはかるため又はワクチン耐性に対する最適な対策をはかるための国家ワクチンプログラムを作成しなければならない。本プログラムは長官の指名する局長によって実施される」。
(45) 42 U.S.C. §300aa-2.
(46) The Public Health Threats and Emergencies Act of 2000, Pub. L. No. 106-505.
(47) The Public Health Security and Bioterrorism Preparedness and Response Act of 2002, Pub. L. No. 107-188.
(48) The Project Bio Shield Act of 2004, Pub. L. No. 108-276.
(49) Sarah A. Lister and Frank Gottron, *The Pandemic and All-Hazards Preparedness Act* (*P. L. 109-417*): *Provisions and Changes to Preexisting Law*, CRS REPORT Order Code RL33589 (2007), *available at* http://www.fas.org/programs/bio/resource/documents/CRS%20-%20PAHPA%203-07.pdf.

会福祉省長官に、公衆衛生上の緊急事態が生じた場合に緊急事態宣言を出し、未承認の医薬品等を使用する許可を与える権限を付与している[50]。

さらに直近では、ハリケーンカトリーナやインフルエンザの発生に伴い、新たに緊急対策立法が制定された。2006年のパンデミックおよび全危険予防法（Pandemic and All-Hazards Preparedness Act）[51]である。本法の目的は、公衆衛生を改善し、医療的予防をはかり、緊急対応能力を向上させることである。具体的には、公衆衛生に関する監視情報を電子ネットワークでつなぎ[52]、保険社会福祉省長官はパンデミックが起きたときに使用されるワクチンがどこに存在するかを知るために全国レベルで追跡するシステムを整備し、効果的にワクチンが行き渡るようにすることができるようになった[53]。

5 対策従事者の免責

また、緊急時における感染症対策従事者は、当該活動によって損害が発生した場合に民事責任を負う可能性があると、萎縮して十分な活動が行えないおそれがあることから、法律により民事責任が免除されている。公的準備および緊急対応法（Public Readiness and Emergency Preparedness Act）[54]は、保険社会福祉省長官に、一定の対策従事者に対して民事責任の免除を宣言することができる権限を付与している[55]。宣言が出されると、一定の者は、意図的に不法行為を行って損害を発生させた場合を除き、民事責任が免除される。免責対象となる者は状況によって異なり、対策計画者から薬物製造者や配布者まで様々である。また、緊急時には、ボランティアや非営利法人の存在も重要になる。そのため、ボランティア保護法（Volunteer Protection Act）[56]は、一定のボランティアや非営利団体に対して民事責任を免除している。

各州でも同様の規定を設けているところがあり、たとえばニューヨーク州は災害法（Disaster Act）により法律に基づいて活動した者の民事責任を免

---

(50) 21 U.S.C. §360bbb-3.
(51) The Pandemic and All-Hazards Preparedness Act, Pub. L. No. 109-417.
(52) 42 U.S.C. §247d-4.
(53) 42 U.S.C. §247d-1.
(54) The Public Readiness and Emergency Preparedness Act, Pub. L. No. 109-148.
(55) 42 U.S.C. §247d-6d.
(56) The Volunteer Protection Act, Pub. L. No. 105-19.

除している[57]。ただし、この免責の対象は訴訟を起こされることではなく、裁判によって民事責任を負うことからの免責である[58]。また、善きサマリア人法（Good Samaritan Laws）は、緊急時に医療従事者が病院等の施設外で自発的に行った行為についても、民事責任が免除されるとしている[59]。

6　パンデミック対策のジレンマ

エピデミック／パンデミックは、いつ、どこで、どのように、起きるかわからない。世界のどこかで発生したものがアメリカに入ってきて大流行することもあれば、アメリカ国内で発生して広がる場合もある。いずれにせよ、アメリカ国内で大流行すれば、それはエピデミックにとどまらず、パンデミックとなる可能性が高いことから、パンデミック対策を念頭に置いて対策を行う必要がある。また、パンデミック対策は緊急性を伴うことが多い。いったん発生してしまうと急激に広まってしまうおそれがあることから、ワクチンなどの事前の準備と隔離などの事後的対応をセットで行う必要がある。

しかしながら、ただ対策をすればよいというわけではなく、想定していた事態が起こらず、対策が無駄に終わることもある。そのとき、杞憂に終わるだけならまだしも、ワクチン接種により副作用などの被害が出た場合には大問題となる。その典型例が1976年の豚インフルエンザ（swine flu）であった[60]。

1976年1月、ある陸軍兵士がインフルエンザに似た症状で死亡し、その遺体から新型の豚インフルエンザウイルスが検出されたのが発端である。その後、陸軍内でこのウイルスに対する抗体を持っている者が多数見つかり、さらに世間では類似の症状の季節性インフルエンザが流行していたことも重なって、パンデミックを引き起こすのではないかという懸念が現実味を帯びてきた。

そこでCDCはただちにワクチン接種助言委員会（Advisory Committee on Immunization Practices: ACIP）に諮問を行った。ACIPは、ワクチン接種の

---

(57)　N. Y. Exec. Law §25 (5).
(58)　*See* In re World Trade Ctr. Disaster Site Litig., 456 F. Supp. 2d 520 (S. D. N. Y. 2006).
(59)　N. Y. Pub. Health Law §3000-a (1).
(60)　リチャード・E・ニュースタット＝ハーヴェイ・V・ファインバーグ（西村秀一訳）『豚インフルエンザ事件と政策決断—1976 起きなかった大流行（パンデミック）』37-43頁（時事通信社、2009年）。

専門機関であり、専門家が予防接種を推奨すべきかどうかを分析し、保険社会福祉省やCDCに報告する任務を担っている[61]。委員会の中ではワクチンを製造し、接種を推奨すべきかどうかが議論されたが、どの程度流行するのかが不明であったため、結論を出しあぐねていた。そうした中、委員会の議長を務めていたCDC局長はワクチン接種推奨の覚書を作成し、保険社会福祉省副長官の同意を得てフォード（Gerald Ford）大統領にワクチン製造および接種の推奨を進言した。選挙を控えていたフォード大統領は不作為よりも作為を選んだ方が望ましいとの判断から、かれらの意見を受けいれ、ただちに議会に諮り、必要な法律を制定した。

その後、冬が終わるといったんインフルエンザの流行も沈静化し、その間にワクチン製造が進められた。ワクチン製造を急ぐあまり、副作用などの様々な問題が出ていたが、途中、レジオネラ菌で死亡した患者がインフルエンザに似た症状を見せていたことから、パンデミックへの懸念が再浮上してきた。そこで10月からワクチンの大量接種が始まったが、接種後に死亡する者が出てきたり、ギラン・バレー症候群を引き起こす事例も出てきた。一方、豚インフルエンザ自体は一向に流行の兆しを見せず、地域によっては副作用の問題と効果への疑問から接種を実施しないところが多く出てきた。というのも、連邦政府がワクチンを供与するものの、具体的な実施は州に任されており、さらに実質的には各地方公共団体の手に委ねられていたからである。その結果、12月になると、連邦政府はワクチン接種の推奨を中止することになった。

このように、パンデミックは、大流行してしまうのではないかというおそれから緊急的対応を迫るという特徴がある。しかも、専門家が協議してもワクチン接種の是非に関する正確な答えが出ない場合に、国家は接種を実施して公衆衛生維持の責務を果たすか、それとも副作用のおそれを重視して接種を控えるかというジレンマに襲われる。隔離にも同様の問題が生じる。パンデミックの懸念があるにすぎない段階から感染の疑いがある者を早急に隔離して公衆衛生を維持するか、不必要な隔離によって人身の自由を制約するのを避けるために隔離が必要だと科学的に認識できるまで隔離を控えるか、というジレンマが生まれるからである。

---

(61) CDC Home, USA. Gov., http://www.cdc.gov/vaccines/recs/acip/.

以下では、ワクチン接種と隔離の問題を取り上げながら、このジレンマの解決方法について憲法の視点から検討する。

II パンデミック対策と人権制約問題

感染症の被害予測が大きければ大きいほど、国家は対策の必要性に迫られるが、しかし他面において、それはしばしば人権制約を伴う。となれば、国家の対策は少なくとも必要かつ適切なものでなければならない。とりわけパンデミックは、その言葉に引きずられて H1N1 型インフルエンザの時のように過剰反応を引き起こしてしまう可能性がある。そこでまずは、パンデミックとは何を意味するのかをあらためて分析しておく必要がある。

1 パンデミックの定義

先述した疫学上のパンデミックの定義には、感染症の重篤度などが含まれていないことからインフルエンザの季節的大流行と誤解されてしまうとの批判がある[62]。実際、当初 WHO は重篤度などの要素を重視し、たとえばパンデミックインフルエンザについて、「人々が免疫を持っていない新しいインフルエンザウイルスが現れた時に、世界的規模で同時多発的に流行しきわめて多くの死者または感染者を出してしまうインフルエンザの流行」[63]と定義していた[64]。ところが、2009 年の H1N1 パンデミックが宣言される直前に、「きわめて多くの死者または感染者」というフレーズが削除され、「人々が免疫を持っていない新しいインフルエンザウイルスが現れた時に起きるインフルエンザの流行」[65]と変更された[66]。その結果、H1N1 型インフルエンザがパンデミックに該当することになったのであるが、WHO の宣言を重く受け止めた各国政府が過剰な対策に乗り出してしまい、コスト面で問題があ

---

(62) Peter Doshi, *The Elusive Definition of Pandemic Influenza*, 89 BULL. WORLD HEALTH ORG. 532, 532–538 (2011).

(63) Pandemic Preparedness [Internet]. Geneva: World Health Organization; 2003 Feb. 2, http://web.archive.org/web/20030202145905/ http://www.who.int/csr/disease/influenza/pandemic/en/.

(64) Doshi, *supra* note 62, at 532.

(65) Pandemic Preparedness [Internet]. Geneva: World Health Organization; 2009 May 4, http://www.who.int/csr/disease/influenza/pandemic/en/.

(66) *The Handling of the H1N1 Pandemic: More Transparency Needed*. Council of Europe; 2010 June 7, *available at* http://assembly.coe.int/Documents/WorkingDocs/Doc10/EDOC12283.pdf.

ったことが指摘された。そこで、リスク評価やウイルス分析を見直した上で、重篤度などの要素を盛り込み、パンデミックがきわめて深刻な事態であることを再認識すべきであるという提案がなされている[67]。また、重篤度などの要素を含まないと深刻さがわからないため、逆にワクチン処方などの対応が後手に回ってしまうおそれもある[68]。

このように、一口にパンデミックといっても、その定義に争いがある上、流行前の状況から段階ごとに分けて判断するため、その認定も難しい。そのため、本書ではさしあたり「世界的規模で大流行する重大な感染症」と定義しておく。

2 ワクチン接種の強制と身体の自由

感染症を防ぐためには良好な衛生状態を維持するなどの対応がベースとなるが、直接的に有効な手立ては限られている。細菌感染であれば抗生物質の投与が有効であるが、ウイルス感染の場合にはワクチンしか有効な手段がない。そのため、ワクチンが存在している場合には、あらかじめパンデミックを防ぐために予防接種を行うことがあり、過去には強制的に行われた時代もあった。

ワクチン接種の副作用に対しては訴訟が提起されることがあるが、1980年代にある法律が制定されて以降はその数が激減していった。1986年の国家ワクチン被害法（National Childhood Vaccine Injury Act）[69]である。先述の豚インフルエンザのケースに加え、1980年代にはDTP接種の副作用の問題が発生し、政府は対策を求められた。そこで制定されたのが国家ワクチン被害法である。本法により、国家ワクチン被害補償プログラム（National Vaccine Injury Compensation Program）[70]が策定され、ワクチン開発会社の責任負担を大幅に軽減した。ワクチン被害が起きた場合でも、開発会社を相手に訴訟を提起するのではなく、ワクチン問題を専門に扱う連邦裁判所の特別部で処理されることになった。そこで被害が認められれば、ワクチンにかけられ

---

(67) Doshi, *supra* note 62, at 534-535.
(68) Heath Kelly, *The Classical Definition of a Pandemic Is Not Elusive*, 89 BULL. WORLD HEALTH ORG. 540, 540-541 (2011).
(69) The National Childhood Vaccine Injury Act of 1986, 42 U.S.C. §§300aa-1 to 300aa-34.
(70) The National Vaccine Injury Compensation Program, 42 U.S.C. §300 aa-10.

た特別税による基金から補償金が支払われることになった。こうして、まず救済システムを確立したのである。

しかしながら、この問題にはそもそも予防接種の強制を拒否することができるか否かという論点が潜んでいる。平時における対策はインフォームド・コンセントが原則であり、緊急時においてのみその原則が緩和されるにすぎないとすれば、予防接種の強制はその原則にも反することになる[71]。この問題に関するリーディングケースが先述の Jacobson 判決[72]である。

3 Jacobson v. Massachusetts 判決

本件は、マサチューセッツ州が州民に対し天然痘のワクチン接種を義務づけていたところ、ワクチン接種を拒否したジェイコブソン（Henning Jacobson）に5ドルの罰金が科されたため、これが身体の自由を侵害していないか否かが争われた事案である。

1902年、マサチューセッツ州では天然痘が大流行し、同州は州民にワクチン接種を義務づける法律を制定した。本法に基づき、州内の各自治体の衛生委員会は無料で州民にワクチン接種を義務づけられることとなった。接種対象は州民全員であったが、未成年者（21歳に満たない者）には例外事項が設けられた。ワクチン接種が不適切と内科医に診断された未成年者は接種対象から外されたのである。また、これを拒否または回避した者には5ドルの罰金が科されることになっていた。

以前にワクチン接種をして以来体調を崩していたジェイコブソンは、ワクチンの必要性や安全性に疑問があるとしてこれを拒否した。そのため、ジェイコブソンは5ドルの罰金を科された。そこでジェイコブソンは、ワクチンの強制接種が憲法で保障された身体の自由を侵害するとして提訴した。ジェイコブソンによると、健康上の理由に基づく接種拒否を認めない強制接種は、自らの生命や身体を危うくすることからデュープロセスに反し、さらに子供だけに除外を認めることが平等違反になるというのである。

また、ジェイコブソンによれば、全体的状況をみても、強制的接種が主流

---

[71] Valerie Gutmann Koch and Beth E. Roxland, *Unique Proposals for Limiting Legal Liability and Encouraging Adherence to Ventilator Allocation Guidelines in an Influenza Pandemic*, 14 DePaul J. Health Care L. 467, 469 (2013).

[72] *Jacobson*, 197 U.S. 11.

から外れている点もその正当性を疑問視する証拠になるという[73]。1904年の時点で、45の州のうち11州しか強制接種を法定しておらず、13州のみが未接種の子供を公立学校に入学させないようにしているにとどまっていた。さらに諸外国をみると、イギリスが子供だけを対象として強制接種を義務づけているものの、オランダでは強制接種を廃止すべきとの勧告が出ており、スイスはすでに強制接種を廃止し、ニュージーランドではワクチン接種に関する法律がそもそも存在しないというような状況になっており、全体的に強制接種が廃止傾向にあるというのである。

これについて連邦最高裁は合憲の判断を下した。法廷意見を書いたハーラン（John M. Harlan）判事によれば、まず、当該規制の根拠は警察権限にあるとする[74]。州の警察権限は、州内の問題にとどまる限り、公共の安全や公衆衛生を維持することができる。その権限はあらゆる事項に及ぶものであるため、ワクチン接種を行うことも可能である。ただし、それは、当然ながら合衆国憲法によって保障されている人権を侵害してはならない。

ジェイコブソンはワクチンの強制接種が、身体に関する自己決定を侵害していると主張する。しかし、憲法で保障されるからといって、権利はまったく無制約というわけではない。状況に応じて、安全、健康、平和、秩序、道徳などの合理的理由に基づき、一定の制約を受けることがある。そもそも、「コミュニティは、自己防衛または高度な必要性の原理により、その構成員の安全を脅かす病気のエピデミックに対して自らを保護する権限を持っている」[75]のである。

それでは、本件におけるワクチンの強制接種は合理的理由に基づいて行われたのか。すなわち本件強制接種は、専門機関たる衛生委員会の意見に基づき、公衆衛生および公共の安全のために必要であると判断されたがゆえに、実施されることになったものであって、天然痘が大流行している以上、これを沈静化させるためにワクチンの強制接種が不要だとは考えられず、もし、このような事態が生じていても、強制接種が正当化されないと判断してしまうと、司法が他の部門の機能を侵害してしまうことになりかねないことから、

---

(73) Kristine M. Severyn, *Jacobson v. Massachusetts: Impact on Informed Consent and Vaccine Policy*, 5 J. PHARMACY & LAW 249, 250 (1995).

(74) *Jacobson*, 197 U.S. at 24-25.

(75) *Id.* at 27.

少なくとも、本件では強制接種の必要性があったというべきである、とした。

つぎに、それが憲法上の権利を侵害することができるか否かを考えなければならない、とする[76]。立憲主義を標榜する以上、個人は自らの意思が尊重されるべきことを国家に対して主張することができ、それを妨害する行為に対抗することができる。しかしながら、秩序ある社会では、政府は構成員の安全を守る責務があり、大きな危険が迫っているような場合には自由を制限することが認められる。修正 14 条は、個人が自らの意思で生活や労働する場所を決めることができる権利を保障しているが、差し迫った危険がある場合にその権利が制約されることがあるのである。

そこで、本件におけるワクチンの強制接種の合理性を検討することになるが、裁判所はその有効性や安全性を判断することはできない。裁判所にできるのは、権利の侵害が明白であって明らかに憲法に違反するかどうか、または公衆衛生という目的との間に実質的関連性があったかどうかをチェックするにとどまる[77]。この点、本件におけるワクチンの強制接種は明らかに憲法に違反するとはいえず、実質的関連性がないともいえない。他州や諸外国でもワクチン接種は行われており、その有効性は一般に認識されているといえる。

また、子供にだけ除外事項を設けることが平等違反であり、大人にも同様の理由に基づく除外を認めるべきであるとの主張については、この区分は大人の間で原告のみを差別しているわけではなく、大人をすべて平等に扱っている以上、平等違反にはならないとされた[78]。

このように、連邦最高裁は、公衆衛生に関する警察権限を広く認め、ワクチン接種の強制を合憲と判断した。ところが、その後、アメリカでは反ワクチン運動が展開することとなる。1908 年には、フィラデルフィアにアメリカ反ワクチン連盟が創設され、ワクチンの強制に反対するキャンペーン活動が広がっていった。この反ワクチン運動には、市民の 2 つの不安があったと指摘される[79]。1 つは、Jacobson 判決と同様、ワクチンの安全性に関する

---

(76) Id. at 29.
(77) Id. at 31.
(78) Id. at 30.
(79) Note, *Toward a Twenty-First-Century Jacobson v. Massachusetts*, 121 HARV. L. REV. 1820, 1823-1824 (2008).

不安である。もう1つは、医療を通して、政府が私的領域に介入してくることへの不安である。

かかる運動の中、1922年には再度ワクチン接種の問題が連邦最高裁で判断されることになる。Zucht 判決[80]では、ワクチン接種の証明がなければ子供を公立私立を問わず学校に入学させることを禁止するテキサス州サンアントニオ市の条例の合憲性が争われた。ここでは、直接的に接種を強制するのではなく、ワクチン接種を条件とする形で間接的に強制しているところが特徴である。ブランダイス（Louis D. Brandeis）判事による法廷意見は、公衆衛生に関する市の裁量を広く認めた上で、入学に関するワクチン接種条件は修正14条の権利を侵害していないため、そもそも憲法問題が生じていないとした。その結果、本件では当該規制の合憲性を争うまでもなく、正当な規制とされたのである。

こうして、直接的強制接種および間接的強制接種ともに合憲の判断が下され、ワクチン接種の問題は一応の解決がなされたようにみえた。しかし、その後新たな論点を中心にワクチン接種訴訟が展開することとなる。両判決がワクチン接種の合憲性を認めたため、ワクチン接種自体の合憲性は争われなくなったものの、接種の免除をめぐって多くの訴訟が提起されたのである。

4 ワクチン接種免除をめぐる判例の動向

（1）**宗教的信念に基づくワクチン接種拒否①——飛沫感染に関するワクチン接種の事例**　ワクチン接種の免除をめぐる訴訟では、いずれも宗教的信念に基づいて強制接種を拒否できるか否かが争われた。当初、裁判所はワクチン接種拒否が本当に信仰上のものかどうかについてのみ判断し、原告側がそれを立証しない限り憲法問題に踏み込まないという姿勢をとった。その典型例が Mason v. General Brown Cent. Sch. Dist. 連邦高裁判決[81]である。この事件では、ニューヨーク州法が公立学校の生徒に対しジフテリアや破傷風など一定の感染症に関するワクチン接種を義務づけていたことが争われた。原告側はワクチン接種による免疫の形成が自然的遺伝子の青写真（genetic blueprint by nature）に反するとして、信仰を理由に接種の拒否を認めるように要請し

---

(80) *Zucht*, 264 U.S. 174.
(81) Mason v. General Brown Cent. Sch. Dist., 851 F. 2d 47 (2nd Cir. 1988).

たが、学校側に拒否された。そこで原告は、信仰を理由としたワクチン接種拒否を認めないことが修正1条に反するとして訴えを提起した。しかし、連邦高裁は、当該拒否がそもそも信仰に基づくワクチン接種拒否になっていることを認めず、訴えを棄却した。

その後、信仰に基づくワクチン接種拒否が認められるか否かについて実質的判断を行うケースが登場する。まずは、免除に関する州の裁量について言及した Workman v. Mingo County Schools 連邦地裁判決[82]をみておく。ウェストヴァージニア州は、学校入学に際しワクチン接種を義務づけていた。これに対し、原告が医学的理由に基づく子供の接種免除を申し立てたところ、拒否されてしまった。そこで原告は、医学的理由に基づく接種免除の申立は、デュープロセス等の権利によって保障されているだけでなく、自分の子を守るという信仰上の権利に基づくものであって、これを認めないのは憲法違反であるとして訴えを提起した。連邦地裁は、ウェストヴァージニア州が宗教上の免除規定を設けていないことを踏まえつつ、免除するか否かは州の裁量に委ねられているとして、憲法上の権利を侵害することにはならないとした。

ただし、州または地方自治体が宗教上の理由に基づく接種拒否を免除事由として認めている場合には、免除申立が認められなかったときに、平等違反の問題として争う余地が残されている。

それが問題となったのが、子供の学校入学に際し、承認された宗教団体の真正な構成員（bona fide members of a recognized religious organization）にのみワクチン接種の免除を認めるニューヨーク州法に基づく決定の合憲性が争われた、Sherr v. Northport-East Northport Union Free Sch. Dist. 連邦地裁判決[83]である。原告は宗教団体に加入していなかったにもかかわらず自身の信仰に基づく免除を申し立てたところ、州の教育委員会はこれを認めなかったため、原告が修正1条および修正14条違反を唱えて訴えを提起したという事案である。連邦地裁は、レモンテストを適用し、州の決定を違憲としている。McCarthy v. Boozman 連邦地裁判決[84]も同種の事案である。この事件は、アーカンソー州が公立学校入学の条件として一定の感染症[85]に関す

---

(82) Workman v. Mingo County Schools, 667 F. Supp. 2d 679 (S. D. W. Va. 2009).
(83) Sherr v. Northport-East Northport Union Free Sch. Dist., 672 F. Supp. 81 (E. D. N. Y. 1987).
(84) McCarthy v. Boozman, 2002 LEXIS 13918 (2002).
(85) 州法によれば、ポリオ、ジフテリア、破傷風、百日咳、はしか、などが指定されていた

るワクチン接種を義務づけていたところ、原告が神から授かった免疫を変えるわけにはいかないとして、宗教的信仰を理由に当該条件の免除を要求したことに端を発する。アーカンソー州は指定教会に属する者のみにしか信仰に基づく免除を認めていなかったため、原告が修正1条および修正14条違反を主張して訴えを提起したのが本件である。連邦地裁は指定教会に属する者だけにワクチン接種の免除を行うことは違憲であるとした。こうしてみると、判例法理は、州が宗教上の理由に基づき免除を認めている場合には免除申立拒否の是非について判断するが、そのような免除の仕組みが存在していなければ訴えを認めない傾向にあるといえる。

　（2）　**宗教的信念に基づくワクチン接種拒否②――接触感染に関するワクチン接種の事例**　　以上の事案は、天然痘などのように飛沫感染して大流行するおそれがあるケースであったが、ワクチン接種の対象には性交渉などの接触感染によってしか感染しないものがある。後者の予防策としてもワクチン接種が有効であると予想されるが、それは実践上の必要性（practically necessity）にとどまる。そのため、こうした後者のようなケースについても強制接種を正当化するほどの必要性があるかどうかを検討しなければならない[86]。

　これに関連する事件が Caviezel v. Great Neck Pub. Sch. 連邦地裁判決[87]や Boone v. Boozman 連邦地裁判決[88]である。Caviezel 判決では、ニューヨーク州法が公立学校入学の条件として一定の感染症[89]につきワクチン接種を義務づけていたことが問題となった。ここではB型肝炎も対象となっており、実践上の必要性からくるワクチン接種も含まれていた。しかし、連邦地裁はその点には触れず、もっぱら先例との整合性の審査に終始し、最終的にはワクチン接種を免れるために修正1条の権利を用いることはできないとして訴えを棄却している。

　一方、Boone 判決では、アーカンソー州が指定ワクチンをすべて接種していなければ公立・私立を問わず学校に入学できないとしていたところ、信仰と健康を理由にこれを拒否した上で学校に通うことができるか否かが争われ

---

(86)　Note, *supra* note 79, at 1825-1834. ワクチン接種の合憲性には実践上の必要性のみで語りつくせないところがあることに注意しなければならない。
(87)　Caviezel v. Great Neck Pub. Sch., 739 F. Supp. 2d 273 (2010).
(88)　Boone v. Boozman, 217 F. Supp. 2d 938 (E. D. Ark. 2002).
(89)　ポリオ、おたふく風邪、はしか、ジフテリア、風疹、水疱瘡、B型肝炎、百日咳、破傷風、インフルエンザB、肺炎球菌などが指定されている。

た。指定ワクチンの中にはB型肝炎ワクチンが入っており、これは輸血や性交渉など一定の行為（母子感染もある）を行った場合に感染するもので、実践上の必要性からくるワクチン接種であった。

　原告は、信仰上および健康上の理由でこのワクチンだけ接種していなかった。アーカンソー州の法律は、両親が認定教会または宗派の構成員で、その信仰によってはワクチン接種を受けいれ難い場合、これを免除することができるとしていたため、原告は免除を申請した。これに対し、州の衛生省はワクチン接種に反対する信仰を持った認定宗教の構成員として認められないとして、免除を認めなかった。そこで原告は、免除を認めないことが修正1条に反するとして訴えを提起した。

　原告は、信仰上の理由として、B型肝炎ワクチンを打つと身体が汚されるとの天使のお告げがあったとし、この接種は悪魔の計画であると説明した。これについて裁判所は、原告の信仰内容には踏み込まずに、原告のような宗教団体に所属しない宗派のない信仰を宗教として認めないことが差別的効果をもたらしているとして、修正1条に反すると判断した。なお、原告は、宗教上の問題の他に、生命や身体の自由を保障したデュープロセスの権利も主張していたが、裁判所はJacobson判決などの先例に基づきながら、デュープロセス違反はないと判断している。

　両判決では結論が異なっているが、双方とも、実践上の必要性からくるワクチンについても、生命や身体の安全という理由ではなく、その接種が宗教上の問題を理由として免除されるか否かを判断している点が特徴的である。

　このように、裁判所は、飛沫感染であろうと行為感染であろうと、医学的安全性についての疑いに基づく健康上の理由では接種を拒否することができないとしている。宗教上の理由を基に接種の免除が認められるか否かについては、立法で宗教上の理由に基づく免除を認める制度が設定されていることが前提条件であり、その場合には、特定の宗教が差別されていないかどうかを中心に審査するという方法がとられているといえる。

III　隔離とデュープロセス

1　連邦と州の隔離政策

　つぎに、もう1つの強制事案である隔離の問題をみていくことにする。英

語では、日本語における「隔離」を指す場合、「隔離」(quarantine) と「隔絶」(isolation) という2つの単語が用いられるが、厳密にいうと両者には違いがある。隔離は、感染症が広まっている間、それ以上の拡大を防ぐために、感染者の活動を制限することをいう[90]。一方、隔絶は、感染症の広まっている間、感染者の移動を制限する場所（施設など）に別離させることをいう[91]。

隔離については、連邦法、州法、地方自治体の法によって対応がなされている[92]。隔離は基本的に州の警察権限に関わる事項であるが、感染症がアメリカ全土に関する問題であることから、連邦レベルでの対応も必要である。その意味では、憲法1条8節3項[93]の州際通商条項に基づき、連邦議会が規制できる権限ということになる。

連邦レベルでは、公衆衛生サービス法[94]により、大統領、保険社会福祉省長官、公衆衛生局長が隔離措置を行う権限を与えられている。

公衆衛生局長は、保険社会福祉長官の同意を得て、感染症拡大防止のための隔離に関する規則を制定する[95]。ただし、隔離に関する規則は、大統領命令によって指定された感染症の拡大防止のための拘禁や条件付解放のみを対象とする[96]。なお、指定感染症については、大統領が保険社会福祉長官の要請に基づき、公衆衛生局長と協議の上で大統領命令によって定めることになっている[97]。もし、指定感染症に感染していると合理的に信じられる者を発見した場合、規則[98]に基づき隔離等の必要な措置をとることができる[99]。

2003年にSARS（Severe Acute Respiratory Syndrome）のエピデミックが問題となった際に、大統領命令によって隔離対象となる多くの感染症が指定されている[100]。それによれば、SARSの他に、コレラ、ジフテリア、結核、

---

(90) A Dictionary of Epidemiology, *supra* note 1, at 202.
(91) *Id.* at 135.
(92) Jared P. Cole, *Federal and State Quarantine and Isolation Authority*, RL33201 CRS Report Order Code (2014), *available at* http://fas.org/sgp/crs/misc/RL33201.pdf.
(93) 合衆国憲法1条8節3項「外国との通商、州際通商、及びインディアン部族との通商を規制すること」。『世界憲法集』前掲注（35）59頁。
(94) The Public Health Service Act, 42 U.S.C. §201 et seq.
(95) 42 U.S.C. §264 (a).
(96) 42 U.S.C. §264 (b).
(97) *Id.*
(98) 42 C.F.R §70.6.
(99) 42 U.S.C. §264 (d) 1.
(100) Exec. Order No. 13295, 68 Fed. Reg. 17255 (Apr. 4, 2003).

ペスト、天然痘、黄熱病、ウイルス性出血性熱（エボラ等を含む）が対象となっている。

具体的な隔離施設についても、公衆衛生局長が管轄する[101]。公衆衛生局長はすべての連邦隔離施設に指示を出し、調整を行う。また、状況に応じ、公衆衛生局長は大統領の同意を得て新たな隔離施設を設けることができる。隔離施設において、隔離された者は公衆衛生局（Public Health Service）の治療を受ける[102]。

また、公衆衛生局長は、アメリカに深刻な被害を及ぼすおそれのある感染症に罹患している外国人に対して、その身体や財産に関する権利を公衆衛生のために停止することができる[103]。関連して、航空機での移動による感染症の拡大を防ぐために、CDC や国土安全保障省（Department of Homeland Security）は搭乗禁止者リストを作成しており[104]、感染者は航空機を利用してアメリカを離発着することが制限される[105]。なお、隔離に関する規制に従わない場合、1000 ドル以下の罰金、1 年以下の懲役、その併科などの罰則が設けられている[106]。

このように、連邦レベルでも隔離に関する法制度が整備されているが、隔離の実施については州の役割が大きい。すべての州は隔離に関する法制度を整備しており、多くは公衆衛生命令により隔離を行う[107]。ただし、ルイジアナ州のように、隔離を行うために裁判所命令が要求されるところもある[108]。

隔離の対象となる感染症は法律によって規定されるところもあれば、公衆衛生を担当する行政機関が指定するところもあり[109]、権限の内容や限界も州によって異なっている。罰則についても州によって異なり、たとえばルイジアナ州では、隔離関連の法令に反すると、50 ドル以上 100 ドル以下の罰

---

(101) 42 U.S.C. §267.
(102) 42 U.S.C. §249 (a).
(103) 42 U.S.C. §265.
(104) Cole, *supra* note 92, at 5.
(105) 14 C.F.R. §382.19.
(106) 42 U.S.C. §271.
(107) Cole, *supra* note 92, at 6.
(108) LA. REV. STAT. ANN. §40: 17 (A).
(109) National Conference of State Legislatures, State Quarantine and Isolation Statutes, http://www.ncsl.org/research/health/state-quarantine-and-isolation-statutes.aspx.

金、2年以下の懲役、その併科となっている(110)。また、隔離期間も州によって様々であるが、一般に、公衆衛生への危険性がなくなった時点で隔離が終了する。

2　ニューハンプシャー州の隔離政策

　ここでは、ニューハンプシャー州の隔離制度を取り上げてみよう。ニューハンプシャー州は、パンデミックに対応するために、2002年に隔離に関する手続規定を改正した。それによれば、まず、感染拡大を防ぐために隔離を行う場合、隔離と隔絶を区別した。このうち、前者は、感染の疑いのある者の活動を制限するものである(111)。一方、後者は、伝播を防ぐために感染者を別離する(112)。いずれの場合も、隔離は、感染症が市民の健康や生命に危険を及ぼすおそれのある場合、州の保険社会福祉省のコミッショナーが隔離の必要があると判断するときに、コミッショナーが命令書を発行することによって行われる。隔離は市民を保護するために必要最小限の手段でなければならず、一般的にはその者の自宅が隔離場所とされる(113)。隔離を命令する書面には、隔離理由、隔離場所、隔離条件、隔離期間などが明記されていなければならない(114)。

　このとき、デュープロセスに基づいて行われなければ憲法違反になる可能性があるため、適正手続に関する規定が置かれている(115)。まず、執行官は口頭および書面の両方で、被隔離者に対して、命令に対し訴訟を提起することができることを告げなければならない。また、命令承諾書には、氏名、住所、署名以外のことを記入するように要求してはならない。

　したがって、被隔離者が命令に不服がある場合には裁判所に訴えることができるわけであるが、それには隔離ならではの問題がある。なぜなら、訴えを提起している間にも感染が拡大するおそれがあるからである。そこからは迅速な手続が必要になり、執行官はただちに裁判所に関連書面を届け（電話やファクシミリでもよい）、それから裁判所は48時間以内に聴聞を行わなけ

---

(110) La. Rev. Stat. Ann. §40: 6.
(111) N. H. Rev. Stat. Ann. §141-C: 2, XIII.
(112) N. H. Rev. Stat. Ann. §141-C: 2, XII.
(113) N. H. Rev. Stat. Ann. §141-C: 11. I.
(114) N. H. Rev. Stat. Ann. §141-C: 12. I.
(115) N. H. Rev. Stat. Ann. §141-C: 14-a, I.

ればならない[116]。裁判所で聴聞がなされている間、被隔離者を解放するわけにはいかないため、被隔離者の証言が必要な場合には電話で証言することが認められている[117]。また、隔離の対象になっていない者であれば、その者が被隔離者の代理となって裁判所に出廷することが許されている。

3 隔離に関する判例法理

(1) 形式的要件と実質的要件の萌芽　隔離については、1900年の Won Wai v. Williamson 連邦高裁判決[118]が法律の授権および公平性を要求している。腺ペスト対策として、カリフォルニア州サンフランシスコ市の衛生委員会は、すべての中国系移民（他のアジア系移民も対象に含む）を対象にハフキン接種（Haffkine Prophylactic）を要求し、接種するまで隔離するという決議を行った。これに対して中国系移民らは、ハフキン接種の危険性や不要性を主張し、中国系移民だけを対象とすることが不合理であるとして訴えを提起した。連邦高裁は、まず、法律の授権がなかったことを問題視した[119]。市の憲章は、立法行為はいずれも条例の形式をとらなければならないと規定していた。したがって公衆衛生のための隔離も条例によらなければならないところ、本件規制は衛生委員会の決議に基づくのみである。このため、法律（条例）の授権に欠ける点が問題だというのである。

法律の授権に欠けるからといって、公衆衛生規制がただちに無効となるわけではないが、かりに有効だとしても本件規制には実質的問題がある。とりわけ、本件では、中国系移民だけを対象にしたことが問題である。本件規制の対象は中国系移民のみであり、白人や黒人の住民はもとより、一時的に滞在している者も対象に含んでいなかった。そのため、中国系移民だけを隔離・接種したところで、それは腺ペストの流行を防ぐための有効な手段とはいえない。また、ハフキン接種は感染前に接種するのは有効であるものの、感染後に接種すると生命の危険がある。以上のことから、中国系移民だけを対象とすることに医学的理由はなく、合理的理由なく特定の人種を狙い撃ちした規制であるため、修正14条に違反するとした[120]。

---

(116) N. H. Rev. Stat. Ann. §141-C: 14-a, III.
(117) N. H. Rev. Stat. Ann. §141-C: 14-a, IV.
(118) Wong Wai v. Williamson, 103 F. 1 (N. D. Cal. 1900).
(119) Id. at 5-6.
(120) Id. at 9.

その結果、サンフランシスコ市は中国系移民が多く居住するブロックを指定し、そこの住民を隔離するという新たな規制に乗り出した。しかし、形式的には隔離対象が指定地区の全住民になっていたものの、実質的に隔離対象となったのは中国系移民だけであった。

　そこで、またもや訴訟が提起されることになる。それが同年のJew Ho v. Williamson 連邦高裁判決[121]である。この事件で連邦高裁は再度違憲の判断を下した。なぜなら、腺ペストの流行を防ぐために隔離するのであれば、本件のような方法が合理的であるとは言い難いからである。もし、腺ペストの拡大を防ぐのであれば、一部地域の住民のみならず、一時滞在者やその他の近接エリアをも対象にする必要があり、また、感染の疑いの強いエリアの者同士を一箇所に集めることはそこでの感染を拡大させてしまう上、さらに本件規制は差別的色彩が強いものとなっているため、本件規制も修正14条に反するとされた。

　これらの事例によって、隔離には法令の授権が必要であることと人種を理由に隔離してはならない、という形式的要件が設定されたといえる。さらに、隔離には合理的理由が必要とされるとしていることから、実質的要件にも踏み込んでいるといえる。

　（2）　**形式的要件の追加——手続的裁量統制**　　隔離が強制的に身体を拘束するものである以上、被隔離者の権利を保障するために告知や聴聞等の手続が整備されていなければならない。これが問題となったのが、In re Caselli モンタナ州最高裁判決[122]である。モンタナ州法は淋病を隔離対象の感染症としていた。同州ミスラ市の衛生官はそれに基づき原告を淋病罹患者と判断し、執行官が原告を隔離した。これに対して原告は、隔離の前に聴聞の機会を与えられておらず、そもそも淋病に罹患しているとの証明が不十分であり、公衆に危険を与えるとは考えられないとして人身保護令状を裁判所に請求した。

　裁判所は、まず手続上の問題について審査した。裁判所によれば、修正14条が適正手続を保障している以上、本来であれば原告に事前に聴聞の機会を保障すべきであるという。しかしながら、感染症に罹患した者を隔離するのは政府の自衛のための警察権限の行使であり、事前に聴聞の機会を与え

---

(121)　Jew Ho v. Williamson, 103 F. 10 (N. D. Cal. 1900).
(122)　In re Caselli, 62 Mont. 201 (1922).

なかったことを理由に違憲にしてしまうと、政府は自衛を果たすことができず、それゆえ、隔離に対して異議を申し立てるのであれば、隔離を継続したまま裁判を行う必要があるとした。

つぎに、原告を隔離する必要があるかどうかの問題についてである。裁判所は、原告が淋病に罹患していることは医学的検査によって証明されているので争いの余地はないものの、隔離しなければならないほど公衆に危険を及ぼすかどうかについては証明が不十分であるとした。しかし、裁判所は、原告が不特定多数の人物と性交を繰り返していることが目撃されていることを考慮すると、これを証拠として採用することが妥当であるとし、原告が淋病を治癒するまでは隔離しておかざるをえない、とした。

(3) **隔離対象に関する行政裁量** Won Wai v. Williamson 判決は、特定の人種を狙い撃ちにしていたため、明らかな差別問題の事例であった。だが、高度な医学的見地から隔離がなされるようになった現代社会では、あからさまに人種や性別などに基づいて隔離されることはあまりないかもしれない。それよりも、専門的見地からみて、隔離すべき者とそうでない者の線引きをどこで行うかが問われることになる。具体的には、感染が明らかな者はともかく、感染の疑いがあるにすぎない者まで隔離すべきかどうか、あるいは隔離するとしてもその対象をどのように判断するかといった問題である。

この問題については、Crayton v. Larabee ニューヨーク州最高裁判決[123]がある。この事件では、原告の共同住宅（house）の隣人が天然痘に罹ったため、衛生官（health officer）が15日間原告を自宅に隔離したことが問題となった。これに対して原告は、感染しているという合理的理由がないにもかかわらず隔離の対象とされ、しかも実際には感染していなかったにもかかわらず隔離されたことから、不当な感染判断および不当な隔離に対する損害賠償請求訴訟を提起した。

本件の争点は、まず、法が感染の疑いがある者を隔離すべきか否かの判断を衛生委員会に付与しているかどうか、そしてその判断に基づいて衛生官が必要な措置をとれるかどうかという問題がある。次に、そのような授権があるとすれば、本件においてそれが適切に運用されたかどうかが問われることになる。

---

(123) Crayton v. Larabee, 220 N.Y. 493 (N. Y. 1917).

関連法令は、ニューヨーク州公衆衛生法とそれを受けて制定されたシラキュース市の条例である[124]。ニューヨーク州公衆衛生法25条（N. Y. Public Health Law §25）は、「全ての地方衛生委員会は州の衛生機関によって指定された伝染病又は感染症若しくは伝染性の病気の出現に対して、適切かつ慎重な検査及びそのような病気に感染又はさらされたあらゆる人又は物の統制によって守らなければならず、感染者を治療又は保護するための適切な場所が他で提供されない場合にこれを提供しなければならない」と定める。これは、地方の衛生委員会に対する感染症対策の一般的授権規定であるといえる。これを受けて、シラキュース市は隔離に関する条例を制定した。それによれば、天然痘やジフテリア等に感染した家族に対しては医療従事者等を除き接触が禁止される。そして、「衛生官はそのような場合又は衛生官が必要だと考える場合に隔絶又は絶対的隔離を命令しなければならず、以上に規定されていない場合であっても衛生官が必要だと考えればその他の隔離手段をとらなければならない」とされる。これにより、衛生官は感染症の拡大を防ぐために、必要な場合には隔離等の措置をとることができることになっている。したがって、法令上、衛生官は隔離措置をとることが可能である。

そこで、裁判所は本件において隔離を行うことが許されるかどうかの問題を検討する[125]。すなわち、本件は共同住宅の住人が天然痘に罹患した事例であるため、衛生官が隔離等の手段をとることは法令上可能である。問題は、本件において隔離が必要であったかどうかであるが、衛生官が「必要だと考える場合」には隔離できるのであって、その裁量は広く、本件における隔離判断は合理的である。

このように、裁判所は、隔離をするかどうかの判断につき、法令上「必要だと考える場合」という規定が衛生官に広範な裁量を与えているとして、その判断を尊重した。ただし、最後にこの権限は無制約のものではないことに言及している。裁判所によれば、「"衛生官が必要と考える場合はいつでも"指定の病気について隔離できる権限を衛生官に付与した一般的規定は、衛生官に市民の自由や財産を統制する無制約な権限を認めたわけではない。それに関する衛生官の行為は恣意的、不合理、抑圧的であってはならない」とい

---

[124] Id. at 497-501.
[125] Id. at 502.

う[126]。それゆえ、衛生官は、隔離の必要性につき、合理的な知見に基づいて判断しなければならないとしている。

(4) 隔離先に関する裁量　隔離に関する裁量統制については、隔離先の選定にも及ぶ。Kirk v. Board of Health サウスキャロライナ州最高裁判決[127]では、まさにこの点が問題となった。ハンセン病に罹患した原告は、衛生委員会から感染症専門病院に移動するように命令された。これに対して原告は、①この病気は感染力も低く社会に与える影響は外貌上の問題だけであることから隔離する必要性に欠けること、②移動先が劣悪な条件のペストハウスであり、現在では天然痘など危険な感染症に罹った黒人しか入院しておらず、自らを危険な目にさらすこと、③その病院の隣には廃棄物処理場があって空気が汚染されていることから治療のための場所としては相応しくないこと、などの理由を挙げ、そのような場所に隔離させることは裁量の濫用であるとして、差止を求めて訴えを提起した。

サウスキャロライナ州最高裁は、原告の主張を認め、仮差止の判断を下した。裁判所は、医学的見地からすればこの病気が容易に伝染するとは考えられず、外貌上の問題を理由に隔離することは公衆保護の必要性の限度を超えており、裁量濫用といわざるをえない上、劣悪な環境の下に原告を移動させることも合理性がなく、正当な判断とは言い難いとした。裁判所は最後に、司法が衛生委員会の判断を厳しくチェックするつもりはないが、本件をみる限り例外的に差止を認めざるをえないと述べており、司法介入が行きすぎないようにあらかじめ楔を打っている点にも注意が必要である。

(5) 隔離期間の裁量　通常、隔離の期間については、現場の衛生官の裁量に委ねられることが少なくないが、この点をめぐって裁判になったのが、In re Halko カリフォルニア州控訴裁判所判決[128]である。この事件は、結核と診断されて病院に隔離されていた者が逃亡したため、その後身柄を拘束されて再び病院に隔離され、6ヶ月ごとに衛生官が隔離を更新・継続したことが問題となったものである。原告は、継続的に隔離を延長することは不当に人身の自由を侵害しているとして、かかる権限を衛生官に付与したカリフォルニア州衛生維持法 3285 条[129]が違憲であると主張し、人身保護令状を請

---

(126) *Id.* at 503.
(127) Kirk v. Board of Health, 83 S.C. 372 (S. C. 1909).
(128) In re Halko, 246 Cal. App. 2d 553 (1996).

求した。

　裁判所は、立法府が感染症の指定や予防方法の策定などの公衆衛生に関する権限を持っているので、その実施を妨げないようにしなければならないとする。実際、本件で問題となっている 3285 条も、衛生官に広範な結核対策の権限を付与している。3285 条は、衛生官が結核について調査、検査、隔離を行わなければならないとし、隔離については衛生官が公衆を守るために必要と考える期間を設定できるようになっている。この規定自体が憲法上保障されている自由を侵害しているということはできない。そこで、本件に適用された場合に自由を侵害していることになるかどうかを検討することになる。3285 条は、隔離の手続的要件として書面の作成、場所の明記、期間の明記を定め、実質的要件として隔離が必要であるという合理的な根拠を要求している。本件では、6 ヶ月ごとの延長が問題になったわけであるが、形式面はいずれも満たされている。実質面については、結核に感染していると信じるに足る合理的理由があればよく、本件ではそれも満たされている。したがって、人身保護令状を認めることはできないとして請求を退けた。

　以上の判例法理をまとめると、隔離の形式的要件と実質的要件が設定されているといえる。まず、形式的要件として、法令の授権が必要であること、そして隔離自体は継続しながらも聴聞の機会などの手続的保障を行わなければならないことが要請される。次に、実質的要件として恣意的差別をしてはならないことが求められる。また、隔離の必要性については相当程度行政の裁量が認められるものの、明らかに必要性を失っている場合には裁量濫用となることが示された。

　ワクチン接種および隔離という強制的要素をはらむ公衆衛生規制は、政府の裁量が広く認められるエリアであるが、そこには人権との関係上、一定の限界があることがわかった。もっとも、公衆衛生規制は強制的側面だけではなく、ワクチン配布などの給付的側面があることにも目を向けなければならない。給付的事項は、強制的事項とは違った憲法問題を惹起するものである。最後にこの問題について検討する。

---

(129) Cal. Health & Safety Code §3285.

IV　生命の優先順位と平等——感染症対策の給付的側面

　何らかの感染症が発生した場合、現状ではワクチンが最も有効な手段とされる。そのため、国はワクチンの開発や輸入によって、必要量のワクチンを用意しておかなければならない。

　しかしながら、それが未知のウイルスであったり、変異型ウイルスであったりする場合にはワクチンの準備が間に合わないことがある。ワクチンの製造には最低6ヶ月はかかるといわれており、それまでに既存の薬で対症療法を行ったりすることで対応せざるをえない。感染症が重症化しない場合には大きな問題とならないが、重症化するおそれがあるときには、ワクチン接種の有無が生死を分けることが少なくない。

　問題はその感染症がパンデミックにいたる危険性がある場合である。パンデミックになると、ワクチンの備蓄が感染者数に追いつかず、優先順位を設定せざるをえない状況に陥る場合もありうる。しかし、ワクチン接種の有無が生死を分けるような場合にはその優先順位が生命の維持に直接関連することになるため、優先順位は慎重に設定しなければならない。

1　2005年のパンデミックインフルエンザプラン（ACIP）

　21世紀に入り、世界各地で様々なタイプの鳥インフルエンザが発生しているという報告が出されるようになると、アメリカでは2005年に総合的な対策を検討し始めた。その1つがワクチン接種であり、製造から配布まで対策が練られた。さらにその中で検討事項となったのが、ワクチン接種の優先順位であった。

　2005年に保健社会福祉省がACIPの勧告に基づいて出したプランでは、以下のような優先順位がモデルとして示された[130]。優先度が高い順からみていくと、1-A：薬品製造者、医療従事者、1-B：65歳以上の者（1つ以上のインフルエンザに罹患していて危険な状態の場合）、6ヶ月以上64歳以下の者（2つ以上のインフルエンザに罹患していて危険な状態の場合）、6ヶ月の幼児および過去に危険なインフルエンザに罹患した高齢者、1-C：妊婦、重度の免

---

(130)　HHS Pandemic Influenza Plan, http://www.hhs.gov/pandemicflu/plan/appendixd.Html.

疫不全症候群の同居人、6ヶ月以下の幼児の保護者、1-D：緊急時に公衆衛生の維持に従事する者、重要な政府の指導者、2-A：65歳以上の健康な高齢者、6ヶ月から64歳までの者（1つ以上のインフルエンザに罹患していて危険な状態にある者）、6ヶ月から23ヶ月までの健康な者、2-B：その他の緊急時に公衆衛生の維持に従事する者、警察や消防等公共の安全に従事する者、水道等の重要インフラに従事する者、燃料や飲食等の輸送に従事する者、電話やIT等の重要なネットワークの維持に従事する者、3：公衆衛生の決定に関わるその他の重要な政府関係者、火葬や遺体処理に従事する者、4：以上のカテゴリーに入らない2歳から64歳までの健康な者、となっている。実際には州や地方公共団体レベルで具体的な策定が行われることになるが、ACIPの権威からすれば、多くの場合、これにそって作成されることが予想される。

　以上のカテゴリーの設定には理由も付けられている。[1-A：薬品製造者]は「ワクチン等の薬品を最大限供給するため」であり、[1-A：医療従事者]は「医療の質を確保するため」である。1-Bはいずれも「入院または死亡する危険性があるため」である。[1-C：妊婦]は、「過去の例で妊婦はリスクが高かったため、および胎児を保護するため」、[1-C：重度の免疫不全症候群の同居人]と[1-C：6ヶ月以下の幼児の保護者]は、「ワクチンによって保護されていない者への感染リスクを減らすため」である。[1-D：緊急時に公衆衛生の維持に従事する者]は、「パンデミック対策に欠かせないため」、[1-D：重要な政府の指導者]は、「パンデミック対策に関する重要な決定を行うため」である。2-Aはいずれも「重大なリスクはないがリスクが高いため」である。2-Bはいずれも「公衆衛生維持のための重要なインフラ維持、パンデミック対策、社会機能に従事するため」である。3は、「優先度は高くないがパンデミック対策に関係するため」である。4は、「以上のカテゴリーには含まれないがワクチン接種による保護が望まれるため」である。

2　2009年のH1N1型ワクチン推奨（ACIP）

　2009年に流行したH1N1型インフルエンザは、4月にWHOがパンデミック宣言を出したため、多くの国で急遽パンデミック対策がとられた。対策の目玉となったのはやはりワクチンであったが、このウイルスが新型であったため、ワクチン製造が急ピッチで進められた。およそ6ヶ月でワクチンが

製造されたが、その間、タミフルやリレンザなどの抗インフルエンザ薬が処方され、一定の効果がみられた。もっとも、各国が迅速に対処したためか、もともとウイルスが弱毒性だったからか、それほど重症化せずに治癒することが多かったため、当初予想されたよりも被害は大きくならなかった。しかし、パンデミック宣言が出された頃は、数の限られたワクチンをどのように接種するかが物議をかもしていた。

この時も、ACIPが、ワクチン接種を推奨する際に推奨対象となるグループを設定している[131]。それによると、妊婦（健康状態に対するリスクが高いことおよび胎児の保護のため）、6ヶ月以下の幼児の保護者（幼児に対する健康状態のリスクが高いため）、医療従事者（患者からの感染可能性および公衆衛生の維持のため）、6ヶ月以上24歳以下の者（感染者と接触する機会が多いため）となっている。

ただし、このときは類型化しただけで、グループ内およびグループ内外での優先順位は設定していない。具体的な優先順位の設定は地方公共団体に委ねられたこともあるが、優先順位の設定が物議をかもすことも予想されたため、あえてこの段階では設定しなかったとも考えられる。

3 平等の問題

以上の優先順位は、相応の理由が付けられていることもあり、合理性の推定が働く。また、もともと給付政策は政府の裁量が幅広く認められる領域であることに加え、これを設定したACIPが専門家集団であることを踏まえれば、なおさらのことである。

しかしながら、ワクチンの接種順位はともすれば生死に関わる重大な問題であり、恣意性があってはならない。類型化の方法次第では平等問題も生じる事柄である。ところが、問題の重要性の割には、この問題に関する法的分析はほとんど皆無に等しい。そのような中で、ACIPの優先順位を批判的に分析したのがコールマン（Carl H. Coleman）であり、希少価値の高い業績である[132]。

---

(131) 2009 H1N1 Vaccination Recommendations, http://www.cdc.gov/h1n1flu/vaccination/acip.htm.
(132) Carl H. Coleman, *Preparing for Pandemic Influenza: Allocating Vaccines and Antiviral Medications During an Influenza Pandemic*, 39 SETON HALL L. REV. 1111 (2009).

コールマンによれば、ACIPの優先順位には、①年齢に基づく区別、②職業的性格に基づく区別、③社会福祉の最大化に基づく区別、という特徴がみられるという[133]。この設定の背後にある一般原理は、可能な限り多くの人々の生命を保護するという目的である。一見すると、感染リスクの高い者を保護しようとしていることから道徳原理に基づいているようにみえるが、最大多数の保護という目的はむしろ功利主義的発想に近い。コールマンは、このような発想の是非もさることながら、①～③の分類にも大きな問題があるとする。

　①の年齢に基づく区別は必ずしもこの発想に馴染むものではない。先述のプランにおける年齢区分は、幼児や青少年など若者を優先する傾向がある[134]。これは、年齢が低ければ低いほど人生を享受しておらず、逆に年齢が高くなれば高くなるほど人生の終わりに近づくことから、若年層を保護すべきという論理である。しかしながら、たとえば20歳の者はより若年の幼児よりもむしろ将来の希望や計画を有している。それにもかかわらずそれを実践する機会が失われてしまえば、20歳の者の方が幼児よりも人生に関する損失が大きいともいえる。

　②の職業的性格に基づく区別は、もし医療関係者が感染して動けなくなってしまったら、その結果他の人々も感染し、死亡してしまう危険性が高くなるという見解に基づく[135]。つまり、重要な任務に就く者を保護することは全体の利益を高めることになるという論理である。また、かれらは職業上感染リスクが高まるという理由も、優先性の正当化に寄与することになる。ただし、職業的区分は明確な設定をしなければ、恣意的に拡大されるおそれがある。つまり、医療従事者というような枠組では、どこからどこまでがその範疇に入るかが漠然としすぎている。そのため、真に必要な職業を定義して、対象を限定する必要がある。

　③の社会福祉の最大化に基づく区別は、弱者ほどリスクが高いので、多くの人を救うためにはそれらの者を優先的に保護する必要があるという論理である[136]。社会倫理として重要な点ではあるものの、これはバランスの問題

---

(133)　Id. at 1115-1116.
(134)　Id. at 1116-1118.
(135)　Id. at 1118-1121.
(136)　Id. at 1121-1122.

である点に注意しなければならない。弱者保護という道徳的要請は平等という道徳的要請との調整が必要である。この点を考慮しないまま、弱者の優先順位を上げることには問題がある。

このように、ACIP のプランには様々な問題が潜んでいるわけであるが、コールマンはプランを全否定しているわけではない。だが、最善のプランではないため、公共の熟議を通して問題点の再検討を行うべきであるとしている。

たしかに、ACIP のプランを詳細に検討すれば、感染リスクの高さと重症化のリスクを混在させている点や、基礎疾患を考慮していない点など、その合理性に疑問が浮かぶ点がいくつかある。あるいは、そもそも生命の優先順位をつけるべきではなく、先着順にすべきであるとかくじ引きにすべきであるとか、根本的問題も潜んでいる。とはいえ、重箱の隅をつつき始めるときりがなく、パンデミックのたびに ACIP が糾弾されていては医療行政は成り立たなくなってしまう。この点は、コールマンのいうように、あらかじめこの問題を議論し、対応できるような枠組を作っておく必要があろう。

このような努力は、裁判で争うことになった場合にも影響する。おそらく、一見して明白に合理性が欠如しているような場合でなければ、政府が優先順位につき法的責任を追及されることはないように思われる。しかし、その判断過程を統制する道は残されており、裁判では、合理的判断をするためのプロセスが検証されることになろう。

4 民主的決定と専門的判断

アメリカのワクチン接種優先順位は ACIP が基本的なモデルを示した上で、実際上の運用は州や市などに任せられている。そのため、第一次的には専門家が判断し、第二次的には民主的機関（多くの場合、法律ではなく命令）が決定するシステムになっているといってよい。

このような専門家と民主的機関の連携プレーは、合理性と正当性の両方を担保する上で有効だろう。これらの決定はどうしても場当たり的になりがちであるが、たとえば ACIP の会議は原則として公開され、決定プロセスの透明性が確保されているため、説明責任が果たせるようになっている。

ACIP は、CDC の諮問機関であるが、公衆衛生法で規定された機関である[137]。15 人の専門委員を中心に、投票権のない関係者も会議に参加でき、

その権威は世界的にも高い。委員は、保険社会福祉省長官によって任命されるが、医学的見識に優れた者を中心に構成され、消費者代表も委員となっている。投票権はないが、食品医薬品局（Food and Drug Administration）の職員などの政府関係者と医学関係の各学会の代表者なども会議に参加できるようになっている。

ACIPは決定プロセスが明らかであるがゆえに、合理性が担保されているという推定が働く。なお、日本にも、予防接種部会（厚生科学審議会感染症分科会予防接種部会）がワクチンに関する議論を行っているが、その議論の内容はわかりにくい。そのため、日本の決定プロセスが不透明であり、説明責任を果たす必要があるとの批判がある[138]。また、日本では、厚生労働省が医療現場に与える影響力が強く、そのまま指示に従うことが予想される。この点からしても、その決定プロセスを明らかにするか、法律または命令の制定が必要になろう。

V 公衆衛生監視とプライバシー権

1 公衆衛生監視

以上のように、ひとたび感染症が広まると、その対策には様々な人権制約を伴うことが多く、時には隔離などの強度の制約がなされることもある。ゆえに、感染ができる限り広まらないように努め、被害を限定的にすることが重要である。そのためには、つねに感染症に関する情報を集め、それを分析し、感染症拡大のリスクにあらかじめ備えることが重要になってくる。

アメリカには、「公衆衛生監視」（public health surveillance）という言葉がある[139]。これは、公衆衛生の維持をはかるために人々の衛生状態をチェックすることを意味している。ただし、それは単なる健康調査ではなく、公衆衛生の維持のために行われる予防や対処につながる情報の収集や分析である。ゴスティンによれば、「公衆衛生監視とは公衆衛生実務の計画、実践、評価

---

(137) 42 U.S.C. §217a.
(138) 岩田健太郎『予防接種は「効く」のか？―ワクチン嫌いを考える』107-108頁（光文社新書、2010年）。
(139) Michael A. Stoto, *Public Health Surveillance in the Twenty-First Century: Achieving Population Health Goals While Protecting Individuals' Privacy and Confidentiality*, 96 GEO. L. J. 703 (2008).

に利用するために計画的な収集、分析、評価を通して人々の間におけるリスク要因、被害、病気の流行や動向を継続的に監視することを意味する」[140]という。この説明からもわかるように、公衆衛生監視は公衆衛生維持に関する予防や実践に直結しているところが特徴である。

公衆衛生監視は、特定のケースに関する監視（その問題に関する報告書の作成、接触の追跡、アウトブレイクの調査など）から、統計的監視（行動や人口動態などのデータ収集）にいたるまで様々な方法がある。

従来、公衆衛生監視は州が特定の感染症に対して行ってきた。たとえば、1741年、ロードアイランド州は酒場の店主に感染症にかかった客について報告書を提出するように義務づける法律を制定していた[141]。その後、天然痘や黄熱病などに関する報告書も要求するようになった。

1874年になると、マサチューセッツ州の衛生委員会が、流行している病気について内科医が自発的に週ごとに報告するという計画案を作り、計画的な感染症監視の体制が提示されるようになった。1878年、連邦議会は、公衆衛生局に感染症患者の隔離において利用するために疾病率のデータを収集する権限を与えている。各州や地方自治体レベルでも感染症に関する報告制度が推進され、1901年までには全州で特定の感染症について公的機関に報告する制度が設けられている。

20世紀初頭、アメリカではポリオやインフルエンザが流行したため、国レベルでの情報収集が重要になってきたことから、全州が疾病率に関する報告制度に参加するようになった。

1951年、CDCの疫学チーフになったラングミュア（Alexander Langmuir）は、エピデミック対策に関するプログラムを作成し、これがCDCの公衆衛生監視の原型となった。1980年代にCDCが発表した疫学監視は公衆衛生監視を表したものとみなされている。それによれば、疫学監視とは、「公衆衛生実務の計画、実践、評価に関する本質的な衛生データについて、現在進行中の、計画的収集、分析、解釈を行うことであり、これらのデータを必要と

---

(140) GOSTIN, *supra* note 28, at 290.
(141) Stephen B. Thacker, Judith R. Qualters and Lisa M. Lee, *Public Health Surveillance in the United States: Evolution and Challenges*, MORBIDITY AND MORALITY WEEKLY REPORT 61-3 (July 27, 2012), *available at* http://www.cdc.gov/mmwr/preview/mmwrhtml/su6103a2.htm?s_cid=su6103a2_x. 以下の公衆衛生監視に関する歴史的展開については、この報告書に基づいている。

する者にただちに提供することと密接に関連する」[142]としている。この説明は、先述のゴスティンのものとほぼ同様である。

このように、従来の公衆衛生監視は特定の感染症対策として用いられてきたといえるが、最近では異なる方法で行われ始めている。近時の公衆衛生監視は、特定のケースに限らず、対象を拡大し、進歩した技術を応用し、統計的手法を積極的に活用するようになっているのが特徴である[143]。

その典型例が、2006年にニューヨーク市で行われたA1C登録プログラムである。ニューヨーク市保健精神衛生局（Department of Health and Mental Hygiene）は、ニューヨーク市民の糖尿病監視プログラムを作成し、臨床検査室（clinical laboratory）に対して血液検査（ヘモグロビンA1Cテスト）の結果を報告するように義務づけた[144]。提出する報告書には、検査結果の数値のみならず、氏名、生年月日、住所、性別、病歴等の情報も含まれている。2011年には、300万人を超える情報が集まり、100万人以上が糖尿病予備軍であることが判明した[145]。なお、保険精神衛生局は2013年までに糖尿病およびその予備軍の人を中心にフォローアップレターを送った[146]。

このプログラムは、特定の感染症に対応するためではなく、一般的な病気を対象としている点が従来と大きく異なる。関連して、感染症のように緊急性のある対応を迫られるものではないことから、監視を基に行う対策も予備軍に対するフォローアップレターの送付など、糖尿病リスクの事前予防的な色彩が濃いものとなっている。このようなリスクの事前予防の試み自体は正当な目的であるが、それが憲法上の問題を引き起こさないかどうかを検討しなければならない。それを以下で検討する。

---

[142] CDC Comprehensive Plan for Epidemiologic Surveillance: Centers for Disease Control, August 1986, Atlanta, GA: U. S. Department of Health and Human Services, CDC; 1986.
[143] Margaret B. Hoppin, *Overly Intimate Surveillance: Why Emergent Public Health Surveillance Programs Deserve Strict Scrutiny Under the Fourteenth Amendment*, 87 N.Y.U. Rev. 1950, 1954-1957 (2012).
[144] このプログラムを行うにあたり、ニューヨーク市の衛生局（Board of Health）が当該プログラムを承認し、衛生条例（Health Code）が改正されている。*See* http://www.nyc.gov/html/doh/downloads/pdf/public/notice-adoption-a1c.pdf.
[145] N.Y.C. Dep't of Health & Mental Hygiene, New York City A1C Registry: Improving Diabetes Care in New York City 9 (2011), *available at* http://www.nyc.gov/html/doh/downloads/pdf/diabetes/diabetes-a1c-reg.pdf.
[146] The NYC A1C Registry, NYC Health, *available at* http://www.nyc.gov/html/doh/html/hcp/diabetes.shtml.

2 公衆衛生監視の憲法問題——プライバシー権との関係

　従来の公衆衛生監視は、基本的に個人情報を含まないことが多かった。もちろん、すべてがそうではないにせよ、感染症の蔓延状況を知るために行われていたことから、感染者数などの把握が中心になっていたといえる。

　ところが、ニューヨーク市のA1C登録プログラムは、個人情報を含んでいることから、プライバシー権との関係で問題となる。A1Cの検査結果は、個人の医療情報に該当し、個人情報に当たるといえる。検査結果が糖尿病のリスクに密接に関連していることから、当該情報は個人情報の中でもセンシティブ情報に当たるという指摘もある[147]。加えて、当該情報は間接的に食品、運動、アルコール、ストレスの数値などにつながりうることから、個人的性格が強いとされる。

　そして、A1C登録プログラムでは、検査結果が保健精神衛生局に送られ、情報が利用されることになる。また、保健精神衛生局が成人の糖尿病およびその予備軍に当たる人にレターを送付し、また情報を提供した施設にも、糖尿病のリスクの高い個人を特定して年に4回報告を送っている。

　そのため、臨床検査室にA1Cの検査結果につき個人を識別できる形で提出を義務づけることはプライバシー権との関係で問題になりうる。

　もっとも、アメリカの判例法理は情報プライバシー権に対する保護が厚いとはいえない（第5章VI参照）。連邦最高裁が個人情報に関するプライバシーを初めて取り上げたのが Whalen v. Roe 連邦最高裁判決[148]であり、事案の内容は本件と類似する部分がある。ニューヨーク州議会は麻薬対策のための新たな立法に乗り出し、危険性に応じて薬物を5段階に分け、レベル2の薬物を処方する場合は、処方医師の特定、調合薬局の特定、薬物および薬物量の特定、患者の氏名、住所、年齢が記載された書類を3部用意し、医師、薬剤師、州健康省に提出しなければならないことになった[149]。これに対し、レベル2の薬物を処方されている患者らが、プライバシー侵害を理由に無効確認の訴えを提起したのが、Whalen判決である。

　スティーブンス（John P. Stevens）判事の法廷意見は、まず本法が適切な州の警察権限の行使であることを確認した上で、プライバシーについて判断

---

(147) Hoppin, *supra* note 143, at 1959.
(148) Whalen v. Roe, 429 U.S. 589 (1977).
(149) N. Y. Pub. Health Law §§3331-3333, 3339.

した。法廷意見によれば、プライバシーとは、「1つは私的事項を公開されない個人の利益であり、もう1つは一定の重要事項について自ら決定する利益である」[150]という。

薬物処方情報が公になるのは、①健康省が漏洩する場合、②違法行為に基づき司法の場で公開される場合、③患者、医師、薬剤師らが自発的に公開する場合が考えられる。これらのうち、本法が関連するのは①と②であるが、本法が文面上無効になるほど問題があるわけではない。本法の安全管理規定には不適切な箇所が見当たらないからである。たしかに、プライバシーへの関心は医療事項にも及ぶものであるが、医師や州健康省への情報公開がそのままストレートにプライバシーの侵害につながるわけではない。

原告は、自己決定の側面にも着目し、ネットワーク上で情報が管理されることを懸念して必要な処方を受けない者が出てくるという。しかし連邦最高裁は、毎月10万件以上の登録があることからわかるように、本法施行後も薬物処方へのアクセスに影響があるとは考えられず薬物を処方してもらう自己決定についても侵害しているとはいえないため、本法は、個人情報についても自己決定についても侵害しておらず、修正14条に基づく権利侵害を認めることはできない、とした。

法廷意見は個人情報のデータ化に対する問題についても言及する。法廷意見は、政府が収集した個人情報をデータ化することがプライバシーへの脅威になるおそれがあることに注意しなければならないとする。だが、法令によって不正な公開を防止している以上、個人のプライバシーの利益を侵害していることにはならないとした。

一方、ブレナン（William Brennan）判事の同意意見は、判断方法と情報収集の問題について言及する[151]。ブレナン判事によれば、「法廷意見は私的事項の公開を防ぐ個人の利益がプライバシーの権利の一側面であることを認めつつ、本件においては、そのような利益に対しては本法が州の薬物濫用防止策に欠かせないものであるという証明をさせることで州による重大な侵害がなかったとした」[152]。しかし、情報が漏洩してしまう可能性があるという問題は、憲法上保護されたプライバシーの権利の問題であることから、州

---

(150) 429 U.S. at 599-600.
(151) 429 U.S. at 606 (Brennan, J., concurring).
(152) Id.

側はやむをえない利益があることを証明しなければならないことに加えて、公開のおそれだけでなく、収集にも問題があることに注意しなければならず、修正4条との関連からすれば、収集される情報の種類や収集の方法にも、憲法によって限定がつけられる可能性がある、とした。

　ホッピン（Margaret B. Hoppin）は判例法理を踏まえながら、A1C登録プログラムが情報プライバシー権を侵害するおそれがあると指摘する。まず、Whalen判決で問題となった情報は、麻薬取締という法執行に必要な情報であった点がA1C情報と大きく異なるという。Whalen判決で問題となった情報収集は目的が明確で、そのために情報が必要であることが明らかであった。しかし、A1C登録プログラムでは情報収集の目的や使用方法が不明確であり、Whalen判決と同様に合憲になるとはいえない。さらに、ブレナン判事の反対意見が指摘するように情報プライバシー権は情報収集にも射程が及ぶのであって、A1C登録プログラムはそれを侵害しているという。

　かりに情報プライバシー権が情報を収集する段階を射程に含んでいないとしても、Whalen判決では情報が適切に管理されるかどうかが主な争点になっていたことを踏まえると、本件は管理や公開に関する面においても不十分なケースであるといえる。しかも、A1Cの情報は糖尿病リスクに関する情報であることから、本人と切り離すことができない情報であり、薬物処方が問題となったWhalen判決よりもセンシティブ性が高い。そのため、情報プライバシー権との関係では違憲の疑いがあると指摘されている[153]。

　また、公衆衛生監視とプライバシー権の問題については、ニューヨークの例にとどまらず、HIVの監視プログラムも問題となっている。HIVに関する情報はセンシティブ情報に該当する可能性があり、その収集や利用方法次第ではプライバシー権侵害となるおそれもある。最近、連邦政府は州に公衆衛生関係の資金援助を行う際に、個人情報の提出を要請することが多く、そうした方法が適切かどうかといった憲法問題も潜んでいる[154]。さらに、CDCの行う公衆衛生監視は人種を基に分類したデータ分析を奨励することがあり、平等問題を惹起するおそれがあると指摘される[155]。

---

[153] Wendy K. Mariner, *Medicine and Public Health: Crossing Legal Boundaries*, 10 J. HEALTH CARE L. & POL'Y 121 (2007).

[154] Wendy K. Mariner, *Public Health Surveillance and Medical Privacy*, 87 B.U. L. REV. 347, 393 (2007).

このように、公衆衛生監視プログラムは、その方法次第でプライバシー権を侵害する可能性がある。他方で、プライバシー権を気にするあまり、公衆衛生監視プログラムを実践することができないとすると、感染症対策が進まないおそれもある。そのため、公衆衛生監視プログラムを行うとしても、個人情報を収集する場合には、目的を明確に設定した上で、対象者の同意を得ることを前提とし、適切な情報の管理・保管制度を構築しておく必要があろう。

後　序

　本章では、国家の公衆衛生維持に関する責務とそれに伴う人権問題を考察してきた。国家には公衆衛生を維持する責務があり、その方法は隔離やワクチン接種といった強制的性格の強いものから、公衆衛生監視といったソフトな手法まで多岐にわたる。これらの方法は時として市民の人権を大幅に制約することがあるが、パンデミックという多数の人々の生命を危険にさらす大きなリスクに対応するという正当な使命がある。
　しかしながら、パンデミックのリスクがいくら大きくても、その対応策が隔離のような強度の人権制約をはらむ場合には、緊急時になし崩し的に人権が無視されないように、事前に法整備を行っておかなければならない。とりわけ、法令の制定によって、パンデミック対策における限界を画しておくことが重要である。そして、司法審査によってそれをより憲法適合的なものに練り上げていくことが必要であろう。
　ところが、「一般に、公衆衛生の維持や快適な公共を保持するためにどんな法律や規則が必要になるかについては立法の問題であって、これらの目的を果たそうとしてとられた手段が適切かどうかは司法審査の対象ではない。警察権限の行使は立法府または当該権限を委任された委員会若しくは審判所の裁量に委ねられる事項であり、裁判所は公衆衛生を保護するためにとられた規制が恣意的、抑圧的、不合理でない限りこの権限の行使を阻害しない」[156]とされる。

---

(155)　Christopher Ogolla, *Will the Use of Racial Statistics in Public Health Surveillance Survive Equal Protection Challenges? A Prolegomenon for the Future*, 31 N.C. CENT. L. REV. 1, 27-32 (2008).
(156)　*People v. Robertson*, 302 Ill. at 427.

とはいえ、政府は無制約に公衆衛生施策を行うことができるわけではない。その施策を、誰が、どのように決定したか、そして必要性や合理性があるかなどについて、きちんと説明責任を果たさなければならない[157]。パンデミックは緊急性を帯びることが多いが、だからこそあらかじめ決定過程の手続的整備を行い、透明性の確保をはかるなどの対応が必要であろう。司法が施策の合理性を実質的に問うことは難しいものの、こうした判断過程審査を行う余地は残されており、まったくの自由裁量ではないことに留意しておくべきである。司法は、政府の判断につき、憲法的考慮がなされたかどうか、また憲法上の問題を惹起するような方法でなかったかどうかを審査し、憲法適合的な形に導いていくべきであろう。

　また、説明責任を果たすことは市民の協力を仰ぐ上でも重要であり、公衆衛生施策の成功の鍵を握っているといっても過言ではない。というのも、いくら法律を整備して公衆衛生施策の実効性を高めようとしたところで、市民の自発的対応を促進できなければその効果は上がらないからである[158]。これは公に対する市民の信頼（public trust）につながる問題であり、民主政の基盤となるものである。

　翻って日本の状況を考えると、世界トップレベルの衛生国であることもあり、近年致死性の高い感染症が拡大する事態には幸いにも遭遇していない。しかしながら、致死性の高い感染症が広まったときへの十分な備えができているかというと、必ずしもそうとはいえない状況にある。たとえば、2014年にアフリカの一部地域で流行したエボラ出血熱は世界中に広まるおそれがあった。このとき、日本でもエボラ出血熱の患者が出た場合を想定して対応策が練られたが、その際、BSL4（Bio-Safety Level 4）のレベルの研究施設が住民の反対で使用できないことが判明した。研究施設が使用できないと、ワクチン開発を進められないことから、もし日本でもエボラ出血熱の感染が広がった場合には大きな被害が出ることが想像できる。

　また、2009年の新型インフルエンザ騒動以来、日本でも新型インフルエンザの流行が懸念されるようになると、2012年にようやく新型インフルエ

---

(157)　Lawrence O. Gostin and Benjamin E. Berkman, *Pandemic Influenza: Ethics, Law, and the Public's Health,* 59 ADMIN. L. REV. 121, 165 (2007).

(158)　Wendy E. Parmet, *Pandemics, Populism and the Role of Law in the H1N1 Vaccine Campaign,* 4 ST. LOUIS U. J. HEALTH L. & POL'Y 113, 142-149 (2010).

ンザ等対策特別措置法が制定された。

　感染症が広まると、アメリカのように隔離が必要になる場合があるが、隔離が重大な人権侵害をもたらすおそれがあることは、これまで述べてきたとおりである。感染症予防法は入院措置（隔離）について必要最小限の措置を都道府県知事に要請しているが、広範囲に感染が広がった場合に現実的にどこまで必要最小限の措置で対応できるかが判然としない。

　このように、日本では感染症の流行への対応策が不十分であるため、大規模な隔離等の措置が行われた場合に、どこまで人権に配慮できるかが明らかではない。大惨事が起きる前に、法整備や具体的な対応策をまとめつつ、人権に配慮した対策を事前に準備しておく必要があろう。

第7章

情報提供とリスク
―― 食の安全に関する情報を素材にして

> 私はブロッコリーが嫌いだ。私は小さな頃からそれが嫌いだったが、母親はそれを食べさせてきた。けれども大統領になった今、私はもうブロッコリーを食べるつもりはない。
>
> ―― ジョージ・H・W・ブッシュ

　情報化社会を迎えた今、膨大な情報の中から必要な情報を取捨選択する能力がますます重要になってきている。そうした状況下において、国（政府）の提供する情報は、一般に信頼性があり、内容も整理されていることから、重要な情報源と位置づけられている。しかし、このことは、国が迅速かつ正確な情報の提供というやっかいな責務を負わされていることを表している。
　とりわけ、食の安全に関する情報提供は、国民の日常生活に密接に関わっていることから、センシティブな対応を迫られる。食の安全の問題の中で、毎年のように話題に上がるのが、食中毒の問題である。政府には、食中毒に関する情報を迅速かつ正確に国民に提供する責務がある。食中毒問題は消費者のみならず、食品業者にとって死活問題になることが多い。食品業者にとって、食中毒の風評は命取りになりかねないからである。
　その結果、国は食中毒が拡大するリスクに対応するため迅速に情報を提供しなければならない反面、業者が不必要な損害をこうむるリスクに対応するために正確な状況がわかるまで情報を提供できないというジレンマに襲われることになる。このとき、国はどのような対応をすればよいのだろうか。
　また、食の安全の問題については、国が提供する情報だけでなく、報道機関が提供する情報の場合も同じようなリスクが存在する。この場合、報道機関側の表現の自由も関連してくるので、問題はより複雑な構造になってくる。これが現実になったとき、いかなる機関がどのような対応を行えばよいのだろうか。
　本章では、食の安全に関する情報提供とリスクの問題を考察する。

序

　「食」は、人が生きていく上で欠かせない日常の営みである。そのため、食をめぐるリスク管理はきわめて重要な事柄であり[1]、個人的関心を越えた、国家レベルの関心事である[2]。しかも、食の安全を享受する主体は、個人にとどまらず、しばしば消費者という抽象的観念に置き換えられ、国は消費者保護という観点からも食の安全に関する様々な政策を行うことが要請されている[3]。

　食の安全をめぐる問題の中で、とりわけ重要な意味を持つのが、食の安全に関する情報提供行為である。何を食べるのかについての最終的決定は個人に委ねられるが、消費者が適切にその決定を行うためには食品に関する情報が提示されていなければならない。

　食の安全に関する情報が市場で十分に提供されていれば問題はないが、それを完全に市場に委ねるわけにはいかない。なぜなら、市場が利益追求を最優先事項とする以上、そこでは食の安全が片隅に追いやられてしまうことが懸念されることに加え、個々の食品業者が提供できる情報には限りがあるからである。

　そこで、国家が一定の役割を担うことになるのだが、それには直接的介入を行う場合と、間接的介入を行う場合とがある。直接的介入の典型例として

---

[1] 食の安全とリスクの問題については、新書というジャンルだけを見ても、池田正行『食のリスクを問いなおす―BSEパニックの真実』（ちくま新書、2002年）、岩田健太郎『「リスク」の食べ方―食の安全・安心を考える』（ちくま新書、2012年）、河岸宏和『"食の安全"はどこまで信用できるのか―現場から見た品質管理の真実』（アスキー新書、2008年）、村上直久『世界は食の安全を守れるか―食品パニックと危機管理』（平凡社新書、2004年）、山本弘人『汚染される身体―食品添加物・環境ホルモン・食物アレルギー』（PHP新書、2004年）など多数の書籍が出版されており、関心の高さがうかがえる。

[2] さらにいえば、食の安全をめぐる問題はもはや国内だけで対応できるものでもなく、グローバルな問題として認識し、対応しなければならないものである。*See, e.g.,* Caroline Smith Dewaal and Gonzalo R. Guerrero Brito, *Safe Food International: A Blueprint for Better Global Food Safety,* 60 FOOD DRUG L. J. 393（2005）.

[3] 山田友紀子「食品安全のためのリスクアナリシス」橘木俊詔=長谷部恭男=今田高俊=益永茂樹編『リスク学入門5 科学技術からみたリスク〔新装増補〕』43頁（岩波書店、2013年）。「食品を毎日食べる以上、消費者は食品が安全であることを期待しているのは当然のことであり、それにいかに答えるかや、現状について正しい知識を持ってもらうために、リスクコミュニケーションを行政や業界は活発におこなう必要がある」。

は、食品衛生法に基づく許可制や検査制が挙げられる[4]。また、食品の表示については、食品衛生法に加え、JAS法や景品表示法なども規制を行い、2013年には食品表示法が制定された。また、消費者のニーズに応えられるよう、従来の縦割り行政を是正すべく、2009年には消費者庁が設立されている。

　一方、間接的介入の代表例としては、消費者に適切な情報を提供して、消費者が合理的な選択を行えるようにし、危険な食品を口にするリスクを低減させることなどが挙げられる。このような情報提供行為は、直接規制を行うわけではないが、実質的に消費者の行動を左右する重要な活動である。とくに、ある食品が危険かもしれないという風評がたったとき、消費者はそれが真実かどうかわからないまま消費活動を抑制する可能性が高い。サンスティン（Cass R. Sunstein）が、「多くの場合、おそれが蔓延するとさらなる問題につながる。たとえば、人々が飛行機に乗らなくなったりある食品を食べなくなったりといったように、ある種の活動を行わなくなってしまう。その結果もたらされるコストは甚大である」[5]と指摘するように、風評は二次的・三次的被害をもたらし、多くの経済的損失をもたらすことになるのである。そこで国家が正確な情報を提供し、消費者が適切な選択を行えるようにする必要が生じてくる。もっとも、国家の行う情報提供は消費者心理に働きかけるため、市場との関係できわめてセンシティブな事柄となる。なぜなら、情報の内容次第では、食品業者側に大きなコストを強いることになるからである。そのため、国家は、正確な内容の情報を、適切な方法で流さなければならない。とはいえ、食の安全を守るためには、必要な情報を迅速に提供しなければならないという要請もあり、市場コストを考えてあまりナーバスになっていてもこの責務を果たすことができない。このように、国家はやっかいな任務を背負わされているわけである。

　また、食の安全に関する情報提供は国家のみならず、私人、とりわけ報道機関が行うこともあることから、表現の自由にも関わる問題をもはらんでいる。消費者が食の安全に関する情報を入手する経路は多岐にわたるが、マス・メディアの報道は依然として大きな影響力を持っている。他方で、影響

---

(4) 食品衛生法26条および52条など。
(5) CASS R. SUNSTEIN, LAWS OF FEAR: BEYOND THE PRECAUTIONARY PRINCIPLE 127 (2005).

力の強さはその報道が誤りであった場合、それだけ重い責任として跳ね返ってくる。消費者行動は報道によって左右されることも大きいことから、誤報によって食品業者側が被る損害もきわめて大きい。だが、消費者が情報を必要としていることもまた確かであり、かかる情報の報道はまさに知る権利に仕えるための報道ということになるため、誤報のリスクをおそれすぎてしまうと報道機関の存在意義自体が問われる可能性すらある。ゆえに、食の安全に関する報道の問題は、報道機関側にもジレンマを強いるわけであり、報道機関は、国家に負けず劣らず、やっかいな任務を負わされているといえる。

　本章では、このやっかいな２つの問題——国家の情報提供の問題と報道機関の情報提供の問題——について、憲法の観点から分析を行う。前者の問題には、そもそも国家はリスク情報を提供する責務があるのか否かという大きな問題をはじめ、情報提供の合理性、消費者の安全、食品業者の利益等々、様々な問題をはらんでいる。また、この問題にはアメリカのみならず、日本やドイツでも具体的な法的問題が生じていることから、本章ではこれらも適宜取り上げながら多角的な視点から検討することにしたい。後者については、マス・メディアの流した情報が食品業界に損失を与えた場合、裁判所はどのように判断すべきかという問題が中心となる。この点につき、日本では特別なカテゴリーを設定する法律はないが、アメリカではこの問題に特化した法律（州法）が存在し、表現の自由に対する影響が懸念されている。そこで、この問題については、アメリカと日本を比較しながら、マス・メディアの報道の自由、食品業者の営業の自由、消費者の権利をどのように調整していくかについて、三権それぞれの役割を考えることにする。

Ⅰ　国家による情報提供のリスク

　食の安全をめぐる国家の情報提供の問題については、まず食の安全に関する情報提供活動についての各国の取り組みを概観する。次に、そのような活動が国家の責務であると同時に国家はその結果について責任を伴うことを指摘する。そして、国家の責務と責任が問われたリーディングケースとして日本のカイワレ訴訟を取り上げながら、この問題に関する三権それぞれの役割を考えることにする。

1 国際的取り組み

一口に「食の安全」といっても、原材料の安全性をいうのか、加工過程の安全性をいうのか、安全な食べ方をいうのか、有害物の混入回避をいうのか、食中毒の防止をいうのか、食品の健康への影響をいうのか等々、その意味内容は多岐にわたる。そのため、ここでは消費者が一定の知識に基づき食品を選択することで安全な食生活を行えることを「食の安全」と呼ぶことにする[6]。食の安全に関する取り組みは、すでに国際レベルで行われている。1945年に設立された国連食糧農業機関（Food and Agriculture Organization）は、人々が健全な生活をするために必要な量・質の食料を確保することを目的とした活動を行っている。この機関が発足した当初は、第二次世界大戦後の食料不足という時代状況もあり、主としていわゆる食料安全保障を実現するための活動を行っていた。その後、食品の質的側面が重視され始めると、1963年にコーデックス委員会（Codex Alimentarius Commission）が創設され、WHOの協力を得ながら、食の安全に関する取り組みが行われることになった。コーデックス委員会は、専門的・科学的見地から消費者の健康のために様々な活動をしており、報告書やニュースレター等を作成し、食の安全に関する情報を提供している。もっとも、その情報を政策としてどの程度国内に反映させるかは、依然として国家の裁量にかかっているところが大きい。

2 外国の取り組み

いち早く食の安全をリスクの問題として取り上げたのは、ヨーロッパであった。ヨーロッパでは、従来から、科学的評価に基づきリスク予防を行うべきだとする未然防止原則（prevention principle）の考え方があった[7]。最近では、それを一歩進めて、たとえ科学的評価が不確かなリスクであっても、将来取り返しのつかない事態に発展してしまうことを防ぐために、しばしば予防原則（precautionary principle）が食の安全の分野でも提唱されるにいたっている[8]。たとえば、EUの制定した食の安全に関する規則の中には、食のリ

---

[6] 鈴木深雪「食品安全表示の問題」ジュリスト1359号68頁（2008年）。たとえば、「一般の消費者が安全に食することができる食品とは、①一般に負担することができる程度の経済コストで、②当該生活地域で一般に認識され、かつ③日常的に用いることができる生活技術を用いて、危害の発生を抑え、回避して食することができる」ものとされる。
[7] 松王政浩「予防原則に合理的根拠はあるのか」21世紀倫理創成研究1号109頁（2008年）。

スクに関する情報が収集されたものの科学的根拠が不明確な場合、共同体がリスク管理の措置をとるという規定がある[9]。また、BSE（牛海綿状脳症）問題に対応する形で、リスク評価に特化したヨーロッパ食品安全機関（European Food Safety Authority）が創設されたことも重要である[10]。これにより、科学的なリスク評価が推進されるようになり、食の安全対策が一層進められることとなった。

　一方、ヨーロッパと異なる視点から食の安全に取り組み始めたのがアメリカである。アメリカにおける食の安全といえば、映画「スーパーサイズミー」[11]に象徴されるように、ファストフードのもたらす健康被害が有名であり、マクドナルド肥満訴訟[12]と呼ばれる裁判にまで発展している。そこでは、ファストフードを摂食し続けると肥満になることを警告表示しておかなかったことが1つの争点となった。原告側は、消費者が適切な選択を行うために、食品販売側は必要な情報を公開しなければならないと主張したのである。この問題は、何でも訴訟にしてしまう特殊アメリカ的な雰囲気をかもし出しているが、論点自体は食の安全に関する情報の問題であり、ヨーロッパの問題とそれほど差異はないかもしれない。もっとも、最近では、よりアメリカらしい食の安全に関する対応を垣間見ることができる。それは、テロ対策の一環としての食の安全である。

　2001年に同時多発テロが起きて以来、アメリカは何度も連邦食品・医薬

---

(8)　*See, e.g.,* Communication from the Commission on the Precautionary Principle, COMMISSION OF THE EUROPEAN COMMUNITIES, Brussels, 2.2.2000 COM (2000) 1, *available at* http://ec.europa.eu/dgs/health_consumer/library/pub/pub07_en.pdf.

(9)　Regulation (EC) No. 178/2002 of the European Parliament and of the Council of 28 January 2002 Laying Down the General Principles and Requirements of Food Law, Establishing the European Food Safety Authority and Laying Down Procedures in Matters of Food Safety [Official Journal L 31 of 1.2.2002].

(10)　これについては、神里達博「食品安全行政の課題—食品安全委員会設立5年を契機に」ジュリスト1359号74頁（2008年）参照。

(11)　2004年に公開されたアメリカのドキュメンタリー映画で、監督を務めたモーガン・スパーロック（Morgan Spurlock）が自ら被験体となって、約1ヶ月間、毎日毎食マクドナルドのファストフードだけを食べ続けたらどうなるかを記録したものである。

(12)　なお、この事件は、マクドナルドのファストフードを幼少期から食べて肥満になったという未成年者やその保護者らが、肥満になったのはマクドナルド側が適切な栄養表示や警告を怠ったせいであるとして損害賠償請求訴訟を提起したものである。一審（Pelman v. McDonald's Corp., 237 F. Supp. 2d 512 (S. D. N. Y. Jan. 22, 2003)）は因果関係が不十分であるとして訴えを棄却したが、控訴審（Pelman v. McDonald's Corp., 396 F. 3d 508 (2005)）はさらに審理を尽くすべきであるとして差し戻している。

品・化粧品法（Federal Food Drug and Cosmetic Act）[13]の改正を行っている。最初に大幅な改正が行われたのが、2002年のいわゆるバイオテロ法（Bioterrorism Act）[14]である。これにより、ある食品に人の健康に害を及ぼすおそれがある合理的な疑いがかかった場合、FDAが当該食品に関する会社の記録などにアクセスすることが可能となった。さらに2007年には、食品・医薬品局改正法（Food and Drug Administration Amendments Act）[15]が制定された。本法は、FDAの市販後調査（postmarket surveillance）のエリアを拡大し、さらにその情報のデータベース化をはかっている[16]。これに基づき、FDAは、人間や動物に供される食品の安全性について、データベースを基にしながら監視していくというシステムを構築し始めたのである。このように、アメリカではバイオテロ対策の一環として食の安全の確保への取り組みがなされているわけであるが、そこでも食の安全に関する情報収集に力点が置かれていることに留意しなければならない。

3　日本の取り組み

ヨーロッパやアメリカは、当初の目的には違いがみられるものの、結果的には両者ともに食の安全に関する情報について積極的な取り組みを始めている。そして日本でも最近になって様々な取り組みが行われている。たとえば、2003年は食の安全に関する改革の年であり、食品安全基本法の制定、食品衛生法の改正、食品安全委員会の設置等、様々な制度改革が行われた。このうち、食品安全基本法は、食の安全について国家の責務を規定している。同法5条は、「食品の安全性の確保は、このために必要な措置が食品の安全性の確保に関する国際的動向及び国民の意見に十分配慮しつつ科学的知見に基

---

(13) The Federal Food Drug and Cosmetic Act of 1938, 21 U.S.C. §301 et seq. 本法により、食品医薬品局（Food and Drug Administration: FDA）に食の安全に関する活動を行う権限が付与された。
(14) The Public Health Security and Bioterrorism Preparedness and Response Act of 2002, 42 U.S.C. §201 et seq.
(15) The Food and Drug Administration Amendments Act of 2007 (codified as amended at scattered sections of 21 U.S.C.).
(16) これはSentinel Initiativeと呼ばれるFDAの施策であり、数年以内に1億人規模の医療情報をデータベースにまとめ、これによって高い精度で医薬品の副作用を検出可能とするものである。とりわけ、505条(k)(3)によると、FDA長官は2007年食品・医薬品行政改正法の制定後2年以内に、公共機関、学術機関、民間企業の情報を合わせて、情報データベースを構築しなければならないとしている。なお、ヨーロッパも各国の副作用に関する電子ネットワークの構築を21世紀初めから行っている。

づいて講じられることによって、食品を摂取することによる国民の健康への悪影響が未然に防止されるようにすることを旨として、行われなければならない」とする。予防原則とまではいかないものの、国家には食の安全を守る責務があることを明確に打ち出した点が重要である。この責務を果たすに当たっては、欧米と同様、食の安全に関する情報の取り扱い方が関連してくる。

　ところが、改革後も様々な食品偽装事件等が続発し、縦割りの行政構造が改善されていないのではないかという批判がくすぶり続けた。というのも、これまで、消費者が商品を購入する際の参考となる情報を提供するのはJAS法、飲食による衛生上の危害の発生防止をはかるのは食品衛生法、公正な競争を確保し一般消費者の利益保護を行うのは景品表示法、といった具合にそれぞれ別の観点から食の安全について規制を行ってきた。そして、これらの所轄官庁は、農林水産省、厚生労働省、公正取引委員会とばらばらであり、十分な連携もとられてこなかった。そのため、食の安全に関する問題が生じても、その対処に関する法整備もなされておらず、食中毒が発生した場合には混乱を招くおそれがあった。たとえば、感染症予防法が制定され、予防や治療に必要な情報の公表に関する規定が置かれたのも、1998年になってからのことである[17]。

　そこで、2009年には内閣府の外局として消費者庁が発足し、消費者保護の観点から包括的対応が行われることとなった。消費者庁は、重大な被害を招くような事案について調査を行い、消費者安全法に基づきその内容を公表することができる[18]。2010年12月からは、薬事法[19]の網から逃れる誇大広告について、消費者庁は業者名を公表する方針を打ち出した。消費者庁は、

---

(17) 感染症の予防及び感染症の患者に対する医療に関する法律16条「厚生労働大臣及び都道府県知事は、第12条から前条までの規定により収集した感染症に関する情報について分析を行い、感染症の発生の状況、動向及び原因に関する情報並びに当該感染症の予防及び治療に必要な情報を新聞、放送、インターネットその他適切な方法により積極的に公表しなければならない」(2014年改正後の規定)。

(18) 消費者安全法38条「内閣総理大臣は、第12条第1項若しくは第2項又は第29条第1項若しくは第2項の規定による通知を受けた場合その他消費者事故等の発生に関する情報を得た場合において、当該消費者事故等による被害の拡大又は当該消費者事故等と同種若しくは類似の消費者事故等の発生（以下「消費者被害の発生又は拡大」という。）の防止を図るため消費者の注意を喚起する必要があると認めるときは、当該消費者事故等の態様、当該消費者事故等による被害の状況その他の消費者被害の発生又は拡大の防止に資する情報を都道府県及び市町村に提供するとともに、これを公表するものとする」。

(19) なお、平成25年法律第84号で「医薬品、医療機器等の品質、有効性及び安全性の確保等に関する法律」に名称が変わった。

健康増進法や景品表示法に基づき[20]、誇大広告の規制を行うことができるため、その手始めとして業者名の公表に踏み切ったのである。

このように、近年、日本でも食の安全に関する情報提供活動について、国家が積極的に取り組み始めている。その方向性自体は望ましいことであるといえるが、しかし、それによってリスクが生じるおそれがあることにも目を向けなければならない。情報提供活動は国民の選択を左右することにつながるため、国民に誤解を与えないように正確な情報を提供する必要がある。ところが、食中毒のような一刻を争うような事態が発生した場合、その正確性には限界がある。つまり、その時点で最も正確と思われる情報を流すしかないわけである。もし曖昧な形で情報を流してしまうと、思わぬ風評被害を招き、今度は食品業者に打撃を与えてしまう可能性がある。そのような場合、国家はいかなる対応をすべきであろうか。

II 国家の情報提供と信用毀損

1 食の安全に関する国家の情報提供活動――国家責務

多くの国では、食の安全に関する情報提供活動を行っている。日本でも、例に漏れず、国家がそうした活動を行ってきた。とりわけ、それらの情報は食中毒や感染症などの疑いがある場合に、大きくクローズアップされた。後述する 1996 年の O157 のケースはその代表例であり、2001 年の BSE や 2004 年の鳥インフルエンザ、2010 年の口蹄疫のケースなどにおいて、国家は情報の提供に努めてきたといえる。それでは、食の安全に関する国家の情報提供活動は、いかなる要請に基づくものであろうか。それは、法的要請なのか、それとも政策目標にすぎないのか、あるいは国家自体に内在する要請なのであろうか。

まず、憲法上の要請か否かという問題を考えるとすれば、少なくとも日本では、憲法 25 条 2 項が国家は公衆衛生の維持に努めなければならないとしている以上、食の安全を守る責務が国家にあり、その手段として情報提供活

---

(20) 健康増進法は、病気の予防効果や栄養成分の効果に関する広告において著しく事実に相違したり、著しく人を誤認させるような表示を禁止している（32条の2）。また、景品表示法は、商品を著しく優良と誤認させる表示を規制する権限を公正取引委員会に付与しており（4条）、これが現在では消費者庁に移っている。

動をしなければならないと考えるのが素直な解釈であろう[21]。しかし、他方で、25条2項は単なる努力義務にすぎず、政策目標に近いという解釈も可能である[22]。前者の解釈をとれば、その責務を適切に果たさないことは違憲ということになるので、国家は不作為についての法的責任が問われることになる。一方、後者の解釈からすれば、情報提供の有無は政治的問題ということになり、国家が法的責任を負う可能性は低いということになる。

　もっとも、日本のように憲法に公衆衛生の規定があるのはむしろ例外的であり、諸外国の憲法の中にはあまりみられない。それでは、諸外国では食の安全に関する情報提供をしていないかというとそうではない。このため、そもそもそのような責務が国家自体に内在しているのではないか、ということを検討する必要がある。

　国家はもともと国民の安全を守るために創設されたという経緯からすれば、国家が国民の食の安全を守るために必要な情報を提供することは正当な行為のように思える。これに対し、伝統的な夜警国家の概念からすれば、国家の安全確保義務は治安や国防に限定されており、食の安全をも念頭に置いていたわけではないという反論がなされるかもしれない。しかし、食の量・質の維持なしに、国民は生活していくことができない。これまでの歴史をみてもわかるように、食料を確保できなくなった国家は滅亡への道を歩むことが多い。つまり、食料安全保障は国家が果たさなければならない第一次的責務なのである。もちろん、国によって食の安全のレベルには差があるだろうが、国がこの責務を完全に放棄してしまった場合、国家は破綻するか滅亡への道を歩むことになろう。

　とはいえ、国家に食の安全を確保する責務があるとしても、それに関する情報提供活動までもが要請されるかどうかについては、少し別の観点からの説明が必要である。これについて、個人の自己決定、市場の失敗、民主政の観点から、政府の情報提供が必要であるとするサンスティンのアプローチが興味深い。サンスティンによれば、情報を与えられないと消費者は適切な選

---

(21) 憲法25条2項は、「国は、すべての生活部面について、社会福祉、社会保障及び公衆衛生の向上及び増進に努めなければならない」と定めている。

(22) なお、この論点に直接関連するわけではないが、堀木訴訟控訴審判決（大阪高判昭和50年11月10日行集26巻10=11号1268頁）は、25条1項の救貧規定よりも同条2項の防貧規定に基づく立法の方がより広い裁量が認められるとしている。

択をすることができず、自己決定する能力を奪われてしまうという[23]。「もし人々が自らの選択の結果についてわからないままであるなら、かれらはその件について自由を減殺されていることになる」[24]。少なくとも、情報提供が個人の自由を増大させるという点についてはほぼ議論の余地はないのである。

つぎに、情報の不足は市場の失敗につながることが多いという点にも目を向けなければならない。情報はしばしば公共財としての性質を持つため、市場に任せておくと十分な情報供給がなされなくなるおそれがある。そして、企業は商品のリスクについて情報を提供するインセンティブに欠けるため、十分な情報が消費者に伝わらない可能性が大きい。そのため、政府が一定の役割を果たさざるをえない。

そして最後に、情報提供と民主政との関係に注意を払う必要がある。人々が政策を評価するためには情報の提供が不可欠である。人々は情報があって初めて政策の良し悪しを判断することができるのであって、それがなければ熟議に基づく民主政を達成することが困難である。

以上の3点から、サンスティンは国家がリスク情報を提供する必要があることを説いている。この見解は、古典的な国家論にしばられず、現代国家における情報提供の必要性に着目しているところが特徴である。とりわけ、個人の自由を持ち出すことで、国家はただ生の情報を提供すればよいというわけではなく、個人の合理的選択に寄与するように情報提供しなければならないという要請を含ませることに成功している。

このように、国家の食の安全に関する情報提供活動については、国家論の立場から国民の安全確保のために必要だとするアプローチと、個人の自由の立場から国民の選択のために必要だとするアプローチがあるといえる。国家論の観点からは、情報提供活動を国家の責務とみなす側面が強く現れる。それは、国家の情報提供活動を正当な権限とみなすと同時に、それを怠った場合に国家の不作為の責任を問う余地をも残すことになろう。一方、個人の自由の観点からは、あくまで個人の自由に供することを目的とすることから、情報提供の必要性のみならず、その方法についても議論の対象となる点が重

---

[23] Cass R. Sunstein, *Informing America: Risk, Disclosure, and the First Amendment*, 20 FLA. ST. U. L. REV. 653 (1993).
[24] *Id.* at 655.

要である。すなわち、それは個人が適切に選択できるような方法でなければならない。このようなアプローチの違いは、情報提供活動の結果として生じる問題についての責任をどのように負うかにも関連してくる。

2　情報提供がもたらす被害と責任——国家責任

　国家の流した情報が個人の権利を侵害した場合、日本でいえば国家賠償法上の責任を負うことがある。このとき、情報を流す主体がいかなる機関なのかによって法的責任のあり方が変わる可能性がある。たとえば、国会議員が国会内で発言した内容が問題になる場合と、行政機関の公表が問題になる場合とでは法的責任のあり方が異なるだろう[25]。ただし、ここでは、内閣や行政機関（地方自治体を含む）などの執行府が情報提供を行う場面に限定して考えることにする。

　従来、この種の問題に関しては、犯罪公表、業者の違法行為の公表、製品の安全性の公表などがしばしば裁判になってきた。これらの裁判では、多くの場合、相当性の法理が適用されていることから、裁判所は名誉毀損の問題として処理している[26]。その代表例として、魚介類水銀分析方法事件[27]が挙げられる。この事件では、厚生省（当時。以下同）の魚介類の水銀規制値発表によって魚介類の売上げが低下した原告が、消費者の信頼を取り戻すために自ら水銀分析を行いながら販売を行ったところ、愛知県がその分析方法が信頼性に欠けるとの報告書を作成したことが問題となった。そこで原告は愛知県の報告が名誉毀損に当たるとして訴えを提起した。名古屋地裁は、報告書の内容を真実と信じるにつき相当の理由があったとして県の責任を否定している。他に、相当性の法理を修正して対応する判決もみられるが[28]、いずれにせよ、真実性の問題として処理している点に変わりはない。

　こうした法的構成は、私人間の表現の自由と名誉毀損の問題を行政の情報

---

[25]　免責特権事件（最3小判平成9年9月9日民集51巻8号3850頁）では、国会議員が議院内で行った発言が特定の市民の名誉を毀損した場合、議員個人は国家賠償法上の法的責任を負わないが、国は国家賠償法上の責任を負う場合もありうるとした。ただし、違法な目的をもって発言した場合や虚偽であることを知りながら発言した場合などに限られるとしている。
[26]　これらの裁判例については、瀬川信久「二つのO-157判決―食中毒の原因を公表した行政の国家賠償責任」判例タイムズ1107号69頁、70-71頁（2003年）参照。
[27]　名古屋地判昭和51年1月22日判例時報1046号93頁。
[28]　たとえば、東京地判平成7年2月16日判例時報1546号48頁など。

提供活動の問題に擬制しているかのようにみえる。つまり、ここでは、言論主体としての行政という位置づけがなされていると同時に、表現の自由の問題として対応されているのである。しかしながら、これについては次のような問題がある。

　第1に、行政を言論主体としてみることの問題が挙げられる。一般に、行政は中立性を要求される機関であるとされる。そのため、「中立性という要請のもとにある行政当局については、私人と同様に言論の自由を語りえない」[29]という指摘がある。たしかに、一見すると、公表は行政の表現活動というよりも中立的見地からなされる純粋な情報提供活動のようにみえる。ところが、実際には、公表の中に政策的意図が内在していることもあるし、そもそも政策か中立的な情報提供かという区分自体不可能かもしれない。また、職務の種類または情報の性質によって要求される中立性の水準が異なってくるだろうし、内閣等の指示によって情報提供が行われる場合には政治性を帯びることが多いだろう。そのため、厳密な意味での中立性の確保は現実的に困難を極める。

　国家の情報発信が必ずしも中立ではないとすると、言論主体としての行政が立ち現れることになるのであろうか。アメリカでは、政府を言論主体として捉える政府言論（government speech）という議論がある[30]。たとえば、政府広報の中で健康のためのキャンペーン活動を行う場合、これは政府言論に当たるとされる[31]。そうすると、食の安全のための情報提供も類似の活動だとみなすことができるわけである。行政による情報提供は、制裁としての公表と、純粋な情報提供としての公表に分けられる。前者は、主として行政指導に従わない者に対して行われる公表で、一定の行政目的を果たすために行われる情報提供活動である。このような活動はある種の行政指導の側面を有するといえる。一方、後者は、情報提供それ自体が行政目的となる場合である。これらは、いずれも特定のメッセージを発しているわけではないが、まったく国家の意思がないわけでもないので、政府言論の議論を広く捉えれ

---

(29)　山田卓生「行政当局による公表と名誉毀損」ジュリスト789号81頁、84頁（1983年）。
(30)　政府言論については多くの文献があるが、主なものとして、蟻川恒正「政府と言論」ジュリスト1244号91頁（2003年）、中林暁生「給付と人権」西原博史編『岩波講座憲法2 人権論の新展開』263頁（岩波書店、2007年）、横大道聡『現代国家における表現の自由―言論市場への国家の積極的関与とその憲法的統制』219-267頁（弘文堂、2013年）。
(31)　Lawrence O. Gostin, Public Health Law: Power, Duty, Restraint 336-342 (2001).

ば、それに含めることもできるかもしれない[32]。だが、食の安全に関する情報提供としての公表が市民との関係で法的に問題となるのは、国家が言論市場に参加することの問題というよりも、情報が広く公にされることによってもたらされる経済的影響である[33]。したがって、それらがかりに政府言論の範疇に含まれるとしても、他者の言論との関係で問題となるわけではないため、いわゆる政府言論の法理には馴染まない問題のように思われる。

　第2に、これを表現の自由の問題として対応することに対する疑問である。国家には、国民の安全を守る責務があると同時に、説明責任を果たす責務も存在する。そうした観点からすれば、食の安全に関する情報を提供することは重要な国家の責務である。もし、情報提供がなされないまま重大な被害をもたらした場合には、不作為による国家賠償請求がなされるおそれすらある。ところが、これを表現の自由として位置づけてしまうと、国家が国民に情報を提供するか否かの判断を自由に行えることとなり、その結果情報提供を行わなくてもよいという話にもなりかねない。その場合、不作為の問題は生じないことになろう。

　第3に、表現の自由と名誉毀損の問題として対応することの問題である[34]。一般に名誉毀損の裁判では免責要件たる公共性や真実性の有無が主な争点となる。「だが、表現の自由とプライバシー保護の私人間での調整原理たる名誉毀損の法理を、行政機関における公表にそのまま適用することには問題があるといえるのではなかろうか。行政機関における公表においては、公表すべきかどうかの判断自体が法的な拘束の下にあり、公表方法についても可能な限り損害を回避すべき配慮義務が及んでいると解せられるからである」[35]。そのため、これについては、「行政が行う公表は表現の自由の行使ではなく、国民を保護するためにその責務として行うものであるから、これ

---

(32) Jess Alderman, *Words to Live By: Public Health, the First Amendment, and Govermment Speech*, 57 BUFF. L. REV. 161 (2009). なお、オルダーマン（Jess Alderman）は、政府言論の観点からこの問題を分析している。

(33) 横田光平「O-157事件日本かいわれ協会等国家賠償請求控訴審判決」ジュリスト〔臨時増刊重要判例解説〕1269号44頁、45頁（2004年）。

(34) 毛利透=小泉良幸=淺野博宣=松本哲治『憲法Ⅱ 人権』66頁（有斐閣、2013年）。この問題は公権力の名誉毀損の問題であり、「公権力にはそもそも好きなことをいう自由はないのであるから、職務遂行上の必要性を加味して考えるべきであろう」と指摘される。

(35) 久保茂樹「O-157食中毒事件に関する厚生省による調査結果の公表について、法律の根拠を要しないとされ、公表の必要性・相当性もあったとされた事例」自治研究79巻1号122頁、129頁（2003年）。

とは基準を異にし、行政処分の場合と同様に、その目的、時期、方法、被害者と加害者の利害調整などの論点を合理的に処理したかどうかが基準となるべきものである」[36]と指摘される。要するに、この問題においては、双方の利害調整ではなく、情報を提供しなければならないことを前提として、その目的・手段・方法が適切であったかどうかが問われるのである。

3 カイワレ訴訟

このような国家の情報提供活動の問題が日本において初めて正面から取り上げられたのが、カイワレ訴訟である。この事件は、1996年に大阪府堺市の小学校を中心に起きた集団食中毒に端を発するものである。1996年7月、下痢などの症状を訴えた生徒の中からO157が検出されたことを皮切りに、約9千人近くが感染・発症する事態にまで発展し、数人の死亡者まで出た。厚生省はただちに対策本部を設置し、8月には厚生大臣（当時。以下同）が、記者会見で、「貝割れ大根については、原因食材とは断定できないが、その可能性も否定できない」とする中間報告を公表した[37]。さらに、9月には、最終報告を作成し、食中毒の原因食材はカイワレである可能性が最も高いという結論を公表した。ただし、小学校が保存していた給食やカイワレ業者の農園からはO157が検出されず、行政処分は行われなかった。

問題となったのは、先の公表がカイワレ業者にもたらした損害である。公表後、カイワレの出荷数は激減し、例年の3割ほどに落ち込んでしまった。そのため、日本かいわれ協会や生産業者が国を相手どって国家賠償を求めて提訴したのがカイワレ訴訟である。この訴訟では、日本かいわれ協会などの団体が提起した①カイワレ東京訴訟と、カイワレ生産者個人が訴えを提起した②カイワレ大阪訴訟との2つが同時併行的に進行した。

（1）**カイワレ東京訴訟**　カイワレ東京訴訟で原告らは、厚生省の公表により、取引中止や販売減少などの損害が生じたこと、販売促進等のために費用がかかったこと、営業の自由を侵害されたことなどを理由に、国家賠償

---

[36] 阿部泰隆「O-157食中毒の原因食材に関する調査結果公表の賠償責任」判例地方自治236号114頁、117頁（2003年）。

[37] 「裁判と争点 O157訴訟東京高裁判決—カイワレ業者が逆転勝訴」法学セミナー584号128頁（2003年）。なお、厚生省がすばやく公表に踏み切ったのは、薬害エイズ問題で非加熱製剤の危険性を公表しなかったことが強い批判を浴びていたことが背景にあるといわれている。

請求訴訟を提起した。一審の東京地裁は、厚生省の出した報告に不合理な点はみられないとし、公表方法も不適切ではなかったとして、原告の主張を退けた[38]。東京地裁によると、当該公表は、法律の授権が必要でない事実行為であるとし、それが直接原告らの利益を侵害しているわけではないことから、営業の自由を侵害しているわけではないとする。ただし、公表の結果、関係者に何らかの損害が発生した場合には、公表方法の相当性が問われることとなり、職務上尽くすべき注意義務に違反したときは違法の評価を受ける。この点、本件公表の方法には注意義務違反がみられないことから合法であるとした。

一方、控訴審である東京高裁は本件公表に違法性を認めて、国家賠償を認める判断を下した[39]。東京高裁は、まず、国家が公表行為を行う権限について次のように述べる。「主権国家は、生命や身体の安全に対する侵害及びその危険から国民を守ることも国民に負託された任務の一つで、国民も、これを理解し、納税等により必要な負担をすることを了解する。……国民の生命、身体に危険を及ぼす異常事態に対しては、国家及び政府は、国民に負託された任務の遂行として、事態を科学的に解明し、これに基づく適切な対策を講ずることが求められる」[40]。そして、事態の悪化を防ぐ方策は、原因が究明され、有効な対策が講じられるまで、国民に正確な情報を開示して事態を理解させ、その理性的な対処に待つ他ないのが実情であると述べた。つまり、東京高裁は、国家が国民の安全を守るという責務を果たすために情報を公開することができるとしたのである。

そこで次に、本件公表がこうした観点から行われたか否かが問題となるが、これについて東京高裁は、「本件各報告の公表は、本件集団下痢症の原因が未だ解明されない段階において、食品製造業者の利益よりも消費者の利益を重視して講じられた厚生省の初めての措置として歴史的意義を有し、情報の開示の目的、方法、これによる影響についての配慮が十分であったか、疑問を残すものの、国民一般からは、歓迎すべきことである」[41]とし、公表自体は望ましいことであったとした。

---

(38) 東京地判平成13年5月30日判例タイムズ1085号66頁。
(39) 東京高判平成15年5月21日判例時報1835号77頁（以下、「東京高裁判決」とする）。
(40) 東京高裁判決・前掲注（39）84頁。
(41) 東京高裁判決・前掲注（39）84頁。

しかし、このような活動が国家の責務だとしても、それが関係者に何らかの損害をもたらすおそれがある場合には法律の授権が必要とされる可能性がある。だが、東京高裁は、「本件各報告の公表は、現行法上、これを許容し、又は命ずる規定が見あたらないものの、関係者に対し、行政上の制裁等、法律上の不利益を課すことを予定したものでなく、これをするについて、明示の法的根拠を必要としない」[42]とした。

　このように、国家が本件のような公表行為を行うこと自体には正当性があることを確認した上で、本件公表の適法性の判断に移る。

　まず、東京高裁は本件公表の目的の正当性について検討する。東京高裁によれば、本件公表は、調査の結果得られた情報を公表し、国民の不安感を除去するとともに、一般消費者や食品関係者に対して注意を喚起することによって、食中毒の拡大・再発の防止を図ることを目的としたものであるとし、先述の国家の責務からして正当な目的であったとする。

　そこで次に問われるのが、公表の適法性および相当性である。厚生大臣が記者会見で行った本件公表は、「……一般消費者及び食品関係者に『何について』注意を喚起し、これに基づき『どのような行動』を期待し、『食中毒の拡大、再発の防止を図る』目的を達しようとしたのかについて、所管する行政庁としての判断及び意見を明示したと認めることはできない」[43]。その結果、中間報告においては、カイワレを原因食材と断定するにいたらないにもかかわらず、記者会見を通じ、前記のような中間報告の曖昧な内容をそのまま公表し、かえってカイワレが原因食材であると疑われているとの誤解を広く生じさせ、これによって、カイワレそのものについて、O157による汚染の疑いという、食品にとっては致命的な市場における評価の毀損を招き、全国の小売店がカイワレを店頭から撤去し、注文を撤回するにいたらせてしまった。このため、本件においては公表方法に問題があり、違法であるとされた。

　なお、東京高裁によると、本件公表はカイワレが原因だと断定できない状態で公表したことが違法になるわけではないとする。問題は、厚生大臣が、正確な公表の名の下に、中間報告から得るべき情報の解釈を報道機関、視聴

---

(42) 東京高裁判決・前掲注 (39) 84頁。
(43) 東京高裁判決・前掲注 (39) 85頁。

者および読者にいわば丸投げしたことが問題であったという。そもそも、本件公表はそれが隠ぺいされるよりは、国民にははるかに望ましく、適切であったと評すべきであると東京高裁が述べていることからわかるように、公表行為自体については高評価を与えている。しかし、それが重要な情報だからこそ、国家は公表方法に配慮しなければならないとした点に本件判示の特徴があるといえよう。

　(2)　**カイワレ大阪訴訟**　カイワレ大阪訴訟は、カイワレ事業者個人が訴えを提起した事件であるため、まずは厚生省の報告が特定の業者を炙り出しているかどうかについて判断が下された。大阪地裁は、直接原告を名指ししていなくても、原告と特定できる公表の仕方であったとし、さらにはそれが原告の社会的信用を低下させるものであったとして、公表と被害との因果関係を認めた[44]。そして、公表の違法性については、公表目的の正当性、内容の性質および真実性、公表方法、公表の必要性等を判断するとし、調査結果がカイワレを原因食材と断定できていないにもかかわらず、公表では原因食材だと強く印象づける報告を行っており、原告側に反論の機会も与えないまま性急に公表してしまっているため、違法であるとした。

　控訴審である大阪高裁も、本件公表を違法と判断する。もっとも、東京高裁と同じく大阪高裁も、本件公表自体は望ましいことであったことを最初に述べる。大阪高裁によれば、本件食中毒事件当時の国民の不安は強く、その原因究明や予防対策等は国民の最大の関心事であり、これについて原因究明のための調査を行い、報告書を作成し、国民にとって重要かつ必要な情報を隠さずに早期に国民に対し公表するということ自体は、国民にとって望ましいことであるという。このような前置きをした上で、大阪高裁は違法性の判断に入っていくわけであるが、東京高裁の判断手法とは異なる点も垣間見えるので、以下、判断基準を中心に詳しくみることにする。

　大阪高裁は、まず、次のような判断基準を設定する[45]。すなわち、「……公表の目的の正当性、公表内容の性質、その真実性、公表方法・態様、公表の必要性と緊急性等を踏まえて、公表することが真に必要であったか否かを検討し、その際、公表することによる利益と公表することによる不利益とを

---

(44)　大阪地判平成14年3月15日判例タイムズ1104号86頁。
(45)　大阪高判平成16年2月19日訟務月報53巻2号205頁（以下、「大阪高裁判決」とする）。

比較衡量し、その公表が正当な目的のための相当な手段といえるかどうかを検討すべきである」[46]という基準である。

この基準を基に本件公表の違法性を考えていくことになるのであるが、大阪高裁はO157の原因調査の合理性を問うところから始める。大阪高裁は、本件調査が、O157食中毒の原因は学校給食であるとした点では合理的であるとする。しかし、カイワレ以外の食材が原因食材である可能性を完全に否定することはできず、また、控訴人の施設等からO157が検出されなかったことや、検食（保存されていた給食）のどの食材からもO157が検出されなかったという事実からして、その合理性には疑問が残るとした。

そこで次に本件公表の違法性を判断することになる。本件公表目的については、食品全般の安全性に対する国民の不安を解消することであって、情報公開それ自体が主な目的であるとする。そのため、本件公表には、国民のための情報提供という面では正当な目的があったと認めることができるとする。

しかし、報告内容につき、中間報告の時点でカイワレが原因食材である可能性は否定されていなかったと評価することができるとしたのは適切であったが、未だカイワレが原因食材と断定できていないにもかかわらず、最終報告において「最も可能性が高い」という表現を用いたことは相当でないとした。

公表時期については、中間報告を行うほどの緊急性があったかどうかについては疑問であるが、最終報告の段階においては、厚生大臣に求められる説明責任に応えるものであったとした。

また、公表の方法については、本件各報告は内容を口頭で伝えるとともに報道機関の質問に答えるという公表方法をとったが、このような方法をとる場合には、その表現方法や情報の正確性については細心の注意を払い、それによって第三者の名誉や信用を害することのないようにする注意義務があるにもかかわらず、厚生大臣や、厚生大臣と一緒に記者会見に臨んだ専門家は、上記の注意義務に反し、本件各報告書の内容を越えて、特定の生産施設（この施設が被控訴人を指すものであることは容易に判明する）のカイワレが原因である可能性が95％程度であると言及したものであり、これにより、専門家の判断としては、あたかも被控訴人の出荷したカイワレが本件集団下痢症の

---

(46) 大阪高裁判決・前掲注（45）556頁。

原因食材であることが確定的な事実であるかのような印象を与える結果となったものであって相当ではなく、結論として、中間報告についてはその公表時期に違法性があり、最終報告については公表方法に違法性がある、とした。

III　カイワレ訴訟の判例法理

1　カイワレ訴訟のポイント

　カイワレ訴訟は、東京・大阪両判決ともにO157食中毒に関する原因食材の情報提供には違法性があったとし、損害賠償を認めた。その判断枠組についても、双方ともに情報提供自体は評価に値するものであるが、公表方法に問題があったとしており、共通しているようにみえる。

　しかしながら、目を凝らしてみてみると、局所ごとに判断内容が異なっているところがある。しかもそれは、情報提供活動の位置づけや公表の違法性の判断方法など、本件の鍵を握る場面において垣間見ることができる。

　まず、情報提供活動の位置づけからみてみよう。東京高裁は、国家には国民の安全を守るために食の安全に関する情報提供活動を行う責務があるという。これは、ポリスパワーの観点から情報提供活動を導き出しているといってよいだろう。これに対し、大阪高裁は、情報提供が国民にとって望ましいとしか言及していない。つまり、ポリスパワーに基づく国家責務というよりも、どちらかといえばパターナリスティックな観点から、国民にとって必要な情報があることは好ましいことであると述べているわけである。

　つぎに、公表の違法性の判断方法についてである。東京高裁は、国民に正確な情報を開示して事態を理解させて理性的な対応を求める必要があるとしており、国民の理解を重視している。そのため、東京高裁は、国家が情報提供活動を行う場合であっても、情報を生のまま提供してその後は国民の判断に任せるような丸投げ的手法は許されないとする。曖昧な内容を生のまま放り投げるのではなく、きちんと整理して、国民が理解できる形にしてから公表すべきであるとしている。つまり、単に精確な事実だけでなく、国民が正確に判断できる情報を提供しなければならないと述べているわけである。一方、大阪高裁は、公表の違法性について、詳細な審査基準を設定して、公表の目的・内容・方法・時期・必要性・緊急性などをつぶさに判断している。その結果、時期や方法に違法性があるとして、公表方法を問題視した。ここ

で注意しなければならないのは、東京高裁は国民が理解できるように配慮して情報を加工する必要があるとしているのに対し、大阪高裁は情報の加工の仕方に問題があったとしている点である。雑駁にいえば、東京高裁は情報に加工さえ施していればそれ以上のことを要求していないのに対し、大阪高裁はむしろ加工方法を問題にしている[47]。そうなると、とくに大阪高裁は行政裁量を厳しく統制する手法をとっているようにみえる。

両判決にはこのような相違がみられるわけであるが、それぞれの判断は適切であったのであろうか。かいわれ業者側は判決を評価しているようであるが、当時厚生大臣だった菅直人は、「公表したことは今でも間違っていなかったと思う。……発表したことは国民の利益にかなうことだったと確信している」と語っている[48]。たしかに、この種の情報提供は本来国民の利益にかなうものであり、その合理性をあまり厳しく追及してしまうのは適切ではないようにも思える。あまりに厳しいチェックを行うことになれば、国家が情報提供を控えてしまったり、慎重になりすぎるあまり、情報提供が遅れてしまったりするおそれもあるからである。他方で、情報提供が業者側に損害をもたらしてしまうのも放ってはおけない。このような板ばさみの中で、司法はいかなる判断を下していくべきなのであろうか。

まずは、東京高裁の判断から検討することにしよう。東京高裁の特徴は、情報提供活動を国家責務としたことと、さらに国家には公表を行う際に情報の加工義務があることに言及した点である。そのため、情報提供活動の責務とはいかなるものかを中心に分析する必要がある。これについては、国家指導任務（Aufgabe der Staatsleitung）から国家の情報提供活動の責務を導き出したドイツのグリコール決定（2002年）[49]を参考にしながら分析していくことにしたい[50]。

---

(47) 村上裕章「集団食中毒の発生と情報提供のあり方——O-157東京訴訟控訴審判決を契機として」ジュリスト1258号112頁、118頁（2003年）。なお、東京高裁判決が情報の丸投げを問題視していることについては、風評被害と密接にリンクしているとは言い難く、違法性判断の際に「生じた結果」についても着目していることから結果責任的判断になっているという指摘がある。
(48) 「司法記者の眼——カイワレO157訴訟で国が逆転敗訴」ジュリスト1251号49頁（2003年）。
(49) BVerfGE 105, 252.

2 有害物質混入ワイン事件——ドイツのグリコール決定

　この事件は、ドイツでジエチレングリコールの混ざったワインの販売が確認され、ワイン消費が減少したことに端を発する。そこで、連邦の青少年家族保健省はジエチレングリコールの混入が確認されたワインのリストを公表した。これに対し、ワイン製造業者がケルン行政裁判所に当該リストにおけるワイン名と製造業者名の掲載の差止を求めて訴えを提起した。下級審で訴えを棄却された原告は、基本法 12 条 1 項の侵害だとして連邦憲法裁判所に憲法異議を申し立てた。

　連邦憲法裁判所は、市場が機能するための前提条件として、可能な限り豊富な情報が提供されなければならないとする。なぜなら、基本法 12 条 1 項は職業の自由を保障しているものの、正確かつ実態に適合した政府の情報提供を排除することはできず、政府は、国家指導の任務に基づき、情報提供活動を行うことができるからである。ただし、それは内容が正確かつ実態適合的なものでなければならず、とくに後者は市場において必要な情報に限られる。

　連邦憲法裁判所によれば、この点、本件公表は、公衆の不安の解消のために行われたものであり、その内容は正確性および実態適合性の両方を満たしているという。リストの内容は正確であり、ジエチレングリコール混入の有無は公衆の関心事項であった。わずかにしかジエチレングリコールを含まないワインの健康上のリスクは定かではなかったが、公衆の情報需要の観点からすれば、その情報提供は適切であった。そのため、本件リストの公表は基本法 12 条 1 項の権利を制約するものではない、とした。

　このように、ドイツでは、国家指導任務に基づき国家の情報提供活動を導き出し、それが正確な内容で実態適合的であれば合憲であるとしている。簡潔にいえば、国家指導任務に基づく情報提供は、情報の正確性と実態適合性さえ認められれば、合法だとされるわけである。国家論という観点から情報提供活動を導き出していても、公表方法の相当性等を細かく判断しておらず、

---

(50)　これについては、小山剛『基本権の内容形成—立法による憲法価値の実現』141 頁（尚学社、2004 年）、鈴木秀美「行政の公表による信用毀損」法律時報 75 巻 12 号 116 頁（2003 年）、丸山敦裕「情報提供活動の合憲性判断とその論証構造—グリコール決定を手がかりに」阪大法学 55 巻 5 号 1279 頁（2006 年）、丸山敦裕「市場競争に影響ある情報の国による公表」栗城壽夫=戸波江二=嶋崎健太郎編『ドイツの憲法判例 III』292 頁（信山社、2008 年）。

国家の裁量をある程度認めているといえる。

　おそらく、その理由は、国家指導任務は広範な裁量が認められるので公表方法が行政の第一次的判断に委ねられていると考えているか、これは国家の非権力的介入であるためそこまで要求されないと考えているか、のいずれかまたは両方であろう。

　とはいえ、情報自体については、正確性と実態適合性を要求している。ここでいう正確性というのは、生の情報なのか、それとも加工された情報を指すのか定かではないが、公表目的が国民の不安の解消であるとした上で、わずかにでもジエチレングリコールが混入されているのであればそれらのワインについての情報も国民が知りたいと望んでいることを踏まえると、国家が国民の情報需要を考慮に入れ、何が必要なのかを判断して正確な情報を提供しなければならない、という趣旨だといえる。本件で公表された情報は生の情報であったが、そこには国家の意図が含まれていたわけである。ただし、そこで要求される水準はそれほど高くない。つまり、国家に適切な内容の情報を提供することを要求するものの、提供方法の相当性までは判断しないのである。

　グリコール決定は、国家論から情報提供活動を導き出し、情報内容に配慮した適切な情報提供を行う必要があるとしている点において、先述のカイワレ訴訟における判決のそれと類似しているようにみえる。だが、東京高裁は加工義務履行の有無につき公表方法の相当性も絡めて判断している点が異なる。グリコール決定は正確性と実態適合性があればよいとしているのに対し、東京高裁は情報内容に配慮したことが公表方法に反映していなければならないとするからである。

　したがって、グリコール決定は公表内容に配慮する義務があるとしながらも公表方法については行政の手に委ねているといえるが、一方、東京高裁は公表内容の配慮義務に加え、その方法をも審査の対象としている。もっとも、国家の情報提供活動が国民の安全確保のための責務であるとすれば、その方法はある程度行政の手に委ねざるをえないように思われる。

3　リバタリアンパターナリズム

　つぎに、カイワレ訴訟における大阪高裁の法理について分析を加えてみよう。大阪高裁は情報提供を国民にとって望ましいとし、公表の加工義務の問

題には触れないまま、公表の方法を詳細にチェックする必要があるとした。ここでは、国家の責務や安全確保などのポリスパワーに基づく国家論は出てこない。それよりも、むしろ国民の視点からアプローチしているところが特徴である。だからこそ、公表の加工義務の問題には触れずに、方法について厳しくチェックしているわけである。しかし、このようなアプローチをするのであれば、なぜ情報提供が国民にとって望ましいのかを説明する必要がある。かりに、国民の視点からアプローチするとしても、そこからストレートに行政裁量を狭めることにはならないように思われる。そこで、これについては、個人の自由の観点から国家の情報提供義務を導き出す議論を基にして、この問題を分析してみたい。とりわけ、個人の自己決定につき、パターナリズムをベースとして情報提供を基礎づけるサンスティン＝セイラー（Cass R. Sunstein and Richard H. Thaler）の議論が加工義務の点についても言及しているため、参考になるように思われる。

　サンスティン＝セイラーの議論は、先に少し触れたように、個人の自己決定には情報が必要であるという議論に関連するものである。ここでは、パターナリズムの議論を持ち出すことで、情報の加工義務についても触れているところが興味深い。

　パターナリズムは、通常、憲法学では未成年者などの精神的成熟が不十分な者に対して自己加害行為を規制することを正当化するために用いるものである[51]。したがって、国家の情報提供活動の場面でこれを多少強引に用いるとすれば、個人が誤って自己加害的行為を行わないために、政府が情報を提供するということになろう。

　ところが、サンスティン＝セイラーのいうリバタリアンパターナリズム（Libertarian Paternalism）からすると、ある種独特の視点からアプローチすることになる[52]。リバタリアンパターナリズムは、ある機関（公私を問わない）が、強制力を使わずに穏健な方法で人々の福祉を向上させることをいうものである（リバタリアンパターナリズムについては、第2章Ⅲを参照）。人々が自由な選択をするためには情報が必要である。ある選択をするために十分な情報があれば、自己決定が望ましい状況が存在することになるからである。

---

[51] 代表的なものとして、佐藤幸治『憲法〔第3版〕』405-406頁（青林書院、1995年）。
[52] Cass R. Sunstein and Richard H. Thaler, *Libertarian Paternalism Is Not an Oxymoron*, 70 U. CHI. L. REV. 1159 (2003).

しかし、情報が不足しているとき、人々にとっては自己決定を強いられるよりも、当該選択に関する一定のデフォルトが設定してあった方が望ましい。そこで人々に対する情報提供が必要となる。ただし、それはただ情報を提供すればよいわけではない。情報提供により、人々が選択しやすくなるようなデフォルトルールの設定が必要となる[53]。また、特定の専門領域や複雑な分野の問題については、大量の情報を提供することで、かえって自己決定がしにくくなるケースもある[54]。そのような場合、決定者の負担をやわらげるためにも、デフォルトルールを設定しておくことが望ましい。このように、リバタリアンパターナリズムは、個人の選択の自由を確保しながら、本人にとって望ましい選択となるように誘導するのである。

かかる議論を本章の問題意識に多少強引に当てはめてみると、国家は人々が適切な選択を行えるように、かれらがどのように行動するのかを見極めた上で適切な情報を提供することができる。国家は、人々に自己決定を実践させるために、情報を選択可能な形に加工して提供することができるのである。

ただし、リバタリアンパターナリズムによる情報提供は単純な情報提供ではなく、人々の選好を左右する観点を含むことが特徴であり、パターナリズムの要素がリバティよりも強くなりすぎているという批判がある[55]。そこで、むしろパターナリスティックな制約を警戒するという視点から、国家の情報提供を正当化しようとする議論もある[56]。それによると、国家が国民に情報を与えないまま規制を行うことは個人の自己決定を無視した行為であるという。それは個人の判断能力を軽視した余計なお世話、すなわちパターナリスティックな制約であり、不要なものである。そのようなパターナリスティックな制約を防ぐためにも、国家は情報を提供する必要があるというのである。

リバタリアンパターナリズムとその批判が対立しているのは、国家の情報

---

(53) Id. at 1197. たとえば、サンスティン＝セイラーは、旅行者が外国に訪れたとき、レストランで何を注文すればよいかわからない場合のために、レストランが旅行者向けのメニューを用意しておくことがデフォルト設定に当たるとする。

(54) Id. at 1199. たとえば、患者が治療の選択をする際、医者側は選択肢を並べるだけでなく、望ましい治療方法をアドバイスすることが望まれる。

(55) Gregory Mitchell, *Libertarian Paternalism Is an Oxymoron*, 99 Nw.U. L. Rev. 1245, 1260-1269 (2005).

(56) Devon E. Winkles, *Weighing the Value of Information: Why the Federal Government Should Require Nutrition Labeling for Food Served in Restaurants*, 59 Emory L. J. 549, 569-570 (2009).

提供活動がいかなる意図をもってなされているかという点である。リバタリアンパターナリズムは、国家が生の情報を流すのではなく、意図的に取捨選択して、適切な情報を提供すべきであるとする。それに対し、パターナリズムを許容しない立場は、生の情報を提供して消費者に自由な選択をさせることに主眼を置く。そこでは、国家による情報の加工はむしろ個人の自由を妨げるものとなってくる。

　たしかに、情報提供が人々の自己決定のためになされるという点を純粋に貫徹するのであれば、その情報に加工は必要ないかもしれない。しかし、まったく何も加工せずに情報を提供するだけでは、むしろ人々の選択を困難にしてしまうおそれもある。また、その情報が逆に憶測を加速させ、さらに人々を混乱させてしまい、甚大な風評被害をもたらしかねない。この点、リバタリアンパターナリズムのいうように、自己決定に必要な情報となるように適切な形で情報を提供することができるのであれば、そちらの方が望ましいかもしれない。もちろん、そこには、国家による自己決定への介入を無自覚的に肯定してしまうリスクが否応なしに付随する。したがって、リバタリアンパターナリズムをとるとしても、それは国家の政策的意図を介在させることまで求めていることを意味するわけではないという留保をつける必要があろう。

　このように、リバタリアンパターナリズムの観点からすれば、国家が食の安全に関する情報提供活動を行った方が望ましいとされると同時に、そこでは人々が適切に理解できる形で情報を流すことが肯定される。

　このアプローチは、国民の視点から国家の情報提供活動を説明できるだけでなく、国家に情報の加工が要請されることを説くこともできる点で優れている。しかも、このアプローチは情報提供に関する行政裁量を必要以上に狭めるものではなく、行政による国民のための情報提供活動を萎縮させることを回避することができる。それは国家の情報を使った権限の行使を正当化するだけで、司法審査でその方法を厳しく問うことまでをも要求するわけではないからである。

　したがって、カイワレ訴訟における大阪高裁判決のように国民の観点から国家の情報提供活動の是非について判断するのであれば、個人の自由と情報提供活動の関係とを結びつけた上で、国家の情報加工義務を導き出しつつ、行政裁量の余地を残す必要があるように思われる。

Ⅳ　法的統制と法的責任のゆくえ

1　法律の授権——立法的統制

それでは、より適切な国家の情報提供活動の実現を目指すために、その統制方法について検討する。

まずは、立法的統制の問題について考えてみる。カイワレ訴訟において東京高裁は、国家の情報提供活動に法律の授権は不要であるとした。大阪高裁は明言しているわけではないが、法律の授権がないことを違法とせずに公表方法の違法性の判断をしていることから、これもまた法律の授権を必須としているわけではないように思える。

このように、法律の授権を不要とみなす立場に対し、斉藤一久はこの種の問題を非権力的手段による「基本権の間接的侵害」の問題であるとし、法律の授権が不要とされることに疑問を呈する[57]。たしかに、結果としての侵害性を重視するのであれば、法律の授権が必要となる問題かもしれない。しかし、プライバシー情報や個人情報のように侵害が生じることが明らかな場合はさておき、あらゆる行政の事実行為について、意図せざる結果を招くおそれがあることを理由に法律の授権を要請するということが、果たして適切であろうか。少なくとも、食の安全に関する情報提供の問題については、事前の立法的統制ではなく、事後の司法的統制に馴染みやすいもののように思われる。

これについて行政法学では、公表の性格に応じて対応し、制裁目的の公表については法令の根拠を置くのが法治主義に適合的であるとする見方が有力である[58]。制裁目的の公表は侵害性が強いことから法律の根拠が必要であるという理解である。そうなると、制裁目的ではなく、情報提供目的の公表については法律の授権が必ずしも必要ではない可能性が出てくる。しかしながら、両者はしばしば区別できない場合があることに加え、情報提供目的であっても事実上の不利益を被る場合には侵害性があるのではないかという問題が生じる。

---

(57)　斉藤一久「基本権の間接的侵害理論の展開―国家の情報提供行為による基本権侵害を中心として」憲法理論研究会編『憲法理論叢書17 憲法学の最先端』55頁、62-63頁（敬文堂、2009年）。
(58)　たとえば、塩野宏『行政法Ⅰ〔第5版補訂版〕』242頁（有斐閣、2013年）。

そこで、公表の機能に着目して、「法律の根拠や事前手続の点では、情報提供機能に着目すると不要であるが、その侵害機能に着目すれば、まったく不要と割り切るのも問題で、集団食中毒の原因食材の公表のように人命にかかわるものや緊急を要するものを除いて、法律や条例にルールを決め、事前手続をふまえて慎重に行う方が適切という意見にも理由がある」[59]と指摘されるように、侵害性に加えて、緊急性を考慮要素にする方法もある。

たしかに、侵害的側面に着目すれば、法律の授権や事前手続があった方がよいが、緊急性がある場合や意図せざる結果が生じるおそれがある場合にまで法律の授権や事前手続を情報提供の際に求めることは、行政実務や公共の利益に支障をもたらす可能性があり、それについては司法で事後的に対応せざるをえない[60]。

2 司法審査と行政裁量──司法的統制

それでは、司法が事後的に対応するとして、いかなる司法審査を行うべきであろうか。次に、司法的統制のあり方について考察してみよう。カイワレ訴訟の両控訴審で述べられているように、裁判所は、公表目的の正当性、そして公表方法の合理性または相当性を審査するとしている。とくに大阪高裁は詳細に合理性や相当性を判断しており、行政裁量がかなり狭められていることがわかる。

しかしながら、カイワレ訴訟のような食中毒の問題について、専門機関でもない裁判所がその公表方法の合理性を実質的に判断することができるのであろうか。これについて、東京高裁のように、食の安全に関する情報提供活動をポリスパワーから導き出す以上、それはいわゆる消極的規制のカテゴリーに属する行為であることから、司法判断に馴染みやすいと回答できるかもしれない。だが、そもそもこの問題を消極的規制の範疇として括れるのかという問題がある。公表による損害は事実上の損害であり、営業の自由そのものを侵害しているわけではないことはカイワレ東京訴訟一審判決も認めているところである。そうであるとすれば、本件はいわゆる積極・消極二分論で

---

(59) 阿部泰隆『行政の法システム(下)〔新版〕』443頁（有斐閣、1997年）。
(60) 北村喜宣「行政指導不服従事実の公表」西谷剛ほか編『政策実現と行政法』133頁、156頁（有斐閣、1998年）。「……まずは法的義務前置かどうかは、とりあえずは問題ではない。当該公表に含まれた情報の関係者が結果的に不利益をこうむることがあったとしても、それは、その者に対してなされた何らかの行政の行為の結果というわけではないからである」。

対応できる事案ではないということになろう。

さらには、大阪高裁のように、裁判所が公表することによる利益と公表することによる不利益とを比較衡量することは行政判断の実質的合理性を問うに等しく、判断代置を行うものといえる。もし営業の自由を侵害する問題であれば、公表がもたらす業者の権利の侵害を判断する過程の中で、得られる利益と失われる利益とを比較衡量することも可能かもしれない[61]。しかしながら、この問題は権利の問題ではなく、公表時期や公表方法にセンシティブな選択を迫るもので高度な専門的知見が要求される問題である。そのため、一定の行政裁量の余地を残す必要があるものといえよう。

ここでいう行政裁量は行政機関による専門的判断のことを指すが、カイワレ事件のように国務大臣が判断した場合には民主的機関の政策的決定の尊重という別の要素も出てくる可能性がある。このように2つの要素が混在している場合、いずれに敬譲するべきなのかを区別して判断することは難しい。だが、いずれにせよ裁量の濫用・逸脱をチェックすることになるので、国家賠償法の違法性の認定において要求される職務上の注意義務違反の判断の際に絡めて判断することになろう[62]。

また、これまでの先例法理をみると、本件が例外的であるともいわれる[63]。なぜなら、「これまでの判例において、公益目的で行われ、かつ、公表内容に誤りがないにもかかわらず違法性を肯定した例は存在しない」[64]からである。こうした観点から本件を考察することも重要であるが、本件については、行政裁量の問題を踏まえて対応する必要があるように思われる。

3 内部手続と透明性の確保——行政の内部的統制

もっとも、行政側も司法の詳細なチェックを回避しようとするのであれば、

---

(61) なお、かりにこの問題を消費者の安全と事業者の営業の権利との対比だと捉えるとしても、食品安全情報が生命・身体の安全に関わる事項であることから、たとえ事実を確定できない状況でも消費者の安全を優先して公表すべきであるという見解がある。角田真理子「食品安全に関する情報の収集とその流通——事故情報を中心に」ジュリスト1359号82頁、88-89頁（2008年）。

(62) たとえば、行政サイドからは、「……政策的・専門的裁量の範囲を逸脱して行われたと認め得るような事情がある場合に初めて国賠法上違法となると解される」と指摘されている。森淳子「厚生大臣（当時）による集団食中毒の原因についての調査結果の公表が国家賠償法1条1項にいう違法な行為に当たるとされた高裁判決」法律のひろば57巻4号75頁、79頁（2004年）。

(63) 森・前掲注(62) 77頁。
(64) 森・前掲注(62) 77頁。

手続の整備や透明性の確保をしておく必要がある[65]。たとえば、アメリカの行政法学では法律の授権がなく告知・聴聞の手続もないまま規制する場合には、司法に厳しくチェックされるというハードルック審査の法理が存在する[66]。このことがただちに日本でも通用するわけではないが、手続の欠如を理由に統制密度を高めるアプローチは、一般的な法理として通用する可能性もあることからすると、法律の授権がない場合に、行政内部の手続を整備しておかなければ司法の詳細なチェックを免れることは難しいかもしれない。というわけで最後に、行政内部における統制について言及しておきたい。

食の安全確保につき、食品安全基本法 13 条は、「食品の安全性の確保に関する施策の策定に当たっては、当該施策の策定に国民の意見を反映し、並びにその過程の公正性及び透明性を確保するため、当該施策に関する情報の提供、当該施策について意見を述べる機会の付与その他の関係者相互間の情報及び意見の交換の促進を図るために必要な措置が講じられなければならない」としている。適切な施策を行うために、関係者との意見交換が必要だとしているのである。これについては、カイワレ大阪訴訟の一審判決が、関係者の反論の機会が必要であると言及しているように、一定の手続的整備が必要であるように思われる。

さらに、制裁的色彩を帯びないように匿名化したり、危害情報を提供する際に情報提供基準を設けたりするなど、行政内部で手続的整備を進めておくことも重要であろう[67]。

その反面、行政における内部的統制には限界があることも忘れてはならない。まず、こうした行政における内部的統制は行政の自主的取組に委ねられるため、たとえ厳格な司法審査を回避するためという動機がかりに存在するとしても、法律の要請がなければ行政はなかなか重い腰を上げない可能性がある。また、行政内部の利害衝突をどう解消するかという問題も残る。たと

---

(65) Sarah Taylor Roller, Raqiyyah R. Pippins and Jennifer W. Ngai, *FDA's Expanding Postmarket Authority to Monitor and Publicize Food and Consumer Health Product Risks: The Need for Procedural Safeguards to Reduce "Transparency" Policy Harms in the Post-9/11 Regulatory Environment*, 64 FOOD DRUG L. J. 577, 587-591 (2009).

(66) ハードルック審査については、大林啓吾「行政機関の政策変更に関する司法統制―F 言葉の放送を禁じることの合法性および合憲性―FCC v. Fox, 129 S. Ct. 1800 (2009)」憲法訴訟研究会=戸松秀典編『続・アメリカ憲法判例』62 頁、66-67 頁（有斐閣、2014 年）。

(67) 藤原靜雄「O-157 食中毒損害賠償訴訟第一審判決」判例時報 1806 号 168 頁、169 頁（2003 年）。

えば、カイワレ事件では、厚生大臣が公表を行う前に、業者へのダメージを懸念した農林水産省が公表に対して慎重な姿勢をとるべきであると申し入れていた事実はその典型である[68]。こうした行政内部における利害関係は、専門的判断よりも政策的判断を重視することとなり、その結果、適切な判断にならない可能性を生じさせる。

この点、2003年に内閣府に設置された食品安全委員会は、関係省庁から独立して、専門家がリスク評価を行うことができるようになっている。そして、この評価結果に基づいて、同委員会が内閣総理大臣を通じて各大臣に勧告を行うシステムがとられている。これがうまく機能すれば、専門家の判断を受けた上で、最後は内閣総理大臣が総合的見地から責任を持って判断することが可能になり、専門的知見に基づく政策決定ができるようになるため、その実効的運用が期待されるところである。

4　不作為の問題と補償の可能性

カイワレ訴訟のような問題は、「公表を早まれば業者から損害賠償請求、遅ければやはり違法とされて犠牲者から損害賠償請求されるのであるから、いわば、前門の虎、後門の狼である」[69]といわれるように、国家に悩ましいジレンマを突きつけるものである。ここでいう後門の狼、すなわち被害者からの訴えについては本書で分析対象としてこなかったが、これも大きな課題である。ただし、これについては、国家が規制措置をとらなかったという不作為を問題にする場合と、国家が情報提供をしなかったという不作為を問題にする場合とが考えられる。実際に裁判になる場合には、前者すなわち国家が規制措置をとらなかったことが問題になるケースが多い。O157の問題の際にも、死亡した児童の両親から堺市に対して国家賠償法に基づく損害賠償請求訴訟が提起されている[70]。

もっとも、情報を提供しなかった場合にも不作為が問われる場面はあるように思われる。あらゆる場面で認められるわけではないが、たとえばドイツのグリコール決定のように、その時点では健康上の影響が定かではないため

---

(68)　「裁判と争点」前掲注（37）128頁。
(69)　阿部・前掲注（36）117頁。
(70)　大阪地判平成11年9月10日判例タイムズ1025号85頁。

回収にはいたらないものの、健康上の問題が生じるおそれがあるため、情報を公表するというケースが想定される。国家が国民の健康を脅かす可能性のある事柄について情報を持っているのであれば、情報公開請求を待たずして公表すべきであり、それを怠れば不作為を糾弾される余地があるように思われる。

しかし、不作為の責任を問うことができるとしても、どのように司法が斬りこむことができるのかという問題がある[71]。まず、不作為を問うための法的根拠であるが、東京高裁のようにポリスパワーから導き出すか、それとも大阪高裁のようにパターナリズムから導き出すかによって、その判断方法に違いが生じる可能性がある。また、いかなる要件をもって、不作為と認定するかの基準も難しい。たとえば、重大性や緊急性等は１つのメルクマールになる可能性があるが、基本的にはケースバイケースで判断せざるをえないだろう。あるいは、薬害エイズ問題が国家に情報提供を意識させる契機となったことにかんがみれば、いったん国家がある問題について情報提供活動を行い始めたならば、そうした慣行をベースラインとして国家の不作為を判断するような方法もありうるかもしれない。

また、不作為の違法性の問題は、行政活動のインセンティブにも関連してくる。なぜなら、司法が行政の不作為を認定することが少ないという現在の傾向からすれば、行政側が、情報を提供しないという不作為の方が法的責任を負うリスクが少ないと判断し、情報を提供しない可能性すら生じかねないからである。さらにいえば、「治療より予防のほうがいいのは誰でも知っている。でも、予防のために何かをして高く評価されることはあまりない」[72]といわれるように、ただでさえリスク予防は成功してもあまり報われない可能性があるため、行政のインセンティブはもともと低いかもしれない。

かかるインセンティブの問題もさることながら、そもそもこの問題は専門的判断が必要であることを踏まえれば、公表の適切さについてはある程度行政の第一次的判断を尊重せざるをえないだろう。とはいえ、公表による被害が生じた場合、それを放っておくのも適切ではない。そこで、この問題はむ

---

(71) Todd Caldis, *Is There a Constitutional Duty for Government to Assure Public Health?*, 29 WM. MITCHELL L. REV. 245, 249 (2002).
(72) ナシーム・ニコラス・タレブ（望月衛訳）『ブラック・スワン(上)―不確実性とリスクの本質』14頁（ダイヤモンド社、2009年）。

しろ損失補償で対応できないだろうかという議論が出てくる[73]。ただし、奈良県ため池条例事件[74]が、他者の生命や財産を守るために行われる当然に受忍されるべき規制であれば補償は不要であるとしていることを踏まえると、補償の要件をクリアするのは難しいかもしれない。さらに、この問題が間接的侵害という形態であるため、損失補償の対象となるかどうかも未知数のところがある。したがって、司法的救済を求めるのであれば、現時点では国家賠償に頼らざるをえないように思われる。

「食品を毎日食べる以上、消費者は食品が安全であることを期待しているのは当然のことであり、それにいかに答えるかや、現状について正しい知識を持ってもらうために、リスクコミュニケーションを行政や業界は活発におこなう必要がある」[75]。したがって、普段から行政と業界が協力してリスク情報を流していくことが食の安全の確保に最も寄与することになる。とはいえ、食品関連の事業が慈善事業でない以上、業界には業界の事情もあり、リスク情報の公開にばかりとらわれているわけにはいかない。そこで行政にこそ、リスク情報の公表について一定の役割を担うことが期待される。しかし繰り返すが、リスク情報の公表はそれ自体センシティブな事項であり、公表方法を誤れば業界側に多大な被害をもたらしてしまう。そうかといって、公表しなければ、もっと取り返しのつかない事態に陥ってしまうおそれもある。こうして、食の安全に関する情報提供はやっかいな問題として顕現する。

以上、国家の情報提供活動が業界側に被害をもたらしたカイワレ訴訟を素材にしながら、情報提供の根拠を考察し、その違法性に関する司法判断の枠組を検討した。その結果、ある程度行政裁量を尊重することも必要であることを指摘しつつ、この問題は行政と司法の対決だけでなく、立法を含めた三権それぞれの役割を考慮する必要があることを示唆した。

もっとも、この問題が原因特定不能のリスク問題であるとすれば、行政の専門的判断すら敬譲に値せず、「……専門家やテクノクラートによる決定から、開かれた情報を前提としてステイク・ホルダー間で戦わされる民主的な熟議へと、議論の重心が移動する可能性が生じる」[76]。

---

(73) 山本隆司「事故・インシデント情報の収集・分析・公表に関する行政法上の問題(下)」ジュリスト1311号168頁、183-184頁（2006年）。
(74) 最大判昭和38年6月26日刑集17巻5号521頁。
(75) 山田・前掲注(3)55頁。

そうなると、行政の公表のみならず、リスク報道一般をどう考えるかという問題が現れてくる。もとより、国家の情報提供は報道を通じて国民に知らされる。そのため、それによって風評被害を被った場合、一般には報道機関が業者側から訴訟を提起されることが多い。カイワレ訴訟のように国家が相手方となるのはむしろ稀なケースである。こうしてみると、食の安全に関する情報提供の問題を考えるに当たっては、「リスク報道と信用毀損」の問題を検討しなければならないはずである[77]。

V　報道機関による情報提供のリスク

　つぎに、報道機関による情報提供のリスクの問題を検討する。憲法の観点からすれば、この問題は食の安全をめぐる表現の自由と営業の自由との衝突という対立を惹起し、それを考えるにあたり、消費者の権利という問題も密接に絡む。以下では、リスク報道と信用毀損に焦点をしぼり、アメリカの農作物信用毀損法の問題を中心に、その調整方法を検討することにしたい。

1　日本のアプローチ

（1）　名誉毀損の一類型としてのダイオキシン訴訟　　まずは、日本の状況からみていこう。この問題に関するリーディングケースは、テレビ報道の名誉毀損につき、初めて最高裁で判断が下された所沢ダイオキシン訴訟[78]である。この事件では、1999年2月1日に、テレビ朝日が報道番組「ニュースステーション」において「所沢ダイオキシン　農作物は安全か？」というタイトルで、ダイオキシン問題に関する報道を行ったことが問題となった。同番組では、ダイオキシン問題の特集を組んでおり、その一環として、ある研究所にダイオキシン濃度の調査を依頼していた。その調査結果により、所沢産の煎茶から3.60および3.81 pgTEQ、ほうれん草から0.635～0.750

---

(76)　中山竜一「リスク社会と法—論点の整理と展望」法哲学年報2009 1頁、8頁（2010年）。
(77)　鈴木秀美「リスク社会におけるマス・メディアの役割—リスク・コミュニケーションの観点から」ジュリスト1356号112頁（2008年）。なお、この問題については、鈴木秀美がリスク・コミュニケーションの観点からリスク報道のあり方を分析し、リスクの物差しの活用を説いている点が興味深い。
(78)　最1小判平成15年10月16日民集57巻9号1075頁（以下、「ダイオキシン訴訟判決」とする）。

pgTEQ の測定が出たことが明らかになった[79]。しかし、研究所と同番組スタッフとの打ち合わせが十分でなく、研究所は上記結果が所沢産の野菜から検出されたことだけを伝え、具体的な品目を伝えていなかった。

番組では、まず、前半部分で所沢市の畑の周りに点在する廃棄物焼却炉がダイオキシン濃度に影響を与えているのではないかという内容や、ドイツの基準であれば農業が規制されるほど所沢市の土壌のダイオキシン濃度が高いという内容の放送をした。そして後半部分では、ある研究所の調査の結果、所沢産の野菜から 0.64〜3.80 pgTEQ のダイオキシンが検出されたことを明らかにし、その値が全国平均と比べて約 10 倍の高さであるとした。さらに、所沢市のダイオキシンの大気汚染濃度が全国平均よりも 5 倍以上高く、また世界平均よりも 10 倍高いとし、体重 40 キロの子供がほうれん草を 20〜100 g 食べると WHO の定める基準値を超えてしまうことを放送した。結局、放送の中では、野菜のダイオキシン濃度の最高値である 3.80 pgTEQ というのが実は煎茶の値であることを明らかにせず、番組で取り上げた野菜とはほうれん草をメインとする所沢産の葉物である旨が説明された。

放送翌日以降、ほうれん草を中心とする所沢産の野菜の取引中止が相次ぎ、取引量および価格が下落した。そこで、農協側は所沢産のほうれん草のダイオキシン検査を行い、0.087〜0.71 pgTEQ であることを明らかにし、その後国や県が行った調査において、平均 0.051 pgTEQ（国）、0.046 pgTEQ（県）の値が検出された。こうした事実関係を受けて、農家らがテレビ朝日を相手どり、名誉毀損に基づく損害賠償請求訴訟を提起した。

これについて最高裁は、まず本件報道が原告の社会的評価を低下させるかどうかについて、一般の視聴者の普通の注意と視聴の仕方を基にして判断するとした。その上で、当該事実がどのようなものであるかについても、一般の視聴者の普通の注意と視聴の仕方を基に判断するとした。このように、最高裁が社会的名誉の低下と事実の認識とを併せながら判断したことには理由がある。一般の名誉毀損の問題において、裁判所は、まず当該表現が特定の者の社会的評価を低下させているか否かを判断し、低下させている場合には、①公共の利害に関する事項か否か、②公益をはかる目的であるか否か、③真

---

(79) なお、pg はピコグラム（1 兆分の 1 グラム）。TEQ は毒性等価係数を表す。WHO は、ダイオキシンの耐用 1 日摂取量を体重 1 キログラム当たり 1〜4 pg と定めている。

実であるという証明があるか否かという免責要件を判断するのが通常の判断方法である。ところが、本件は、テレビ報道によって視聴者がそれをどのように受け止めたかが重視されることから、視聴者の事実の受け止め方が社会的評価の低下の有無を決定するのみならず、真実性の証明を判断する基礎事実となる。つまり、視聴者の理解した事実次第で真実性の内容も大きく左右されることになる。

その視聴者の理解について、最高裁は、番組の全体的な構成、発言内容、画面に表示されたフリップ等の文字情報、映像内容、効果音、ナレーション等の映像および音声にかかる情報の内容、放送全体から受ける印象等を総合的に考慮するとした。これを本件に当てはめてみると、本件放送は所沢産の野菜が全般的に高濃度のダイオキシンに汚染されているという内容になっているといえる。ところが、この内容が真実であるかどうかというと、それが真実であったとは言い難い。調査結果によると、煎茶だけが最大 3.81 pgTEQ で、ほうれん草は最大 0.750 pgTEQ であるにもかかわらず、放送では所沢産の野菜が全般的に汚染されているとしているからである。一般の視聴者は、本件放送が言及した「所沢産の葉っぱ物」に煎茶が含まれるとは考えないはずであり、その結果放送内容は真実であるとはいえないこととなる。こうして、最高裁は、本件では真実性の証明がなされていないとした。

このように、日本ではリスク報道による風評被害について、名誉毀損の一事例として対応されているところが特徴的である。刑法では名誉毀損と別に信用毀損罪[80]という項目を設けているが、民事上は名誉毀損と信用毀損との区別をする規定が存在しない。そのため、名誉毀損の枠組で処理がされているといえる。

(2) **メディアの情報提供の重要性——泉補足意見から** ダイオキシン訴訟において、泉徳治裁判官の補足意見は、本件報道のもたらす社会的インパクトに注目しながら、リスク報道の重要性を説いている。泉裁判官によれば、そもそも「本件事案において、所沢市の農家の人々が損害を被ったとすれば、その根源的な原因は、所沢市三富地区・くぬぎ山周辺地区を中心に乱立していた廃棄物焼却施設にある」[81]。これについて、本件報道が、「……ダイオ

---

(80) 刑法 233 条「虚偽の風説を流布し、又は偽計を用いて、人の信用を毀損し、又はその業務を妨害した者は、3 年以下の懲役又は 50 万円以下の罰金に処する」。
(81) ダイオキシン訴訟判決・前掲注 (78) 1088 頁。

キシン類の危険性及びダイオキシン類汚染が全国に広がっていることを指摘して、日本の行政の取組が諸外国よりも遅れていることについて問題提起をし［た］」[82]のである。

　重要なのは、この報道がもたらした影響力にある。泉裁判官は、本件報道後、「……『ダイオキシン類対策特別措置法』（同年7月16日公布）、『特定化学物質の環境への排出量の把握等及び管理の改善の促進に関する法律』（同月13日公布）、『埼玉県公害防止条例の一部を改正する条例』（同年4月1日施行）、『所沢市ダイオキシン類等の汚染防止に関する条例』（同年3月26日公布）等が公布又は施行され、廃棄物焼却施設が集合している地域において大気中に排出されるダイオキシン類の総量規制や、小型焼却炉・野焼きの規制等が行われるようになった。被上告人の平成7年10月以降の上記一連の報道、特に本件放送が、これらの立法措置の契機となり、又はこれを促進する一因になったということは、立法の時期・内容等から容易に推認することができる」[83]とし、本件報道が新たな立法をもたらす契機になった点を重視する。すなわち、「このように、本件放送を含む上記一連の報道は、所沢市の農家も被害を受けている廃棄物焼却施設に焦点を合わせ、これを規制してダイオキシン類汚染の拡大を防止しようという公益目的に出たものであり、立法措置を引き出す一因となってその目的の一端を果たし、長期的にみれば、これらの立法措置によりダイオキシン類汚染の拡大の防止が図られ、その生活環境が保全されることとなり、所沢市の農家の人々の利益擁護に貢献するという面も有している」[84]のである。

　このように、泉裁判官は本件訴訟をより広い視点で捉え、事件の底流に何があるのかについて注意を喚起し、リスク報道の重要性を説いている。そして最後に、「国民の健康に被害をもたらす公害の源を摘発し、生活環境の保全を訴える報道の重要性は、改めて強調するまでもないところである。私も、法廷意見にくみするものではあるが、被上告人の行った上記一連の報道の全体的な意義を評価することに変わりないことを付言しておきたい」[85]と締めくくっている。

---

(82)　ダイオキシン訴訟判決・前掲注 (78) 1088-1089頁。
(83)　ダイオキシン訴訟判決・前掲注 (78) 1089頁。
(84)　ダイオキシン訴訟判決・前掲注 (78) 1089頁。
(85)　ダイオキシン訴訟判決・前掲注 (78) 1090頁。

泉補足意見は、国民の健康に関する報道の意義に触れることで表現の自由に一定の配慮を行っているわけであるが、表現の自由に対する懸念は必ずしも杞憂ではなく、リスク報道に関する裁判は食品関係業者を保護して表現の自由を制約する方向に立法を促す可能性もある。次にみるように、アメリカではまさにそうした方向で立法が進んでおり、日本とは対照的である。

2　アメリカのアプローチ

　(1)　信用毀損　　アメリカは、日本と異なり、人格権侵害をもたらす名誉毀損とは別に、財産的損害をもたらす毀損について、信用毀損という項目をリステイトメントの中に設けている。それによると、意図的または虚偽か否かを考慮せずに有害な虚偽情報を公表し、他人の財産に損害を与えた場合に信用毀損となる[86]。また、ここで注目されるのは、信用毀損における虚偽か否かの認定には、財産の価値やその存在自体に疑義を生じせしめる行為が対象となっている点である。その際、公表者が意図的にそのような情報を流す場合に限らず、消費者がそのような印象を受けた場合にも適用される。つまり、信用毀損の場合、虚偽か否かの判断に、公表者の意図だけでなく、消費者に与える誤解も問題となるのである。

---

(86)　Restatement (Second) of Torts §623A.
　623条A　有害な虚偽の陳述を公表することによる賠償責任
　　他者に損害を与える虚偽の陳述を公表した者はその結果生ずる損害について以下の場合に賠償責任を負う。
(a)意図又は認識若しくはそうなる可能性があると認識しながら、当該陳述を公表した結果他者の金銭的価値の利益に損害を与えた場合。
(b)当該陳述が虚偽であることを知っていた場合又はその真偽を確かめさえしないで表現した場合。
　　Restatement (Second) of Torts §624.
　624条　財産の中傷
　　623条Aに規定される有害な虚偽の陳述を公表した場合の賠償責任のルールは、虚偽の陳述を公表することによって他者の不動産、動産、無体財産上の財産権を中傷する場合にも適用され、公表者は相手方の財産上の利益に対して第三者の行為によって金銭的損害を与えてしまう可能性を認識しなければならない。
　　Restatement (Second) of Torts §629.
　629条　中傷の定義
　　他者の不動産、動産、無体財産上の質又は他者の財産の存在若しくは程度に疑義を生じせしめ、かつ
(a)公表者が意図的に疑義を生ぜしめる陳述を行った場合、又は
(b)その陳述を聞いた消費者が疑いを抱くと考えることが合理的である場合、
　当該陳述は中傷となる。

(2) 60 ミニッツ「ダミノジット」報道事件　　1962 年、当時まだあまり認知されていなかった化学物質による人体や環境への影響を指弾したレイチェル・カーソン（Rachel L. Carson）著『沈黙の春』[87]は、アメリカのみならず世界各国の注目を集めた。とりわけ、そこでは残留農薬 DDT が取り上げられ、化学物質による環境問題が告発された。もっとも、残留農薬の問題が本格化するのは、1980 年代に入ってからである。成長調整剤としてリンゴに散布されていたダミノジットがそのままリンゴの中に残り、人体に悪影響を及ぼすのではないかという風評が広がった。かかる状況を眼前に、自然資源保護協議会（Natural Resources Defense Council: NRDC）は残留農薬の問題を調査し、1989 年に『看過できないリスク——子供たちの食べ物に残る農薬』（Intolerable Risk: Pesticides in Our Children's Food）[88]という報告書を出した。

こうした背景の下、世間の注目を集めたのが、CBS のテレビ番組「60 ミニッツ」（60 Minutes）である。1989 年 2 月 26 日の番組では、「'A' is for Apple」と題し、リンゴへのダミノジット噴射の危険性を報道した。番組構成は、ダミノジットが発ガン性物質であるとした NRDC の調査報告を基に作成されており、とくに子供にとって危険性が高いことが指摘された。

同番組のコメンテイターであるブラッドリー（Ed Bradley）はオープニングで次のように述べている。

　　私たちの食品に使われている最も強い発ガン性物質がリンゴを日持ちさせたり色を良く見せたりするのに使われている。それが多くの科学専門家たちの出した結論だ。それじゃあ、誰が一番危険にさらされているのだろう？　それは、ダミノジットという化学物質によって将来ガンになるかもしれない子供たちだ。ダミノジット。それは 20 年以上もの間リンゴに噴射されてきた。ダミノジットは UDMH という他の化学物質に分解される。

こうして始まった番組は、何人かの専門家へのインタビューを経ながら、環境保護庁（Environmental Protection Agency: EPA）が危険性に気づいていながら回収作業が遅々として進んでいないことを暴露したり、NRDC の報告書の内容を紹介したりした。そして、最後に、リンゴ農家はダミノジット

---

(87)　レイチェル・カーソン（青樹簗一訳）『沈黙の春』（新潮社、1974 年）。
(88)　Bradford H. Sewell & Robin M. Whyatt, M. P. H., Natural Resources Defense Council, Intolerable Risk: Pesticides in Our Children's Food (1989).

を使わないようになっているが、それでもなお出荷先でダミノジットが使われている可能性があるという消費者団体のコメントを流して番組を締めくくっている。

　これを契機として、様々なテレビ番組が同じような内容を報道し、ダミノジット問題は一挙に世間の関心事となった。この報道の影響を受け、同年、EPAはダミノジットを規制することを決定した。

　ところが、これによって大打撃を受けたのがリンゴ生産農家である。かれらは、推定被害総額2億5千万ドルともいわれる巨大な損害を被ったのである。そこで、推計4600〜4700のリンゴ生産者を代表して、11の農家らが損害賠償請求訴訟を提起した。これが、Auvil v. CBS "60 Minutes" 判決である[89]。

　原告（農家）は、番組で使われている証言には信頼性に問題があり、虚偽の内容が放送されたと主張した。これに対し、被告側（CBS）は、当該放送は生産農家を特定しているわけではないとして、訴えの棄却を求めて略式判決の申立を行った。連邦地裁は、まず原告が名誉毀損の対象となっているのかどうかを検討し、番組がすべてのリンゴの危険性を指摘していることから、原告は名誉毀損の対象になっていると認定した。

　その後、被告側は放送内容が虚偽であったことの証明が不十分であるとして、略式判決を求めて2回目の申立を行った[90]。連邦地裁は、放送された内容のうち、以下の3点が事実かどうかを審査した。すなわち、①ダミノジットが明らかに発ガン性物質であること、②切迫した危険があること、③子供への被害が懸念されること、の3点である。連邦地裁は、これらの虚偽性については原告に立証責任があるとし、原告が虚偽であるとの証明をしていないとして被告の主張を受けいれた。

　これに対し、原告側は連邦高裁に上告した[91]。これについて連邦高裁は、名誉毀損の立証について細かく審査を行った。まず、原告側は被告の報道が虚偽であることにつき、少なくとも陪審が合理的に信じるに足る証拠を示さなければならないとする。ワシントン州の地裁で農作物風評被害に関する問題を直接扱った判例は存在しないが、同州の高裁では、不法行為に関するリ

---

(89) Auvil v. CBS "60 Minutes," 800 F. Supp. 928, 930 (E. D. Wash. 1992) (Auvil I).
(90) Auvil v. CBS "60 Minutes," 836 F. Supp. 740, 743 (E. D. Wash. 1993) (Auvil II).
(91) Auvil v. CBS "60 Minutes," 67 F. 3d 816, 819 (9th Cir. 1995) (Auvil III).

ステイトメントを参照しながら、このような事件は通常の名誉毀損よりも立証責任が重く課せられるとした判決(92)がある。したがって、本件においてもリステイトメントを参照しながら考えていくことになるとし、以下のような判断を行った。

　農作物風評被害の訴えを提起するためには、原告は被告が意図的に流した虚偽の報道によって金銭上の損害が生じたことを主張しなければならない。本件で問題となった報道は、NRDCによって調査された科学的報告を基にしている。本放送は、多くの事実的内容を含むが、原告によれば、そのいくつかの場面では原告らの農作物の風評を貶める誤った内容が含まれていたとする。原告がとくに指摘するのは次の3点である。すなわち、①原告らの農家が供給する食品には最もガンを誘発する物質がリンゴを長く持たせ良く見せるために噴射されているとする点、②原告はダミノジット等がガンを誘発することを知っているとする点、③こうした殺虫剤によって将来ガンになるリスクがEPAの基準の約250倍になることを原告がわかっているという点である。

　そこで原告は、人間におけるダミノジットの摂取とガンの発生率との関係を示した研究がないという証拠を提示して放送内容が虚偽であることを立証しようとした。しかし、その証拠は、ダミノジットが発ガン性物質であるという放送事業者側の主張の妥当性を判断するのに、あまり重要な証拠ではない。なぜなら、一般的に動物実験こそが人間への発ガン性の影響を知るのに正しい手段だからである。実際、EPAは、1985年にダミノジットの動物実験に基づき人間への発ガン性の影響を認めていた。原告は、EPAの判断について他に何も主張せず、科学的研究の有効性についても異議を唱えていないため、結局原告が科学的研究に異議を唱えているのは、動物実験では人間への発ガン性の影響を知ることができないという点だけであった。しかし、動物実験だけでは人間への影響がわからないという原告の主張は、ダミノジットが発ガン性物質であると放送したことの虚偽性を判断するためには役立たないのである。

　原告は、殺虫剤の使用により子供の発ガンリスクが高まるという指摘には科学的証拠が欠けていると主張した。CBSはこれについて、子供は大人よ

---

(92)　Waechter v. Carnation Co., 485 P. 2d 1000, 1003-1004 (Wash. Ct. App. 1971).

りもリンゴを多く食べるのだからよりリスクが高まるとした NRDC の判断に依拠していた。原告は、ダミノジットが子供に対してリスクとならないという証拠を提示していない。子供に対する発ガン性の影響の証拠がないことをもって、大人よりも多くのリンゴを食べる子供の方がリスクが高いことを否定することにはならない。したがって、原告のこの主張も、ダミノジットは子供に対して発ガン性が高いと放送したことの虚偽性を判断するためには役立たないのである。

このように、原告は放送の虚偽性を証明するのに必要な証拠を提示していないにもかかわらず、略式判決が不適切であったと主張する。原告によれば、放送番組全部を見せれば、虚偽のメッセージが含まれていたと陪審が判断するはずであるという。そして、そのようなメッセージに込められた虚偽性を証明できれば、放送の虚偽性の証拠になるというのである。

しかし、そのような黙示のメッセージに着目して虚偽性を判断することはワシントン州の法律に合致しないし、そのような先例も存在しない。名誉毀損の判断は、言葉の明示的意味に限定されるのである。不法行為のリステイトメント 651 条(1)(c)[93]も、「言述の虚偽性」の証明を原告に課している。したがって、原告の主張を採用することはできない。

また、放送は様々に解釈されるので、放送によって伝えられるメッセージには多くの不確実性が伴う。そのような不確実性は、放送事業者が民事上の責任を負うかどうかという予見を困難にさせる。その不確実性に対する法的責任を安易に認めることは言論への萎縮効果を招くことになる。

こうして、連邦高裁は原告の請求を棄却したのである[94]。

3　各州の農作物信用毀損法

60 ミニッツ「ダミノジット」報道事件により危機感を強めた農家らは、Auvil 判決のゆくえを注視しつつ、各州で農作物の風評被害に対する立法を求めてロビー活動を行い始めた。その結果、農業が盛んな南部を中心とした州で相次いで農作物信用毀損法（Agricultural Disparagement Law）が立法化

---

(93)　Restatement (Second) of Torts §651(1)(c).
(94)　なお、連邦最高裁への上告は認められなかったため、この事件は連邦高裁の判断により確定した。See Auvil v. CBS "60 Minutes", 67 F. 3d 816 (9th Cir. 1995), *cert. denied,* 116 S. Ct. 1567 (1996).

された[95]。具体的には、アラバマ州[96]、アリゾナ州[97]、コロラド州[98]、フロリダ州[99]、ジョージア州[100]、アイダホ州[101]、ルイジアナ州[102]、ミシシッピ州[103]、ノースダコタ州[104]、オハイオ州[105]、オクラホマ州[106]、サウスダコタ州[107]、テキサス州[108]の法律が挙げられる。

これらの法律の目的規定は、一般に、「農業又は水産業の食品は州の経済にとって重要な位置を占めており生鮮食品への中傷による損害を回復するために提供者、製造業者、又は販売者に訴権を付与することによって州民のための農業又は水産業の経済の活性を保護することが必須である」[109]などのようになっている。端的にいえば、食品に対する中傷に対して業者に訴権を付与することで、州の経済にとって重要な農業および水産業を保護することが狙いである。

もっとも、これらの法律により、消費者にとって必要な情報を流した場合であっても、本法に基づいて報道機関等が損害賠償請求を求められる可能性があり、その意味で消費者の不利益になることもありうる。とりわけ、食品の安全に関わるような公益性の高い情報は虚偽であるとの証明がない限り表現の自由として保護されてきたことからすれば、これらの法律は表現の自由を制約するおそれがある。

実際、最初に農作物信用毀損法案が提出されたコロラド州では、表現の自由との関係が問題になった[110]。1991年1月、コロラド州では、リンゴ農園

---

(95) Kevin A. Isern, *When is Speech No Longer Protected by the First Amendment: A Plaintiff's Perspective of Agricultural Disparagement Laws,* 10 DEPAUL BUS. L. J. 233, 237-243 (1998).
(96) ALA. CODE §6-5-620 (Supp. 1996).
(97) ARIZ. REV. STAT. ANN. §3-113 (1995).
(98) COLO. REV. STAT. §35-3.7 (1995).
(99) FLA. STAT. ANN. §865.065 (1996).
(100) GA. CODE ANN. §2-16-1 (Supp. 1996).
(101) IDAHO CODE §6-2001 (Supp. 1996).
(102) LA. REV. STAT. ANN. §3: 4501 (Supp. 1995).
(103) MISS. CODE ANN. §69-1-251 (Supp. 1994).
(104) N. D. CENT. CODE §32-44-01 (1997).
(105) OHIO REV. CODE ANN. §2307.81 (Supp. 1996).
(106) OKLA. STAT. ANN. tit. 2, §3010 (Supp. 1996).
(107) S. D. CODIFIED LAWS §20-10A-1 (1995).
(108) TEX. CIV. PRAC. & REM. CODE ANN. §96.001 (Supp. 1996).
(109) GA. CODE ANN. §2-16-1.
(110) Megan W. Semple, *Veggie Libel Meets Free Speech: A Constitutional Analysis of Agricultural Disparagement Laws,* 15 VA. ENVTL. L. J. 403, 412 (1996).

を経営しているアクアフレスカ（Steve Acquafresca）議員が農作物信用毀損法案を州議会に提出した。アクアフレスカ議員は、食の安全という名の脅威から農家を保護する必要があると説明し、60ミニッツ「ダミノジット」報道事件は農家にとって脅威であり早急に対応する必要があるとした。しかし、これに対してローマー（Roy Romer）知事は、この法案は修正1条の問題を惹起するとして拒否権を行使した。ローマー知事は、そのような法律は個人の憲法上の権利を危険にさらすだけでなく、食品の安全性について正当な疑問を提示する消費者団体や研究者の自由も脅かすおそれがあるとしたのである。そのため、コロラド州は農作物信用毀損法の嚆矢となる機会を逃し、代わってルイジアナ州が最初の制定州となった。

だが、ここで重要なのは、同法案が業者保護の色合いの濃い立法として提出されたことと、それが表現の自由に与える影響が当初から懸念されていたということである。もっとも、いかなる意味で表現の自由に影響を与えるのかについては具体的な法律の内容を分析する必要がある。

農作物信用毀損法の内容は州によって違いがあるが、基本的には、農作物や水産物などの生鮮食品の安全性について科学的根拠のない虚偽の情報を流して業者に損害を与えた場合に、業者が情報を流した者に対して損害賠償請求を行うことができるという内容である。その概要は以下のとおりである。

（1）訴　権　「訴権」（right of action）については、州によって異なるが、一般に、農作物を育成したり提供したりする者に与えられている。もっとも、州によって規定方法には違いがあり、その射程も異なってくる。多くの州では、農作物の「提供者」（producer）と定めており、一般には農作物を育成した者や提供した者が含まれる。だが、その射程には広狭があり、たとえば、アラバマ州では生鮮食品を提供、製品化、販売した者を指すとし[111]、ジョージア州は育成者から消費者まで幅広く認め[112]、アリゾナ州は製造者、製品業者、販売者、運搬者、それらの者の組合に認めている[113]。

また、多くの州では損害を受けた者の範囲を限定していないので、訴権の対象が広範である。たとえば、オクラホマ州では、「信用毀損とはいずれか

---

[111]　ALA. CODE §6-5-622.
[112]　GA. CODE ANN. §2-16-2 (3).
[113]　ARIZ. REV. STAT. ANN. §3-113 (D) (4).

の生鮮農作物の安全性に疑問を呈する情報を流したことをいう」[114]としており、被毀損者の対象は「いずれかの」(any) 業者となっている。したがって、たとえば、問題となった対象がキャベツやニンジンといったような個別の野菜を中心にするものであっても、野菜全般の信用が損なわれた場合には、ジャガイモやピーマンなど他の野菜を扱っている業者も訴訟を提起できる余地が認められている。

(2) **訴訟原因** 「訴訟原因」(cause of action) は、訴訟を基礎づける法的根拠であるが、その内容も州によって異なる。多くの州法では、虚偽や中傷を含んだ生鮮食品（農作物や水産物）の安全に関する情報を公にして業者等に損害を与えた場合は損害賠償の対象になるとしている。その際、公にした者は、当該情報が虚偽であることを知っていたか、あるいは虚偽であると知っていたことが確実であるか、虚偽であることに気づくべきであったかなどが争点になる。フロリダ州は「故意」の要件を設けており、虚偽であることがわかっていて、故意に情報を流した場合に損害賠償の対象になるとしている[115]。

また、ここでいう虚偽の意味についても州によって異なるが、信頼できる科学的事実に依拠していない場合、というのが代表的である。たとえば、アラバマ州やジョージア州では情報の真偽によってではなく、情報が科学的事実に基づいているかどうかで虚偽か否かが決まる[116]。

(3) **救　済** 損害に対する救済は金銭による賠償である。ただし、その損害額については、多くの州法は信用を毀損された結果生じた損害の回復としか規定していないため、原告が実際の経済的損失を証明する必要があるかどうかがわからない[117]。また、州の中には懲罰的損害賠償を認めているものがあるのも特徴である[118]。オハイオ州やサウスダコタ州は、意図的に損害を与えようとして虚偽の情報を流した場合には、通常の3倍の損害賠償が認められるとしている[119]。他方で、アイダホ州は実際の被害額だけが損害賠償額になるとしている[120]。

---

(114) Okla. Stat. Ann. tit. 2, §3011.
(115) Fla. Stat. Ann. §865.065 (2)(a).
(116) Ala. Code §6-5-621 (1); Ga. Code Ann. §2-16-2 (1).
(117) See, e.g., S. D. Codified Laws Ann. §20-10A-2.
(118) See, e.g., Ga. Code Ann. §2-16-3.
(119) Ohio Rev. Code Ann. §2307.81 (E); S. D. Codified Laws §20-10A-3.
(120) Idaho Code §6-2003 (3).

VI 農作物信用毀損法の憲法問題

1 農作物信用毀損法の合憲性をめぐる論点

　農作物信用毀損法に対しては、とくに表現の自由を侵害するという議論が多く、物議をかもしている。以下では、表現の自由に関わる各論点を整理する。

　（1）**目的の正当性**　各州の農作物信用毀損法は、業者の保護のみをうたっている法律もあるが、その保護法益としては①農作物の生産者、製品業者、販売者の利益、②消費者の利益、③州の経済的利益という3者の利益を念頭に置いていると考えられる[121]。①は不当な信用毀損から生産者や販売者を保護するという利益、②は信頼性の低い情報から消費者を保護するという利益、③は信用毀損によって州全体の経済が落ち込むのを防ぐという利益である。

　しかしながら、消費者の保護などといった公益性を求めて運用されることは稀であるというのが実態である[122]。信用毀損の訴訟のほとんどは、農業関係者の利益のために行われるのであって、公益性は間接的に付随するにすぎない。むしろ、農作物信用毀損法により情報提供者が萎縮してしまった場合、情報が表に出されなくなり、消費者は食品に関する重要な情報に触れることができなくなってしまうおそれがある[123]。

　（2）**保護された表現**　まず、信用毀損の対象とされている情報の位置づけについてであるが、食品の安全に関する情報は、少なくとも修正1条によって除外されていない表現である。これまで、連邦最高裁が修正1条の保護から外した表現として喧嘩言葉や猥褻表現が挙げられるが、食品の安全に関する表現はそうしたカテゴリーとして除外された表現とは異なる。類似のカテゴリーの中に営利表現があるが、これは営利追求を目指した表現であって、公益的色彩の強い当該表現とは趣を異にする[124]。

---

[121] Howard M. Wasserman, *Two Degrees of Speech Protection: Free Speech Through the Prism of Agricaltural Disparagement Laws*, 8 Wm. & Mary Bill of Rts. J. 323, 330 (2000).
[122] *Id.* at 331-332.
[123] Ronald K. L. Collins, *Free Speech, Food Libel, and the First Amendment…in Ohio*, 26 Ohio N. U. L. Rev. 1, 2 (2000).
[124] *Id.* at 7-8.

州レベルの裁判例ではあるが、食品の安全に関する情報に公益性があることに言及した判決がある。Dairy Stores, Inc. v. Sentinel Publishing Co. ニュージャージー州控訴裁判所判決[125]では、天然水として売り出していた商品が実際は天然水ではなかったという検証結果が出たことを記事にした新聞社が食品ストアから訴えられた。裁判所は、食品の質に関する情報は公務員に関する情報と同様に公益性があるとした。

　(3)　**内容規制**　農作物信用毀損法は、特定の表現を対象としていることから、内容規制に該当する可能性があるという指摘がある[126]。農作物の信用に関する事項という特定の内容が対象になっていることから、農作物信用毀損は内容規制になっているというわけである。名誉毀損も内容規制のカテゴリーに入るとすれば、より内容を限定している農作物信用毀損も内容規制の1つということになるだろう。

　もっとも、内容規制であるとすれば、それはいかなる表現なのかを考えなければならない。農作物の信用に関わる情報を娯楽番組の一環として報道する場合、それは営利的表現に該当するとみなす見解がある[127]。たしかに、娯楽番組は公益性が強い情報を発信しているとは言い難いが、しかし、その内容次第では公益性を帯びる場合もありうる。とりわけ、食品の安全に関する情報を提供する場合、それは営利的表現というよりも、公益的表現に近くなる。

　(4)　**当事者の特定性**　従来の名誉毀損の法理は、被害を受けた者が特定されていなければならないとされてきた。しかし、農作物信用毀損法はその対象を拡大させている。本法は、特定の者が対象となっていなくても、農作物または水産物に関する信用毀損であれば、その範疇に入る者は誰でも対象にしているのである。

　このような当事者の拡大は、濫訴を招くおそれがあるだけでなく、表現の自由に対する萎縮効果をもたらす可能性があるが、他方で、食品の信用毀損の問題はもともと被害が広範に及びやすいという側面もある。そのため、被

---

(125)　Dairy Stores, Inc. v. Sentinel Publishing Co., 465 A. 2d 953 (N. J. Super. Ct. Law Div. 1983), aff'd, 516 A. 2d 220 (N. J. 1986).
(126)　Collins, *supra* note 123, at 23-24.
(127)　Eric Jan Hansum, *Where's the Beef? A Reconciliation of Commercial Speech and Defamation Cases in the Context of Texas's Agricultural Disparagement Law*, 19 REV. LITIG. 261, 285 (2000).

害当事者の間口を広げた上で、信用毀損によって受けた損害の証明によってしぼりをかけていくということになろう。

　(5)　**立証責任**　多くの州が制定した農作物信用毀損法は、問題となった情報が虚偽か否かに関する立証責任の転換を迫る可能性があることから、表現の自由を侵害することになるという指摘が多い[128]。たしかに、多くの農作物信用毀損法は、虚偽に関する立証責任について何も規定していない。しかし、虚偽か否かの判断手法をみる限り、立証責任が被告すなわち情報発信者に課される可能性が高い。そうなると、従来の名誉毀損の法理と異なり、立証責任が原告から被告に転換することになり、表現に萎縮効果をもたらすおそれが生じる。とくに問題となるのが、信用毀損訴訟において、現実の悪意（actual malice）の法理が適用されるかどうかである。現実の悪意の法理は、被告が虚偽であることを知りながら情報を流したか、あるいはその真偽に関心を払わずに情報を流したことを、原告に証明させるものである。信用毀損の問題は名誉毀損と完全に同一というわけではなく[129]、しかも公務員に対する表現ではないので、現実の悪意の法理がそのまま妥当するわけではない[130]。だが、その射程については争いがあり、これまでの状況を把握しておく必要がある。

　もともと、名誉毀損も信用毀損もコモン・ローによって発展してきたものであり、虚偽の情報を流されたことに対して、損害賠償を請求することを認めるという点では同じである。しかし、名誉毀損訴訟が名声に対する損害の回復を対象とするのに対し、信用毀損は商品に対する経済的損失の回復を求めるものであり、名誉毀損の方が重要な利益に関するものと理解されてきた。そのため、New York Times Co. v. Sullivan 連邦最高裁判決[131]が登場するまで、名誉毀損訴訟では原告側に有利な条件で裁判が進められる傾向にあったのに対し、信用毀損訴訟では原告側が虚偽や実際の損害についての立証を負

---

(128)　Colleen K. Lynch, *Disregarding the Marketplace of Ideas: A Constitutional Analysis of Agricultural Disparagement Statutes*, 18 J. L. & Com. 167, 184-189 (1998).

(129)　Jennifer J. Mattson, *North Dakota Jumps on the Agricultural Disparagement Law Bandwagon by Enacting Legislation to Meet a Concern Already Actionable Under State Defamation Law and Failing to Heed Constitutionality Concerns*, 74 N. Dak. L. Rev. 89 (1998).

(130)　なお、企業の信用毀損の問題につき、現実の悪意の法理を適用した下級審の判決はいくつか存在する。*See, e.g.,* Suzuki Motor Corp. v. Consumers Union of U.S. Inc., 330 F. 3d 1110 (9th Cir. 2003).

(131)　New York Times Co. v. Sullivan, 376 U.S. 254 (1964).

担するなど、原告側に不利な条件で裁判が進められる傾向にあった。ところが、Sullivan 判決によって、修正1条の観点からそれまでの立証責任の構造が大きく転換し、名誉毀損訴訟においても原告に不利な条件が設定されることになった。そして、それは従来から原告側に立証責任が課されてきた信用毀損にも影響し、さらに立証の負担が重くなる可能性が出てきた。現実の悪意の法理が信用毀損にも妥当すると明言した連邦最高裁判決は存在しないが、Bose Corp. v. Consumers Union of United States, Inc. 連邦最高裁判決[132]は信用毀損にも現実の悪意の法理を適用した下級審の判断を尊重していることから、連邦最高裁もそれを受けいれているとみなすことも可能かもしれない。しかし、このような原告に不利な状況を修正するためにいくつかの州では農作物信用毀損法が制定されているとも解されるので、現実の悪意の法理が適用されない可能性が出てくるのである[133]。

　そして、農作物信用毀損がそもそも現実の悪意の法理に馴染むかどうかという問題もある。現実の悪意の法理は、基本的に公務員か「公的人物」(public figure) を対象に、公的関心事をめぐる問題であることが前提となっている。この点、農作物信用毀損は対象が農家であることから、同法理の射程に含まれるかどうかが問題になってくるのである。これについて、農作物の安全に関する情報は公益に関する事柄であることを理由に、農家も公的人物であるとみなして、現実の悪意の法理の対象になるとする見解がある[134]。他方で、農作物信用毀損は農家の農作物に対する信用の問題であり公的な生産物ではないことに加え、農家はそもそも私人であることからすれば、現実の悪意の法理の対象にすることは難しいという見解もある[135]。

　また、虚偽の判定についても名誉毀損の手法とは異なる。名誉毀損では、その内容が虚偽であるか否かが争点となるが、信用毀損の場合は科学的証拠に基づいていたかどうかを判断基準に採用している。つまり、名誉毀損の場合は何が真実かわからないこともあるので、虚偽であるか否かを知っていた

---

(132) Bose Corp. v. Consumers Union of United States, Inc., 466 U.S. 485 (1984).
(133) Hansum, *supra* note 127, at 265.
(134) David J. Bederman, Scott M. Christensen and Scott Dean Quesenberry, *Of Banana Bills and Veggie Hate Crimes: The Constitutionality of Agricultural Disparagement Statutes*, 34 HARV. J. ON LEGIS. 135, 151-152 (1997); Semple, *supra* note 110, at 436.
(135) Lisa Dobson Gould, *Mad Cows, Offended Emus, and Old Eggs: Perishable Product Disparagement Laws and Free Speech*, 73 WASH. L. REV. 1019, 1036-1041 (1998).

かという間接的チェックとなるが、信用毀損の場合は科学に基づく客観的事実であったかどうかがチェックされるのである。そのため、表現者にとっては、確実なことが判明しなければ情報発信ができないということになる。

（6）　**高額賠償による萎縮効果**　　信用毀損の救済は基本的には金銭による賠償であるが、中にはオハイオ州の農作物信用毀損法のように、懲罰的損害賠償の規定を設けているところがある。懲罰的損害賠償は賠償額がとてつもない数字になるため、かなりの抑止効果を持つ。その規制対象が特定の表現であれば、まさに表現の萎縮効果を招くものである。

以上の憲法上の問題点のうち、とりわけ、修正1条によって保護された表現を制約していることと、過失の有無を問わずに適用されてしまうことが最も問題であると指摘される[136]。

2　BSE事件——Texas Beef Group v. Winfrey 判決

こうした問題が指摘される中、農作物信用毀損法を基に訴訟が提起されたのがBSE事件である。BSEは1986年にイギリスで発見されて以来、ヨーロッパを中心に多くの牛の症例が見つかった。このため、BSEはアメリカ各州の農作物信用毀損法の制定とほぼ同時期に世間をにぎわせた。

BSEとは、未だ十分に解明されていない病気であり、牛の脳の組織がスポンジ状になり、起立不能等の症状を引き起こす神経性疾患のことである。プリオンというたんぱく質が関与しているとされているものの、その原因は必ずしも明らかではない。そして、何よりも人間への感染の有無が明確でないことが市民を不安に陥れた。とりわけ、BSEの症状が人間の神経性疾病であるクロイツフェルトヤコブ病（Creutzfeldt-Jakob Disease: CJD）と類似していることは大きな不安要素であった。これについて、1996年に、イギリス保健省がBSEの人間への感染可能性を示唆すると、各国政府も特定部位の使用禁止や発症国からの牛肉輸入の一部禁止などの規制に乗り出した。

こうした騒ぎの中、1996年4月16日に放送された「オプラ・ウィンフリー・ショー」（Oprah Winfrey Show）[137]は、「危険な食品」（Dangerous Food）

---

(136)　David J. Bederman, *Food Libel: Litigating Scientific Uncertainty in a Constitutional Twilight Zone*, 10 DePaul Bus. L. J. 191, 202 (1998).
(137)　オプラ・ゲイル・ウィンフリー（Oprah Gail Winfrey）が司会を務めるトークショーで、アメリカでは有名な人気番組であり、当時、かなりの影響力を持っていた。

というタイトルの下で、BSE を取り上げた。番組は、イギリスの BSE 問題に関する議論で始まり、安全な食生活を推進する側のゲストがアメリカでもイギリスと同様の危険性が潜んでいると語り、肉骨粉を材料とする飼料を禁止すべきであると力説した。それに対して食品業界擁護側のゲストはアメリカでは牛肉の安全性をしっかりチェックしているので心配無用であると反論した。なお、この番組では本件原告の名前やテキサス州への言及はなかった。

原告（Texas Beef Group）は、本放送がいたずらに消費者の恐怖心をあおり、アメリカの牛肉がきわめて危険であるという虚偽の情報を流したとし、それによって牛肉市場が多大な損害を被ったとして損害賠償請求訴訟を提起した。これが、一般に BSE 事件と呼ばれる Texas Beef Group v. Winfrey 連邦地裁判決である[138]。

連邦地裁は、本件が修正１条の問題であるとし、信用毀損の免責要件に該当するか否かの判断を行った。テキサス州法は、農作物や海産物の生鮮食品に関する信用毀損の規定を設けている。それによると、虚偽であることを知りながら当該食品が安全ではないという情報を公衆に伝播した者は損害賠償責任を負うとされる[139]。そして、虚偽の有無については、当該情報が合理的かつ信頼できる科学的調査、事実、もしくはデータに基づいているか否かによって判断される。

そこで、まず、連邦地裁は本件が公共の関心事項であるかどうかの判断を行う。これについては、BSE がきわめて重大な病気であることから、それがアメリカ国内で発生しているかどうかという問題は公共の関心事項以外のなにものでもないとして、公共の関心事項であることを認めた[140]。

---

(138) Texas Beef Group v. Winfrey, 11 F. Supp. 2d 858 (N. D. Tex. 1998).
(139) Tex. Civ. Prac. & Rem. Code §96.001 (2010). 本章において、"生鮮食品" とは市場価値のある一定の期間を過ぎると腐敗または腐ってしまうような形で販売または流通させられた農作物又は海産物の食品を意味する。
　96.002. (a)以下の者は(b)に規定される責任を負う。
　　(1)生鮮食品に関する情報を公衆に伝播し、
　　(2)その情報が虚偽であると知っており、
　　(3)当該食品は公衆の消費にとって安全ではないことを明示的又は黙示的に述べた者
　(b)(a)の規定に該当する者はその食品業者に対して損害賠償責任又は当該情報の伝播によって生じた損害に対するその他の適切な救済を行う責任を負う。
　96.003. 情報が虚偽であるか否かを判断する場合、当該情報が合理的且つ信頼できる科学的調査、事実、若しくはデータに基づいているか否かを考慮する。
(140) 11 F. Supp. 2d at 862.

つぎに、原告の商品が「生鮮食品」に該当するか否かが問題となる。本件における原告の商品は、「生きた牛」(live cattle) であった。一般的に考えれば、生きた牛は生鮮食品とは考えにくい。しかし、原告の主張によると、生きた牛は良い状態で市場に出すことが重要であり、その時期は限られているという。その時期が過ぎると質が落ちてしまい、値段が下がってしまうので、生きた牛は一定の期間を経過すると価値が下落してしまう生鮮食品に該当するというのである。だが、市場価値が下がるとしても、それが腐って商品価値がなくなるわけではない。生きた牛は、商品であるとしても、一定期間内に腐敗してしまう生鮮食品ではない。

　かりに、原告の商品が生鮮食品にあたるとしても、被告が虚偽であることを知っていて情報を流したということを、原告側が証明しなければならない(141)。この点につき、連邦地裁はテキサス州法がSullivan判決の現実の悪意の法理よりもさらに厳格な立証責任を原告側に課しているとする。現実の悪意の法理は、被告が虚偽であることを知っていたかその真偽に関心を払わずに情報を流したことを、原告に証明させるものであるが、テキサス州法はそのうち「被告が虚偽であることを知っていた」ことのみを証明しなければならないとしている。つまり、「被告がその真偽に関心を払わずに情報を流したことを証明する」という選択肢がなく、被告が故意に虚偽情報を流したということを証明しなければならないのである。しかし、本件において原告はかかる証明を果たしていない。こうして、連邦地裁は原告の訴えを退けた。そのため、この事件では農作物信用毀損法の合憲性の判断は行われなかった。

3　農作物信用毀損法の狙い

　この問題は、かつてホームズ (Oliver W. Holmes, Jr.) 判事が、満員の劇場ででまかせに「火事だ」と叫んでパニックを引き起こす自由は保護されないと述べたことを想起させる(142)。たしかに、いたずらに惨事を引き起こす発言までもがつねに保障されるわけではない。しかしながら、不安をあおるためになされるわけではなく、消費者の食の安全という目的でなされた発言までもが同じように保護されないわけではない。そのため、まさにこの問題は、虚偽だと知っていて発言したのか、それとも公益をはかる目的で発言したの

---

(141)　Id. at 863.
(142)　Schenck v. United States, 249 U.S. 47, 52 (1919).

かが大きな分岐点になる(143)。

ところが、農作物信用毀損法の規定は、虚偽か否かの問題ではなく、科学的真実であるか否かが問われるようになっている。しかも、その立証責任の負担のあり方は不明瞭なものが多い。Texas Beef Group 判決は原告側に立証責任——しかも重い立証責任——を課したが、先述したように、被告にその負担が課せられる可能性がある。農作物信用毀損の問題は名誉毀損と完全に同一というわけではなく(144)、しかも公務員に対する表現ではないので、現実の悪意の法理がそのまま妥当するわけではないが、連邦最高裁がこれまで表現の自由に対して殊更に厚い保障を行い、かつ現在のロバーツコートが修正1条絶対主義とまで呼ばれる状況からすると(145)、これらの法律の合憲性は裁判で簡単に維持されるともいえないだろう。

そうした危うさをはらんでいることもあり、現時点では農作物信用毀損法を活用した裁判がほとんど存在しない(146)。Texas Beef Group 判決以外に、1993年にジョージア州が制定した農作物信用毀損法(147)が違憲であるとして、環境保護団体らが違憲宣言を求めて訴訟を提起した事件があるが、裁判所は具体的な事件が起きておらず、司法判断に馴染まないとして訴えを却下している(148)。

裁判になっていない理由としては次の3点が指摘されている(149)。第1に、これらの法律が制定されたことから報道機関等に萎縮効果が働き、発言が控えられるようになったのではないかという理由である。第2に、これらの法律の中には表現の自由の考慮規定(150)があり、裁判所が表現の自由を考慮して些細な事項であれば訴えを却下することが認められていることから、大き

---

(143) Eileen Gay Jones, *Forbidden Fruit: Talking About Pesticides and Food Safety in the Era of Agricultural Product Disparagement Laws*, 66 BROOKLYN L. REV. 823, 838 (2000).
(144) Mattson, *supra* note 129, at 89.
(145) *See* Ronald K. L. Collins, *Exceptional Freedom-The Roberts Court, The First Amendment, and the New Absolutism*, 76 ALB. L. REV. 409, 438 (2013).
(146) Nicole C. Sasaki, *Beef Prods., Inc. v. ABC News: (Pink) Slimy Enough to Determine the Constitutionality of Agricultural Disparagement Laws?*, 31 PACE ENVTL. L. REV. 771 (2014).
(147) O. C. G. A. §2-16-1.
(148) Action for a Clean Env't v. Georgia, 457 S. E. 2d 273, 273 (Ga. Ct. App. 1995).
(149) Sara Lunsford Kohen, *What Ever Happened to Veggie Libel?: Why Plaintiffs Are Not Using Agricultural Product Disparagement Statutes*, 16 DRAKE J. AGRIC. L. 261 (2011).
(150) *See* ARIZ. REV. STAT. ANN. §12-751; GA. CODE ANN. §9-11-11.1; LA. CODE CIV. PROC. ANN. art. 971.

な問題にならなければ訴訟が提起されないのではないかという理由である。第3に、農作物信用毀損法は違憲の疑いがあるので、原告側としては訴訟コストを考慮して活用しないのではないかという理由である。以上の理由からすると、食品業界側としてはこれらの法律の合憲性は疑わしいので裁判沙汰にはしないが、法律の存在による萎縮効果に期待しているように思える。

　すると、この問題は構造的問題を抱えていることがわかる。すなわち、表現の自由の問題を抱えているにもかかわらず、事件の性質上私人による訴訟提起というスタイルをとらざるをえないため、原告によって訴訟が提起されない以上、司法の出る幕がないのである。

4　行政の役割と司法の役割

　この問題は、表現の自由が関わると同時に、消費者に食の安全に関する情報を提供するという側面もある。したがって、より広い公益的視点からアプローチするため、連邦政府の役割が重要となる。

　実際、連邦政府は食の安全について様々な役割を担ってきた。たとえば、1996年、クリントン（William J. Clinton）政権において、食品の質の保証に関する法律（Food Quality Protection Act）[151]が制定され、食品の残留農薬に対する規制が行われた[152]。とりわけ、農薬使用の事前規制を行うべく、EPAがその基準を設定することになった。法律の成立も重要であるが、食の安全に関する役割を担うのは専門の行政機関であり、ここでは健康に影響を及ぼす農薬について、EPAが科学的知見を活用してどのような基準を設定するかが注目されることになった。食の安全に関わる行政機関は食の安全を実施する際に消費者の健康の利益を第一に考え、公的信頼に応えなければならないことから、その役割は重要である[153]。

　もっとも、農薬の問題についてはEPAが対応することになったが、食の

---

(151)　The Food Quality Protection Act of 1996, Pub. L. No. 104-170, 110 Stat. 1489 (codified as amended in scattered sections of 7 U.S.C.).

(152)　Dominic P. Madigan, *Setting an Anti-Cancer Policy: Risk, Politics, and the Food Quality Protection Act of 1996*, 17 Va. Envtl. L. J. 187 (1998). 本法は連邦議会において反対票が1票もなく可決されたという点で注目されたが、それは農薬問題が全国的に問題視されるようになったという背景があるためであり、連邦議会が各議員の出身選挙区との利害関係から距離をとっているということではないことに注意が必要である。

(153)　Robert C. Post, *Keeping Food Safe*, 50 Food & Drug L. J. 389, 393 (1995).

安全全般についてはFDAの役割が重要である。そのため、農作物信用毀損法の問題については、FDAが情報提供と表現の自由の利益とを考慮して対応することが求められる。

これについて、ケイン (Rita Marie Cain) は、ホルモンをめぐる事案を説明しながら、営利表現に関する判例とFDAの役割を考慮しながらアプローチしている。1990年代の前半、アメリカでは人工ホルモンrbST (recombinant bovine somatotropin) を注射した牛から搾乳された牛乳が人体に影響があるのではないかということが問題となった。1993年、FDAは人工ホルモンが含まれた牛乳は人体に影響があるわけではないとの見解を表明した[154]。それに付随して問題となったが、表記の方法であった。

まず、牛乳にはもともとbST (bovine somatotropin) というホルモンが含まれていることから、FDAは、「ホルモン無含有」(no hormones) と表記することは虚偽に当たるとした。しかも、「ホルモン無含有」という表記を認めると、「人工ホルモン不使用」(no artificial hormones) という別の表記との関係で、人工ホルモンを注射された牛からしぼった牛乳と注射されていない牛からしぼった牛乳との成分的な違いをも意味することになり、人工ホルモンは人体に悪影響があるとの認識を招く可能性がある。そこで、FDAは、人工ホルモンを使用した牛乳と使用していない牛乳とで大きな違いはないということが消費者に伝わるような表記にするように推奨した[155]。オハイオ州はFDAの指針に従って、ホルモンに関する表記は消費者の誤解を招くとして、一律にそれを禁止する法律を制定した。ところが、市場では人工ホルモンを使用しない牛乳の需要が高まり、多くの牛乳会社は事実上人工ホルモンを使用しない牛乳のみを扱わざるをえなくなった。そこで、牛乳会社が人工ホルモンの有無に関する表記を自由に記載できないのは営利表現の自由を侵害するとして訴えを提起した。

連邦高裁は、本件規制が修正1条の問題であるとした上で、人工ホルモン入りの牛乳とそうでない牛乳とがまったく同じというわけではないとし、「ホルモン無含有」という表記は人工ホルモン入りの牛乳について消費者の

---

(154) 58 Fed. Reg. 59946 (Nov. 12, 1993).
(155) Interim Guidance on the Voluntary Labeling of Milk and Milk Products from Cows That Have Not Been Treated with Recombinant Bovine Somatotropin, 59 Fed. Reg. 6279, 6280 (Feb. 10, 1994).

誤解を生むものではないことから、州の消費者保護の利益と規制手段の関連性が十分ではないとして違憲の判断を下した[156]。

そのため人工ホルモン入りの牛乳の安全性をめぐる問題について、司法は間接的にFDAが推奨した表記は不適切だとしたといえる。もともと、人工ホルモン入りの牛乳はほとんどの先進国で規制されていることもあり、アメリカの消費者がそれを選ばないのもうなずける面がある。安全性の不確かな問題について、FDAが通常の牛乳と変わらないと判断し、その見解に沿うような規制を示したことは食の安全面からすると問題だったともいえる。したがって、この問題は、憲法が絡む食の安全の問題について、FDAが適切な考慮を行っていなかったことから、司法が憲法的考慮を行って是正したということになろう。

本件は、食の安全に関する消費者の要望を代弁するような形で、牛乳会社が表現の自由の侵害を主張したことから、信用毀損との関係では、食の安全に関する情報を消費者が知りたがっている場合に、信用毀損制度が表現の自由を制約する形でそれを阻害してしまうおそれがあることを示している[157]。

そこでケインは、人工ホルモンを使用した牛乳の問題でFDAが関与していたように、信用毀損の問題についても、FDAが、信用毀損訴訟において報道への萎縮効果が生じないように業者に指示を出して対応すべきであるという[158]。

VII さらなる課題

1 国家の情報提供と報道機関の情報提供のリンク——3.11の放射能汚染の例

本章では、食の安全に関する情報提供の問題につき、国家による情報提供の問題と報道機関による情報提供の問題とに大別して取り上げたが、両者は同時に問題となることもありうる。その卑近な例が、3.11の放射能汚染に関する問題である。

2011年の東日本大震災に伴う東京電力福島原子力発電所事故によって、

---

(156) Int'l Dairy Foods Ass'n v. Boggs, 622 F. 3d 628, 635 (6th Cir. 2010).
(157) Rita Marie Cain, *Food, Inglorious Food: Food Safety, Food Libel, and Free Speech*, 49 AM. BUS. L. J. 275, 316 (2012).
(158) *Id.* at 317-321.

東北地方を中心とした農業、漁業、畜産業等の生産物に放射能汚染の懸念が生じた[159]。基準値を超えた食品については出荷制限・摂取制限[160]が行われたが、政府は同時に人体に影響を及ぼす数値ではないと説明したことから[161]、消費者は「それではなぜ出荷制限するのか」という疑問を抱き、東北や北関東周辺の食品が安全と言い切れるかどうかがわからなくなり、買い控えをするようになった[162]。おそらく、政府としてはたとえ検査から漏れた食品を摂取してもただちに健康被害は起きないということを伝えて余計な混乱を避けるために説明したものと考えられるが、政府の思惑と消費者の受け止め方とには大きな温度差があった。原発事故後、政府は放射能拡散予測を行うSPEEDIを迅速に活用しなかったことから[163]、すでに政府の情報提供には疑念が生じていたことも、この温度差に少なからず影響していたともいえる。

　政府の発表を受けて、マス・メディアの報道は過剰反応を引き起こさないように注意深くその内容を伝える反面、放射能の影響について体内に入ると除去困難になるとも説明していたことから、消費者心理としてはリスクを最小限に抑えるために当該地域の食品を買い控えるという気持ちに傾いたといえる[164]。

　そもそも放射能の問題は、科学的安全の問題と精神的安心の問題の間にあるグレーゾーンが広い。たとえば、食品安全委員会が出した生涯積算被曝線量は100 mSv未満であったが[165]、年齢その他の条件によって許容被曝量は異なることから、それに近づかない量にとどまっている方が安心だと思い、当該地域の食品を買い控える人がいても不思議ではない。また、年間放射線量についても、政府は、2012年4月から食品中の放射性物質の新基準値を

---

(159)　「原発事故で政府　農作物への影響を調査」日本経済新聞朝刊2011年3月19日5面。
(160)　この制限は、原子力災害対策特別措置法に基づく原子力災害対策本部長の指示により行われるものを指す。
(161)　「首相、出荷停止を指示　福島・茨城・栃木・群馬産ホウレンソウとかき菜、福島産原乳」朝日新聞朝刊2011年3月22日1面。
(162)　西澤真理子『リスクコミュニケーション』41-42頁（エネルギーフォーラム新書、2013年）。
(163)　政府のSPEEDIの活用については、鈴木秀美「原子力災害と知る権利―危機における情報公開と危機対応の検証の観点から」奥平康弘=樋口陽一編『危機の憲法学』261頁（弘文堂、2013年）。
(164)　西澤・前掲注（162）43-44頁。
(165)　「被曝限度『生涯100ミリシーベルト』食品安全委　食品の規制値見直し難航も」日本経済新聞朝刊2011年7月27日38面。

発表し、それまでの基準を大幅に引き下げた[166]。その背景には風評被害に苦しむ産業に対しての配慮が指摘されるが、外国と比べてなお基準が厳しすぎるとの批判がある反面[167]、基準を緩めることへの懐疑もあり、消費者の中には何を信じればよいのかがわからず、買い控えを続ける者もいるだろう。

　本来安全なはずの食品について、その危険性が報道されることによって消費者が買い控える状況になることを風評被害というとすれば、グレーゾーンの広い放射能汚染の問題は、風評被害の程度も広範にわたる可能性が大きい[168]。

　このように、原発事故は食の安全をめぐる情報提供について大きな問題を提起するものであった。科学的証拠もなく、いたずらに不安をあおる情報を提供することは、食品業界の信用を不当に貶めるものである。その反面、食の安全は消費者にとってきわめて重要な情報であり、ある程度の信憑性があれば、その情報をできるだけ流すべきとの立場もありうるだろう。

　そうした中、各報道機関の放射能汚染に関する情報も錯綜気味にならざるをえなかった[169]。独自の取材を果敢に続けるメディアもあれば[170]、政府の情報をそのまま提供するメディアもあり、情報の受け手としては、情報源となっている政府の情報すら真偽が曖昧なことに加え、インターネットを中心に別角度からの情報も舞い込み、何をどう信じればよいのかがわからない状況が続いた。そうなると、安全かどうかの確信が得られないことから、リスクを最小限に抑えるために、被災地周辺の食品を摂取しないようにした方が安心であるという消費者心理が働かざるをえない状況が創出された。つまり、そこでは、（科学的）「安全」の問題を棚上げする形で、まずは（心理的）「安心」の確保が行われたわけである。

　それらの情報の中に、後に無用な混乱を引き起こしたことが明らかな内容であったり、誤報とわかるような内容が含まれていたりしたことが発覚した

---

[166] 「放射性物質　食品の上限、年1ミリシーベルト　内部被ばく、厚労省が規制値引き下げ」毎日新聞夕刊2011年10月28日1面。
[167] 「食品の放射能　厚労省は規制値案を再考せよ」読売新聞社説2012年2月4日3面。
[168] 「食品の放射性物質　基準厳しく　西日本産、一段と引き合い　輸出減で需給緩和」日本経済新聞朝刊2012年4月17日26面。
[169] 3.11後のメディア報道の状況については、山田健太『3・11とメディア―徹底検証　新聞・テレビ・WEBは何をどう伝えたか』（トランスビュー、2013年）。
[170] 「海の放射能汚染　実態を報告　科学技術映像祭　NHKに総理大臣賞」朝日新聞朝刊2012年4月19日19面。

場合、誰がどのような責任をとればよいのだろうか。たとえば、政府による情報提供を受けてそれをそのまま報道した情報に問題があった場合、責任をとるべきなのはまず政府であろうが、こうした混乱状況の中でも責任を負うことになるだろうか。あるいは、政府によって提供された情報を流しただけとはいえ、政府の情報自体が二転三転するような状況下において、報道機関は独自の検証をしてから報道すべきであったとして、責任を分有するという論理はありうるだろうか。さらには、緊急時の情報をどのように解析して行動するかについては結局のところ個人の責任に委ねざるをえないという帰結になるだろうか。

2 アメリカの状況から学ぶ教訓

情報提供の責任の所在が曖昧な事態になることを防ぐため、アメリカのようにあらかじめ信用毀損というカテゴリーを設定しておくという方法もありうる。農作物信用毀損法には、政府が提供した情報に基づいて情報を流した場合に関する規定がないことから、政府が情報源である場合であっても、信用毀損の対象から除外されない可能性がある[171]。したがって、アメリカの場合、報道機関が責任を背負う可能性が高い制度になっているといえる。

しかしながら、こうした制度が望ましいかというと、そうではないだろう。この制度の下では、緊急時において、政府の発信する情報すら、報道機関によって伝達されない状況が創出されるおそれがあるからである。緊急時の情報は、当初情報量は過少気味であるものの、それに対する不安が憶測を呼び、それを落ち着かせるための情報提供の増加があいまって情報過多になる傾向があるが、当該制度の下では必要な情報量が過少となり、ますます不安を煽る結果にもなりかねない。

さらに農作物信用毀損法の対象が広範に及ぶおそれもある。本法の対象は単なる意見ではなく、あくまで当該食品の安全に関するコメントであり、本章冒頭のエピグラフにあるような言葉[172]や「ピーマンが嫌い」などの個人的嗜好に関するコメントは、農作物信用毀損法の規制対象にはならない[173]。

---

(171) Collins, supra note 123, at 20.
(172) ただし、エピグラフの場合は大統領の発言なので、政治的な意味で責任を負う可能性はある。
(173) David J. Bederman, *Limitation on Commercial Speech, The Evolution of Agricultural Disparagement Statutes,* 10 DePaul Bus. L. J. 169, 174-175 (1998).

しかしながら、その境界線は曖昧である。場合によっては、栽培方法や品種評価など農作物に対する分析や意見もその対象になる可能性もあり、その意味で表現の自由に対する侵害の度合いが強いともいえる[174]。

また、インターネット時代の今、個人が発言した場合であっても、それによって多額の損害が発生し、その個人に対して高額の損害賠償が課される可能性もある。そうなると、信用毀損という制度が言論空間に与える委縮効果の程度はかなり大きいことが予想される。

以上の点からすると、アメリカの現状は望ましいとは言い難いだろう。結局、この問題は、いったん責任の所在の問題を横に置き、リスク・コミュニケーションが機能するように制度を整備することでリスクを軽減するしかないようにも思える。リスク・コミュニケーションの定義は様々であるが、おおむね、リスクに関するメッセージが相互作用する過程のことであり[175]、より具体的には、そのリスクに関する評価（リスク評価）やそのリスクへの対応（リスク管理）を社会に伝えることをいう[176]。リスク・コミュニケーションが円滑かつ適切に行われれば、リスクの内容を明らかにし、リスクのレベルを知り、リスクへの適切な対応を行えるようになり、適切なリスクアナリシスを行うことができる[177]。また、リスク・コミュニケーションは平時と緊急時とに分けられ、緊急時におけるそれをクライシス・コミュニケーションという。クライシス・コミュニケーションの議論では、リスクの発生地に関する情報、いつ起きるかについての緊急性のある情報、どのような損害が起きるかという結果についての情報など、緊急時の情報としては何が必要かという点が示されている[178]。このように、リスク・コミュニケーションは状況の変化にも対応しうるものとなっており、情報提供のあり方を考える上でその重要性が高まっている。

このとき、憲法の観点からすると、リスク・コミュニケーションの整備に伴い、自由な表現空間に留意しつつ、情報提供に関する三権の役割をあらためて問い直すことが重要である。たとえば、行政機関によるソフトパターナ

---

(174) Bederman, Christensen and Quesenberry, *supra* note 134, at 156.
(175) 福田充『リスク・コミュニケーションとメディア―社会調査論的アプローチ』21 頁（北樹出版、2010 年）。
(176) 西澤・前掲注（162）94 頁。
(177) 鈴木・前掲注（77）112 頁。
(178) 福田・前掲注（175）23 頁。

リズム的手法を活用すべきか否か、活用するとすれば、それを他権が法的に秩序づけていくことの重要性、そして表現空間に配慮した責任の所在の決定を考慮するという点である。この問題は、情報を自己で解析・選択するという強い個人像と、行政機関や報道機関は情報の取捨選択を個人に押しつけるのではなく加工した情報を提供すべきであるとする弱い個人像との選択にも通じるところがある。このとき、いずれかの個人像を二択で迫ることは現実を直視しているとはいえない。人間には強い側面もあれば弱い側面もあるということを前提とした情報提供の制度設計を考えていく必要がある。

後　序

　リスク判断には情報が不可欠であり、憲法とリスクの問題にも情報の問題がつねにつきまとうが、本章はその中でも情報提供の側面に光を当てて検討した。とくに、ここでは、食の安全をめぐる情報提供の問題を取り上げ、国家の情報提供の問題と報道機関の情報提供の問題とに分けて考察を行った。

　国家の情報提供の問題は、国家に情報提供の責務があるか否か、国家の情報提供によって損害が生じた場合に情報提供が適切であったかどうかをどのように判断するかという点に集約される。とくに後者については、日本においてはカイワレ訴訟が公表時期や公表方法に踏み込んで違法性を判断したことから、これは司法的統制が及んだ事例といえる。ただし、司法の能力的問題を考慮すると、この種の問題についてつねに同様のチェックが適切であるとは限らず、三権がそれぞれ、適切な情報提供が行われるように配慮しなければならない。

　報道機関の情報提供の問題は、リスク報道による風評被害が主な争点となる。日本では、民事における信用毀損に関する規定が存在しないため、名誉毀損の枠組で処理しており、ダイオキシン訴訟判決では社会的評価の低下や真実性が問題とされた。ただし、泉裁判官の補足意見はリスク報道の意義に言及しており、必ずしも通常の名誉毀損とまったく同じ類型に属するとは言い切れない。一方、アメリカでは農家等のロビー活動により、複数の州で農作物信用毀損法が制定されており、リスク報道による風評被害に対して通常の名誉毀損とは異なる規定が存在している。そこでは、科学的証拠がないまま報道された情報を虚偽であるとし、立証責任の負担も名誉毀損とは異なる

可能性があり、表現の自由に対する制約の高い内容となっている。そのため、FDAなどの連邦の行政機関がリスク報道に関する指針を出し、萎縮効果が生じないように配慮する必要があり、司法は行政をそうした方向に導くような統制を行う必要があろう。

最後に、3.11の放射能汚染を素材に、国家の情報提供の問題と報道機関の情報提供の両方が同時に問題になる場面を取り上げた。こうした問題においては誰がどのような責任をとるべきかが未だ定まっていないものの、国家と報道機関の両方が責任を負う可能性もあり、あるいは個人責任に還元されてしまう可能性すらある。責任論[179]についてはただちに答えの出る問題ではないが、情報提供に関する制度設計について、ソフトパターナリズムの活用とその統制方法の模索が需要な鍵を握っていくと思われる。

---

(179) なお、責任論については、吉田栄司『憲法的責任追及制論Ⅰ・Ⅱ』（関西大学出版部、2010年）、瀧川裕英『責任の意味と制度―負担から応答へ』（勁草書房、2003年）が責任の意味を考える上で興味深い。

第8章
環境問題とリスク
──温室効果ガス規制を素材にして

> より根源的な問題は破局的な地球温暖化のシナリオと結びつく蓋然性がないことであり、蓋然性が予測できなければ予期されるコストも計算できない。
>
> ──リチャード・ポズナー

　環境問題は、リスク学の分野の中でも、最重要課題の1つであると同時に最も物議をかもしているエリアである。環境問題の特殊性は、その被害の大きさと科学的証拠を提示することの難しさにある。たとえば、地球温暖化を例に考えてみよう。温暖化は地球レベルで大きな気候変動をもたらすと予測される。北極圏の氷がとけて海面が上昇して陸上生物の生息領域が狭まり、海面温度の上昇による大型台風や大雨洪水が発生し、さらに干ばつによって食糧生産が低下するなど、その被害ははかりしれない。しかしながらそもそも本当に温暖化が進んでいくのか、そして温暖化が進むとしても上記のような被害が本当に起きるのかは必ずしも科学的証明がなされているとはいえない。最近では、過去と比べて平均気温が高まっているというデータが示されることが多いが、それだけで将来的に温暖化が進むことを断定できるとは限らない。
　とはいえ、いつまでも手をこまねいていると、とりかえしのつかない事態に直面する可能性もある。そのため、ヨーロッパでは予防原則が叫ばれるようになった。今でこそ有名になった予防原則であるが、それは環境問題への対策を念頭に置いた原理として登場したものである。ただし、それは司法に法的判断を迫るものとして定着しているわけではない。
　それでは、温暖化のリスクに対して三権はどのように対応すべきだろうか。本章では、温室効果ガス規制を素材にして、最初に、アメリカにおけるその規制状況を概観した上で、連邦最高裁が地球温暖化のおそれを理由とした訴えを取り上げた裁判を中心に温室効果ガス規制をめぐる三権の動態を考察し、それに関連する他の判決も交えながら、司法による秩序形成とその限界を考える。

序

　一口に環境問題といっても、その裾野は広い。自然環境や地球環境などの大きなレベルの問題から、住居や職場の環境といった日常レベルの環境まで、様々なレベルの環境がある。また、学問領域によって環境の理解も異なり、たとえば、環境専門家からみる環境と、経済専門家からみる環境とでは大きく異なる。前者は物理量で測定し、後者は経済効率性で測定する[1]。法学の分野では、環境の概念自体が定まっているとはいえず、環境規制についても経済的規制と社会的規制という分類がなされることがあり、権利という側面においても環境権の指す意味合いは文脈によって大きく異なる。

　もともと日本において環境問題は、公害問題が登場した1960年代に政策課題として意識されるようになった[2]。当初、高度経済成長を背景に、産業社会の弊害として登場した公害等の環境問題は、経済成長のみを追求する政策を糾弾する形となった。国家は経済政策を進める際、環境リスクを考慮せざるをえなくなってきたのである。

　もっとも、21世紀に入り小泉純一郎政権が登場すると、国家が経済や福祉等の様々な分野から退却し始める。その一環として、従来の護送船団方式からの脱却がはかられ、公益事業や経済分野において規制緩和の波が押し寄せることとなった。それでは、政府は環境政策においても後退していったかというと、必ずしもそうではない。小泉政権は2002年に京都議定書を批准し、国内の環境政策についても取り組んでいた。これをみると、環境問題は、国が経済から退却し始めてからも、その重要性が意識され、少なくとも外見上はエネルギーを注いでいるようにみえる。

　だが、そうなると、規制緩和の流れの中で、環境政策はどのように位置づけられるのだろうか。それは、効率性というキーワードでつながっているようにみえる。つまり、規制緩和が行政の効率化を目指す傾向にあることと、

---

(1) 長谷川弘「公共事業評価における環境配慮と経済効率性の統合—環境アセスメントと経済評価のリンク」広島修道大学人間環境学研究2巻1号93頁（2003年）。
(2) 戦前から公害問題は存在していたが、1960年代に入って公害が著しくなると、大衆運動が巻き起こり、対策のための法律が制定され始めた。大塚直『環境法〔第3版〕』3頁以下（有斐閣、2010年）参照。

環境政策の観点からは各種事業の効率化が望ましいこととがリンクしているわけである。さらには、環境規制という場面においても専門家集団の判断に委ねることで効果的手段を選ぶという意味での効率性もありうる。かかる状況は、経済効率性と対立する契機をはらんでいた「環境」という概念にある種のイメージチェンジをはかることを要請する[3]。すなわち、規制緩和の中、環境についても、経済効率性の観点からみることが迫られることになったのである。これと類似の状況下において、いかなる機関に環境政策を担当させることが望ましいかといった問題に取り組んできたのがアメリカ政府であった[4]。

　1980年代、レーガン（Ronald Reagan）政権における規制緩和政策は、経済的問題に対してコストベネフィット的アプローチで対応したため、経済規制と連動していた環境問題に対してもコストベネフィット的なアプローチが適用された[5]。そこでは、環境政策について効率的・機能的に判断することになり、行政機関の専門性に敬意が払われることになった。こうした流れは、21世紀に入ってからも、G・W・ブッシュ（George W. Bush）政権において形を変えながら加速していった。地球温暖化の脅威が多少なりとも現実味を帯びつつある状況の中、G・W・ブッシュ政権では、民間主導型の技術革新による二酸化炭素排出の削減をはかる政策が最も効果的であるとした。環境対策に関する国家のコストをできるだけ抑え、民間による解決に委ねようとしているのである。そして、かかる状況では執行府の専門的判断が最も効果的であるとし、こうした執行府の政策に司法府は口を出すべきではないという態度をとっている。このように、アメリカでは、規制緩和の問題が環境政策に関する執行府の裁量の問題にリンクしているのである。

　ところが、2007年4月、G・W・ブッシュ政権は思わぬところから法的な攻撃を受ける。連邦最高裁である。法律の規定する温室効果ガス規制を環境

---

(3) Jeffrey Rudd, *The Evolution of the Legal Process School's "Institutional Competence" Theme: Unintended Consequences for Environmental Law*, 33 ECOLOGY L. Q. 1045, 1046 (2006). ルッド（Jeffrey Rudd）によると、1960年代に注目され始めた環境問題は、当初、経済効率性の対抗概念として登場したという。企業が純粋に営利を追求した結果生じたコストが環境問題であり、経済効率性ばかりを追うことへのアンチテーゼ的な側面が強かったのである。

(4) *Id.* at 1047-1048.

(5) *Id.* at 1075-1085. ルッドによると、こうした政策を法的理論として後押ししたのが、リーガルプロセス学派である。かれらは、政府機関の能力に着目したアプローチで環境問題を考えていくことから、執行府の裁量を認めることに賛意を示したというのである。

保護庁 (Environmental Protection Agency: EPA) が履行していないことが問題として争われていた Massachusetts v. EPA 連邦最高裁判決[6]において、政府側はそのような規制権限がないと主張して反論していたのだが、連邦最高裁は EPA にその環境規制を行う権限があると判断したのである。

ここにおいて、環境問題が憲法問題として顕現することになる。国家がいかなる環境政策[7]を行うかについては、憲法学においては通常、政治部門の決定事項であると考えられてきた。実際、G・W・ブッシュ政権の環境規制への消極的姿勢は、同政権の基本的政策であった[8]。ところが、本件では、規制すべきという判断こそ行わなかったものの、司法府は EPA の主張する不作為の正当性を認めなかった。法律が EPA に規制権限を付与しているとしたのである。ここまでは形式的な法解釈によって解決できる問題であるが、連邦最高裁はさらに、EPA が規制しないのであれば、それを正当化する合理的な理由が存在しなければならないとした。

こうした判断は、執行府の環境規制を直接拘束するものではないにせよ、執行府が環境政策について単独で判断していくことに実質的に制限をかけたことになる。つまり、この判決の射程は、行政機関たる EPA の判断の是非にとどまらず、執行府の政策的判断の是非をも対象として含んでいるのである。そこで、執行府は環境規制についてどこまで裁量を有するのか、司法府はどこまで統制することができるのかという憲法問題が生じてくる。

さらに、環境政策は時の政権によってスタンスが大きく異なる点にも留意

---

(6) Massachusetts v. EPA, 127 S. Ct. 1438 (2007). 本件の評釈として、大沢秀介「温室効果ガスの規制と当事者適格」憲法訴訟研究会=戸松秀典編『続・アメリカ憲法判例』417頁（有斐閣、2014年）、大坂恵里「連邦環境保護庁の温室効果ガス排出規制権限」比較法学42巻2号308頁（2009年）、前田定孝「温室効果ガス対策につき、原告である州が、環境保護庁長官が大気清浄法に基づく規則制定をしなかったことを違法であると主張して提起した訴えが、認容された事例」三重大学法経論叢26巻1号79頁（2008年）、本田圭「温室効果ガス排出規制に関する米国最高裁判決 Massachusetts v. EPA について」NBL873号9頁（2008年）などがあり、日本でも注目を集めた判決である。

(7) 環境政策といっても、①総合的手法、②規制的手法、③誘導的手法、④合意的手法など、様々な類型がある。大塚・前掲注(2) 77-90頁。本件では、②が問題となっているものの、計画や評価なども関わっていることから①にも関連するものといえる。

(8) Cass R. Sunstein, *On the Divergent American Reactions to Terrorism and Climate Change*, 107 COLUM. L. REV. 503 (2007). サンスティン（Cass R. Sunstein）は、「控えめに言ったとしても、過去10年において、最も注目を集めてきたのはテロリズムと気候の変化であった」としつつ、テロリズムの危険にばかり目を奪われがちで、気候の変化の危険には十分な配慮がなされていないと指摘する。

しなければならない。オバマ（Barack Obama）政権は環境問題に積極的に取り組むことを表明し、G・W・ブッシュ政権時代とは異なる政策が実施されることになった。このとき、EPAなどの行政機関も政策変更を余儀なくされることとなる。その結果、行政機関の判断は時の政権によって大きく変わる可能性があり、それゆえにその専門性に疑いが生じる可能性がある。

　このように、アメリカでは、温室効果ガスの規制をめぐり、執行府の判断をどのように秩序づけていくかという問題がある。温暖化の問題は、科学的な証拠が不明瞭であるが大きな損害をもたらす可能性もあり、まさに予防原則が絡む問題である。予防原則は、通常、政治部門がそれを採用すべきか否かという問題であるが、アメリカでは、近年、連邦最高裁が行政機関を温室効果ガスの規制に導くような判断を行うケースもみられ、注目される。以下では、地球温暖化の問題を中心にしながら、環境政策に関する執行府の裁量とそれに対する司法の統制を考察する。

I　環境問題の特殊性と執行府の対応

1　環境問題の特殊性

　環境問題は、国、ひいては世界全体の利益を考慮して対応する必要があることから、まさに公益的問題である。そのため、市場に任せておくわけにはいかず、国がその対応に当たらなければならないと一応はいうことができる。とりわけ、多くの環境問題は現実に損害が発生してからでは取り返しのつかないことが多いため、早期の対策が必要になる。

　しかし、損害の発生を事前に確定することは困難であることが多く、抽象的リスクを理由に規制に踏み切ることは難しい。損害発生が明らかでないにもかかわらず規制ができることになれば、環境という言葉さえ使えば何でも規制できるということになり、社会における自由を大幅に縮減することになりかねない。

　とはいえ、科学的証拠が出るまで規制できないことになると、多くの環境問題に対応できなくなり、損害が発生した頃にはすでに手遅れになってしまうというジレンマに陥る。そのため、第2章I-5（2）で言及したように予防原則が提唱されている。予防原則の代表例である1992年のリオ宣言15原則は、「環境を保護するために、予防的取組方法（precautionary approach）が

各国の能力に応じて広く適用されなければならない。深刻又は不可逆的な損害のおそれがある場合、完全な科学的確実性の欠如を、環境悪化を防止するための費用対効果の大きい対策を延期する理由としてはならない」[9]としている。

予防原則は、損害発生が不確実であることは規制を行わないことの言い訳にはならないとすることから、環境問題に取り組む姿勢としては魅力的なように映る。ただし、予防原則は規制の射程を拡大し、政府の介入領域を大幅に広げることになる点に注意が必要である。とくにこれを法原則として認めることになると、司法が政治部門や行政機関の不作為を問うことになるが、そもそも司法がそれを判断できるかどうかという能力的な問題もある。

そのため、科学的証拠の有無に焦点をしぼって環境規制の是非を考えるのではなく、問題ごとに、損害発生確率、損害の程度、規制の必要性、規制の実現可能性、他の代替手段の有無、コストベネフィット、規制によって制限される権利や利益の性質、制限の程度などを検討していくことになろう。もっとも、この判断は専門的知識が必要となることから、まずはそれに特化した機関の第一次的判断が重要となる。

2 環境問題に対する執行府の対応

アメリカにおいて、初めて環境問題に取り組んだ機関は内務省（Department of Interior）であったとされる[10]。1849年に設立された内務省の主要な任務は公有地の管理であった。ただし、当初は環境というよりも、鉄道の敷設に伴う土地の問題を取り扱うことが多かった。南北戦争が終わり再建期に入るとようやく環境に関わる事柄を取り扱い始めた。1872年に、イエローストーンを国立公園として設定したことを皮切りに、公有地を保護されたエリアとして管理し始めたのである。

19世紀末になると、連邦議会の後押しもあり、W・ハリソン（William H. Harrison）大統領は広大な土地を国有林化し、クリーブランド（Grover Cleveland）大統領はその規模を2倍に増やした。20世紀に入ると、T・ルー

---

(9) Rio Declaration on Environment and Development, 14 June 1992, UN Doc. A/CONF. 151/26 (Vol. I), 31 I. L. M. 874 (1992).

(10) Robert V. Percival, *Presidential Power to Address Climate Change in an Era of Legislative Gridlock*, 32 VA. ENVTL. L. J. 134, 136-137 (2014).

ズベルト (Theodore Roosevelt) 大統領は初めて鳥獣保護区を設定するなど、執行府主導で環境保護政策を行うようになった。

このように20世紀初頭までは土地の管理を中心に環境保護が行われてきたといえる。そして、行政機関というよりも、大統領がイニシアティブをとって環境問題に取り組んでいたことも見逃せない。

第二次世界大戦が終わると、産業の発達が目覚ましくなり、深刻な公害問題が発生した。そうなるともはや従来のように土地の管理だけでは対応できず、科学的分析を行いながら公害を発生させている施設を規制する必要が生じた。

そこで、1970年にEPAが設立された。同年に施行された環境影響評価法 (National Environmental Policy Act)[11]は世界に先駆けて環境影響評価手続の法整備をはかったものであり、その実行役であるEPAは当初から注目される存在であった。EPAは行政機関の中でも環境問題という特殊な公共的問題を扱う機関であるがゆえに、他の行政機関のように狭い領域ではなく、広いエリアにわたって規制権限を行使できるとされる[12]。

EPAはリスク評価を基に規制を行うという特性を持つ[13]。実際、法律がそうした権限を認めていることが多く、たとえば、劇薬物取締法 (Toxic Substances Control Act) は環境や健康に不合理なリスクを与える可能性のある化学物質の規制権限をEPAに与えている[14]。したがって、EPAはリスク対策を期待された機関であるということができ、リスクを適切に判断するために多くの専門家集団からなる組織となっている。

専門的知見がリスク対策において重要である理由としては、リスクに関する情報を集収できること、科学的なリスク分析ができること、リスクの量を評価できることなどが挙げられる[15]。

その専門性は他権から敬譲される傾向にあり、行政機関への敬譲の法理と

---

[11] The National Environmental Policy Act of 1969, 42 U.S.C. §4321 et seq.
[12] Francesca Fonte, *The Threat of Global Warming and the Roles of the EPA: EPA as an Independent Agency and as Advocate for the Environment and the Public?*, 11 ALB. L. ENVTL. OUTLOOK 365 (2007).
[13] Kirk T. O'Reilly, *Science, Policy, and Politics: The Impact of the Information Quality Act on Risk-Based Regulatory Activity at the EPA*, 14 BUFF. ENVTL. L. J. 249 (2007).
[14] The Toxic Substances Control Act, 15 U.S.C. §2601 (b)(2).
[15] Sheldon Leigh Jeter, *The Role of Risk Assessment, Risk Management, and Risk Communication in Environmental Law*, 4 S. C. ENVTL. L. J. 25 (1995).

して有名なシェブロン法理も EPA の判断が問題となったケースであった。司法は EPA の専門的知見を尊重したわけであり、EPA の存在意義は大きい。

ところが、EPA も行政機関の 1 つにすぎないことから、前述のとおり、時の政権の影響を受けざるをえない側面がある。環境政策は経済政策と密接な関係にあることから、大統領が経済優先の政策をとった場合、環境問題対策は後手に回らざるをえないことがある。とりわけ、地球温暖化問題のように、科学的証拠が不十分ではあるが重大な損害をもたらす可能性もあるリスクについては、規制に消極的な姿勢を示す政権が少なくない。

このような場合、EPA はどのような対応を行えばよいのだろうか。また、EPA の決定について、司法はどのような判断を下せばよいのだろうか。

3　執行府の判断への敬譲──シェブロン法理

この問題のリーディングケースが、敬譲型法理として有名な 1984 年の Chevron U. S. A. Inc. v. Natural Res. Def. Council, Inc. 連邦最高裁判決[16]である。本書で何度も登場するこの事件はもともと環境問題に関するケースだったのである（第 2 章 II-3 (3)、第 3 章 V-3 など）。この事件では、EPA が行った大気浄化法（Clean Air Act Amendments）[17]の解釈が問題となった。1977 年の大気浄化法の改正により、EPA は大気の質の全国的基準を満たしていない州に対し、大気汚染物質の発生源（固定発生源）の新設や変更の許可に関して厳しく対応することとなった。しかし、当時のレーガン政権は規制緩和政策をとっており、EPA もそれに従って規制を見直すことになった。その結果、固定発生源の事業所の解釈につき、複数の事業所がある場合には全体として排出量を増加させない限り、新設や変更が認められるという規則を制定した[18]。そこで環境保護団体が当該規則の違法性を主張して訴えを提起したのが本件である。

連邦最高裁は、行政機関の法解釈の合法性については 2 つの場合に分けて判断するとした。まず裁判所は、立法府の意思が明確に表されているかどうかの審査を行い、その意思が明らかであればそれに従って判断する。この場

---

(16) Chevron U. S. A. Inc. v. Natural Res. Def. Council, Inc., 467 U.S. 837 (1984).
(17) The Clean Air Act Amendment, 42 U.S.C. §7502 (b) (6).
(18) 46 FR 16280 (1981).

合は行政機関の判断に敬譲する必要はない。一方、立法府の意思が不明確なとき、裁判所は行政機関の解釈が法に基づき許容可能であるかどうかを審査する。その場合、行政機関の法解釈が合理的であれば行政機関の判断が尊重される。このように、立法意図が不明確な場合は行政機関の判断に敬譲する可能性が高いことを示したのである。

Chevron 判決が登場するまで、行政機関の判断の合法性については、少なくとも法律の解釈が主な問題となっている場合、司法が法の意味を判断するとされてきた[19]。ところが、Chevron 判決は法解釈において行政機関の判断を尊重するという選択肢を設けたため、1803 年の Marbury v. Madison 連邦最高裁判決[20]以来司法の役割であった法解釈が行政機関にも認められることになった。

また、本件で重要なのは、司法が行政機関の判断に敬譲する理由についても言及した点である。Chevron 判決は、「おそらく連邦議会は専門性や当該法律の実施に関する責任を有する行政機関が適切な立場にあると考えて、行政機関が個別のケースごとのバランスをとることを意識的に望んでいる」[21]とし、行政機関の専門性と法実施の責任を敬譲の理由に挙げている。

もっとも、行政機関の専門性を理由に敬譲されるのであれば、裏を返すと、行政機関が自律的に専門的判断を行うからこそ、その判断が尊重されるということになる。だが、Chevron 判決は専門性だけを理由に敬譲しているわけではない。判決は続けて、「裁判官はこの分野の専門家ではなく、政治部門でもない。連邦最高裁は、一定の事件については、裁判官個人の政治的選好に基づかずに、競合する政治的利益を調整しなければならない。しかし、連邦議会から政策決定の責任を委任された行政機関は、その委任の範囲内で、その判断に反映させるべき現政権の内情に通じた政策に適切に依拠しなければならない。行政機関は直接人民に責任を負っていないが、執行府の長は、人民に直接責任を負っているので、政治部門が政策決定を行うことは適切である――すなわち、連邦議会自身が不注意にも解決していなかったか、あるいは日々の現実に照らして法律を運用する行政機関に意図的に解決を任せて

---

(19) E. Donald Elliott, *How the Chevron Doctrine Redefined the Roles of Congress, Courts and Agencies in Environmental Law*, 16 VILL. ENVTL. L. J. 1, 6 (2005).
(20) Marbury v. Madison, 5 U.S. 137 (1803).
(21) *Chevron*, 467 U.S. at 865.

いたような重要な利益に関する決定のことである」[22]と述べた。司法は環境問題の専門家ではないので、これについては政治部門の1つである執行府が政策決定を行うべきであり、行政機関は政権の指示に従って法律を実施すべきであるとしたのである。

その後、本件の判断はシェブロン法理として、敬譲型審査の代名詞となる。しかし、Chevron 判決は合理性の審査を行うとしているので、必ずしもつねに敬譲する結果になるとは限らない。また、法律がある事柄について行政機関に規制権限を付与しているものの、政権によって規制するかしないかの選択が分かれている時、司法はどのように判断すべきであるかという問題が残った。とりわけ、環境の領域では規制するかどうかの選択が大きな問題となることが多く、Massachusetts v. EPA 判決ではそのことが争われた。

II 温室効果ガス規制の準備——司法の後押し

1 温室効果ガス規制に関する政策

1970年に大気浄化法が制定され、それを実践する機関として EPA も設立されたことから、大気汚染対策へのお膳立ては整えられた。ただし、それによって他の法律と連動する形で行きすぎた産業規制が行われるのではないかという懸念が高まり、ニクソン（Richard M. Nixon）政権は行政機関の規制についてホワイトハウスでチェックすることにし、それ以降もこのチェックシステムが継続することになった。

このように、環境規制を行おうとしても、各分野への影響を考慮しなければならず、また時の政権がどのようなスタンスをとるかによって環境問題対策も変動する。とりわけ、地球温暖化のようなリスクの科学的検証が不確実な問題になると、その取り組みに熱意を持っている政権でなければ、積極的な規制は行われないことが予想される。また、温暖化の問題は世界レベルの問題であり、各国が協調しなければ実効的な対策をとることができないという問題もある。温暖化対策に関する条約が成立したのは1990年代に入ってからのことであった。

1992年、リオデジャネイロで開かれた環境と開発に関する国際連合会議

---

(22) *Id.* at 865-866.

において、気候変動枠組条約が採択され、温室効果ガスの量の安定化をはかることが盛り込まれた。アメリカも参加したが、しかし、1997年の京都議定書については批准に至らなかった。クリントン（William J. Clinton）政権は京都議定書に前向きで、署名までこぎつけたが、上院の反対にあって批准できなかった。というのも、京都議定書は温室効果ガスの削減について一定期間内に具体的な数値目標を達成することを要請するものであり、産業界に与える影響を懸念した上院の共和党議員がそれに反発したからである。その後、G・W・ブッシュ大統領は共和党の政策を進めるべく、京都議定書からの離脱を表明した。

さらにG・W・ブッシュ大統領はEPAに対して新たな温室効果ガスの規制を行わない政策を伝え、EPAはその指示に従わざるをえなくなった。こうした執行府の対応に対して、規制のシグナルを発したのが司法であった。

2 温室効果ガス規制に関する請願

大気浄化法202条(a)項(1)号は、「EPA行政官は（適宜改正を通して）本章の規定に則して、公の健康または福祉を危険にさらすと合理的に予見される大気汚染を引き起こす新車の類から排出される大気汚染物質に適用する基準を規則によって規定しなければならない」[23]と定める。

1999年、市民団体らが、1998年の記録的温暖化現象に危機感を抱き、EPAに大気浄化法に従って新車の排出する温室効果ガスを規制するように請願を行った。市民団体らは、温室効果ガスが温暖化を加速し、その結果、人間の健康や環境に深刻な被害をもたらすため、新車の排出する温室効果ガスを規制する必要があると申し立てたのである。請願を受けてから15ヶ月後、EPAは、この問題に関するパブリックコメントを集めることにした。5ヶ月で5万以上のコメントが寄せられ、それを基に検討が行われた。この請願が行われる前年の1998年、前EPA長官キャノン（Jonathan Z. Cannon）は、EPAは二酸化炭素排出に関して規制する権限があるというコメントを出しており、後を継いだガジィ（Gary S. Guzy）長官も、請願がなされる2週間前に、連邦議会の委員会で同様の主張を行っている。

しかし、EPAの出した結論は、規則制定の請願を棄却するというもので

---

(23)　42 U.S.C. §7521 (a)(1).

あった[24]。EPA は、全米研究評議会（National Research Council）の報告結果を参照しながら温室効果ガスと気候変動との因果関係の薄弱性を指摘しつつ、①前長官の意見と異なり、大気浄化法は EPA が地球の温暖化に対する規則を制定する権限を与えていない、②たとえ EPA が温室効果ガス排出基準を制定する権限を有するとしても、今の時期はそれを行うのに適当ではない、としたのである。その理由として、直近の大気浄化法の改正（1990年）の際、連邦議会は地球温暖化に気づいていながら、排出規制の規定を設けなかったため、大気浄化法に基づいてそのような規制を行うことはできないことを挙げた。そして、そのような規制は、技術革新を促進して、温室効果ガス排出への対策を民間の自発的努力に委ねるとする大統領のアプローチと抵触するとしたのである。

　これに対して、マサチューセッツ州や環境保護団体らが、当該決定の是非を求めて裁判所に提訴したのが Massachusetts v. EPA 判決である。

　大気浄化法 307 条(b)項(1)号は、EPA の決定に対して訴訟を提起する場合、コロンビア特別区連邦高裁を第一審として指定しているため、本件訴訟も連邦高裁に提訴された。

　連邦高裁は、本件では当事者適格と訴えの利益が重なっており、当事者適格のみを取り出して判断することができないため、当事者適格の判断を中断した上で、実体審理に入り、裁判結果によって原告が利益を得るかどうかの判断を行うことにするとした[25]。

　そこで、連邦高裁は、EPA が新車の温室効果ガス排出規制を行う権限を有しているかどうかについて判断を行った[26]。それによると、大気浄化法は、EPA に新車の温室効果ガス排出規制の権限を授権しており、大気浄化法の規定する危険性の判断は政策事項であって、それは EPA に広範な裁量を認めるものである。そのため、EPA は政策的判断として排出規制を行わないという判断をすることができるのであり、それは正当な行為であるとし

---

(24) Control of Emissions from New Highway Vehicles and Engines, 68 Fed. Reg. 52922 (2003). これは、EPA の大気・放射線課の行政補佐官であるホルムステッド（Jeffrey R. Holmstead）の通知である。

(25) Massachusetts v. EPA, 415 F. 3d 50 (D.C. Cir. 2005). もちろん、このような手法には批判もある。*See* Caroline Patton, *An Environmentalist's Unlikely Foe: The Use of Hypothetical Jurisdiction in Massachusetts v. EPA*, 30 ENVIRONS. ENVTL. L. & POL'Y J. 173 (2006).

(26) 415 F. 3d at 56-59.

た。したがって、EPA が規制権限を有するという点については認めたものの、新車の温室効果ガス排出規制をしないという判断については裁判所が介入するものではないとし、EPA の決定の正当性を是認したのである。

マサチューセッツ州ら原告はかかる連邦高裁の判断を不服として、連邦最高裁に上告した。

3　Massachusetts v. EPA 判決

（1）**法廷意見**　法廷意見を執筆したスティーブンス（John P. Stevens）判事は、まず当事者適格の問題から入った。法廷意見は、「地球温暖化による海面上昇はすでにマサチューセッツ州に被害をもたらし、今後もその被害は続くと推定される。壊滅的打撃の危険は、遠からず現実的なものである。その壊滅的打撃の危険は原告が求める救済を受けることによって減殺されるだろう。したがって我々は原告が EPA の規則制定の拒絶に対して訴訟を提起する当事者適格を有すると考える」[27]として当事者適格を認めた。

つぎに、法廷意見は規制権限の有無に関する判断を行う。法廷意見によると、「本案審理における最初の問題は、大気浄化法 202 条(a)項(1)号が EPA に気候に変化をもたらす新車から排出される温室効果ガスを規制する権限を授権したかどうかである。……関連規定をみると、202 条(a)項(1)号が"EPA は本章の規定に則して、行政官が公の健康または福祉を危険にさらすと合理的に予見しうる大気汚染を引き起こす新車または新車のエンジンの類から排出される大気汚染物質に適用する基準を規則によって規定しなければならない"としている。EPA は連邦議会が気候に変化をもたらす物質を規制させる意図をもっていなかったと考えていたことから、二酸化炭素は当該法律が規定する"大気汚染物質"に当たらないと主張した」[28]。

しかしながら、法廷意見はこの主張を採用しない。「大気浄化法の条文は EPA の解釈と異なる。大気浄化法の"大気汚染物質"の定義は"大気中に放出される物理的、化学的等のあらゆる物質によるあらゆる大気汚染作用"と規定している。条文上、この定義は"あらゆる"という言葉を繰り返し使用することで空気伝送の合成物であればすべて包含することを意図している。

---

(27)　127 S. Ct. at 1458.
(28)　Id. at 1459-1460.

二酸化炭素、メタン、一酸化炭素、代替フロン、などは疑いなく"大気中に放出される物理的または化学的物質"である」[29]。「連邦議会が起草した202条(a)項(1)号は化石燃料の燃焼が地球温暖化につながる可能性を認識できていなかったかもしれないが、かれらは、規則の柔軟な対応によらなければ、状況の変化や科学の発達が大気浄化法を時代遅れのものにしてしまうことを理解していた。……温室効果ガスは大気浄化法の"大気汚染物質"の定義の中に該当するものであるため、我々はEPAが新車から排出されるそのようなガスを規制する法的権限を有すると判断する」[30]。

　最後に、法廷意見は、規制の時期に関するEPAの裁量がどこまで認められるかについて判断する。それによると、「大気浄化法はEPAの権限の行使をその"判断"に委ねているが、その判断は"公の健康または福祉を危険にさらす"と合理的に予見される大気汚染を引き起こす大気汚染物質かどうかに関連していなければならない。"判断"という文言の使用は法律上の条文を無視することを認めるものではない。それは単に定義された法律の範囲内で裁量を行使するということなのである。もしEPAが危険性を認定すれば、大気浄化法はEPAに新車から排出される有害物質を規制するように求めることになる。EPAは、規制の方法、時期、内容、他の機関との協力について重要な裁量を有している。しかしEPAが規則制定の請願に応じた場合、作為または不作為の合理性は授権した法律に適合しなければならない。大気浄化法の明白な文言に従えば、EPAは温室効果ガスが気候の変化をもたらしていないと決定した場合または温室効果ガスが気候の変化をもたらすかどうかを決定する裁量を行使しない理由について合理的な説明を提示できる場合のみさらなる行為を行わなくてよい。これは上級官や大統領の意見などを優先的に考慮してしまうEPAの裁量を制限するという連邦議会の設計なのである。EPAはこの明白な法律の要請に応じることを拒絶してきた。その代わりに、規制しない理由をつくろったリストを提示してきた。たとえば、EPAは多くの執行府の自発的プログラムはすでに地球温暖化の脅威に対して効果的な対応を提示してきており、温室効果ガスの規制は"主要途上国"との交渉によって排出を減少させようとする大統領の能力を阻害し、新車の

---

(29)　*Id.* at 1460.
(30)　*Id.* at 1462.

排出削減は気候の変化の問題に対して非効率的な断片的アプローチにすぎないと主張してきた。我々はこれらの政策判断を評価する専門性や権威性を有しないが、これらの政策判断が温室効果ガスの排出が気候の変化をもたらすかどうかに関係しないことは明らかである。さらにいえば、それらは科学的判断を構成することを拒絶するだけの合理的な正当化にさえなっていない。とりわけ、たしかに大統領は外交について広範な権威を有するが、その権威は国内法の執行を拒絶することにまで拡大するものではない。……EPAは様々な気候の変化の形についてその不確実性を指摘し、この時期に規制しない方がよいと結論を下すことによって法的義務を避けることはできない。……要するに、EPAは温室効果ガスが気候の変化をもたらすかどうかを決定することを拒絶するだけの合理的説明を提示してこなかった。したがってその行為は"専断的、恣意的であり法に一致しない"ものである」[31]とし、今回の判断は合理性に欠け、EPAの裁量濫用であるとしたのである。

　(2)　スカリア判事の反対意見　以上のような法廷意見に対して、4人の判事が反対意見に回った。とりわけ、ここでは法廷意見の法解釈に疑義を呈するスカリア（Antonin Scalia）判事の反対意見を取り上げることにする[32]。

　スカリア判事は、まず、規則を制定するか否かに関するEPAの「判断」について、次のような反対意見を述べる。「いかなる理由によって行政官は規則制定の請願がなされた場合はつねに"判断"をするように求められることになるのか。法律の規定またはその他の権威が存在しないにもかかわらず、法廷意見はそれを肯定する。……法廷意見は条文や先例に基礎を置かないまま、EPAの疎明したすべてについて"合理的に正当化しえていない政策判断"として拒絶した。すなわち、行政官が"科学的不確実性が強すぎる"と判断した場合でも待ったがかけられるのである」[33]。

　しかし、「大気浄化法が規定する"判断"によって付与される裁量に関するEPAの解釈は合理的のみならず、条文を最も自然に読むものでもある。法廷意見はなぜこの解釈が誤っているのか、さらにはなぜシェブロン法理に

---

(31)　Id. at 1462-1463.
(32)　Id. at 1472-1478 (Scalia, J., dissenting). 反対意見は、ロバーツ（John Roberts）長官とスカリア判事がそれぞれ執筆し、トーマス（Clarence Thomas）判事とアリート（Samuel Alito）判事が双方に賛同している。なお、当事者適格の問題についてはロバーツ長官が詳細な反対意見を述べている。Id. at 1463-1472 (Roberts, J., dissenting).
(33)　Id. at 1472-1473.

基づく敬譲に値しないのかについて説明していない。行政官が上述のような理由により政策について"判断"するのを拒絶したのは法の範囲内で行動したものであるから、私は規則制定の請願を拒絶した判断を支持する」[34]。

　つぎに、スカリア判事は、二酸化炭素が大気汚染物質に該当するか否かについて、「大気汚染物質」の解釈に焦点を当てながら、それに関するEPAの裁量について次のように述べる。

　「"大気汚染物質"は大気浄化法によって"大気中に放出される物理的、化学的……物質などによる大気汚染作用"と定義されている。法廷意見は"二酸化炭素、メタン、一酸化二窒素、代替フロン"が大気中に放出される物理的、化学的……物質に該当するとした点は正しい。しかし法廷意見はこれで分析が終了すると考えてしまったことが誤りである。大気浄化法の定義に基づく"大気汚染物質"に該当するためには、"大気中に放出される物質"が"大気汚染作用"とならなければならない。法廷意見はこの定義の部分が存在していないかのように振舞っているのである」[35]。

　「EPAの"大気汚染物質"の定義に関する解釈を用いると、我々は次に温室効果ガスが"大気汚染"の"作用"となっているかどうかを検討しなければならない。大気汚染作用となっているのなら、大気浄化法は規制を認めるであろうし、なっていないのであれば、EPAはそのような権限を欠くことになる。"大気汚染物質等"と異なり、"大気汚染物質"という用語自体は大気浄化法によって定義されていない。したがって、我々は再び不明確な用語について、大気浄化法の構造を踏まえた上で、EPAの解釈を受けいれなければならない」[36]。

　「結局、EPAは"大気浄化法の規制権限の付与は大気汚染をもたらす大気汚染物質という認識に一般的に基づいているため"、二酸化炭素またはその他の温室効果ガスが地球の気候変動に影響を与えているという主張は大気浄化法が付与する規制権限の範囲を超えていると判断しているのである。"規則において用いられている'大気汚染'という用語は地球の気候変動を包含するものとして解釈されない"。繰り返しになるが、法廷意見はなぜこの解釈が誤っているのかについて説明しておらず、シェブロン法理を用いていな

---

(34) Id. at 1473-1474.
(35) Id. at 1475-1476.
(36) Id. at 1476-1477.

いことは非合理的である」(37)として、EPA の判断を尊重すべきという反対意見を唱えた。

　（3）　整　　理　　以上をまとめると、本件により、大気浄化法は EPA に温室効果ガスを規制する権限を与えていることが示されたといえる。その法的意義としては、①この問題に関して原告は当事者適格を有すること、② EPA は自動車の排気ガスを規制する権限を有すること、が示されたにすぎない。したがって、本件は「明らかに環境保護側の勝利であるものの、その判示は G・W・ブッシュ政権の温暖化政策に何か作為を要求するものではない」(38)のである(39)。

　さらにいえば、「判決は、EPA が大気浄化法において規制しないことを正当化する余地を残しているため、EPA は自動車の排気ガスを規制しない決定をする余地を残した。さらに、たとえ連邦最高裁が最終的に EPA の規制しないという決定を拒絶したとしても、G・W・ブッシュ大統領の任期が終わるまで規制は行われないであろう」(40)と指摘される。

　もっとも、本件によって、二酸化炭素が大気汚染物質に該当するとされ、それを排出する自動車を規制する権限が EPA にあるとされた以上、実質的に、執行府に何らかの対応を迫る判決ともいえる(41)。また、判決が、EPA の「判断」の法解釈が妥当性を欠くとしただけでなく、EPA の判断自体も合理性が欠けるとした点を考慮すると、本件のもたらしたインパクトはもはや当事者適格の問題にとどまらない(42)。かかる司法判断は、環境問題に関して、いかなる機関がイニシアティブをとるかといった憲法問題を提起する

---

(37)　*Id.* at 1477.
(38)　Michael C. Dorf, *The Supreme Court's Global Warming Ruling May Not Slow Global Warming, But It Does Restore Some Common Sense to Standing Doctrine,* FINDLAW (Apr. 9, 2007), http://writ.lp.findlaw.com/dorf/20070409.html.
(39)　*Id.*「したがって、本件において最も重要な点は当事者適格を認めた点にある」とされる。
(40)　*Id.*
(41)　Robert R. Nordhaus, *New Wine into Old Bottles: The Feasibility of Greenhouse Gas Regulation Under the Clean Air Act,* 15 N.Y.U. ENVTL. L. J. 53, 59 (2007). これについてノルドハウス（Robert R. Nordhaus）は、判決によって規制権限が認められた場合、EPA は次の3つの方法で規制を行うことになるという。すなわち、①二酸化炭素を大気汚染物質として規制する方法、②大気浄化法 111 条に基づき二酸化炭素を新物質または既存の物質として規制する方法、③新車から排出される二酸化炭素を規制する方法、である。
(42)　Michael Sugar, *Massachusetts v. Environmental Protection Agency,* 31 HARV. ENVTL. L. REV. 531, 541 (2007). 少なくとも、司法府が EPA の裁量統制を行ったといえる。

ものとなる。

4 Massachusetts v. EPA 判決の分析
(1) EPA の法解釈の是非——法廷意見とスカリア判事反対意見の相違

EPA の解釈については大きく2つの点で問題にされている。第1に規制権限がないと判断した解釈、第2に温室効果ガスと地球温暖化の関連における科学的不確実性という判断、である。すなわち、「大気汚染物質」という文言の解釈と、「判断」に関する裁量の問題である[43]。これについて、法廷意見は、「大気汚染物質」という文言の中に二酸化炭素が含まれることからEPA は規制権限を有するとし、「判断」については無制限な裁量を認めるものではなく合理的説明が付けられていなければならないとして、EPA の判断を拒絶した。一方、スカリア判事は、詳細な条文解釈を繰り広げながら、「大気汚染物質」に該当するためには「大気中に含まれる物質」が「大気汚染作用」をもたらすものでなければならないが、その判断手法について条文は黙示的であり、「判断」に関しても条文が規制権限を拒絶することについて黙示であることから、これらについては Chevron 判決[44]の法理が適用され、EPA の判断が優先されるとした。このように、法廷意見が柔軟に条文を解釈するのに対し、スカリア判事は条文に忠実な解釈を行っている。したがって、これらの対立はかねてからリベラル派の判事と保守派の判事の法解釈の対立である個別具体的アプローチ（case-by-case approach）と正文主義（textualism）との対立の様相を呈しているといえる[45]。

このように、本件では、行政機関の法解釈が争点となったにもかかわらず、シェブロン法理[46]がほとんど顔を出さなかった。スカリア判事の反対意見で登場するものの、法廷意見では、EPA の環境政策に関する裁量の箇所でChevron 判決を参照するにとどまっている。法廷意見は、本件判決が EPA

---

(43) つまり、「大気汚染物質」の解釈の問題は法解釈の問題であり、「判断」の解釈の問題は事実の問題である。
(44) *Chevron*, 467 U.S. 837.
(45) William D. Popkin, *An "Internal" Critique of Justice Scalia's Theory of Statutory Interpretation*, 76 MINN. L. REV. 1133, 1134 (1992). スカリア判事の正文主義と、スティーブンス判事の個別具体的アプローチとが対置される。
(46) シェブロン法理については、筑紫圭一「アメリカ合衆国における行政解釈に対する敬譲型司法審査-Chevron 原則の意義とその運用(上)」上智法学論集48巻1号113頁（2004年）を参照。

に一定の環境政策を押しつけるわけではないという点において Chevron 判決を参照するにとどまり、本件で争点となった規制権限の有無や判断の合理性の問題についてはシェブロン法理を適用していないのである。

先述したように、シェブロン法理は 2 段階審査の形をとる。まず、第 1 段階として、①立法府の意思が明確に表されているかどうかの審査を行い、意思が明らかであれば、それを適用する。一方、立法府の意思が不明確な場合、第 2 段階の審査を行う。すなわち、②司法府は自己の法解釈を押しつけず、行政機関の解釈が法に基づき合理的であるかどうかを審査し、合理的であれば行政機関の解釈を尊重するのである。

第 2 段階において、行政機関の法解釈に焦点を当てて審査することから、シェブロン法理は一般的に行政機関に敬譲する法理であると位置づけられている。しかし、その法理は必ずしもすべての法解釈に該当するわけではなく、シェブロン法理の適用領域には限界があるとするのがベリー（Melissa M. Berry）である[47]。すなわち、近時、サンスティンらが指摘するステップゼロの領域である[48]。ベリーによると、シェブロン法理が適用される対象は法律である。つまり、憲法や判例といった法律以外の法的文書の解釈には適用されず、さらに法律が対象であっても、シェブロン法理が適用されない領域があるという。またベリーは、シェブロン法理が適用されるのは、行政機関が法解釈をすることで特定の責務を実施することによってその法律の実質的内容が履行される場合であり、したがって行政手続法のような一般的な定めを置く法律には適用されない、とする。これは、権力分立上の要請である。なぜなら、そのような法律は行政機関の専門性が問われるものではなく、法律が行政機関に権限を委ねる意義が少ないからだというのである。もっとも、本件における大気浄化法は、このような性格の法律ではなく、行政機関の法解釈によって実施される類の法律である。それでは、以下に本件とシェブロン法理との関連をみていくことにしよう。

スカリア判事は反対意見の最後の箇所で、法廷意見がシェブロン法理を適

---

(47) Melissa M. Berry, *Beyond Chevron's Domain: Agency Interpretations of Statutory Procedural Provisions*, 30 SEATTLE UNIV. L. REV. 541 (2007).
(48) Cass R. Sunstein, *Chevron Step Zero*, 92 VA. L. REV. 187 (2006). ステップゼロを分析したものとして、渕圭吾「Chevron Step Zero とは何か」学習院大学法学会雑誌 50 巻 1 号 173 頁（2014 年）がある。

用しないことの非合理性を指摘している。本件では、大気浄化法が EPA に規制権限を付与しているか、EPA の規制しないという判断に誤りがあるか、の2点が争われたわけであるが、これに関する法律の規定は見当たらないため、立法府の意思は明確ではない。そうなると、シェブロン法理に基づくのであれば、行政機関の解釈の合理性（第2段階の審査）の検討に入ることになる。

これについて法廷意見は、大気浄化法202条(a)項(1)号の広範な文言は柔軟な対応の必要性を認めようとする意図を反映していることから、EPA の法解釈を採用せず、同規定が新車の排出規制権限を授権しているとした。さらに、EPA の政策判断が科学的根拠に関係のない事柄に依拠していることから、合理性に欠けるとしたのである。

こうしてみると、法廷意見は、行政機関の解釈の非合理性を問題にした形をとっていることから、一応、シェブロン法理に従った判断のようにもみえる。しかし、シェブロン法理の第2段階の審査は、多くの場合行政機関に敬譲することが前提とされてきたといえる。合理性の審査は、緩やかになされるべきと考えられてきたのである。ところが、本件は、行政機関の解釈の合理性について、裁量濫用または裁量踰越となっていないか判断し、それが専断的、恣意的で法に一致しない場合には、許容できないとしたのである。

（2）シェブロン法理とチェネリー法理　このような法廷意見の手法は、シェブロン法理を中心とする先例法理との関係で、どのように位置づけられるのだろうか。

これについては、チェネリー法理（後述）とシェブロン法理を組み合わせることにより、新たな委任禁止の法理（nondelegation doctrine）を提示するスタック（Kevin M. Stack）の見解が興味深い[49]。スタックによれば、委任禁止の法理[50]は、立法府が他権に権限を付与する際に、その機関が従うべき明確な原理または基準を指定しなければならないというものである。この法理は、立法府が憲法上の限界を超えて行政機関に権限を付与しないように試みるものであるが、必ずしもそういった意図にとどまるわけではない。こ

---

(49) Kevin M. Stack, *The Constitutional Foundations of Chenery*, 116 YALE L. J. 952 (2007).
(50) 委任禁止の法理の展開に関しては、駒村圭吾「アメリカ合衆国における『立法権委任法理』の展開(1)―合衆国最高裁判例の動向と法理の実態が意味するもの」法学研究67巻3号25頁（1994年）を参照。

の法理は、授権された機関が権限を行使する際にその正当化理由を提示するように当該法律が条件づけているかどうか、また、授権された機関の裁量を導く基準を当該法律が設定しているかどうかを司法が審査することも意味する。この観点からすると、委任禁止の法理は、単に立法府の委任の限界の問題だけでなく、正当化理由の提示条件をつけないまま立法府の専権たる権利義務に関する権限を他権に付与してはならないことをも意味することになる[51]。これは、授権された機関に説明責任を果たさせるとともに、その裁量の濫用を防ぐものでもあるのである。

　このような法理が導かれたのは、1943年のSEC v. Chenery Corp. 連邦最高裁判決（Chenery判決I）[52]においてである。この事件は、会社が1935年公益事業持株会社法（Public Utility Holding Company Act）[53]に基づき会社更生計画を申請した際に追加の優先株を購入したところ、証券取引委員会が公正の観点から他の優先株と同等には扱わないとした上で計画を認めるという命令を出したことが問題になった事例である。連邦最高裁は、証券取引委員会は本法に基づいて当該制限を行う権限があるとしながらも、その正当化理由を提示していないとして、当該命令を違法であるとした。ところが、差戻審の上告審で連邦最高裁は、当該委員会が同様の結論を下したにもかかわらず、今度はその説明が法に適合しているとして、その判断を合法的なものとした（Chenery判決II）[54]。つまり、この判決では、法律による授権があった場合でも、行政機関の決定について、裁判所はその理由の妥当性を判断するとしたのである。

　こうした判断は、委任禁止の法理に明確性の要求のみならず、その内容の合理性（または説明責任）を含ませたものとされる[55]。そして、このチェネリー法理は近時のシェブロン法理と相互補完関係にある。シェブロン法理の第1段階審査は、法律が明確に立法府の意思を示している場合にはそれを尊重するとするが、これはチェネリー法理の明確性の範囲を拡大する。そして、シェブロン法理の第2段階審査はチェネリー法理の要件と類似している。こ

---

(51) Stack, *supra* note 49, at 958-959.
(52) SEC v. Chenery Corp., 318 U.S. 80 (1943).
(53) The Public Utility Holding Company Act of 1935, 15 U.S.C. §79.
(54) SEC v. Chenery Corp., 323 U.S. 194 (1947).
(55) Stack, *supra* note 49, at 1004-1010.

れにより、シェブロン法理の第2段階審査が行政機関への敬譲と直結せず、行政機関の説明責任を問いながら、その合理性について判断することになるのである。

こういった理解の仕方は、本件（Massachusetts v. EPA 判決）の法廷意見のアプローチと類似したものといえる。実際、本件においても、法廷意見は合理性の判断において Chenery 判決を引用しており、かかる見解は本件と先例との関係を整合的に把握するものといえよう。

5 環境問題における執行府の裁量

（1） 大気浄化法における執行府の裁量 それでは、アメリカにおいて司法府は、執行府の環境政策に対していかなる態度をとっているのだろうか。環境政策は、本件のように、単なる行政機関の判断にとどまらずに、執行府の政策判断と密接に関連していることが多い。そこで以下では、執行府の判断が関連していることを踏まえながら、環境問題に関する司法判断をみてみることにする。

この問題に関するリーディングケースとして、1976年の Ethyl Corp. v. EPA 連邦高裁判決[56]がある。この事件では、ガソリンの中に含まれる鉛について、EPA が公の健康や福祉に危険性を与えるとして規制したことが問題となった。これに対して製造会社らはその法解釈の妥当性をめぐって提訴した。これについて連邦高裁は、規制権限に関する EPA の裁量を認め、EPA は大気浄化法の各規定に基づきながら健康や福祉を守るために危険に対して柔軟に対応できる、という判断を下した。

法解釈の観点からみた場合に、この判決をどのように解するかには争いがある[57]。判決が危険性を防ぐための裁量を広く認めた点を重視するのであれば、EPA は危険の防止の方向に向かう法解釈を行う場合に、裁量を与え

---

(56) Ethyl Corp. v. EPA, 541 F. 2d 1 (D. C. Cir. 1976).
(57) Recent Case, *Administrative Law-Powers of Agencies-D. C. Circuit Shields Environmental Protection Agency from Making Controversial Determination of Climate Endangerment-Massachusetts v. EPA, 415 F. 3d 50 (D. C. Cir.), reh'g en banc denied, 433 F. 3d 66 (D. C. Cir. 2005)*, 119 HARV. L. REV. 2620 (2006). これについて、一見すると、執行府の広範な裁量を認めたようにみえるが、「危険性」の判断に関する裁量は大気浄化法の各条文に基礎づけられていなければならず、執行府の裁量はそれほど広く認められたわけではないとする見解がある。もっとも、具体的にどのように他の規定に拘束されるのかが判決には示されておらず、その内実を明らかにする必要がある。

られることになる。その場合、ラチェット理論[58]に類似の理論が正当化論拠として出てくるだろう。一方、判決が危険性の判断のみならず、環境規制に関するEPAの裁量を認めたものと解するのであれば、規制するか否か自体について、EPAの裁量が広く認められるということになる。

　Ethyl Corp. 判決だけでは、EPAの裁量はリスクの防止の方向に向かっている場合に限定して裁量が認められるのか、それともEPA自体の裁量が広く認められるのかについて、不明瞭である。しかし、Massachusetts v. EPA 判決と照合させると、本件がEPAの規制の不作為について、その合理性を厳格に判断していることから、前者のアプローチに親和性が出てくるといえる。

　それでは、Massachusetts v. EPA 判決におけるEPAの判断は誤っていたのだろうか。EPAの判断に対しては、多くの批判がある。まず、法律を体系的に理解すると、執行府のような法解釈はとりえないという批判がある。EPAは、「大気汚染物質」の定義に二酸化炭素は含まれないとしたが、大気浄化法は、特定の物質を列挙したのではなく、大気汚染物質となりうるものを規定したのであり、それは汚染物質を広範に包含することを意図したものとなっているというのである[59]。つぎに、執行府の裁量についてであるが、それは危険性の判断を実証的に検討することに限定されるという批判がある。大気浄化法がEPAに与えた裁量は、ある大気汚染物質が健康や福祉に害を与える危険性があるかどうかについてであり、科学的不確実性や政策的考慮に基づいて判断する裁量は与えられていないとするのである[60]。

　また、EPAのいうように温室効果ガスによる地球温暖化に関する科学的実証が不十分であるとしても、予防原則の観点から、規制措置を要請するというアプローチもありうる。環境問題における予防原則とは、環境被害の科学的実証が困難な場合でも重大な損害をもたらすリスクがあるときには、事前に予防措置をとらなければならないとするものである[61]。この予防原則に立脚して、EPAに規則制定を要請する可能性が残されているのである。

---

(58) 車輪は回れば回るほどその方向に突き進んでいくことから、権利の拡大に向かう公的行為に対して裁判所はそれを尊重するべきであるということの比喩として用いられる理論のことである。
(59) Note, *Creative Statutory Interpretation: How the EPA Escaped Regulation of Motor Vehicle Emissions Under the Clean Air Act*, 13 MO. ENVTL. L. & POL'Y REV. 136, 150 (2005).
(60) Daniel Baylson, *Commonwealth of Massachusetts v. EPA: Passing the Buck on Regulation of Greenhouse Gas Emissions*, 17 VILL. ENVTL. L. J. 411, 429 (2006).

ただし、予防措置は様々な要素を勘案して政治的判断に基づき行使されることから、そこには積極的行動をとらないという選択肢も含まれる。そのため、それは政治的裁量が認められる領域であり、必ずしも司法審査によって規制措置を強制しうるようなことには直結しない点に注意しておく必要がある。

このような予防原則は、リスク分析におけるリスク管理（risk management）の段階において適用されるものとされるが、リスク分析においては、リスク評価（risk assessment）というリスク管理の前段階ともいうべき次元が存在する。スミス（Joel D. Smith）はこの2つのレベルに着目して、大気浄化法の解釈を行う[62]。スミスによれば、リスク評価とリスク管理を区別することが重要であり、それぞれで執行府がいかなる裁量を有するかを検討しなければならないとする。リスク評価は、環境への潜在的影響を科学的証拠に基づいて判断するものである。一方、リスク管理は、そのリスクに対して適切に対応するための政策選択を行うことをいう。このような区別をした上で、大気浄化法がそれぞれについてどのような裁量を執行府に与えたかを分析することになる。大気浄化法をみると、大気汚染の発生に関する科学的判断（リスク評価）についてはEPAに広範な裁量を与えた上で、危険性があると判断した場合には、「規則を規定しなければならない」（shall by regulation prescribe）と規定していることから、規則の設定（リスク管理）を義務づけているように解釈できるというのである。

(2) 執行府の政策決定方法——Massachusetts v. EPA 判決における執行府の戦略の失敗？　もっとも、執行府は、政策決定においていかなる形式をとるかを自由に選択できる。マギル（M. Elizabeth Magill）によれば、執行府がとりうる形式は、①規則、②裁決、③指導の3つに大別される[63]。それぞれのプロセスとして、①は告知と聴聞のプロセスを経るものであり、②は事実審に類似した形の公聴会を開催するものであり、③は決定または指針を文書または口頭で通知するものである。このうち、①は法的拘束力があり、②は法的拘束力のあるものとないものとがあり、③は法的拘束力を有しない

---

(61) ここでいう予防原則については、中山竜一「リスクと法」橘木俊詔=長谷部恭男=今田高俊=益永茂樹編『リスク学入門1 リスク学とは何か〔新装増補〕』87頁、106-111頁（岩波書店、2013年）を参照。

(62) Joel D. Smith, *Massachusetts v. EPA: A Change of Climate at EPA Clouds the D. C. Circuit's Review of Risk-Based Policy Decisions*, 33 ECOLOGY L. Q. 653 (2006).

(63) M. Elizabeth Magill, *Agency Choice of Policymaking Form*, 71 U. CHI. L. REV. 1383 (2004).

とされる。

　このうち、どれを選択するかは執行府の自由であるが、その選択の結果は司法審査との関係で重要になってくる。たとえば、どの形式を選択したかにより、司法審査の厳格度が変化することがある。これについてはスティーブンソン（Matthew C. Stephenson）の考察が目に留まる。スティーブンソンによれば、執行府は法解釈を行う際に、それが司法審査をパスするように戦略を練っているという[64]。それが、スティーブンソンのいう戦略的選択（Strategic Substitution）である。これによると、執行府の法解釈について裁判所は、①手続の正式性（解釈に基づいて出された政令における形式）と②条文との適合性（法律の条文とその解釈との関係）に着目して、その法解釈の妥当性を判断する。その際、裁判所は、手続が正式なものであれば、執行府の判断に敬譲することになる。また、執行府の法解釈が法律の条文に適合していれば、その判断が尊重されることになる。このような傾向に従って、執行府は双方を考慮しながら戦略的に法解釈を行い、司法審査をパスするように試みる。しかしながら、この戦略は執行府側にある種のコストを強いることになる。たとえば、手続を正式なものにするためには、告知や聴聞の機会を確保するなど、時間や労力がかかる。また、条文に忠実に従うことによって、政策実現から遠のくことがありうる。したがって、執行府はコストベネフィットを考慮して、法解釈を行うというのである。

　このようなアプローチを Massachusetts v. EPA 判決にも当てはめることができるだろうか。まず手続についてであるが、請願に対して EPA は、パブリックコメント等を検討したものの、最終的には通知で処理している。さらに、本件で EPA は、条文よりも、執行府の裁量に焦点を合わせて、政策的重要性を前面に出して反論した。こうしてみると、スティーブンソンの指摘に従えば、本件において執行府は、司法審査をパスするための戦略的選択に失敗していたことになる。

　また、マギルは、執行府の形式選択について、司法はその理由を審査することで、間接的に統制をかけているとする。行政手続法の裁量濫用テスト[65]に基づき、執行府が決定した判断そのものの合理性の審査に付随して、

---

(64) Matthew C. Stephenson, *The Strategic Substitution Effect: Textual Plausibility, Procedural Formality, and Judicial Review of Agency Statutory Interpretations*, 120 Harv. L. Rev. 528 (2006).
(65) 5 U.S.C. §706 (2) (A).

執行府が選択した形式に合理的な理由があるかどうかについても審査するというのである[66]。実際、本件においても、法廷意見は裁量濫用テストを用いて処理しており、そうした司法統制の一例とみることができる。しかし、このような統制方法は本件のような執行の不作為に対しても妥当するものなのであろうか。

(3) **執行の不作為に対する司法審査**　Massachusetts v. EPA 判決の法的効果は、EPA の規制権限の確認という効果にとどまっているものの、温室効果ガスと気候変動との関連性の判断を拒絶するだけの合理的理由を提示していないと判示していることから、実質的に EPA の規制権限不行使を非難する形となっている。だが、このような不作為の是非を裁判所が判断できるか否かについては権力分立上の問題がある[67]。なぜなら、法の執行は執行府の権限であるため、この行使・不行使について司法が指示することが執行府の権限を侵害しているのではないかという問題を惹起するからである[68]。とりわけ、本件のような問題は、単に行政の不作為というよりも、執行府の政策的判断が関連していることから、執行の不作為という文脈で位置づけられることになる。執行の不作為といっても、いくつかの場面が考えられるため[69]、状況によって結果も異なってくるが、本件は請願を経た規則制定についての不作為となっている点も特徴的である。こうした執行の不作為については司法審査が認められるのだろうか。これについては、請願が民主的側面を有することから、司法審査と民主主義の問題にも関連する。ただ、この観点からすると、民主的問題であるからこそ司法判断が難しくなると考えることもできるし、民主的な請願を受けいれる形の判断であればむしろ好ましいと考えることも可能である。これについてサンスティンは、通常の個別の執行決定よりも、請願に対する決定の方がより広範な人々に影響を及ぼす決

---

(66)　ただし、事実問題の審査は法律問題の審査ほど厳格になされないことが多い点に留意しておく必要がある。*See* PETER L. STRAUSS, ADMINISTRATIVE JUSTICE IN THE UNITED STATES 349 (2nd ed. 2002).
(67)　Cass R. Sunstein, *Reviewing Agency Inaction After Heckler v. Chaney*, 52 U. CHI. L. REV. 653, 669-670 (1985).
(68)　これについては、執行権の概念が密接に関連してくる（第2章 I-1(1)）。
(69)　なお、「有意な基準」に着目して行政庁の規制権限不行使に対する司法審査の可能性を考察したものとして、清水晶紀「行政庁の規制権限不行使に対するアメリカの裁判統制(1)(2)」上智法学論集50巻3号113頁（2007年）、同50巻4号169頁（2007年）。

定となるため、司法審査に服するとしている[70]。

また、環境規制という文脈における執行の不作為の判断をどのように審査できるのかといった問題もある。ツァルネツキー（Jason J. Czarnezki）によれば、環境保護立法に基づく執行の作為・不作為の問題を検討する場合、裁判所は基になっている法律を拡大解釈するか、縮小解釈するかの選択を迫られるという[71]。たとえば、執行府が法律の授権の範囲を超えて規制を行った場合、裁判所は当該法律を拡大解釈してその行為を認めるか、それとも縮小解釈してその行為を違法とするかの選択を迫られる。あるいは、環境規制の不作為の場合には、拡大解釈して執行の不作為の違法性を認めるか、縮小解釈して不作為の正当性を認めるかといった選択となる。このような「拡大解釈と縮小解釈の選択は問題となっている法律規定だけの問題ではなく、連邦議会、行政機関、裁判所の間の環境問題に対する制度的関係に関連するものである」[72]。

それでは、いかなる場合に、いずれの選択をすべきなのかが問題となるわけであるが、これについてツァルネツキーは、原則として裁判所は拡大解釈を行っていくべきであるとする[73]。なぜなら、環境問題は日々変化していくことから法律はそれを予期して解釈の余地を広く残しているのであり、また、かりに環境規制に失敗した場合のコストは莫大なものになるからだ、という。もっとも、条文をベースに考えることが基本的枠組であることに注意しなければならない。そこで、法律がコストベネフィットや技術的実行可能性などを考慮すべきであると規定している場合には、裁判所は執行府の判断を尊重しなければならないとツァルネツキーはいう。つまり、法律にコストベネフィットや技術的実行可能性などに関する規定が存在しなければ、裁判所は原則として拡大解釈を行うことが要請されるというのである。ただし、そのような場合でも限界があり、拡大解釈が①明らかに連邦議会の意図に反する場合、②非常識な結果をもたらす場合、③環境や公の健康に悪影響をもたらす場合には拡大解釈ができない[74]。

---

(70) Sunstein, *supra* note 67, at 681.
(71) Jason J. Czarnezki, *Shifting Science, Considered Costs, and Static Statutes: The Interpretation of Expansive Environmental Legislation*, 24 VA. ENVTL. L. J. 395 (2006).
(72) *Id.* at 397.
(73) *Id.* at 396-397.
(74) *Id.* at 416-421.

ツァルネツキーはこのアプローチを温室効果ガス規制の問題に適用した場合、大気浄化法にコストベネフィットや技術的実行可能性を考慮すべきという規定が存在しないことから、裁判所は執行の不作為を糾弾することができるとする[75]。

　こうした議論をみると、環境政策に関する執行の不作為を考える際には、法律の解釈を通して判断すべきであることを前提として話が進められているといえる。しかしながら、それは、環境問題が執行府の専権事項ではないことを前提とした議論である。言い換えれば、憲法上、環境問題は執行府の自律事項に含まれるのか、それとも一般的な政策事項となるのかについて検討しなければならない。

　（4）　**執行府の自律権**　　執行府の自律権とは、憲法上執行府の自律的領域に属する事項は執行府の専断的判断となることをいう[76]。その結果、他権は、執行府の自律的判断に対抗できないことになる。他方で、それ以外の一般的事項については、執行府の判断がつねに尊重されるわけではないことになる。そこで、環境問題がいずれの領域に属する事項なのかが重要になってくる。Massachusetts v. EPA 判決では法廷意見が執行府の自律事項に関して言及している箇所がある。すなわち、「とりわけ、たしかに大統領は外交について広範な権威を有するが、その権威は国内法の執行を拒絶することにまで拡大するものではない」[77]と述べた部分である。この言述は、執行府の国内政策に関する裁量を限定する文脈で述べられたものであるが、外交に関する執行府の裁量と比較している点が注目される。言い換えれば、法廷意見は、外交については、執行府の専権領域であることを認めているのである。もっとも、それを確認した上で、本件における EPA の判断について、「それらは科学的判断を構成することを拒絶するだけの合理的な正当化にさえなっていない」[78]と糾弾する。本件における執行府の判断は、科学的根拠に基づくものではなく、そのような判断に敬譲することはできないとしたのである。

---

(75)　Id. at 402-408.
(76)　Michael Stokes Paulsen, *The Merryman Power and the Dilemma of Autonomous Executive Branch Interpretation*, 15 CARDOZO L. REV. 81, 103 (1993).
(77)　*Massachusetts v. EPA*, 127 S. Ct. at 1463.
(78)　Id.

このような言述から、連邦最高裁は、①外交に関する執行府の裁量を広く認めていること、②国内の政策問題については専門的判断となっていなければ執行府に敬譲しないこと、がわかる。さらに、②のような場合に合理性を審査するときは、専断性、恣意性、法との適合性などの要素が判断基準となることが示されている。

かかる連邦最高裁の枠組は、執行府の裁量に関する従来の判例法理をより詳細化したものとして評価することができる。しかし、その一方で、スカリア判事の反対意見にも目を向けておかなければならない。スカリア判事は、反対意見の最後の箇所で、「現在の問題がどんなに重要な基本的政策であっても、連邦最高裁は自己の望む結果を責任ある機関の合理的判断に代えてしまう権限は持っていないのである」[79]と述べ、司法的統制の限界に言及している。こうした態度は、スカリア判事が法廷意見を執筆した1992年のLujan v. Defenders of Wildlife 連邦最高裁判決[80]においてもみてとることができる。スカリア判事は、公共の利益に関する問題については、政治部門の判断に委ねるべきであり、司法府が介入すべきでないと述べているからである。

もっとも、こうしたスカリア判事の見解は、公共の利益に関わる問題を執行府の自律事項とみなしているというよりも、政策的判断に対する司法の敬譲の形を示しているといえる。つまり、執行府の憲法上の自律的権限ではなく、司法府による政治部門の政策的判断の尊重という図式をとっているのである。それでは、こうした政策判断に関する敬譲は、大統領の憲法権限に関連しないのだろうか。これについて、ゴールドスミス＝マニング（Jack Goldsmith and John F. Manning）によれば、大統領には完遂権限（completion power）という憲法上の権限があるという[81]。完遂権限とは、憲法の執行権付与条項などにより、法律が意図する大綱について、詳細を詰めて実行し、任務をやり遂げる権限をいう。つまり、法律の内容が青写真を描くものであれば、執行府はそれを具体的に実行する権限があるというのである。もっとも、法律がそのようなことを意図しているかどうかについては不明瞭な場合が多い。このため、裁判所の役割は、執行府が法律の規定に反した行動をと

---

(79) *Id.* at 1477.
(80) Lujan v. Defenders of Wildlife, 504 U.S. 555 (1992).
(81) Jack Goldsmith and John F. Manning, *The President's Completion Power*, 115 YALE L. J. 2280 (2006).

っていないか、あるいは法律が完遂権限を排除しているかどうかを審査することに限定されるという。この観点からすると、今回の執行府の判断は法律の規定に反しているわけではないこと、そして大気浄化法が完遂権限を排除していないことを踏まえると、完遂権限の余地は残されているといえる。しかし、法律が完遂権限の排除を規定していることは少ないことや執行府が明白に法律違反の行為をとることは少ないことを考えると、この見解は裁判所に執行府の裁量を広く認めさせることになる議論といえよう[82]。

また、執行府の自律権を検討する際には、それが法律の統制からも免れるものなのか、それとも法律の範囲内で広い裁量が認められるにすぎないのかといった問題があり、また、憲法上の権限を執行できるとされる執行府の判断と事務的処理を担う行政機関の判断とを分けて考える必要もあろう。

6 裁判所の介入できる余地

こうしてみると、環境問題に関する裁判所の役割は、法律の解釈を通じた執行府の裁量統制に限定されているといえる。

もっとも、その一方で、コモン・ローの観点から裁判所の果たす役割をより積極的に認める見解もある。環境問題に対して、連邦法や連邦規則などの連邦レベルによる規制では、どうしても国家政策が密接に絡むことから経済活動の観点が入り込んでしまい、対策に十分な期待ができない側面がある。そこで、環境対策については純粋な政策事項とするのではなく、裁判所がコモン・ローに基づいて介入すべきであるというのである[83]。すなわち、コモン・ロー上の公的生活妨害（public nuisance）として、裁判所が環境訴訟を通じて個人の救済をはかりつつ、企業等に対策を迫ろうとするのである。

このようなアプローチは、裁判所が執行の不作為や執行府の自律権といった問題に正面から挑むのではなく、むしろ裁判所特有の領域で勝負するという点で戦略的に優れているように思える。しかしながら、その実効性を考えてみると、個別の事件に限定されることから、執行府の対策と比べると限定

---

(82) Harold Hongju Koh, *Setting the World Right,* 115 YALE L. J. 2350, 2368 (2006). コー (Harold Hongju Koh) は、ゴールドスミス＝マニングの議論が連邦議会の必要かつ適切条項に基づく広範な権限を大統領に付与するかのような内容になっていると指摘している。

(83) Jason J. Czarnezki, and Mark L. Thomsen, *Advancing the Rebirth of Environmental Common Law,* 34 B. C. ENVTL. AFF. L. REV. 1 (2007).

的にならざるをえない。とりわけ、環境問題が国家レベルでの幅広い対応が望ましいという性格を帯びていることを考慮すると、なおさら限界があるように思われる。このため、司法府主導で解決することを目指すというよりも、判決を通じて政治部門に一定の方向性を示しながら問題提起を行うという見方で捉えることが重要であろう[84]。

III　コンパニオンケース

　Massachusetts v. EPA 判決が下された日（2007年4月2日）、実は、連邦最高裁はもう1つ環境問題に関する判断を下していた。Environmental Defense v. Duke Energy Corporation 連邦最高裁判決[85]である。この事件は、デューク・エナジー社が EPA に無断で大気汚染物質を排出する機械を改変して大気汚染物質の排出量に影響を与えたことが問題となった。一見すると、企業側の違反事実の有無だけで終わる事件なのだが、そうではなかった。なぜなら、EPA の設けた規則が大気浄化法の規定を適切に解釈しているかどうかという問題が出てきたからである。

　ここでの争点はやや複雑である。大気浄化法は、ある文言の意味について、他の条文を参照（クロスレファレンス）すると規定していた。通常であれば、その文言はそれぞれの条文において同じ意味で解されるはずである。だが、EPA の設定した規則では、それらを異なる意味で捉えていた。そして本件では、その異なる意味での理解を前提とした場合に、今回のようなデューク・エナジー社の改変が違反行為に該当するのではないかという問題が出てきた。したがって、本件は、法律のクロスレファレンス規定を規則で異なる意味に解することが許されるのかどうかが争点になった。

　このような問題は、行政機関の法解釈に対する司法審査について、新たな問題を提示するものである。1980年代以降、行政機関の法解釈に対して、裁判所は敬譲する姿勢が目立っていたが、最近になって、その趨勢が不明瞭になってきている。たとえば、先の Massachusetts v. EPA 判決のように、

---

(84) *See, e.g.*, LOUIS MICHAEL SEIDMAN, OUR UNSETTLED CONSTITUTION: A NEW DEFENSE OF CONSTITUTIONALISM AND JUDICIAL REVIEW 54-60 (2001).

(85) Environmental Defense v. Duke Energy Corporation, 127 S. Ct. 1423 (2007).

不作為を問題視して、行政機関の判断に敬譲しないこともある。そのような状況の中で、裁判所は、行政機関のクロスレファレンス規定の解釈に対してどのように判断するのだろうか。

通常、法律のクロスレファレンス規定があれば、そこでの文言は同じ意味で解されるはずである。しかし、行政機関がそれとは異なる解釈をすることもありうる。そうした問題に裁判所が直面した場合、いかなる判断を下すのだろうか。その解決手法は行政機関の法解釈に対する司法審査の問題に関連する。

1 Environmental Defense v. Duke Energy Corporation 判決

（1）**事件の概要**　デューク・エナジー社は、ノースキャロライナ州やサウスキャロライナ州に多くの工場を持ち、200万人を超える顧客に電気を提供している。1998年から2000年の間、同社はいくつかの石炭燃焼工場において改変プロジェクトを実施し、ボイラーチューブの交換を行うなどして、1日当たりの作動時間を高めた。2000年12月、EPAは、デューク・エナジー社のプロジェクトが大気浄化法に違反しているとして訴えを提起した[86]。事前審査に基づく許可を得ずにプロジェクトを実行したからである。

これに対してデューク・エナジー社側は、当該プロジェクトによる「改変」（modification）は、許可が必要となるような「改変」に当たらないとして反論した。このため、本件では、大気浄化法上の「改変」の解釈が争点となった。ただ、本件の法解釈の問題はやや複雑である。大気浄化法は、「改変」という文言をいくつもの規定においてクロスレファレンスさせており、EPAがそれらを同じ意味で解釈しなければならないかどうかという問題をはらんでいる。そして、EPAはクロスレファレンス先の規定における「改変」の意味をそれとは異なる意味に解して規則を制定しており、その妥当性も問われることとなった。

本件において主役として登場する規定は、「新発生源行為基準」（New Source Performance Standards: NSPS）と「重大な悪化の防止」（Prevention of Significant Deterioration: PSD）である。NSPS は、新たに大気汚染物質を発生

---

[86]　本件では行政機関側が訴訟を提起したので問題にならなかったが、環境訴訟では Massachusetts v. EPA 判決のように当事者適格が問題となることが多い。環境訴訟の当事者適格については、畠山武道『アメリカの環境訴訟』（北海道大学出版会、2008年）が詳しい。

させる施設に対して、環境への影響を最小限にとどめようとして1970年に定められた規定である。そこでは、新たな発生源や改変行為を対象として、それらに関する法律上の定義を行っている[87]。1977年になると、連邦議会は、さらに大気浄化法の改正に着手し、新発生源審査（New Source Review: NSR）と呼ばれるプログラムを制定した[88]。そこで、「重大な悪化の防止」に関する規定が設けられ、PSD規定が大気の質の維持を担うこととなった。PSD規定は、発生源の改変に対して、事前にEPAの許可をとるように要求した[89]。その際、本件で問題となった「発生源又は施設に関連して使われる'工事'という用語は、（[7411条(a)項]で定義された）発生源又は施設の改変を含む」[90]（改正により7411条(a)項(4)号を指す）というクロスレファレンス規定が設けられたのである。つまり、ある工事が許可を要するかどうかについては、NSPSの改変の定義が参照されることになっているのである。

これだけでも複雑なように思えるが、本件ではこれに規則が絡むことによって、いっそう複雑さを増すことになる。NSPSとPSDも他の規定の例に漏れず、詳細な規則が設定されている。NSPS規則は、ほぼ法律の条文に則って、再度改変の定義を行う。すなわち、「改変とは既存の施設が（基準が適用される）いずれかの大気汚染物質の量を増加させて大気中に排出した場合又は以前には大気中に排出されていなかった（基準が適用される）いずれかの大気汚染物質を排出する結果を引き起こした場合における、いずれかの物理的変化又は主な固定発生源の作動方法の変化を意味する」[91]とする。重要なのは、この改変に該当する行為を判断する基準に関する規定である。これについてEPAは、「排出量率は基準が適用される大気に排出されたいずれかの汚染物質の時間当たりのキロ数で表す」[92]とした。

---

(87) 42 U.S.C. §7411 (a)(4).「改変」という用語はその発生源から排出される大気汚染物資の量を増加させるか又は以前には排出されていなかった大気汚染物質を排出する結果を引き起こす、物理的変化、又は固定発生源の作動の変化を意味する」。

(88) 佐々木良「米国の環境政策―大気浄化と地球温暖化対策」レファレンス646号8頁、19頁（2004年）。ただし、プログラム違反者を相手取って訴訟を提起し始めたのはクリントン政権後期になってからであったため、対応が後手に回っていると批判されている。

(89) 42 U.S.C. §7475 (a)(1).「本編の制定後に工事を始める大規模排出施設は本編が適用されるいずれかの領域において工事を行うことができない。但し、(1)当該施設が本編の要件［42 USCS §7470 et seq.］に従って排出の限界を設定し本編に基づき［42 USCS §7470 et seq.］申請を行って許可が与えられた場合はその限りではない」。

(90) 42 U.S.C. §7479.

(91) 40 C.F.R. §60.2.

PSD 規則は、事前に許可が必要となる改変行為について次のように定めた。すなわち、「大規模な改変とは以下のような結果を引き起こすいずれかの物理的変化又は主な固定発生源の作動方法の変化を意味する。NSR が規制した汚染物質に関する相当な排出量の増加。又は主な固定発生源から出た汚染物質の相当な純排出量の増加」[93]である。「大規模な」という修飾語をつけた点のみならず、その内容も NSPS 規則の「改変」とは相違がみられる。この時点で、少なくとも規則レベルにおいては、NSPS 規則と PSD 規則とで、「改変」に関する内容が異なっており、これについてクロスレファレンス先の法律の内容と違いがみられる点が重要である。

　さらに、PSD 規則の排出量率の判断基準は、NSPS 規則のそれと異なっている。しかも、それが１つの条文で明確に示されているわけではなく、次の３つの規定を合わせて解釈しなければならない。第１に、通常業務をとどこおりなく行うための変更であれば改変に該当せず、さらに作動時間または生産率における増加だけでは改変に当たらない[94]。第２に、純排出量は、実際の排出量の増加のことを指し、それは年間当たりの総トン数における平均値を意味する[95]。その平均値は作動時間数や生産量率などを総合して計算される[96]。第３に、相当な（純）排出量の増加における「相当」とは、他で列挙された限界値と同等またはそれを超えている排出量率のことをいう[97]。これらをまとめると、排出量率は年間当たりの総トン数における平均値で表すことになる。したがって NSPS 規則の基準が時間当たりの排出量である

---

(92)　40 C.F.R. §60.14(b).
(93)　40 C.F.R. §51.166(b)(2)(i).
(94)　40 C.F.R. §51.166(b)(2)(iii)(a)(f).「(iii)物理的変化又は作動方法の変化には以下のものを含まない。(a)通常業務の維持、修理、又は交換。(f)作動時間又は生産量率における増加」。
(95)　40 C.F.R. §51.166(b)(3).「(3)(i)純排出量の増加は、主な固定発生源から NSR が規制しているいずれかの汚染物質を排出している場合……を意味する。(a)本条の(a)(7)(iv)規定に基づいて計算された特定の物理的変化又は固定発生源の作動方法の変化による排出量の増加。(b)固定発生源の特定の変化に伴って同時発生したとしか考えられない実際の排出量の増加又は減少」。
(96)　40 C.F.R. §51.166(b)(21)(ii).「一般に、特定の期日における実際の排出量とは、当該ユニットが特定の期日から連続する24ヶ月の間かつ通常の発生源が典型的に作動している間に実際に排出した汚染物質の年間当たりの総トン数における平均値と同等である。当該機関の審査は通常の発生源がより典型的に作動していると判断するときは異なる期間を採用することができる。実際の排出量はユニットの実際の作動時間、生産量率、又は指定された期日において処理、保管、又は燃焼された物質の種類を使って計算される」。
(97)　40 C.F.R. §51.166(b)(23)(i).「相当とは、純排出量の増加又は以下のいずれかの汚染物質を排出する発生源の潜在能力を参照して、以下のいずれかの率と同等又は超える排出量率を意味する」。

のと異なっているのである。

　かいつまんでいうと、以下のとおりである。法律は、改変行為に許可を要するかどうかについて、NSPSの改変の定義に委ねている（PSD規定）。そして、それを具体化したNSPS規則によると、改変に該当するかどうかは、時間当たりのキロ数で決まる。したがって、法律のクロスレファレンスに従えば、時間当たりのキロ数で排出量が増加していれば、許可が必要となるわけである。ところが、PSD規則は、年間当たりの総トン数における平均値で決まるとしている。つまり、規則レベルでは、NSPSの「改変」に該当するかどうかと、PSDの「工事」に該当するかどうかの判断基準が異なる。そのため、年間当たりの総トン数における平均値が増加していれば、許可が必要になるのである。

　これを本件に当てはめてみると、EPAは、PSD規則に基づき、年間当たりの総トン数における平均値が増加しているのだから、許可が必要であったと主張した。一方、デューク・エナジー社側は、NSPS規則に基づき、本件改変によって時間当たりの排出量を増加させていないことから、許可は不要であったと反論した。すなわち、EPA側が規則のクロスレファレンスの相違を前提として、PSD規則に基づいているのに対し、デューク・エナジー社側は法律のクロスレファレンスが同一であることを前提として、PSD規則の判断基準がそれに反していると言っているのである。

　下級審は、一審、二審ともに、デューク・エナジー社側の主張を受けいれた。連邦地裁は、時間当たりの排出量が増加した場合のみ改変に該当するのであって、作動時間の増加を含まないとして、今回のケースは改変に当たらないとした。また、連邦高裁は、法律の文言を統一的に解釈することが重要であるとし、改変は時間当たりの排出量の増加と解釈されることから、改変に該当しないとした。このため、EPA側が上告したのが本件である。

　（2）**法廷意見**　本件では、スーター（David H. Souter）判事が法廷意見を執筆した。法廷意見は、まず、「我々は"異なる法律において同一文言が問題となった場合のみならず、同じ法律または同じ規定で同一文言が使われるときでさえ、ほとんどの語句が複数の異なる意味を持っていることから様々に解釈される"ことを理解している」[98]と述べた。同じ法律の中に同一

---

(98) *Duke*, 127 S. Ct. at 1432.

文言が複数ある場合、それらは異なる意味で解釈することがありうるとしたのである。

その上で、クロスレファレンス規定の解釈に移る。法廷意見によると、「同じ法律の中の異なる条文において同一に定義された用語は同じように解釈されなければならないという"事実上反証できない"推定が存在するわけではない。文脈にそって解釈しなければならないのである。大気浄化法が"改変"という用語またはNSPSとPSDの条文でその語句に関して同じ定義をただ単純に繰り返しているわけではないことは事実である。たしかに、PSDの文言はNSPSが意図する"改変"の定義を参照するように規定している。しかしそれはRobinson v. Shell Oil Company 連邦最高裁判決[99]における問題と異なっており、我々はそこでの特徴と本件との相違を同じものとみなすことはできない[100]。NSPSをクロスレファレンスするようにした技術的な修正に関する条文または立法経過が欠如していることは、改変された発生源にPSDの要件を課す際に連邦議会がその実施の詳細を規則に委ねることを念頭に置いていたのではないかということをうかがわせる。もっとも、クロスレファレンスだけでは連邦議会の法典によって定義された用語の周辺を参照して法律の定義の問題を解決するという慣習法的な行政機関の裁量を排除しているかどうかは明らかではない。PSDおよびNSPSが"改変"について異なる規制をしているという理由を無視するだけの鉄則は存在しないため、あとはEPAの解釈が、大気浄化法の一般的な定義に基づき、合理的な範囲内であることが必要である」[101]。

つまり、クロスレファレンス規定の解釈は、文脈に応じてなされることが基本となる。とりわけ、クロスレファレンスさせた理由が明確でない場合、それは規則に委ねられたと考えられるので、あとは規則の合理性を審査することになるとした。

規則の合理性については、「実際、1980年のPSD規則は継ぎ目のない細かなものであったかもしれないが、しかしそれは明白に"大規模な改変"に

---

(99) Robinson v. Shell Oil Company, 519 U.S. 337 (1997).
(100) Robinson 判決では、条文が不明確であることから、連邦最高裁が他の規定を参照して解決をはかった。だが、本件では、条文のクロスレファレンス自体の意味が不明瞭であることから、規則の解釈を判断することになるとしている。
(101) *Duke*, 127 S. Ct. at 1433-1434.

該当する排出量の増加を"時間当たりの排出量"で定義していたわけではない。外形的にみても、PSD規則の定義は量率について、時間当たりか年間当たりか、まったく特定しておらず、ただ規制された大気汚染物質の"いずれかについて相当な純排出量の増加を引き起こす"物理的または作動的変化を規制しているにすぎない。しかし量率が言及されている場合には、"相当"または"純排出量の増加"という2つの用語に関する規則の定義にあるように、量率は、時間当たりではなく、年間当たりである。"相当"の量を定める各々の限界値は"年間当たりの総トン数"であり（§51.166(b)(23)(i)）、また"純排出量の増加"は以前からの"年間当たりの総トン数"の排出量の量率の"平均"によって測定される"実際の排出量の増加"であると規定されている（§51.166(b)(3), (21)(ii)）」[102]。

「我々はこの1980年PSD規則の理解はその"大規模な改変"に関する定義に2つの異なる構成要素があることを見落としてしまっていると考える。すなわち、[1]主な固定発生源の物理的変化または作動方法の変化が[2]大気浄化法に基づく規則によるいずれかの大気汚染物質の相当な純排出量の増加を引き起こすという部分である。"……時間の増加……または……生産量"の除外は、これらの構成要素の第1の部分にかかっているのであり（"物理的変化……または……方法の変化"）、第2の部分にはかかっていない（"相当な純排出量の増加"）。1980年PSD規則が序文で規定しているように、企業が単に作動時間を調整するだけの場合に事前にPSDの許可を求めさせることは好ましい市場条件を利用する企業の能力を深刻または不当に阻害することになるだろう。言い換えれば、作動時間の増加だけでは、"物理的変化または作動方法の変化"にならないのである」[103]。

このように、法廷意見はほとんど規則による排出量率の決定方法の分析に頁を費やし、作動時間の変更について許可を求めることは不合理であることに触れている。言い換えれば、法廷意見は、規則による排出量率の決定方法（年間当たりの総トン数における平均値）が合理的だと述べているわけである。

（3）　トーマス判事の同意意見　　トーマス判事は、結論において法廷意見に同意するとしながらも、クロスレファレンスの捉え方については賛成でき

---

(102)　*Id.* at 1434.
(103)　*Id.* at 1435.

ないとする[104]。

　トーマス判事によると、ある語句の意味について規定する法律が別の内容の規定で同じ語句を繰り返して用いるとき、連邦議会はその語句の意味を変える意図を持っている可能性がある。ところが、そのような可能性はPSDには存在しない。というのも、「本件における法律は他方へのクロスレファレンスを含んでおり、連邦議会は明確な意図をもって"改変"という用語について共通の定義を与えている」[105]。

　つまり、NSPSの"改変"の定義をPSDに組み込んでいるため、連邦議会はPSDの"改変"の定義がPSDに特有の内容を含むことを意図していなかったと考えるのである。トーマス判事によれば、「クロスレファレンスされているがゆえに、PSDおよびNSPSにおける"改変"の定義は単一であり同一なのである」[106]。そのため、「連邦議会が明らかにPSDの"改変"の定義とNSPSのそれとをリンクさせているため、EPAがPSDとNSPSの"改変"について規則で別々の定義を行うことはできない」[107]ことになる。

　(4) 整　理　以上を整理すると、次のようになる。デューク・エナジー社の改変行為はPSD規定による許可が必要である。なぜなら、年間当たりの総トン数における平均値が増加しているからである。大気浄化法は、PSD規定における改変の定義をNSPS規定の定義にクロスレファレンスさせているが、その詳細は規則によって定められる。その際、NSPS規則とPSD規則の定義が異なっていても、それが合理的であればかまわない。PSD規則は、年間当たりの総トン数における平均値が増加していれば許可が必要としている。その基準は合理的である。したがって、その排出量が増加したデューク・エナジー社の改変行為は許可が必要な行為だったのである。

　こうしてみると、本件は環境の改善に向かった判決である。しかも、法律のクロスレファレンス規定における文言の意味を変えてまで規制することを認めた点は、Massachusetts v. EPA判決に遜色がないといえるだろう。しかし、バレンタイン（John Marshall Valentine）によれば、それがEPAの法

---

(104)　*Id.* at 1437-1438 (Thomas, J., concurring). なお本件判決では、トーマス判事の同意意見があるだけで、残りの判事は法廷意見に与している。
(105)　*Id.* at 1438.
(106)　*Id.* at 1437.
(107)　*Id.* at 1438.

解釈の合理性を広く認めたものである点に注意すべきだという[108]。なぜなら、EPA は時の政権の影響を受けるため、つねに環境保護に向かうとは限らないからである。

　それでは、連邦最高裁は、行政機関の法解釈について、いかなる枠組を示したのだろうか。本件で中心的な争点となったクロスレファレンス規定の解釈に焦点をしぼりながらまとめてみよう。

　法廷意見によれば、クロスレファレンス規定は、文脈に応じて解釈される。クロスレファレンスさせた理由が明確でない場合、それは規則に委ねられたと考えられる。その結果、規則の合理性を審査することになる。本件では、EPA の法解釈の合理性を検討しながら、排出量率の決定方法が企業の能力を不当に阻害していないことから、その合理性が認められるとした。

　これに対して反論を展開したトーマス判事の同意意見もみておこう。トーマス判事によれば、法律が共通の定義を与えるためにクロスレファレンスしている以上、それがいかなる意図をもってクロスレファレンスさせたかなどを考える必要はない。つまり、クロスレファレンスの意味は明白であるにもかかわらず、それを文脈によってねじ曲げることは許されないと言っているのである。

2　行政機関のクロスレファレンス解釈に関する判例法理

　Duke 判決と同じように、法律の関連規定を行政機関が異なる意味で解釈した問題を扱った事例が 1 つある。1981 年の Rowan v. United States 連邦最高裁判決[109]である。

　事件の概要はこうである。ローワン社は、沖合で仕事を行う従業員に食事と住居を提供していた。ローワン社は、連邦保険拠出金法（Federal Insurance Contributions Act: FICA）[110]および連邦失業税法（Federal Unemployment

---

(108) John Marshall Valentine, *Environmental Defense v. Duke Energy Corporation: Judicial Overstepping Alters the Impacts of New Source Performance Standards and Prevention of Significant Deterioration Regulation*, 19 VILL. ENVTL. L. J. 383, 402-403 (2008).
(109) Rowan v. United States, 452 U.S. 247 (1981).
(110) The Federal Insurance Contributions Act, 26 U.S.C. §3101. 賃金の定義については、26 U.S.C. §3121 (a)によるとする。§3121 (a)によると、「"賃金" という用語は、現金以外の媒体で支払われた現金的価値のある全ての給料（収益を含む）を含む全ての労働に対する給料を意味する」と定義されている。

Tax Act: FUTA)[111]に基づいて税の申告を行う際、従業員の所得税の源泉徴収規定[112]が食事と住居を「賃金」(wages) に含んでいなかったため、ここでもそれらを賃金に含まずに申告した。それぞれの条文 (3101 条、3301 条、3401 条) が、ほとんど同様の規定となっていたため、同じ意味に解されると判断したのである。これに対して内国歳入庁は、保険や失業税に関する財務省規則がそれらも賃金に含んでいるとし、課税対象とした[113]。ところが、同じ財務省規則において、所得税の源泉徴収規定では、賃金にはそれらを含まないと規定していた[114]。このため、原告は、両者は整合的でなければならないと主張し、いったん追加課税を払った上で、その返還を求めて提訴した。

　パウエル (Lewis F. Powell, Jr.) 判事による法廷意見は、原告勝訴の判断を下した。法廷意見は、関連法律および立法経過に着目し、立法意図を読み取ろうとした。それらをみると、FICA と FUTA の賃金の定義と所得税の源泉徴収規定の賃金の定義は同様に解釈すべきという立法意図がみえてくる。そのため、規則で異なる解釈をとることはできないとしたのである。

　この事件は、Duke 判決と異なり、法律が直接クロスレファレンス規定を設けているわけではない。しかし、法廷意見は、立法意図を探ることで、それぞれの法律には密接な関連があり、それについて規則で異なる扱いをすることはできないとした。

　Rowan 判決では、行政機関の法解釈の妥当性を認めなかった。しかし、Duke 判決と Rowan 判決を比べてみると、意外な側面がみえてくる。それは、文言にクロスレファレンス規定という直接的な結びつきが示唆されている場合には、行政機関が異なる意味で解釈することを認め、一方で法律条文

---

(111) The Federal Unemployment Tax Act, 26 U.S.C. §3301. 賃金の定義については、26 U.S.C. §3306 (b)によるとする。§3306 (b)によると、「"賃金" という用語は、現金以外の媒体で支払われた現金的価値のある全ての給料（収益を含む）を含む全ての労働に対する給料を意味する」と定義されており、3121 (a)と同一内容である。

(112) 26 U.S.C. §3401 (a). ここでは、「"賃金" という用語は、現金以外の媒体で支払われた現金的価値のある全ての給料（収益を含む）を含む、雇用者のために労働者が行った役務に対する雇用者全ての給料（公務員に支払われた給料を除く）を意味する」と定義されており、連邦保険拠出金法および連邦失業税法とほぼ同一内容である。なお、同条項には様々な例外があり、たとえば(3)では住居サービスが例外事項として規定されている。

(113) 26 C.F.R. §31.3121 (a)–1 (f), 31.3306 (b)–1 (f).

(114) 26 C.F.R. §31.3401 (a)–1 (b)(9).

の関連性という間接的な結びつきしかない場合にはそれを認めなかったという点である[115]。

　これには、シェブロン法理が関連しているように思える。Chevron 判決は、Rowan 判決の3年後に下された。つまり、Rowan 判決の時には、シェブロン法理はまだ登場していなかったのである。

　こうしてみると、シェブロン法理が出てきた後に下された Duke 判決が行政機関の判断に敬譲的であることには一応の説明がつく。しかしながら、Duke 判決でシェブロン法理が適用されたかどうかは検討の余地がある。Chevron 判決が引用される箇所は散見されるものの、その引用箇所はシェブロン法理と関係のないところであり、シェブロン法理には言及していない[116]。ただ、立法意図が不明確であることから行政機関の判断の合理性を審査するという流れは、シェブロン法理の2段階審査に依拠しているようにみえる。また、立法意図が不明確であるがゆえに規則の合理性の審査を行っていることから、シェブロン法理をとっているようにもみえるが、Duke 判決はそもそも条文が明確な事案である。クロスレファレンス規定を置いているのだから、その意味は明らかに参照条文の意味と同様になるはずなのである。それにもかかわらず、法廷意見は、わざわざ立法意図の不明確性を持ち出して、クロスレファレンスの文言を異なる意味に解することに合理性があるかどうかを判断した。このように条文が明確な場合にも、それとは異なる立法府の意図を読み取ることができるのだろうか。

　あるいは、Duke 判決は判例変更を行ったものとして理解すればよいのだろうか。先例と整合的にみるとすれば、立法意図に着目する方法に類似性を見出すしかない。Rowan 判決と Duke 判決はともに立法意図に着目して判断を下している。つまり、クロスレファレンス規定の有無にかかわらず、立法意図を基にして判断しているのである。これは、条文などの形式性にこだわらず、立法意図を柔軟に解していくというプラグマティックな手法をとっているともいえる。

---

(115) Benjamin E. Edwards, *Environmental Defense v. Duke Energy Corporation*, 33 COLUM. J. ENVTL. L. 197, 210 (2008). なお、行政機関の法解釈ではないが、他の条文を参照するという点で関連する Robinson 判決と合わせて考えると、Rowan 判決から Robinson 判決に推移した時点で、判例変更が生じているとの指摘がある。

(116) Hannah Tien, *Can't Do That, Grandpa!*, 15 MO. ENVTL. L. & POL'Y REV. 397, 411 (2008).

しかしながら、クロスレファレンス規定が存在しているということは、意味の明白な条文が存在しているといえる。それをあからさまに無視して、「クロスレファレンスさせることの意味」にまでさかのぼってその解釈を行うのは、ややアクロバティックな解釈手法のように映る。

　また、Massachusetts v. EPA 判決と合わせて考えてみると、行政機関の解釈の広狭という点では、両者に違いがみられるものの、環境保護的判断という見方からすれば両者は共通している。Massachusetts v. EPA 判決を執筆したスティーブンス判事と Duke 判決を執筆したスーター判事は、ともにリベラル派の判事として知られているからである[117]。こうしてみると、Duke 判決には、裁判官の法解釈観やイデオロギーが混在しているといえる。それを端的に表しているのが、Duke 判決におけるライヒ文書 (Reich Letter) に対する判断である。

　1981 年 6 月 24 日、固定発生源実行局長ライヒ (Edward E. Reich) は NSPS 規則と PSD 規則の関連条文に関する公式回答を文書で出した[118]。それによると、「生産量または作動時間が増加した場合のみ実際の排出量が増加したことになるが、その両方とも PSD の審査から明らかに除外されている」とする。そのため、本件の下級審は、デューク・エナジー社の行った変更が PSD の許可を必要とする改変に該当しないと判断した[119]。

　ところが、連邦最高裁は、これがデューク・エナジー社側にとって有利な証拠となるわけではないと切り捨てた。「……ライヒ文書は重要な補強証拠となるわけではない。その論拠はわかりにくく、デューク側の立場を推断的に支持するような言述であるとはいえない。それはいくつかの"対照的な行政の意思表示"によって揺らぐことになるように思われる。いずれにせよ、ライヒ文書の引用は、個別の行政機関の公式文書は裁判所に規則をその条文と一致しないように解釈させる権威を与えるものではないということを認識

---

(117) ただし、本件では、法廷意見が合理性の審査の箇所で企業の能力を不当に阻害していないかどうかに焦点を当てていることから、リベラル派の判事が必ずしも企業に敵対的ではない事例とみることもできよう。しかし、結論的には、企業に環境規制を課すことを肯定しているので、単なる形式的理由として用いているにすぎないとみる方が自然な見方かもしれない。

(118) Letter from Edward E. Reich, Director Division of Stationary Source Enforcement, to Amasjit S. Gill (Jun. 24, 1981), *available at* http://www.epa.gov/region07/programs/artd/air/nsr/nsrmemos/gastrbns.pdf.

(119) 278 F. Supp. 2d 619, 641 (2003).

させるだけである」[120]。このように、本件では、ある意味、行政機関の意思を裁判所が創りあげているような場面もみられる[121]。

3 司法意図——真の統制者は誰か？

それでは、Duke判決のように、条文が明確であるにもかかわらず、あえて立法意図を探る判断手法には、いかなる司法意図があるのだろうか。あるいは、そもそも行政機関の法解釈に対する司法審査は、いったい何を基に判断しているのだろうか。

（1） 立法の支配——議会主導型行政という視点　最初に考えられるのは、行政機関に対する立法的統制である[122]。本件においても、法廷意見は、まず立法意図を探ろうとしていた。立法意図を探ろうとする姿勢は、本件に限らず、裁判所がしばしば行ってきたアプローチである。そして、それは立法府の意思を尊重して、行政機関を統制しようという態度の表れとみることもできよう。これについて、ビーアマン（Jack M. Beermann）の議会主導型行政（congressional administration）の議論が、そうした観点から判例法理を分析している[123]。ビーアマンによると、行政機関の法解釈に関する判例には、①委任禁止の法理、②シェブロン法理、③バーモントヤンキー法理（Vermont Yankee doctrine）[124]の3種類がある。そして、これはいずれも議会主導型行政の観点から説明できるという。

委任禁止の法理は、立法府が広範な委任を行ってはならないことを求めるものである[125]。その際、判例は、明白な原理（intelligible principle）があれば委任できることを示してきた。すなわち、行政機関が従わなければならない明白な原理を作成して委任するのであれば、委任可能であるとするルール

---

(120) *Duke*, 127 S. Ct. at 1436.
(121) この問題については、規則の種類にも関連してくるものであり、何が行政機関の最終決定となるのか、あるいはそれを自由に変更することができるのかといった問題を検討する必要がある。*See* Daniel Bress, *Administrative Reconsideration*, 91 VA. L. REV. 1737 (2005).
(122) John J. Coughlin, *The History of the Judicial Review of Administrative Power and the Future of Regulatory Governance*, 38 IDAHO L. REV. 89, 92 (2001). 従来、行政権の行使に対する司法審査の重点は、立法意図に従っているかどうかであった。
(123) Jack M. Beermann, *Congressional Administration*, 43 SAN DIEGO L. REV. 61 (2006).
(124) バーモントヤンキー法理は、Vermont Yankee Nuclear Power Co. v. Natural Res. Def. Council, Inc., 435 U.S. 519 (1978) が示した手続に関する法理である。
(125) Beermann, *supra* note 123, at 145-148.

である。これは、実質的にかなり広範な委任をも認めるものであった。だが、このような広範な委任を認めることは、議会主導型行政の観点から説明できる。なぜなら、立法府がいかなる権限を行政機関に委ねるのかという政治的大局の決定権者であることを担保するからである。

　シェブロン法理は、行政機関の法解釈に敬譲的な法理であるが、ここでも議会主導型行政との関連性が見出せる[126]。最近のシェブロン法理は、行政機関がどんな手続をとったかを考慮に入れる。正式手続をとった場合には敬譲し、そうでない場合には敬譲しない判断がみられる。これは、議会主導型行政に配慮した判断である[127]。正式手続を踏んだ場合には、立法の意思に従っているとみなして、その判断を尊重することになるからである。

　バーモントヤンキー法理は、憲法上付加手続が要求されていなければ、裁判所が既存の手続に加えて、さらなる手続的要求を行ってはならないというものである[128]。これも、議会主導型行政の観点からすると好ましいものである。司法が法律による手続を勝手に加重することは許されないとするため、議会主導による手続行政を認めていることになるからである。

　このように、議会主導型行政の観点からすると、行政機関に広い裁量を認めたような判例法理が、実は立法の支配を意図していたものとして説明できることになる。たしかに、大局の観点からすると、こうした見方も可能であるかもしれない。しかし、個々のケースをみていくと、必ずしも立法の支配に寄与していない判決がみられる。本件のように条文の明確性よりも文脈を重視したり、後述するように形式上立法意図を掲げながらも実質的には司法が体系的法解釈を行ったりする場面がみられるからである。

　(2)　**行政の優位——専門性と柔軟性**　つぎに、行政の法解釈を広く認めるという意図が考えられる。Duke 判決は、条文が明確であっても、あえて立法意図を探ろうとし、最終的にクロスレファレンス規定を異なる意味で解釈した行政機関の判断を尊重した。これは結果的に、行政機関の法解釈に敬譲したものである。

　こうした姿勢は、従来の判例法理と親和的であるかもしれない。シェブロン法理のインパクトを素直に受け止めるのであれば、司法府の意図は行政機

---

(126)　Id. at 148-154.
(127)　See, e.g., United States v. Mead Corp., 533 U.S. 218 (2001).
(128)　Beermann, supra note 123, at 154-157.

関の解釈に敬譲するという点に集約されるからである。司法府が行政機関の法解釈に敬譲する理由は議論のあるところであるが、共通の理解が得られている点として、専門性と柔軟性が挙げられる。

各分野において専門的知識を備えた官僚集団からなる行政機関は、専門性において他権よりも優れているということがしばしば指摘される。これについてフォンテ(Francesca Fonte)は、環境という領域においても、EPAが積極的に役割を担うべきであると主張する[129]。フォンテによれば、EPAは、経済的コストではなく、公衆衛生の向上に着目して対応をはかるべきであり、司法府もそういった要請をしているとする[130]。そして、EPAは、専門的知識を持つ組織であることから、それをいかして積極的に規則を制定していくべきであるというのである。

柔軟性については、シェブロン法理の理解をめぐる議論の中で、サンスティンをはじめとする多くの学者がその点に言及している[131]。変化が激しい現代社会において、臨機応変に対応できる行政機関の判断は重要である[132]。行政機関は、柔軟性をいかして、プラクティカルな判断を行うことができる。したがって、それが立法意図に反せず、かつそれが合理的である限り、司法府もそれを尊重するのであるという。このような立場は、立法府を基軸としながらも、行政機関がイニシアティブを握って行動することを認めるものである。

ただ、最近になってそれを過度に認めすぎているという指摘もみられる[133]。2005年のNat'l Cable & Telecomms. Ass'n. v. Brand X Internet Servs. 連邦最高裁判決[134]が、曖昧な法律に関する行政機関の法解釈は判例法理の先例拘束を受けないという判断を下したからである。マスール(Jonathan Masur)によると、従来は、行政機関が政権交代のたびに政策変更を行ったり、同じ政権期においても柔軟な対応をしたりしてきたが、司法府

---

(129) Fonte, *supra* note 12, at 365.
(130) Whitman v. Am. Trucking Ass'ns, Inc., 531 U.S. 457, 465 (2001).
(131) *See, e.g.*, Cass R. Sunstein, *Law and Administration After Chevron*, 90 COLUM. L. REV. 2071, 2088-2089 (1990).
(132) Jeffrey E. Shuren, *The Modern Regulatory Administrative State: A Response to Changing Circumstances*, 38 HARV. J. ON LEGIS. 291 (2001).
(133) Jonathan Masur, *Judicial Deference and the Credibility of Agency Commitments*, 60 VAND. L. REV. 1021 (2007).
(134) Nat'l Cable & Telecomms. Ass'n. v. Brand X Internet Servs., 545 U.S. 967 (2005).

の判断に拘束されることでその可変性に歯止めがかけられていた。しかし、Brand X 判決によって先例拘束を受けないことになったため、可変性が行きすぎてしまうというのである。

　また、判例法理が行政機関に敬譲的であるとしても、すべての事例がそうなるわけではない。行政機関の判断が立法意図に反しているか、またはそれが合理的でない場合には、違法判断を下している。さらにいえば、先の Massachusetts v. EPA 判決のように、行政機関の不作為を実質的に糾弾することさえある。

　(3)　**司法的統制——Duke 判決と Robinson 判決との関係**　最後に、行政機関の法解釈に対する司法審査は、まさに司法的統制ではないかということを考えてみたい。これについては、1997 年の Robinson 判決[135]を考察することでよりみえてくるものがある。

　① Robinson 判決　この事件は、問題となった文言にクロスレファレンスを言及する条文が存在したわけではないが、連邦最高裁が他の規定を参照して解決をはかったという事例である。1991 年、原告は勤め先のシェル石油会社から解雇された。これに対して原告は、当該解雇は人種差別に基づくものであるとして、雇用機会均等委員会（Equal Employment Opportunity Commission）に申立を行った。その審理中、原告は別の会社に就職しようと活動していた。ところが、その会社がシェル石油会社に原告に関する照会を行い、シェル石油会社はそれに応じた。それを知った原告は、シェル石油会社が、原告が雇用機会均等委員会に申し立てたことへの報復措置としてネガティブ情報を流したと考え、1964 年市民権法第 7 編 704 条(a)項（Civil Rights Act)[136]に基づき、禁止される雇用主の差別に当たるとして訴えを提起した。

　Robinson 判決では、「雇用主が従業員又は雇用申込者に対して差別を行うこと」を禁止する 1964 年市民権法第 7 編 704 条(a)項の規定の「従業員」という用語が「元従業員」を含むかどうかが問題となった。トーマス判事による法廷意見は、法律の条文が明確であるかどうかと、法制度が一貫しているかどうかを審査して判断する必要があるとする。概要は以下のとおりである。まず、704 条(a)項の規定が「元従業員」を含むものであるかどうかは不明瞭である。そこで、他の条文を参照してみると、701 条(f)項が従業員を「雇用

---

(135)　*Robinson*, 519 U.S. 337.
(136)　The Civil Rights Act of 1964, §704 (a) (codified as amended at 42 U.S.C. §2000e-3 (a)).

主によって雇われている個人」と定義しているが、「雇われている」(employed) という用語は必ずしも現在の状況に限定しているわけではなく、「雇われていた」(was employed) を含む可能性がある。さらに、第7編では文脈に応じて様々な意味で「従業員」という用語を用いている。そこで第7編のメカニズムを考察してみると、703条(a)項が差別的解雇を禁じ、704条(a)項が報復を禁じていることがわかり、このことを合わせて考えれば、703条(a)項を糾弾するためには元従業員であることが前提となる。したがって、元従業員も704条(a)項の従業員に含まれると解することになるとした。

② Robinson 判決と法解釈　　この判決は、行政機関の法解釈を挟まず、司法府自ら法解釈を行ったケースである。裁判所は、クロスレファレンス規定がなくても、他の規定を参照した。そこでは、法の明確性、他の規定、制度体系を中心に解釈している。ここでは Duke 判決で反対意見を述べたトーマス判事が法廷意見を執筆している。Duke 判決の反対意見と同様、トーマス判事はまず条文の明確性に着目する。しかし、この事件では条文の意味が明確でなかった。そこで次に、同じ法律内における他の規定を参照する。そして最後に、法制度の一貫性に着目する。その結果、他の規定や法の制度的趣旨を考えると、元従業員も含まれると解されるとしたのである。

これについては、立法の支配を念頭に置きながら解釈したという見方ができるかもしれない。条文の明確性、他の規定、法制度に着目していることから、法律を基に解釈していると考えるわけである。しかしながら、法解釈を行う際、法律の規定を参照するのは当然である。さらに、立法を中心に解釈するのであれば、条文が不明確な場合、立法者意図を考慮する方法もあるだろう。そうなると、司法府は、むしろ、「何が法であるのかを語るのは司法の役割である」[137]とした Marbury 判決に倣って、法解釈における司法の優位を示しているといえる。Duke 判決では、条文が明確であるにもかかわらず、文脈で理解し、Robinson 判決では条文の明確性に注意を払いつつも、立法者意図を参照しないまま他の規定や法制度を解釈して解答を導き出しているからである[138]。

③ シェブロン法理との関係　　このように、司法府は、法の解釈を行う

---

(137)　*Marbury,* 5 U.S. at 177.
(138)　Valentine, *supra* note 108, at 400.

のは裁判所であり、他の機関よりも優れていることを示そうとしたのだろうか。そこで、もう一度、シェブロン法理の適用について検討してみよう。連邦最高裁でシェブロン法理が適用され始めて以来、約30年が経過しているが、それは多くの物議をかもしてきた。とりわけ、その射程をめぐる問題はなお未解決のままである。というのも、Chevron 判決後、行政機関の法解釈に関する判例は、シェブロン法理を適用する判決、それを適用しない判決、適用したのかどうか不明な判決など、混迷しているからである。そこで、シェブロン法理の第2段階の理解に焦点を当てながらそのような状況の打破を試みるのがソーン（Joshua L. Sohn）である[139]。

　シェブロン法理の第2段階は、行政機関の解釈が合理的であるかどうかを問うものである。しかしながら、何をもって合理的審査というかは明らかではない。ソーンによれば、この適用について、判例は2つのスタンスをとってきたという。すなわち、①実質的な合理性を問うやり方（substantive reasonableness review）と②実質的な合理性と形式的な合理性の両方を問うやり方（dual-track reasonableness review）である。①は、行政機関の決定が合理的かどうかを審査するのであるが、その決定プロセスを審査することはしない。実質的合理性とは、法律に基づく合理的な政策結果となっているかどうかを審査するものである。一方、②は、行政機関の決定に関する手続とその内容の合理性の両方を審査する。ここでいう手続とは、その法解釈を行う際に用いた手続のことをいう。このうち、ソーンが推すのが②である。

　ソーンによれば、②は行政機関に対し、その判断にいたった理由について専門的情報の開示を行わせることになるという。そして、裁判所が行政機関の専門的情報を基にその合理性を審査することができる。これは、裁量濫用テストに類似したものであり、行政機関の恣意的な判断を抑制することが可能となるというのである。

　ここでは、条文の明確性や立法意図よりも行政機関の法解釈の合理性に焦点が当てられている。①と②のいずれの方法をとるにしても、司法府がこうした手法をシェブロン法理の第2段階で用いることが慣例になれば、司法的統制という理解が強まる可能性もあるといえよう。

---

[139] Joshua L. Sohn, *What Can Booker Teach Us About Chevron?*, 30 T. JEFFERSON L. REV. 197 (2007).

このように、司法意図を見出すのは困難な作業である[140]。判決1つを取り上げてみても、様々な見方が可能だからである。また、そもそも行政機関の法解釈に関する判例だけでも膨大な数があることに加え、しばしば5対4のきわどいケースがあり、法廷意見と反対意見が交互に入れ替わることも珍しくない。このため、行政機関の法解釈に関する司法審査のあり方を明らかにするためには、これまでの判例法理を整理する必要がある[141]。

そのような中で、重要な論点となっているのがシェブロン法理の射程である。先述の議論をみてもわかるように、いずれもシェブロン法理をどのように解するのかがポイントとなっている[142]。したがって、行政機関の法解釈に関する判例法理を検討するとすれば、まずはシェブロン法理以降の判例の展開を追うことが必要となってこよう[143]。

④ Duke判決の意義　もっとも、クロスレファレンス規定に関する行政機関の法解釈に関する判例は、Duke判決がリーディングケースである。これほど、明確に条文をクロスレファレンスしている法律が問題になった事例は本件が初めてだからである。その意味で、法律が条文の意味を指定している場合に、行政機関または裁判所がその意味を変換することができるかどうかが問われた事例といってもよい。これについて、法廷意見は、法律が明らかにある文言について同じ意味で理解するとしてクロスレファレンスしている場合であっても、その文言の意味を理解するために立法意図を探ろうとし、それが不明であることから規則の合理性で判断するとした。

---

(140) Jason J. Czarnezki, *An Empirical Investigation of Judicial Decisionmaking, Statutory Interpretation, and the Chevron Doctrine in Environmental Law*, 79 U. COLO. L. REV. 767, 820-821 (2008). 環境の領域における行政機関の法解釈に対する司法審査は、司法のイデオロギーと法的判断が入り混じることがしばしばあるため、その判断を見極めることは難しいと指摘される。

(141) そういった判例法理の流れを統計的に整理するものとして、William N. Eskridge, Jr. and Lauren E. Baer, *The Continuum of Deference: Supreme Court Treatment of Agency Statutory Interpretations from Chevron to Hamdan*, 96 GEO. L. J. 1083 (2008); Thomas J. Miles and Cass R. Sunstein, *Do Judges Make Regulatory Policy? An Empirical Investigation of Chevron*, 73 U. CHI. L. REV. 823 (2006).

(142) 黒川哲志『環境行政の法理と手法』261-262頁（成文堂、2004年）。この点につき、シェブロン法理は制定法解釈の多様性の承認を前提としているとの指摘があり、こうした視点から法解釈自体のあり方を再考する必要もある。

(143) Miles and Sunstein, *supra* note 141, at 828. たとえば、マイルズ＝サンスティン（Thomas J. Miles and Cass R. Sunstein）は、Chevron判決以降の判例法理を概観し、多くはシェブロン法理を適用しているものの、適用しないケースも少なからずみられるとし、それには政権の行政機関への影響や各判事のイデオロギーが影響していると分析している。

そして、EPAの選択した排出量率の決定方法が企業の能力を不当に阻害しない方法であることから、行政機関の判断の合理性を認めた。そこでは、法律と規則の法解釈を丹念に分析することで、行政機関の合理性を導き出している。こうした判断プロセスは、結果的には行政機関に敬譲しているものの、合理性の審査において、裁判所が必ずしもつねに敬譲するわけではないことを示している。つまり、法解釈に関する専門集団たる裁判所の役割として、合理性の審査にも一定の役割を見出しているのである。

　したがって、Duke判決の意義は、①クロスレファレンスによって明確に条文の意味を示唆している場合でも立法意図を読み込んで他の意味に解することがあること、②合理性の審査において裁判所は法解釈に専念して内容を審査することがあること、に集約されよう。これは、シェブロン法理の判断方法に一定の示唆を与えるとともに、その構造には司法的統制という意図が隠されているようにもみえる。

　他面、判断内容をみてみると、Duke判決は、表面上は立法意図を尊重し、実質的には司法が法律を解釈し、結果的に行政の判断を尊重しているようにみえる。その意味で、本件は、民主政の優位（立法判断の尊重）、司法的統制（法解釈）、行政への敬譲（判断結果の維持）のいずれをも含みうるといえる。このように、本件は、行政機関の法解釈に関する司法審査が外観と実質で様相が異なることにも留意しなければならないことも示しているといえよう。

　条文の意味を探る際、他の条文等を参照して解釈すること自体は珍しいことではない。むしろ、そのような方法は法律の体系的解釈を行う際に必要なものであり、法の安定性につながる。しかし、Duke判決のように、法律が明文でクロスレファレンス規定を設置しているにもかかわらず、あえて他の意味を読み込もうとするアプローチは解釈機関の裁量を大幅に広げる。しかも、本件では、行政機関と裁判所の双方がそのような解釈をとったのである(144)。これは、環境という特殊なエリアにおいてのみみられることなのだろうか。

　環境に関する規制は、様々な利益集団および利害関係人の思惑が競合

---

(144) この点において、本事例は、「解釈者は、既成の法概念を借用しながら、解釈という名の論理的操作によって、全く異なる意味内容を与え、それによって法の機能を変質させうる」という山岸敬子の懸念を惹起させる。山岸敬子『行政権の法解釈と司法統制』7頁（勁草書房、1994年）。

し[145]、その妥協の産物として制定されることが多い[146]。さらに、技術的発展の程度とも密接に関連するため、時宜に応じた対応が必要となる[147]。また、法律の運用においても、他の法律における規制方法を利用したり、アメリカであれば連邦法と州の規制との調整を考慮したりするなど、様々な要因が規制に影響を及ぼす[148]。しかも、ようやく調整をつけて規制を設定したとしても、その時々の政権の政策によって180度転換することがある[149]。

Duke判決で問題となった規則は、G・W・ブッシュ政権の指示に基づいて創設された規則である。G・W・ブッシュ政権は、大気汚染に対して、当初から技術の発展による解決を目指してきた[150]。G・W・ブッシュ政権は、大気汚染物質を排出する施設に対して、従来よりも改変を行いやすくする規則を制定したという指摘がある[151]。なぜなら、改変の許可申請さえあれば、容易に許可がされるようになっているからである。それにもかかわらず、本件において、デューク・エナジー社はそれをも回避しようとした。

アメリカ国内における大気汚染のうち、石炭を燃焼する工場からの排出は

---

(145) 環境行政については、行政機関、事業者、第三者たる市民という三面関係が形成されることがあり、いっそう複雑さを増すことになる。この三面関係に着目した議論として、大橋洋一「リスクをめぐる環境行政の課題と手法」橘木俊詔＝長谷部恭男＝今田高俊＝益永茂樹編『リスク学入門3 法律からみたリスク〔新装増補〕』57頁（岩波書店、2013年）。

(146) 環境規制の合理性については、それがもたらす利益と経済的悪影響とを費用便益分析によって計算することがあるが、それ自体様々な難点を含んでいることが指摘されている。岡敏弘「環境リスク削減とその経済的影響」橘木俊詔＝長谷部恭男＝今田高俊＝益永茂樹編『リスク学入門2 経済からみたリスク〔新装増補〕』95頁（岩波書店、2013年）参照。このため、裁判所が法解釈以外で環境規制の合理性を判断することは難しいかもしれない。

(147) この点につき、不確実な環境リスクに対して、それに関する情報を豊富に持ち、リスク削減に有効に対応できる企業との協働を重視しつつ、国家も積極的なイニシアティブを発揮しなければならないという指摘がある。高橋滋「リスク社会下の環境行政」ジュリスト1356号90頁、96-97頁（2008年）。

(148) J. R. DeShazo and Jody Freeman, *Timing and Form of Federal Regulation: The Case of Climate Change,* 155 U. PA. L. REV. 1499, 1539 (2007).

(149) Barry R. Weingast, *Caught in the Middle: The President, Congress, and the Political-Bureaucratic System, in* THE EXECUTIVE BRANCH 312, 313 (Joel D. Aberbach and Mark A. Peterson eds., 2005). なお、行政機関に対する政治的影響力は、大統領のみならず、連邦議会のそれも大きい。

(150) Robert L. Glicksman and Richard E. Levy, *A Collective Action Perspective on Ceiling Preemption by Federal Environmental Regulation: The Case of Global Climate Change,* 102 NW. U. L. REV. 579, 581 (2008). こうした政策は規制緩和政策にリンクしており、現代は規制懐疑的な状況にあるという指摘がある。

(151) Jonathan Remy Nash and Richard L. Revesz, *Grandfathering and Environmental Regulation: The Law and Economics of New Source Review,* 101 NW. U. L. REV. 1677, 1696-1705 (2007).

他の発生源よりも多く、デューク・エナジー社が供給する地域における雨の酸性度は pH4.7〜4.28 と、通常のレベルの 13 倍もの酸性となっているといわれる[152]。

こうした状況を考えると、リベラル派の判事らが行政機関の規制を支持したと邪推される。そして、Duke 判決は Massachusetts v. EPA 判決と異なり、行政機関の判断を尊重する形になったので、Massachusetts v. EPA 判決で反対意見を書いたスカリア判事らも法廷意見に同調したのではないかと思われる[153]。

しかし、G・W・ブッシュ大統領は、2008 年 4 月の演説において、Massachusetts v. EPA 判決を批判し、その判断を履行しようとはしなかった[154]。これは、政治的影響を受けやすい環境分野では行政機関の専門的判断も政策に基づいて行われることから、政治的判断に裁判所が口をはさむべきではないという態度の表れとも受け取れる。司法府が行政機関の法解釈を審査しても、行政機関がそれに従い続けるかどうか[155]、あるいは執行府の側がそれを受けいれるかどうかは別の問題である[156]。

もっとも、2009 年には大統領が替わり、新たに誕生したオバマ政権は環境問題に積極的に取り組む姿勢を明らかにした。そのため、連邦最高裁が施した法的なお膳立てがいよいよ有効活用される状況が訪れつつあった。

---

(152) Thomas Gremillion, *Environmental Defense v. Duke Energy Corporation*, 31 HARV. ENVTL. L. REV. 333, 343 (2007).

(153) *Massachusetts v. EPA*, 127 S. Ct. at 1471-1478 (Scalia, J., dissenting). スカリア判事は、シェブロン法理を適用して EPA の判断に委ねるべきであると反論している。ただし、スカリア判事の法解釈観からすれば、本件のように条文を無視した方法は受けいれられないはずである。

(154) 平尾禎秀「アメリカの司法における温暖化関連訴訟の動向」ジュリスト 1357 号 80 頁、80-81 頁（2008 年）。

(155) *See generally* Symposium, *Stare Decisis and Nonjudicial Actors*, 83 NOTRE DAME L. REV. 1147 (2008).

(156) これは、憲法解釈の最終的権威の問題に関連するものである。これについては、たとえば、一連のジョンセン（Dawn E. Johnsen）の業績を参照。*See generally* Dawn E. Johnsen, *What's a President to Do? Interpreting the Constitution in the Wake of Bush Administration Abuses*, 88 B.U. L. REV. 395 (2008); Dawn E. Johnsen, *Functional Departmentalism and Nonjudicial Interpretation: Who Determines Constitutional Meaning?*, 67 LAW & CONTEMP. PROBS. 105 (2004); Dawn E. Johnsen, *Presidential Non-Enforcement of Constitutionally Objectionable Statutes*, 63 LAW & CONTEMP. PROBS. 7 (2000).

Ⅳ　オバマ政権における温暖化規制と司法判断

1　オバマ政権における温暖化規制

　2007年の Massachusetts v. EPA 判決は、温暖化による海面上昇の脅威に触れながら、EPA による新車の温室効果ガス排出規制を認めたことから、「一見すると Massachusetts v. EPA 判決は連邦最高裁が温暖化対策に向けて驚くべき転回をみせたように見える」[157]。「しかし Massachusetts v. EPA 判決は EPA が大気浄化法に基づき温室効果ガスを規制することができるとしただけであり、規制が実施されるのかどうかやどのような規制が行われるのかの問題については未解決のままであった」[158]。

　そもそも Massachusetts v. EPA 判決は新車が排出する温室効果ガスも大気浄化法の規制対象になるとしただけである。そのため、新車以外の温室効果ガスを大量に排出する固定発生源も PSD 許可[159]の対象となるかどうかという問題が残った。

　温暖化防止という観点からすれば、それらも規制対象にした方が望ましいといえる。しかし、政府が温暖化防止に積極的でなければ、そうした規制が行われる見込みはない。そのため、温暖化防止に消極的な政策をとっていたG・W・ブッシュ政権下（2001年1月～2009年1月）では大きな変更はなされなかった。

　2008年、EPA は Massachusetts v. EPA 判決を引き合いに出しながら、温室効果ガスが大気浄化法の規制対象になるのであれば、新車以外の固定発生源も PSD 許可の対象になるという見解を表明したものの[160]、具体的な行動を起こしたわけではなかった。

　しかし、2009年に誕生したオバマ政権は環境問題を重視する政策を掲げ、政府は温暖化対策に積極的な姿勢に転換した。そして、EPA は温室効果ガスを排出する固定発生源に対して PSD 許可の対象にする施策を実践してい

---

(157) Robert V. Percival, *Massachusetts v. EPA: Escaping the Common Law's Growing Shadow*, 2007 SUP. CT. REV. 111, 112.
(158) Charles Riordan, *Barring the Gates: Timing and Tailoring Environmental Standing and Greenhouse Gas Regulation After Corri v. EPA*, 40 B. C. ENVTL. AFF. L. REV. 567, 568-569 (2013).
(159) 42 U.S.C §7475 (a) (1).
(160) 73 Fed. Reg. 44420, 44498, 44511 (2008).

った。

　もともと大気浄化法は、いずれかの大気汚染物質を年間当たり 250 トン排出する施設（一定の種類の場合は 100 トン）を PSD 許可の対象とし[161]、「最善の利用可能なコントロール技術」（best available control technology: BACT）を課しており[162]、同法第 5 編が PSD 許可を得ないことを違法としている[163]。Massachusetts v. EPA 判決により、温室効果ガスも大気汚染物質に該当しうることになったため、EPA は温室効果ガスを排出する固定発生源も PSD 許可の対象にする方向に舵をきったのである。

　まず、2009 年、EPA は新車の排出する温室効果ガスが気候変動をもたらし、ひいては人々の健康に重大な障害をもたらすという認定を行った[164]。続けて 2010 年に、EPA は、新車が排出する温室効果ガスが PSD 許可の対象になったことは温室効果ガスを排出する固定発生源も PSD 許可にかからしめる契機になるとし、固定発生源もその対象になることを表明した[165]。これを実行するため、EPA は、温室効果ガスを PSD 許可や第 5 編の規制対象にするための作業に入った[166]。それによれば、2011 年 1 月 2 日から 2011 年 6 月 30 日までの間は PSD 許可の対象にならないが、年間に 75000 トン以上を排出する場合は最善の技術を施さなければならないとし、また 2011 年 7 月 1 日から 2012 年 6 月 30 日までの間に年間 100000 トン以上を排出する潜在性がある施設については PSD 許可および第 5 編の対象になるとし、2013 年 7 月 1 日以降、規制対象となる排出量の上限を引き下げる可能性を示唆した。

　EPA が温室効果ガスに対して別枠の排出量を設定したのには理由がある。大気浄化法は、250 トン（または 100 トン）の大気汚染物質を排出する固定発生源を PSD 許可の対象と規定しているので[167]、法律に合致した対応を行

---

(161)　42 U.S.C. §7479 (1).
(162)　42 U.S.C. §7475 (a)(4).
(163)　42 U.S.C. §7661a (a).
(164)　74 Fed. Reg. 66523, 66537 (2009).
(165)　75 Fed. Reg. 17004 (2010). 温室効果ガスを排出する固定発生源も規制対象とする引き金を引いたということで、トリガリングルール（Triggering Rule）と呼ばれる。
(166)　75 Fed. Reg. 31514 (2010). 温室効果ガスを規制対象とするための仕立てを行うということで、テイラーリングルール（Tailoring Rule）と呼ばれる。
(167)　42 U.S.C. §7491 (b)(2)(A), (g)(7).「大規模固定発生源とは 250 トン以上のいずれかの大気汚染物質を排出する潜在性のある次のような固定発生源をいう」。

うとすれば、温室効果ガスに対しても同じ排出量の数値で対応することになる。しかし、温室効果ガスの量は莫大であり、同様の数値で対応すると、途方もなく規制対象が広がってしまう。そこで EPA は別枠の排出量の数値を設けたのである。

しかしながら、このような規制については、電力企業等が EPA の規則が違法であるとして訴訟を提起した。それが連邦最高裁まで上がってきたのが、2014 年の Utility Air Regulatory Group v. EPA 連邦最高裁判決[168]である。

2 Utility Air Regulatory Group v. EPA 判決

この判決では、Massachusetts v. EPA 判決で反対意見を書いたスカリア判事が相対多数意見を執筆した[169]。Massachusetts v. EPA 判決の反対意見でシェブロン法理を用いるべきであると主張していたことから、本件においてスカリア判事はシェブロン法理を適用しながら以下のように判断した。

まず、EPA は大気浄化法が温室効果ガスの排出について PSD や第 5 編の対象にするように EPA に明らかに命じていると主張するが、それが合理的かどうかを考えなければならない。大気浄化法は、そのようなことを明らかに EPA に命じているとはいえない。Massachusetts v. EPA 判決は温室効果ガスも大気汚染物質に含まれうることを指摘したにすぎない。したがって、大気浄化法が温室効果ガスを PSD 等の対象にすることを命じていると解釈することは誤りであり、立法意図が明確ではないことから、シェブロン法理に基づき、法律の意図が曖昧な場合に行政機関の解釈が合理的かどうかを判断する。すなわち、EPA が温室効果ガスを PSD 等の対象とし、温室効果ガスに別枠の排出量を設けたことの合理性である。

EPA は、温室効果ガスを大気汚染物質に含めると、PSD 許可の対象が大幅に増加し、それに対応する行政コストも急増し、本法第 5 編による違法性の認定もできなくなってしまうとし、そうした結果は連邦議会の意図に反すると主張している。しかし、そのような判断は、「連邦議会の明確な授権のないまま EPA の規制権限を大幅かつ変造的に拡大させてしまうがゆえに合

---

(168) Utility Air Regulatory Group v. EPA, 134 S. Ct. 2427 (2014).
(169) スカリア判事の意見にすべて同調したのはロバーツ判事とケネディ（Anthony M. Kennedy）判事のみであり、他の判事は論点ごとに賛成・反対に分かれた。

理性があるとはいえない」(170)。EPAは温室効果ガスをPSD等の規制対象にするために大気浄化法を変形することはできず、そのような解釈はシェブロン法理に基づいて許容できないとした。

　しかし、EPAの法解釈はすべて合理性がないというわけではない。EPAは温室効果ガスの固定発生源に対してもBACTの対象になると主張している。EPAのBACT規定の解釈についてもシェブロン法理を適用して検討しなければならない。大気浄化法は、本法の規制対象となる各大気汚染物質に対して「最善の利用可能なコントロール技術」を用いて対応しなければならないとしている(171)。具体的には、「最善の利用可能なコントロール技術とはいずれかの大規模排出施設から排出又は排出した結果本法に基づき規制対象となる大気汚染物質を最大限減少させた場合の排出の制限をいい、許可権限を持つ機関は、ケースバイケースで、エネルギー、環境、経済的影響及びその他のコストを考慮し、そのような施設が化石液体燃料用清浄化剤、クリーン燃料、又は処理又はそのような大気汚染物質をコントロールするための革新的燃料燃焼技術を、生産過程や利用可能な方法、システム及び技術に適用することで達成されると判断する」(172)と定めている。

　この構造をみればわかるように、BACTの規定はPSDや第5編と比べて明確である。本規定は大気汚染物質を排出する固定発生源に対して「最善の利用可能なコントロール技術」を要請している。そのため、温室効果ガスが大気汚染物質に含まれるのであれば、温室効果ガスもBACT規定の対象になり、EPAの解釈は妥当である。かりに、BACT規定が明確でないとしても、EPAの権限を大幅に拡大する結果にはならないので、EPAの解釈は合理的である。

　このように、スカリア判事の相対多数意見は、シェブロン法理を適用しながらも、必ずしもすべて行政機関の判断に敬譲しなかったところが特徴的である。スカリア判事は、EPAのPSDや第5編に関する法解釈は法律の範囲を逸脱して合理性がないとし、一方でBACTに関する法解釈についてはそ

---

(170) 134 S. Ct. at 2444.
(171) 42 U.S.C. §7475 (a)(4). 工事を「提案した施設はその施設から排出又は排出した結果本法に基づき規制対象となる大気汚染物質に対して最善の利用可能なコントロール技術を用いなければならない」とされており、そうでなければ工事を行うことができないとされる。
(172) 42 U.S.C. §7479 (3).

の合理性を認めたからである。その結果、EPA の温室効果ガス対策は、BACT を要請することは可能だが、独自の排出量を設定した PSD 許可を要求することはできないこととなった。

これに対して、ブライヤー（Stephen Breyer）判事らは、スカリア判事の PSD や第 5 編に関する判断については賛同せず、BACT 規制を認めた点のみ賛同した[173]。ブライヤー判事の一部反対意見は、とりわけ EPA が設定した PSD 数値の設定は認められるべきであるとしている。

他方、アリート判事の一部反対意見は、スカリア判事が BACT を認めたことに対する批判である[174]。アリート判事によれば、BACT は固定発生源のある場所において排出物質が環境に与える影響を考慮するものであることからすると、温室効果ガスの影響はグローバルレベルでしか測れないので、BACT の対象にすることは恣意的な判断であるとした。

3　Utility Air Regulatory Group v. EPA 判決の意義

本件で、ブライヤー判事らリベラル派は EPA の規制を全面的に認め、アリート判事ら保守派はそれを認めなかったため、相対多数意見を執筆したスカリア判事は両者の中間をとった形となった。そのため、各判事がイデオロギーにそって行動したような判決のようにみえる。だが、結果だけをみると、EPA の温室効果ガス規制に関する裁量に限定をつけ、それとは異なる司法の法解釈を提示した形になっている。

オークス（Matthew R. Oakes）によれば、この問題について、連邦最高裁には 4 つの選択肢があったとされる。すなわち、①EPA を法律に従わせることで法律の問題点を浮かび上がらせて立法府に法律の改正を求めるという方法、②EPA に立法意図に従った判断を要求するという方法、③司法が法解釈を行いながら EPA に別の解釈を求めるという方法、④法解釈を行って EPA の判断を否定するという方法である[175]。このうち、連邦最高裁は④の

---

(173)　134 S. Ct. at 2449-2455 (Breyer, J., concurring in part and dissenting in part). なお、ギンズバーグ (Ruth Bader Ginsburg) 判事、ソトマイヨール (Sonia Sotomayor) 判事、ケイガン (Elena Kagan) 判事が同調している。
(174)　Id. at 2455-2458 (Alito, J., concurring in part and dissenting in part). なお、トーマス判事が同調している。
(175)　Matthew R. Oakes, *Questioning the Use of Structure to Interpret Statutory Intent: A Critique of Utility Air Regulatory Group v. EPA*, 124 YALE L. J. F. 56 (2014).

選択肢を選んだわけであり、法解釈の任務を取り戻し、行政機関の法解釈の裁量を狭めた。

しかし、温室効果ガス規制を行えるが、大気浄化法の規定にそのまま従わなければならないとすることは、規制対象が膨大な量になるため、EPA が主張するように現実的にきわめて困難である。それにもかかわらず、連邦最高裁はその解釈が不合理であるとした。連邦最高裁は立法意図がそのようなことを認めていないとするが、その理由は定かではないため、司法の解釈の正当化理由も明らかではない。そのため、オークスは、本件判断が環境規制としても法解釈の判例法理としても大きな問題を含んでいるとしている。

このように、本件は環境規制と法解釈の両方の問題を含んでいるが、EPA は BACT しか規制できないのであるから、環境規制に対する影響はほとんどないと指摘される(176)。

他方で本件は、行政機関の法解釈の統制という問題について一定の変化をもたらすものである。なぜなら、シェブロン法理を適用しながらも、立法意図が曖昧な条文につき、行政機関の判断に敬譲しなかったからである。おそらく、スカリア判事はこの点につき法解釈の実質的内容の合理性の問題ではなく、どの程度まで法内容の変更が認められるかという点に光を当てていると思われる。温室効果ガスを規制する際に PSD 許可の数値を変更することを大気浄化法が認めているかどうかは不明瞭なものの、それを行政機関が大幅に変更することはもはや「不明瞭な法律の文言を書き換えている」(177)に等しいからこそ、スカリア判事は不合理な法解釈であるとしているのである。

スカリア判事のような判断手法を用いると、行政機関の専門性に敬譲する度合いは少なくなる。行政機関が専門的知見に基づいて合理的な判断を行ったかどうか――言い換えれば内容として妥当な判断を行ったかどうか――ではなく、法律の条文を大きく変更していないかどうかをチェックするからである。そのため、当然ながら、プラグマティズム志向のブライヤー判事とは意見が異なり、ブライヤー判事は反対意見に回っている。

法解釈の問題は環境問題とリンクすることで、環境規制のあり方にも影響を及ぼすものである。スカリア判事の意見に基づくと、環境問題に関する

---

(176) The Supreme Court 2013 Term: Leading Case, 128 Harv. L. Rev. 361 (2014).
(177) 134 S. Ct. at 2445.

EPAの裁量は狭まることになるため、温室効果ガスを明示的に規制対象としていない現状では、具体的な法改正を待つしかないことになる。そのため、本件は、執行府が主導できる環境政策の範囲に司法が法的な限定をつけたわけであり、立法府を含めた三権の協働がなければ、環境問題というリスクへの対策はなかなか実践できないことを表すことになったといえよう。

後　序

これまでの状況をみると、地球温暖化のリスクは不確実性が高く、かつ産業界への影響も強いことから、政治部門は温室効果ガスに対して積極的な取り組みを行ってこなかった。EPAが専門的見地から温室効果ガスの規制を行おうとしても、時の政権の政策に大きく左右されるところがあり、対策に踏み切ることができなかった。また、政治部門自体も、分割政府の状況が多いことから、温室効果ガスの規制を立法化することは困難であった。そのため、温室効果ガス規制を行うとしても、現実的には、EPAが法解釈を駆使して規制するしかなかった。

問題は、執行府（EPA）の法解釈をどのようにして秩序づけていくかである。EPAの法解釈は専門的知見に基づいていることから、司法としては敬譲するべき要素が強いものの、政治の影響を受けているために、それを尊重するか、それとも司法的統制を試みるかという問題に直面する。

そこで連邦最高裁は、Massachusetts v. EPA判決において、EPAが温室効果ガス規制を行うことができるという判断を行った。規制を義務づけることまではしなかったものの、規制の方向に舵をきることができるように、法解釈の整備を行ったのである。その後、オバマ政権が温室効果ガス規制を行い始めたことからすると、司法による法的なお膳立てが功を奏し、それに乗る形で執行府が実践していったケースとみることができる[178]。

しかしながら、執行府が温室効果ガス規制を実践するとしても、そこには限界があるとしたのが、Utility Air Regulatory Group v. EPA判決であった。

---

(178) Emily Hammond and David L. Markell, *Administrative Proxies for Judicial Review: Building Legitimacy from the Inside-out,* 37 HARV. ENVTL. L. REV. 313 (2013). もっとも、司法的統制はすべての行政機関の判断をチェックしているわけではないことから、行政手続を通して法的に秩序づけていく必要があるという指摘がある。

連邦最高裁は、BACT を要請することはできるとしつつも、独自の排出量を設定して PSD 許可を要請することは法解釈の枠を逸脱しているとしたのである。シェブロン法理を使ってもなお EPA の判断が違法とされたことからすると、EPA が温室効果ガス規制を行うとしても、あまり積極的な規制はできないことが明らかにされたといえる。

この点につき、法解釈の限界を設定した点に着目してこれを司法による法秩序形成の一環としてみるか、それとも相対多数意見にとどまったことから、司法におけるイデオロギー対立が現れた事案としてみるかは見解が分かれるところである。

そうなると、温室効果ガス規制に踏み切るためには、法律の改正が必要であり、三権が協働して初めて積極的な規制に踏み出すことができると思われる。

翻って日本をみてみると、同様の問題が生じた場合に、いかなる対応ができるだろうか。議院内閣制をとる日本では、政府がその気になれば物事が進みやすいという側面がある。問題は、政府がその気にならなかった場合の問題である。たとえば、日本では行政の不作為について国家賠償で争うという手法が可能性としてはありうるが[179]、被侵害利益の重要性、予見可能性、回避可能性、補充性、期待性、などの要件を現実問題としてクリアできるかどうか検討する必要がある[180]。他にも、抗告訴訟や刑事責任と絡めてアプローチする見解もあり[181]、行政の不作為に対する考察は進みつつあるが[182]、判例の数がまだ少なく発展途上の段階にあるといえよう。

また、環境問題という分野において、どこまで司法的統制を行えるかという問題を考えなければならない。日本は京都議定書を主導するなど、温暖化

---

[179] ここでいう執行の不作為は、申請に対する不作為への救済を規定する行政事件訴訟法 37 条の不作為の違法確認の訴えとは異なる。

[180] 宇賀克也『国家補償法』157 頁（有斐閣、1997 年）。

[181] たとえば、村上義弘「行政の不作為に対する抗告訴訟(上)(下)」法曹時報 35 巻 7 号 1303 頁（1983 年）、同 35 巻 8 号 1 頁（1983 年）、常岡孝好「行政の不作為による刑事責任—行政法学からの一考察」ジュリスト 1216 号 19 頁（2002 年）、横瀬浩司「行政の不作為と刑事責任—薬害エイズと官僚の刑事責任」愛知産業大学短期大学紀要 18 号 25 頁（2005 年）などがある。

[182] なお、最近の研究として、今本啓介「行政の不作為に対する司法的統制」法政理論 46 巻 1 号 147 頁（2013 年）、武田真一郎「行政の不作為と国家賠償について—相関関係説、不作為過失論による理解の試み」成蹊法学 72 号 301 頁（2010 年）、西埜章「行政の不作為責任—規制権限不行使の違法性を中心に」明治大学法科大学院論集 7 号 67 頁（2010 年）などがある。

規制には積極的なイメージもあるが、実際にはそれほど規制が進んでいるわけではない。アメリカ同様、時の政権の政策により左右される可能性もある(183)。さらに、環境問題は地球温暖化に限らず、様々な領域に潜んでおり、かつ利害関係が複雑に絡み合うことが多い。たとえば、環境というよりも開発の事案であるが、諫早湾干拓事業の水門開閉をめぐる問題では、政府はいかんともし難い状況に追い込まれた。すなわち、最高裁は開閉の是非には踏み込まずに、政府に対し漁業側と農業側の両方に制裁金を支払うべきとの判断を下して当事者の救済を果たしたが、政策的問題としては何も解決していない(184)。

司法が環境問題について政治部門を一定の方向に誘う(いざな)ような判断を行うのは相当難しく、また政策に介入してしまうというリスクがある。司法にできることは行政に一定の判断を促す程度であろう。だが、政治的停滞に陥った場合に、司法が何らかの判断を行うことで車輪が動き出す可能性はある。司法は、そのような三権の動態性を確保することで、憲法秩序の形成を果たすという役割を演じることもできるように思われる。

---

(183) デヴィッド・ヘルド（中谷義和訳）『コスモポリタニズム―民主政の再構築』158頁、159-160頁（法律文化社、2011年）。民主政自体が無数の小集団の利益代表を選ぶシステムになっていることから、民主政国家において政治部門が環境問題に取り組むことには内在的限界があるとされる。

(184) 最2小決平成27年1月22日裁判所HP。

終　章

　リスクは、決定によって生じ、決定によって軽減されることから、決定がリスクのゆくえを大きく左右する。そのため、リスク社会では自己決定のあり方が重要な鍵を握るといってよい。しかも、たとえ決定しないという選択をした場合にも、また別のリスクが伴う。たとえば、保険に加入するかしないかという選択があった場合、それを放置しておくことは加入しないという選択をしたことになり、それ自体がリスクとなる。このようなリスク社会においては、個人は自己決定を行うと同時に重い自己責任を背負わされることになる。

　この決定の負担を緩和する方法が2つある。1つは、ソフトパターナリズムを利用して、選択の負担を軽減する方法である。国家が選択を誘導したり選択肢を並べたりすることで、個人がどぎつい選択に迫られることを回避するのである。しかし、この方法は行政国家化を過度に促進すると同時に、場合によっては事実上自己決定を阻害する側面がある。もう1つは、決定の結果生じた損害を国家に押しつけることである。民主主義国家では、国家は決定の結果生じた損害については政治的責任を負う。つまり、次の選挙において責任を問われるわけである。しかし、ここでの責任は国民個人に対して負うものであるわけではないことから、個人の損害は救済されない。しかも、責任追及は集合的決定によってなされるのであり、個人が単独で責任を追及することにはならない。

　そのため、ある意味、国家は個人ほどには決定のリスクを負っておらず、決定の負担も大きくないようにみえる。そこで国家をリスクに向き合わせるのが司法である。司法が裁判の場において請求に基づき国家の責任を認めれば、個人の損害は救済されうるからである。したがって、司法が国家の法的責任を認めれば認めるほど、国家の責任は重くなる。

アメリカでは、日本のように国家賠償法が存在するわけではないが、市民権法 1983 条[1]などをはじめとして、国家の違法行為に対して権利救済を求める方法が複数存在する。それをどのように運用するかは司法に任せられていたわけであるが、当事者対抗的リーガリズム（adversarial legalism）が展開してきたアメリカでは、司法のフォーラムを通じて公的問題につき国家の責任を認めてきた[2]。また、コモン・ローが形成してきた公的生活妨害（public nuisance）の法理は、公的リスクに対して司法が対処する素地となっている[3]。

　司法によってリスクに直面させられると、国家はきわめて重い決定の負担を背負うことになる。その典型例が第 8 章でみた温室効果ガスのリスクの問題である。規制を行うかどうかを決定しないという選択自体が、将来的に大きな損害を招くリスクをもたらすおそれがあり、国家はその責任をも負う可能性がある。現代社会ではたとえ決定をしなくても責任を負うという、やっかいな状況に直面しているのである。

　さらに、場合によっては決定するかどうかを決めていない時点で不作為を認定される可能性もある。つまり、決定を放棄することは許されておらず、かつ迅速な決定が要請されているのである。それでは、リスクから解放されるような決定の時点が存在するかというと、ゼロリスクが存在しえない以上、そのような時点は存在しない。国家は、「正しい時点の選択によってその政治システム固有のリスクを逃れるチャンスをほとんど有していない」[4]のである。

　問題はこの状態に各機関が耐えられるかどうかである。立法府は行政機関に規制の授権さえしておけば、不作為のリスクを回避しつつ、規制によって生じるリスクを実施機関である行政機関に転嫁することができるので、そうした立法は今後さらに増えていくかもしれない。その結果、行政の任務は一層増加することとなり、より行政国家化が加速する可能性があるだろう。

---

(1) The Civil Rights Act of 1871, 42 U.S.C. §1983.
(2) ロバート・A・ケイガン（北村喜宣ほか訳）『アメリカ社会の法動態―多元社会アメリカと当事者対抗的リーガリズム』66-93 頁（慈学社、2007 年）。当事者対抗的リーガリズムとは訴訟を通じて公的問題に関する法を形成していく様相のことを指し、アメリカの法文化を表しているとされる。See also LAWRENCE M. FRIEDMAN, TOTAL JUSTICE (1985).
(3) Noga Morag-Levine, *The History of Precaution,* 62 AM. J. COMP. L. 1095, 1101 (2014).
(4) ニクラス・ルーマン（小松丈晃訳）『リスクの社会学』176 頁（新泉社、2014 年）。

司法は、行政機関の決定をどのように判断すべきかという問題に直面する。規制の必要性を前提としつつ、それによって制限される自由とのバランスをとりながら、行政裁量の合理性を判断して、憲法秩序を形成していく役割を担うことになる。そのため、司法はリスク社会における憲法秩序形成の鍵を握っているといえよう。

　こうして形成される憲法秩序は、やがて選挙を通じた市民の判断によって定着するかどうかが決まるが、選挙による決定もテクノロジーの進歩によって変容しつつある。なぜなら、現代社会では、市民にとっても決定するかしないかを決定できない状況が創出されているからである[5]。たとえば、ビッグデータによって行動パターンが推測され、きわめて的中率の高い選挙予測がなされるようになると、もはや選挙を行わなくても民主的決定が行われるようになってしまうかもしれない。

　したがって、統治に関するリスクの問題に我々も無関係ではいられない。リスク社会は我々に身の回りの決定のみならず、統治システムについての決断をも迫るものである。リスク社会で生き残るためには、何よりもまず現状のリスクを認識することが重要である。21世紀の社会が新たな憲法問題を生み出しているとすれば、現にどのような憲法秩序が形成されつつあるのかを認識し、そのあり方を問う意識が肝要である[6]。

　そこで本書では、「憲法とリスク」をマクロのリスクとミクロのリスクとに分け、行政国家を前提とした憲法秩序の構想を描いてきた。マクロのリスクとは、統治構造のリスクであり、憲法のあり方に関わる問題である。そこでは、予防的立憲主義と最適化立憲主義という2つの構想がありうるが、リスク社会を迎え国家にリスク対策が求められる現代では、行政国家が不可避であり、最適化立憲主義を選択せざるをえない。

　とはいえ、最適化立憲主義は行政国家の進展をただ傍観しているわけではない。「最も危険な機関」(most dangerous branch) とされる行政の拡大を等

---

(5) Cass R. Sunstein, *Choosing Not to Choose*, 64 Duke L. J. 1 (2014).
(6) その対処法につき、たとえばバルキン（Jack M. Balkin）のように憲法構築で対応すべきとする見解もあれば、S・レビンソン（Sanford Levinson）のように憲法修正が必要とする見解もあり、それぞれが惹起するリスクを検討する必要もあることから、マクロのリスクに関する議論を活性化させる必要があると思われる。Jack M. Balkin, *Closing Keynote Address the Last Days of Disco: Why the American Political System Is Dysfunctional*, 94 B.U. L. Rev. 1159 (2014); Sanford Levinson, *What Are We to Do About Dysfunction? Reflections on Structural Constitutional Change and the Irrelevance of Clever Lawyering*, 94 B.U. L. Rev. 1127 (2014).

閑視することは立憲主義の根幹を揺るがすこととなり、最適化立憲主義からしても許容されることではないからである。ただし、最適化立憲主義は権力の拡大や濫用を防ぐことだけを主眼とするわけではなく、行政国家を前提とした憲法秩序の形成を目指すものである。したがって、行政の役割をいかしつつ、それを良き方向に誘（いざな）っていく方法を考えなければならない。

　そこで本書では、まず行政国家において行政が果たしてきた役割を概観し、それを憲法の中に秩序づけるために、行政立憲主義の概念を検討しながら動態的憲法構造の重要性を指摘した。それでもなお、行政の市民生活への介入をある程度統制する必要があるため、外部的・内部的統制方法を模索した。外部的統制として立法的統制と司法的統制が考えられる。リスク対策は必然的に行政のさらなる専門化を加速させるが、他方でそれは民主的統制から離れる傾向にある。そこで立法的統制を強化する必要性が生じるが、近時の民主政治が抱える問題や少数派保護の観点からすると、それには限界がある。そこで、司法的統制により行政の活動を憲法秩序の中に組み込んでいく必要がある。そこでは、行政の活動をただ統制するのではなく、より良い方向に導いていく方法が要請される。そのため、行政の活動をチェックするだけではなく、行政が憲法的考慮を行ったかどうか、また行政の法解釈が憲法違反の問題を惹起する場合にはそれを回避できるような判断を行うなどの方法を用いることになる。また、内部的統制として、行政の内部的統制方法を検討し、いくつかの案を提示した。外部的統制と内部的統制をうまく組み合わせて活用することが重要である。

　このような行政国家型の憲法秩序構想を総論で提示した上で、各論では個別の憲法問題を検討した。具体的には、監視とリスク（第4章）、犯罪予防とリスク（第5章）、公衆衛生とリスク（第6章）、情報提供とリスク（第7章）、環境問題とリスク（第8章）の問題を取り上げ、政治部門や行政がどのようなリスク対策を行っているのかを考察しながら、それに対する司法の対応を分析し、その意義や問題点を指摘した。

　監視や犯罪予防は加速する傾向にあり、自由とのバランスを考えると、自由への制約が強まっているのが現状であるため、その統制に重点を置いて考えていく必要がある。公衆衛生、情報提供、環境問題は今後さらなるリスク対策が要請されるものの、それによって生じる権利侵害の問題を考慮しながら、適切なバランスをとっていくことが求められる。

各論については、本書で取り上げたもの以外にも、様々な個別の問題が存在する。金融システムや財政の問題、社会福祉の問題、労働問題、インターネットの問題、薬物の問題、健康問題等、少し考えただけでも枚挙に暇がない。
　今後も、社会を取り巻く環境は、技術発展と状況変化によって、予想を上回るスピードで変化し、新たなリスクを生じさせると思われる。この絶え間ない変化に対応すべく、我々は様々なリスクをつねに考慮せざるをえない状況に直面している。かかる状況に対し、人々はより一層のリスク対策を国家に求めるかもしれない。その時、どこまで国家の介入を許容し、どのように憲法に適合させていくか。「憲法とリスク」は、憲法秩序のあり方そのものを問い続けるテーマである。

あとがき

　本書を執筆することになったのは、弘文堂の登健太郎氏から「憲法研究叢書」シリーズの続刊として、「憲法とリスク」というテーマでの執筆を勧めていただいたからである。「憲法研究叢書」は現代の理論憲法学の発展を目指して始まったフロンティア的シリーズであり、そこに私を加えていただけるのは大変ありがたいお話であった。

　もっとも、本書の執筆には思った以上に時間がかかった。当初、これまでに書いた論文をベースに仕上げていくつもりであったが、内容を練っているうちに新しい内容を加えることになったり、大幅な加筆修正が必要だったりすることがわかり、途中でスケジュールの見直しに迫られた。

　そうした折、懇切丁寧な対応をしてくださったのが登氏であった。章を書き上げるたびに内容をチェックしてくださり、文章や構想の相談ばかりではなく、進捗状況に応じて細かな執筆スケジュールを組んでいただき、ともすると他の仕事にかまけてしまいそうな我が身をつねに引き締めていただいた。

　その意味で、本書は登氏との二人三脚で書き上げたものであり、登氏には感謝してもし尽くせないが、ここに厚く感謝を申し上げたい。

　そして、そのような敏腕編集者と私とを引き合わせてくれたのが、大学院時代からの付き合いを続けてくれている横大道聡君である。彼とともに、「憲法研究叢書」シリーズに名を連ねることができたことをとてもうれしく思う。また、彼と一緒に開催している憲知研や、その他の研究会での検討は本書の内容にも大いにいかされており、この場を借りて、お世話になった皆様に厚く御礼を申し上げたい。

　最後に、本書刊行のご相談をした際に背中を押してくださった大沢秀介先生、それから研究を温かく見守ってくれている両親にあらためて感謝の意を表したい。

　　　2015年5月15日

大林　啓吾

■エピグラフの出典一覧

[第1章]
マッテオ・モッテルリーニ（泉典子訳）『世界は感情で動く――行動経済学からみる脳のトラップ』106頁（紀伊国屋書店、2009年）

[第2章]
ウィリアム・シェイクスピア（小田島雄志訳）『ジョン王』156頁（白水社、1983年）

[第3章]
Felix Frankfurter, *The Task of Administrative Law*, U. PA. L. REV. 614, 619-620 (1927)

[第4章]
A. ハミルトン=J. ジェイ=J. マディソン（齋藤眞=武則忠見訳）『ザ・フェデラリスト』253頁、254頁（福村出版、1991年）「第51編 抑制均衡の理論」〔マディソン執筆部分〕

[第5章]
ナシーム・ニコラス・タレブ（望月衛訳）『ブラック・スワン――不確実性とリスクの本質(上)』14頁（ダイヤモンド社、2009年）

[第6章]
カミュ（宮崎嶺雄訳）『ペスト』60-61頁（新潮社、1969年）［一部抜粋・一部省略］

[第7章]
Maureen Dowd, *'I'm President,' So No More Broccoli!*, N. Y. TIMES Mar. 23, 1990

[第8章]
RICHARD A. POSNER, CATASTROPHE: RISK AND RESPONSE 49-50 (2004)

■事項・人名索引

あ

愛敬浩二……………………………………10
愛国者法………………………………169, 202
アーキテクチャー……………………93, 100
アッカーマン………………32, 44, 49-51, 61, 115
アメリカ自由法案……………………202, 204

い

生ける憲法……………………………………51
萎縮効果………………………172, 344, 345, 350
移動制限………………………211, 216, 231, 232, 247
移動の自由……………………232, 234, 235, 237
意図効果テスト………………………236, 242
委任禁止の法理………………………147, 402
インカメラ…………………………………171
インフルエンザ………………………264, 265, 296

う

ヴァーミュール………………30, 31, 33, 35, 106, 129
ウィッティントン……………………………53
ウォーターゲート事件………117, 119, 150, 167, 181

え

エスカレーター式多数決主義…………………32
エスクリッジ＝フェアジョン……109, 111, 112, 115, 116
エピデミック……………………251, 259, 261, 264
エプスタイン……………………………254, 259
エンデミック………………………………251

お

オバマ……………………28, 29, 83, 162, 188, 203, 364, 412
温室効果ガス……………364, 370, 373, 374, 377, 382, 387, 412, 414-418

か

カイワレ訴訟………………312, 317, 324, 325, 328
隔絶…………………………………………275
隔離…………………………………274, 276-283
監察総監……………………………124, 151-154
監視国家………………………53, 185, 204, 205
完遂権限………………………………388, 389
感染症……………251, 252, 260, 262, 275, 276, 283, 289, 290, 297

き

危険……………………………………4, 19, 20
規制緩和……………………………………361
基本的権利………………………226-229, 238, 247
9.11…………………………………1, 8, 43, 49, 51, 87
行政…………………………………………58, 60
　──による憲法価値の実現…………………63
行政権…………………………………57, 109
行政国家……………57, 60-62, 69, 72, 86, 87, 108, 122, 123, 135, 156, 422, 424
行政コモン・ロー……………………140, 141
行政裁量……………………………………326
強制接種………………………………268-270
行政立憲主義……106-111, 116-118, 136, 139, 144, 148, 156, 424
行政立憲主義論……………………………125
京都議定書…………………………………361
居住制限……………………211, 216, 231, 236
居住要件……………………………………236
拒否権……………………………………34, 82
切り札としての権利…………………………40
緊急時……………………………………46, 49
緊急事態対策立法…………………………262
緊急事態法制……………………………11, 12

く

グアンタナモ基地収容所………………28, 29, 87
グラックスバーグテスト…………………226
クリントン………………35, 63, 74, 126, 127, 351, 370
クロスレファレンス……390-392, 394-400, 403, 405, 406, 408, 409
軍事総司令官条項……………………………45

け

ケイガン………………………………125-128
経済効率性……………………………361, 362
敬譲モデル……………………………………46
ケネディ……………………………………220
現実の悪意………………………345, 346, 349
憲法解釈権……………………78, 79, 81, 83, 84
憲法構築…………………………………53, 54
憲法秩序………………………5, 6, 156, 205, 423, 424
憲法忠誠条項…………………………79, 80
憲法的考慮……………………………143, 144
憲法的コモン・ロー…………………137, 138

憲法変遷 49, 50, 54
憲法問題回避の準則 144-146
権力分立 124, 175, 385

こ

公共的リスク 23, 28
公衆衛生 252, 255-258, 260, 307
公衆衛生監視 289-291, 294, 295
高次立法 112, 115, 116
公然の法理 239, 242
公表 310-315, 317, 318, 324, 325, 329
合理性の基準 228, 238
合理的期待 197
合理的な疑い 186
国防原理主義 45, 47
ゴスティン 258, 259
コストベネフィット 13, 21, 122, 362, 384, 386, 387
国家環境政策法 70
国家秘密特権 171, 172, 177
固定発生源 367, 412, 413, 415
コーデックス委員会 302
駒村圭吾 12
コモン・ロー 389

さ

最適化立憲主義 33-36, 43, 49, 423
再犯率 214, 215
裁量濫用テスト 385
ザ・フェデラリスト 58
サブ政治 132, 133, 135, 157
サンスティン 10, 21, 44-47, 61, 71, 102, 210, 300, 307, 378, 385
サンスティン＝セイラー 89, 90, 98-100, 257, 321
3.11 2, 7, 11-13, 353, 359

し

ジェファーソン 63
シェブロン法理 86, 144, 145, 369, 377-381, 400, 402-404, 407-409, 414, 415
自己決定 22, 209, 269, 293, 321, 323, 421
自己決定権 88
執行 58, 60
執行権 57-60, 109
執行権付与条項 78
執行統括論 58
執行府の自律権 387, 389
司法的統制 134, 143, 144, 147

市民権法 66
市民的自由モデル 46
シャウアー 36
自由貫徹主義 44
州際移動 232-234, 237
修正1条 173-175
修正4条 166, 173, 175, 191, 193, 194, 198, 205, 239, 242
修正14条 243
州の警察権限 253, 254
自由の利益 220, 224-228
情報自由法 177
情報提供 300, 301, 307, 309-311, 317, 319, 322, 323, 328, 355, 356
情報プライバシー（権） 195, 243-245, 292
処罰性 220, 223, 236, 243
人身保護令状 279
信用毀損 333, 335, 343-345, 347, 348, 353, 356

す

スカリア 14, 374, 377, 378, 388, 411, 414-417
スーター 394, 401
スティグマ 103, 220, 227-230
スティーブンス 85, 220, 224, 292, 372, 401

せ

誠実執行条項 80
性犯罪前科者 210, 216, 231, 232, 235, 241-243, 246
性犯罪前科者規制 213, 223, 227, 229, 246
戦争権限法 82, 119
全体的正義 23

そ

相当な理由 186
訴権 341
訴訟原因 342
ソフトパターナリズム 91, 93, 95, 97, 98, 101-103, 357, 421
ソロブ 174, 199, 200

た

ダイオキシン 331-333
大気汚染物質 372, 375-377, 382, 390, 413, 414
大気浄化法 370-374, 376, 379, 383, 387, 390, 391, 395, 413-415
第三者任意提供の法理 193-197
第2の権利章典 64, 65
タシュネット 6, 14

ダミノジット･････････････････････336, 338, 339

ち

チェネリー法理･･････････････････379, 380
地球温暖化･･････････362, 364, 372, 377, 418, 420
懲罰的損害賠償･･････････････････････347
諜報組織改革････････････････････････170
沈黙の春･････････････････････････････336

て

ディパートメンタリズム･･･････････73, 75-77
デュープロセス･･････221, 225, 227, 233, 238, 268, 277
天然痘･･･････････････････････268, 269, 273

と

ドゥウォーキン･･･････････････････････40, 183
統合政府･･･････････････････････････････26
当事者対抗的リーガリズム･････････････24, 422
当事者適格･･･････171, 172, 176, 177, 195, 200, 201, 372
特別検察官･･････････････････････149, 150, 181
独立検察官･･････････････････････････150, 180
トーマス･･･････････････････219, 396, 397, 406
鳥インフルエンザ･･････････････････････284
トレードオフ･･･････････････････････････46

な

中島徹･･････････････････････････････････12
ナセヒ･･････････････････････････････････19
ナッジ･･･････････････････････････････93, 100

に

ニクソン･･･････････････････････82, 166, 181, 369
二元的民主政･････････････････････････50, 61
二重処罰･････････････････････････････216, 218
ニューディール･･････････････････････61, 64, 65

の

農作物信用毀損法････339, 341, 343-345, 350, 356
ノーティス･････････････････････････････94

は

パウンド･････････････････････････････39, 106
長谷部恭男････････････････････････････9
パターナリズム･･････88-93, 95-99, 101, 103, 321
ハート対デブリン論争･････････････････91
ハードルック審査･･･････････････････････327
ハミルトン･････････････････････････････58

バーモントヤンキー法理･････････････402, 403
バランシングアプローチ･･･････････････39, 42
バルキン･････････････････････････････185
バルキン＝レビンソン･･････････････････52
パンデミック･･････251, 252, 259, 261, 264-267, 285, 295

ひ

比較衡量（論）････18, 37-42, 46, 225, 226, 229, 244
表現の自由･･････191, 197, 311, 343, 344, 350, 353
ビルデス･････････････････････････････123

ふ

ファロン･････････････････････････････228
風評被害･･･････････････････13, 333, 339, 358
不確実性･････････････････････････････43
不作為･････････････････････329, 385, 389, 422
豚インフルエンザ････････････････264, 265, 267
プライバシー権････191, 194, 195, 197-200, 202-205, 294
プライバシーの期待･････････････････194, 195
プライバシーバイデザイン･･･････････････206
プライヤー･･････････････････････189, 416, 417
ブランダイス･････････････････39, 198, 205, 271
フリードマン････････････････････････････23
プリズム･･････････････185, 187, 188, 190, 200
ブレナン･････････････････････････････294
プロセス的アプローチ･････････････････47, 48

へ

ベック･･････････････19, 25, 132, 133, 135, 209

ほ

ポズナー＝ヴァーミュール･･･45, 46, 49, 118, 122, 123
ホームズ･････････････････････････････39, 349
ボーンインデックス･･････････････････177, 178

ま

マクロのリスク･･････････････4, 30, 55, 157, 423
マディソン･･････････････････33, 34, 162, 163

み

ミクロのリスク････････････････5, 30, 55, 423
未然防止原則･･･････････････････････････302
ミニマリズム････････････････････････････47, 51
ミランダルール･･･････････････････････････138
ミル････････････････････････････････････99
民主的実験主義･･･････････････････133-135, 157

事項・人名索引

431

民主的統制 ………… 125, 127, 129, 131, 132, 134, 148, 156

め

名誉毀損 …………………… 311, 333, 344-346, 350
メーガン法 …………………………………… 217
メタデータ ……………………………… 187, 194
メッツジャー ……………………… 106-109, 137-141
メンドーザテスト …………………………… 220, 221

も

最も危険な機関 ………………………………… 149, 423
モナハン ………………………………………… 137, 138
モラルパニック ………………………………… 213, 216

よ

善きサマリア人法 …………………………………… 264
予防行政 ………………………………………… 69, 70
予防原則 …………………… 70, 71, 302, 364, 365, 382, 383
予防的立憲主義 ………………… 31-33, 35, 36, 49, 423

り

リオ宣言 …………………………………………… 70, 364
リスク ……… 3, 18-24, 27, 28, 34, 36, 37, 41, 42, 55, 57, 69, 86, 87, 132, 134, 209, 300, 301, 366, 421, 422, 425
リスク管理 …………………………………………… 383
リスク・コミュニケーション ……………… 330, 357
リスク社会 ……… 4, 9, 10, 23, 30, 37, 41, 132, 421, 423
リスク社会論 …………………………………………… 19
リスク評価 ……………………………………… 303, 383
リステイトメント ……………………………… 335, 337
リチャーズ ……………………………………………… 198
立証責任 ……………………………………………… 346, 349
リバタリアンパターナリズム ……… 89, 98, 99, 258, 321, 322
良心的兵役拒否 ……………………………………… 69

る

ルーマン …………………………………………… 37, 38

れ

レーガン ………………………………………… 126, 362

ろ

ロックナー期 …………………………………………… 256

わ

ワクチン ……… 255, 257, 262-264, 267-274, 283-285, 288
──の接種順位 ………………………………… 286

A～Z

A1C登録プログラム ……………………… 291, 292
ACIP ……………………… 264, 284, 286, 288, 289
AUMF ……………………… 174, 175, 183, 184
BSE …………………………………… 303, 347, 348
CDC ……………… 260, 262, 265, 276, 288, 290, 294
D・ストラウス ……………………………… 51, 52
EPA ……… 363, 364, 366, 367, 370-377, 379, 381, 383-385, 387, 390, 392, 394, 395, 398, 404, 409, 412-416, 418, 419
FAA ……………… 186-188, 190, 191, 201, 206
F・D・ルーズベルト ……………………… 1, 64, 65
FDA ……………………………… 95, 304, 352, 353
FISA ……… 26, 164, 175, 178-180, 183, 184, 186, 188, 192
FISC ……… 164, 188, 189, 191-193, 201, 202, 204
GPS ……………… 193, 211, 214, 231, 232, 238, 240-243, 245, 247
G・W・ブッシュ ……… 24-26, 28, 43, 51, 75, 82, 128, 162-164, 170, 181, 182, 184, 186, 188, 193, 362-364, 370, 376, 410, 411
H1N1型インフルエンザ ………………… 266, 285
Katzテスト …………………………………… 239, 240
NSA ……………………… 163, 170, 171, 187, 193
O157 ……………………………… 312, 316, 317, 328
OMB ………………………………………………… 126
R・ケイガン …………………………………………… 24
SARS …………………………………………………… 275

■主要判例索引

【アメリカ】

A

A. L. A. Schechter Poultry Corp. v. United States, 295 U.S. 495 (1935) ···································· 65
ACLU v. Clapper, 2013 U. S. Dist. LEXIS 180863 (S. D. N. Y., Dec. 27, 2013) ················· 193, 194
ACLU v. NSA, 438 F. Supp. 2d 754 (2006) ··· 171, 193
ACLU v. NSA, 493 F. 3d 644 (6th Cir. 2007) ·· 172
Al-Haramain Islamic Foundation, Inc. v. Bush, 507 F. 3d 1190 (9th Cir. 2007) ····················· 177
Ashwander v. Tennessee Valley Authority, 297 U.S. 288 (1936) ·· 145
Auvil v. CBS "60 Minutes," 67 F. 3d 816 (9th Cir. 1995) ··· 337, 339
Auvil v. CBS "60 Minutes," 800 F. Supp. 928 (E. D. Wash. 1992) ····························· 337, 339
Auvil v. CBS "60 Minutes," 836 F. Supp. 740 (E. D. Wash. 1993) ····························· 337, 339

B

Bond v United States, 529 U.S. 334 (2000) ··· 240
Boone v. Boozman, 217 F. Supp. 2d 938 (E. D. Ark. 2002) ··· 273
Bose Corp. v. Consumers Union of United States, Inc., 466 U.S. 485 (1984) ························ 346
Boumediene v. Bush, 553 U.S. 723 (2008) ·· 139
Bowers v. Hardwick, 478 U.S. 186 (1986) ··· 226, 227
Brown v. Board of Education, 347 U.S. 483 (1954) ··· 66

C

California v. Ciraolo, 476 U.S. 207 (1986) ·· 239
California v. Greenwood, 486 U.S. 35 (1988) ··· 239
Carhart v. Gonzales, 413 F. 3d 791 (8th Cir. 2005) ··· 75
Carr v. United States, 130 S. Ct. 2229 (2010) ··· 221, 223
Caviezel v. Great Neck Pub. Sch., 739 F. Supp. 2d 273 (2010) ··· 273
Chevron U.S.A. Inc. v. Natural Res. Def. Council, Inc., 467 U.S. 837 (1984)
 ·· 85, 367–369, 377, 378, 400, 407, 408
City of Boerne v. Flores, 521 U.S. 507 (1997) ·· 74
Clapper v. Amnesty International USA, 133 S. Ct. 1138 (2013) ·· 189
Commonwealth v. Weston W., 913 N. E. 2d 832 (Mass. 2009) ·· 235
Compagnie Francaise de Navigation a Vapeur v. Louisiana State Board of Health,
 186 U.S. 380 (1902) ··· 255
Connecticut Department of Public Safety v. Doe, 538 U.S. 1 (2003) ······················ 221, 223, 229
Crayton v. Larabee, 220 N. Y. 493 (N. Y. 1917) ·· 280

D

Dairy Stores, Inc. v. Sentinel Publishing Co., 465 A. 2d 953 (N. J. Super. Ct. Law Div. 1983),
 aff'd, 516 A. 2d 220 (N. J. 1986) ··· 344
Doe v. Bredesen, 507 F. 3d 998 (6th Cir. 2007) ·· 240
Doe v. Miller, 405 F. 3d 700 (8th Cir. 2005) ·· 235
Dred Scott v. Sandford, 19 How. (60 U.S.) 393 (1857) ·· 81

E

Edward J. DeBartolo Corp. v. Florida Gulf Coast Building & Construction Trades Council, 485 U.S. 568 (1988) ··· 146
Edwards v. California, 314 U.S. 160 (1941) ·· 233
Electronic Privacy Information Center v. Department of Justice, 416 F. Supp. 2d 30 (D. D. C., 2006) ·· 177
Environmental Defense v. Duke Energy Corporation, 127 S. Ct. 1423 (2007)
·· 390, 391, 398-403, 405, 406, 408-410
Ethyl Corp. v. EPA, 541 F. 2d 1 (D. C. Cir. 1976) ·· 381, 382
Ex Parte McCardle, 74 U.S. (7 Wall) 506 (1868) ·· 48
Ex Parte Merryman, 17 F. Cas. 144 (C. C. D. Md. 1861) (No. 9487) ························ 68, 82
Ex Parte Milligan, 71 U.S. (4 Wall) 2 (1866) ·· 48

F

Federal Communications Commission v. Fox Television Stations, Inc., 556 U.S. 502 (2009) ······ 139
Freedman v. Maryland, 380 U.S. 51 (1965) ·· 142

G

Gaston County v. United States, 395 U.S. 285 (1969) ·· 114
Gibbons v. Ogden, 22 U.S. 1 (1824) ·· 254
Goldman v. United States, 316 U.S. 129 (1942) ·· 239
Gonzales v. Carhart, 550 U.S. 124 (2007) ·· 75
Griswold v. Connecticut, 381 U.S. 479 (1965) ··· 225
Grutter v. Bollinger, 539 U.S. 306 (2003) ·· 142

H

Hamdi v. Rumsfeld, 542 U.S. 507 (2004) ·· 183
Hampton v. Mow Sun Wong, 426 U.S. 88 (1976) ·· 142
Holden v. Hardy, 169 U.S. 366 (1898) ·· 257

I

In re Caselli, 62 Mont. 201 (1922) ·· 279
In re Halko, 246 Cal. App. 2d 553 (1996) ·· 282
Industrial Union Department v. American Petroleum Institute, 448 U.S. 607 (1980) ············· 147

J

Jacobson v. Massachusetts, 197 U.S. 11 (1905) ······················ 255-257, 268, 270, 274
Jew Ho v. Williamson, 103 F. 10 (N. D. Cal. 1900) ·· 279
Johnson v. City of Cincinnati, 310 F. 3d 484 (6th Cir. 2002) ····································· 235, 237

K

Kansas v. Hendricks, 521 U.S. 346 (1997) ··· 218, 226, 243
Katz v. United States, 389 U.S. 347 (1967) ··· 117, 166, 191, 196, 239
Kendall v. United States, 37 U.S. (12 Pet.) 524 (1838) ·· 128
Kennedy v. Mendoza-Martinez, 372 U.S. 144 (1963) ·· 220
Kent v. Dulles, 357 U.S. 116 (1958) ··· 146, 233, 234
King v. New Rochelle, 442 F. 2d 646 (2d Cir. 1971) ··· 234
Kirk v. Board of Health, 83 S. C. 372 (S. C. 1909) ·· 282

Klayman v. Obama, 2013 U. S. Dist. LEXIS 177169 (D. D. C., Dec. 16, 2013) ················ 193, 202
Korematsu v. United States, 323 U.S. 214 (1944) ··68
Kyllo v. United States, 533 U.S. 27 (2001) ··240

L

Lawrence v. Texas, 539 U.S. 558 (2003) ··227, 228
Lochner v. New York, 198 U.S. 45 (1905) ··256, 257
Lujan v. Defenders of Wildlife, 504 U.S. 555 (1992) ··388

M

Marbury v. Madison, 5 U.S. 137 (1803) ··41, 80, 138, 368, 406
Marcus v. Search Warrant, 367 U.S. 717 (1961) ···173
Mason v. General Brown Cent. Sch. Dist., 851 F. 2d 47 (2nd Cir. 1988) ·································271
Massachusetts v. EPA, 127 S. Ct. 1438 (2007)
 ································· 363, 369, 371, 372, 377, 382-385, 387, 390, 391, 397, 401, 405, 411-414, 418
McCarthy v. Boozman, 2002 LEXIS 13918 (2002) ···272
McCulloch v. Maryland, 17 U.S. 316 (1819) ··81
Moore v. Draper, 57 So. 2d 648 (Fla. 1952) ··255

N

NASA v. Nelson, 131 S. Ct. 746 (2011) ··244
Nat'l Cable & Telecomms. Ass'n. v. Brand X Internet Servs., 545 U.S. 967 (2005) ············ 404, 405
Nevada Department of Human Resources v. Hibbs, 538 U.S. 721 (2003) ································112
New York Times Co. v. Sullivan, 376 U.S. 254 (1964) ···345, 346, 349
Nixon v. Administrator of General Services, 433 U.S. 425 (1977) ··243
NLRB v. Catholic Bishop of Chi., 440 U.S. 490 (1979) ··146

O

Olmstead v. United States, 277 U.S. 438 (1928) ··165, 198, 238

P

Paul v. Davis, 424 U.S. 693 (1976) ··229
Pearson v. Shalala, 164 F. 3d 650 (D. C. Cir. 1999) ··96
People v. Mosley, 188 Cal. App. 4th 1090 (Cal. 2010) ··236
People v. Robertson, 302 Ill. 422 (Ill. 1922) ···255
People v. Weaver, 909 N. E. 2d 1195 (N. Y. 2009) ··241, 242

R

Robinson v. Shell Oil Company, 519 U.S. 337 (1997) ···395, 400, 405, 406
Roe v. Wade, 410 U.S. 113 (1973) ··74, 75, 225
Rowan v. United States, 452 U.S. 247 (1981) ··398-400

S

Saenz v. Roe, 526 U.S. 489 (1999) ···233, 234
SEC v. Chenery Corp., 318 U.S. 80 (1943) ··380, 381
SEC v. Chenery Corp., 323 U.S. 194 (1947) ··380, 381
Shapiro v. Thompson, 394 U.S. 618 (1969) ··233
Sherr v. Northport-East Northport Union Free Sch. Dist., 672 F. Supp. 81 (E. D. N. Y. 1987) ··· 272
Silverman v. United States, 365 U.S. 505 (1961) ··239

435

Smith v. Doe, 538 U.S. 84 (2003) ·············· 219, 223, 224
Smith v. Maryland, 442 U.S. 735 (1979) ·············· 193, 194, 196
Smith v. Turner, 48 U.S. (7 How) 283 (1849) ·············· 232
South Carolina v. Katzenbach, 383 U.S. 301 (1966) ·············· 113
Standley v. Town of Woodfin, 661 S. E. 2d 728 (N. C. 2008) ·············· 237
State of North Carolina v. Bowditch, 364 N. C. 335 (N. C. 2010) ·············· 241
Stenberg v. Carhart, 530 U.S. 914 (2000) ·············· 75

T

Texas Beef Group v. Winfrey, 11 F. Supp. 2d 858 (N. D. Tex. 1998) ·············· 347, 348, 350
Thorpe v. Rutland & B. R. Co., 27 Vt. 140 (1854) ·············· 253
Treacy v. Municipality of Anchorage, 91 P. 3d 252 (Alaska 2004) ·············· 235
Turner v. Safley, 482 U.S. 78 (1987) ·············· 142

U

United States v. Carolene Products Co., 304 U.S. 144 (1938) ·············· 224
United States v. Cuevas-Perez, 640 F. 3d 272 (7th Cir. 2011) ·············· 242
United States v. Jones, 132 S. Ct. 945 (2012) ·············· 193, 194
United States v. Jones, 565 U.S. ___ (2012) ·············· 241, 242
United States v. Juvenile Male, 131 S. Ct. 2860 (2011) ·············· 222
United States v. Miller, 425 U.S. 435 (1976) ·············· 196
United States v. Nixon, 418 U.S. 683 (1974) ·············· 82
United States v. U. S. D. C., 407 U.S. 297 (1972) ·············· 167
United States v. Wheeler, 254 U.S. 281 (1920) ·············· 233
Utility Air Regulatory Group v. EPA, 134 S. Ct. 2427 (2014) ·············· 414, 416, 418

W

Wardwell v. Board of Education, 529 F. 2d 625 (6th Cir. 1976) ·············· 235
Washington v. Glucksberg, 521 U.S. 702 (1997) ·············· 226, 228
Weems v. Little Rock Police Department, 453 F. 3d 1010 (8th Cir. 2006) ·············· 236
Whalen v. Roe, 429 U.S. 589 (1977) ·············· 243, 244, 292, 294
Williamson v. Lee Optical of Oklahoma, Inc., 348 U.S. 483 (1955) ·············· 224
Wong Wai v. Williamson, 103 F. 1 (N. D. Cal. 1900) ·············· 278, 280
Worcester v. Georgia, 31 U.S. 515 (1832) ·············· 74
Workman v. Mingo County Schools, 667 F. Supp. 2d 679 (S. D. W. Va. 2009) ·············· 272

Y

Youngberg v. Romeo, 457 U.S. 307 (1982) ·············· 225, 228, 229
Youngstown Sheet & Tube Co. v. Sawyer, 343 U.S. 579 (1952) ·············· 120, 136, 175

Z

Zobel v. Williams, 457 U.S. 55 (1982) ·············· 233
Zucht v. King, 264 U.S. 174 (1922) ·············· 257, 271

【日本】

最大判昭和 38 年 6 月 26 日刑集 17 巻 5 号 521 頁 ………………………………… 330
大阪高判昭和 50 年 11 月 10 日行集 26 巻 10=11 号 1268 頁 ………………… 307
名古屋地判昭和 51 年 1 月 22 日判例時報 1046 号 93 頁 ……………………… 309
東京地判平成 7 年 2 月 16 日判例時報 1546 号 48 頁 …………………………… 309
最 3 小判平成 9 年 9 月 9 日民集 51 巻 8 号 3850 頁 ……………………………… 309
大阪地判平成 11 年 9 月 10 日判例タイムズ 1025 号 85 頁 …………………… 328
東京地判平成 13 年 5 月 30 日判例タイムズ 1085 号 66 頁 ………………313, 325
大阪地判平成 14 年 3 月 15 日判例タイムズ 1104 号 86 頁 ………………315, 327
東京高判平成 15 年 5 月 21 日判例時報 1835 号 77 頁 ……………………313, 318
最 2 小判平成 15 年 9 月 12 日民集 57 巻 8 号 973 頁 ……………………………… 197
最 1 小判平成 15 年 10 月 16 日民集 57 巻 9 号 1075 頁 …………………331, 358
大阪高判平成 16 年 2 月 19 日訟務月報 53 巻 2 号 205 頁 ………………315, 323
名古屋高判平成 17 年 3 月 30 日裁判所 HP ………………………………………… 207
東京高判平成 21 年 1 月 29 日判例タイムズ 1295 号 193 頁 …………………… 206
最 1 小判平成 21 年 7 月 9 日判例時報 2057 号 3 頁 …………………………… 210
仙台地判平成 24 年 3 月 26 日判例時報 2149 号 99 頁 ………………………… 206
最 2 小決平成 27 年 1 月 22 日裁判所 HP ………………………………………… 420

大林 啓吾（おおばやし・けいご）
1979 年　那覇市生まれ
2002 年　慶應義塾大学法学部政治学科卒業
2007 年　慶應義塾大学大学院法学研究科博士課程修了
現　在　千葉大学大学院専門法務研究科　准教授
主　著　『アメリカ憲法と執行特権——権力分立原理の動態』（成文堂、2008 年）
　　　　『アメリカ憲法の群像——理論家編』（尚学社、2010 年）（共編著）
　　　　『現代アメリカの司法と憲法——理論的対話の試み』（尚学社、2013 年）（共編著）
　　　　『アメリカ憲法判例の物語』（成文堂、2014 年）（共編著）

憲法とリスク
——行政国家における憲法秩序　　　　憲法研究叢書

2015（平成27）年 6 月30日　初版 1 刷発行

著　者　大林啓吾
発行者　鯉渕友南
発行所　株式会社　弘文堂　　101-0062 東京都千代田区神田駿河台 1 の 7
　　　　　　　　　　　　　　TEL 03(3294)4801　振替 00120-6-53909
　　　　　　　　　　　　　　　　　　http://www.koubundou.co.jp

装　丁　大森裕二
印　刷　三陽社
製　本　牧製本印刷

Ⓒ 2015 Keigo Obayashi. Printed in Japan
JCOPY 〈(社)出版者著作権管理機構　委託出版物〉
本書の無断複写は著作権法上での例外を除き禁じられています。複写される場合は、そのつど事前に、(社)出版者著作権管理機構（電話 03-3513-6969、FAX 03-3513-6979、e-mail: info@jcopy.or.jp）の許諾を得てください。
また本書を代行業者等の第三者に依頼してスキャンやデジタル化することは、たとえ個人や家庭内での利用であっても一切認められておりません。

ISBN 978-4-335-30333-3

好評発売中

*表示価格(税別)は2015年6月現在のものです。

憲法　戸松秀典　　　　　　　　　　　　　Ａ５判　4200円
憲法秩序の形成の様相がもっとも憲法らしく展開している平等原則と法定手続の原則とを詳述するなど日本国憲法の現状を正確に描くことに努めた、実務に資する憲法概説書。

憲法裁判権の動態【憲法研究叢書】宍戸常寿　Ａ５判　8000円
立法者との関係での限界画定論の動態についてドイツを素材に精密な史的分析を行った上で、憲法裁判権の判例傾向や現在的問題状況に多角的な検討を試み、その再構成に挑む。

表現・教育・宗教と人権【憲法研究叢書】内野正幸　Ａ５判　3800円
言葉で表現したり教育したりする側の自由や利益と、それを受け取る側の気持ちを害されるおそれとを、どのように調整していくべきか。長年、思考を重ねてきた著者の集大成。

現代国家における表現の自由【憲法研究叢書】横大道聡　Ａ５判　5000円
国家の規制手法がますます不可視化・巧妙化する現代、表現の自由はいかなる意味を持つのか。従来個別に論じられてきた諸法理の関係を整理し、憲法理論に新たな風を吹き込む。

憲法とリスク【憲法研究叢書】大林啓吾　　Ａ５判　5800円
監視、犯罪予防、公衆衛生、情報提供、環境問題について、リスク対策をめぐる三権の動態を考察しながら「リスク社会」にふさわしい憲法秩序を探究する。

危機の憲法学　奥平康弘・樋口陽一 編著　　Ａ５判　4100円
東日本大震災を契機に顕在化した困難な原理的テーマに挑み、もって「危機」における憲法の対応力を問うことで〈ポスト3.11〉の憲法理論の方向性を示す、珠玉の論稿集。

論点探究 憲法[第2版] 駒村圭吾・小山 剛 編著　Ａ５判　3600円
教科書等では記述が平板な箇所、あるいは判例・通説を覚えるだけでは意味のない箇所を中心に33のテーマにつき設問を設定。知識・情報を活用できる力が身につく骨太な演習書。

アメリカ憲法【アメリカ法ベーシックス】樋口範雄　Ａ５判　4200円
自由の国アメリカの根本にあるものを理解するための基本書。連邦最高裁が変化する社会の現実を背景に無数の憲法訴訟を通して作り上げた創造物＝アメリカ憲法の全体像を描く。